NATUREZA SELVAGEM

MIRIAM LANCEWOOD

NATUREZA SELVAGEM

Uma história de sobrevivência,
amor e descoberta de si nas selvas da Nova Zelândia

Tradução

Laura Shizue Igawa

Ilustrações

Rafaela Santana Maia

SUINDARAS, EDITORA.

Título original em inglês: Woman in the Wilderness

Grafia atualizada segundo o Acordo Ortográfico da Língua Portuguesa de 1990, que entrou em vigor no Brasil em 2009.

Tradução:	Laura Shizue Igawa
Ilustrações:	Rafaela Santana Maia
Capa/Design Gráfico:	Mauricio Pereira
Preparação:	Roberto A. Zsoldos
Revisão:	Lúcia Fraga/Roberto A. Zsoldos
Assistente de edição:	Renata Hydalgo

Dados Internacionais de Catalogação na Publicação (CIP)
(Câmara Brasileira do Livro, SP, Brasil)

Lancewood, Miriam
Natureza selvagem : uma história de sobrevivência, amor e descoberta de si nas selvas da Nova Zelândia / Miriam Lancewood ; tradução Laura Shizue Igawa. -- Natividade da Serra, SP : Suindaras, Editora., 2022.

Título original: Woman in the Wilderness : a story of survival, love & self-discovery in New Zealand
ISBN 978-65-993174-1-5

1. Florestas 2. Histórias pessoais 3. Nova Zelândia - Descrições e viagens 4. Sobrevivência na selva I. Igawa, Laura Shizue. II. Título.

22-135884 CDD-920.71

Índices para catálogo sistemático:

1. Relatos de viagens : Autobiografia 920.71

Aline Graziele Benitez - Bibliotecária - CRB-1/3129

ISBN: 978-65-993174-1-5

1ª Edição • dezembro • 2022

SUINDARAS, EDITORA.

Roberto Alberto Zsoldos - MEI
Sítio Recanto Casanossa - Estrada das Palmeiras, S/N
Bairro Santa Cruz - Natividade da Serra - SP
(12) 99721-0703 - contato@suindaras.com.br
www.suindaras.com.br

Este livro é dedicado ao meu amado aventureiro,
Peter, que me mostrou o caminho da liberdade e do acaso.

Oh, mães,
Beijem seus filhos antes que o dia termine
Deixem que a verdade sempre os ilumine
Façam com que saiam e tenham a sua vez
Como minha mãe comigo assim o fez.

Oh, pais,
Cantem uma carinhosa canção a seus pequenos
Sobre a terra à qual todos nós pertencemos
Cantem sobre o amor e sobre a liberdade
Como cantou meu pai na minha mais tenra idade.

Miriam Lancewood

AGRADECIMENTOS

Foi Scott Eastham quem me mostrou o poder da escrita.
Sua esposa, Mary, presenteou-me com a caneta.
Depois Jenny Hellen me entregou o papel,
E então eu me inspirei para escrever um livro.

Quando comecei minha jornada abstrata,
Pete Horsley me passou o ritmo certo,
Meu pai me enviou a sutil fragrância,
Minha mãe me trouxe uma nova melodia,
E Sofie estava lá para me mostrar um nítido reflexo.

E enquanto eu escrevia, dia e noite,
Peter assistiu às árvores perderem suas folhas com o vento outonal.
— Olhe lá fora, Miriam! — dizia ele.
— O mundo natural é a única coisa que a mente não criou.

Ao pedir carona numa estrada certo dia, Kim Batchelor me apanhou,

E gentilmente nos ofereceu o antigo chalé do cozinheiro em sua fazenda para passarmos os meses de inverno.

Também a Wayne Jansen a minha gratidão por sua cabana na floresta, onde permanecemos enquanto eu terminava os últimos capítulos.

Agradeço a todos por sua ajuda
E, acima de tudo,
Agradeço a Você, leitor.

PRÓLOGO

A NATUREZA SELVAGEM

É um lindo dia de inverno. Estou caminhando com meu arco e flechas na encosta de uma montanha em busca de uma cabra selvagem. Escalo com dificuldade e adentro uma floresta fechada, subindo por entre trepadeiras e troncos caídos. Aos poucos, as árvores se tornam mais baixas e o solo úmido e fértil dá lugar a áreas rochosas. O sol aquecera a superfície escura da rocha, onde eu me sento para admirar o mundo ao meu redor. Este belo vale será o nosso lar durante o longo inverno. Não há vento e tudo permanece completamente estático. Admiro a grandeza silente dos majestosos picos cobertos com intocada neve branca. Lá embaixo, o rio esculpira a paisagem com seu curso aleatório. A correnteza veloz das águas e a lentidão da floresta prosperam em harmonia.

Logo acima de mim, eu vejo mais rochas planas para escalar. Talvez haja cabras morando sob aquele pequeno beiral. Elas gostam de lugares aquecidos, secos e com uma boa vista. Pode ser que voltem ao entardecer. Escalo silenciosamente um pouco mais para observar mais de perto.

Por fim, alcanço uma clareira entre pequenas árvores. Não vejo nenhuma cabra, mas percebo que, neste momento, estou em uma altitude tão elevada que consigo enxergar nosso acampamento no estreito vale abaixo. Até consigo ver o Peter! Ele é uma pequena figura humana com um suéter vermelho, quase engolida pela vasta paisagem. Foi nesta manhã mesmo que nos demos um beijo de até logo, porém sinto como se estivesse há dez anos sem ver outra pessoa.

"Peter, olha pra cá!", penso entusiasmada.

Observando, eu o vejo se levantar. Talvez esteja olhando para a montanha? Não posso dizer com certeza, então eu pulo e tiro meu casaco, balançando-o de um lado a outro para tentar chamar sua atenção. Depois de alguns instantes vejo Peter apanhando seu pequeno tapete, para agitá-lo lentamente no ar, em resposta.

Lágrimas brotam em meus olhos. Estamos acenando um ao outro, nos tocando de tão longe. Estou vendo a natureza selvagem e Peter: os dois seres mais amados do meu coração.

"Escalo com dificuldade... Por fim, alcanço uma clareira entre pequenas árvores. Não vejo nenhuma cabra, mas percebo que, neste momento, estou em uma altitude tão elevada que consigo enxergar nosso acampamento no estreito vale abaixo. Até consigo ver o Peter! Ele é uma pequena figura humana com um suéter vermelho, quase engolida pela vasta paisagem. Foi nesta manhã mesmo que nos demos um beijo de até logo, porém sinto como se estivesse há dez anos sem ver outra pessoa."

CAPÍTULO 1

A LIBERDADE É GRATUITA

Eu estava nervosa. Podia sentir minhas bochechas enrubescendo então tentei resfriá-las com as costas das mãos, mas sem êxito. Ao caminhar lentamente em direção à porta, ensaiei o que iria dizer. A diretora da escola, Virgínia, também tinha se tornado uma amiga naquele último ano e eu não queria decepcioná-la. Bati à porta.

— Entre.

Virgínia estava em sua mesa ocupada com documentos, computador, cronogramas e calendários. Seu belo cabelo castanho caía levemente por trás de seus ombros. Ela era um pouco gordinha, o que lhe reforçava a autoridade e suavizava a personalidade.

— Sente-se, Miriam! Tudo bem? — Perguntou ela alegremente, arrumando o xale roxo em suas costas. — Em que posso ajudar?

Retirei uma pasta da cadeira, do lado oposto da mesa, para poder me sentar.

— Estou bem, obrigada — respondi. Respirei fundo e comecei: — Desculpe, Gin, mas eu gostaria de me demitir. — Esperei um instante e continuei: — Eu gosto da escola e tudo mais, mas me sinto preparada para algo diferente. — Em seguida sorri, pois tinha terminado todas as falas que tinha memorizado.

Inicialmente ela pareceu achar graça, depois percebi um pouco de surpresa em seus olhos.

— Por que? Arrumou outro trabalho? — Indagou ela, colocando a delicada mão sobre a minha por um momento. O xale voltou a escorregar para a frente do corpo.

— Não é isso. É que eu gostaria de viver na floresta — respondi.

Virgínia levantou as sobrancelhas.

— No mato, na natureza, lá em cima nas montanhas — acrescentei.

Ela ficou de queixo caído.

— Sério? Mas... por quê?

— Sabe, é que a natureza selvagem faz sentir-me viva — afirmei. Virgínia ainda parecia um pouco perplexa. — Eu gostaria de tentar, ver se consigo sobreviver, ver se transformaria minha mente e meu corpo.

— Sei... mas você ainda virá pra cidade algumas vezes, certo? — Indagou Virgínia. Pude ver que ela estava tentando assimilar o que eu estava dizendo.

— Então, nosso plano é ficar nas montanhas por três meses direto, depois voltar para reabastecer nossos suprimentos e retornar para encontrar um outro lugar na floresta. Vamos fazer isso por quatro estações, um ano — expliquei.

— Mas como você vai fazer pra tomar banho? — Perguntou ela de súbito.

"Banho?", pensei. Precisei de alguns instantes para digerir a inesperada pergunta.

— Bom, acho que vou me banhar no rio! — Disse abruptamente.

— Mesmo no meio do inverno? — Um semblante de desconfiança marcou o rosto de Virgínia. — Ah não, você tem que voltar uma vez por mês! Pelo menos quando estiver menstruada, com certeza!

Eu não pude resistir, comecei a rir e logo em seguida Virgínia riu também. Senti percorrer dentro de mim uma onda de entusiasmo: já estava acontecendo! Eu estava prestes a embarcar em uma grande aventura.

Num lindo dia de outono, em abril, os professores e alunos da escola fizeram uma festa de despedida para mim. Eles organizaram os comes e bebes e, em seguida, eu cantei para todos no pátio ao ar livre. Fiquei nervosa com o fato de me apresentar diante de um grande grupo, pois minha voz já havia falhado em ocasiões passadas, mas estava determinada a me despedir adequadamente e com estilo. A canção tinha sido composta por mim mesma: "Saia rumo à liberdade, a vida é fortuita... Lembre-se, a liberdade é gratuita".

Mais tarde, quando já estávamos numa sala de aula, eu tentava cortar um pedaço de bolo de chocolate com um garfo de plástico, totalmente inadequado para a tarefa, quando Virgínia se aproximou e disse:

— Vamos sentir a sua falta com certeza, Miriam.

— É muito legal ouvir isso, Gin. — Agradeci com um sorriso.

— De verdade! Mas tenho que admitir que viver na floresta ainda parece uma escolha bem esquisita — disse ela com franqueza. — Quero dizer, você recebeu convites para trabalhar como professora, tornar-se uma atleta ou, até mesmo, uma cantora. Por que uma moça linda e jovem como você escolheria viver na escassez e no isolamento nas montanhas? — Seus olhos castanhos pareciam intrigados.

— Então... — comecei a responder, de olho no meu pedaço de bolo.

— Vi aqueles filmes sobre jovens que se rebelam contra os pais — continuou ela. — Garotos que tiveram uma infância difícil e que fogem para a natureza selvagem. Mas você tem um bom relacionamento com a sua família, não tem?

Eu assenti com a cabeça e respondi:

— Sim, com certeza! Não poderia ter pais melhores. Não nos vemos com frequência, é claro, mas somos muito próximos.

— E eles aceitam bem o fato de você passar todo esse tempo vagando pelas montanhas? — Virgínia não conteve o riso.

— Ah, sim — disse-lhe sorrindo. Eles me incentivam.

— Acho que é por isso que tem tanta confiança, então! — Exclamou. — Seus pais evidentemente deram a você coragem para seguir em frente sozinha.

Eu nunca havia pensado sobre aquilo daquela maneira, contudo achei que Virgínia estivesse certa.

— Então... você não é rejeitada pela sociedade, mas ainda assim prefere se afastar dela. Apesar de, digamos, ter uma mesa maravilhosa posta pra você com abundância de comida, você abandona essa casa, literalmente falando.

— Deve haver uma parte em mim que acha tudo isso sem sentido — olhei para ela desculpando-me.

Virgínia tomou um gole de seu refrigerante, pensativa.

— O que você quer dizer com isso?

— Trabalhar a vida inteira por dinheiro ou *status,* lutar para subir na escala social, comprar mais coisas desnecessárias... tudo isso.

— E congelar nas montanhas é uma opção melhor? — Os olhos dela se iluminaram.

— Talvez não, mas eu vou tentar! — Respondi dando risada.

Após uma breve pausa, acrescentei:

— Me lembro de uma noite em especial quando tinha quase 16 anos, eu olhava pela janela para a escuridão da floresta. Naquele momento, pensei em como, no passado, nossos ancestrais viviam nessas grandes florestas, dormindo no chão junto aos animais. Agora somos tão dependentes de morar em casas, rodeados de confortos. Que mudança gigantesca!

— Humm, pois é — Virgínia tomou outro gole. — Então, você sente que os humanos perderam o contato com a terra, é isso?

— Você não concorda? Reconectar-se com a Mãe Terra soa um pouco *new age,* mas lá fora o mundo é outro — disse apontando para as montanhas através da janela.

Ela se virou para olhar as formas pouco nítidas ao longe.

— A beleza eterna é tão extraordinária — continuei timidamente. — Quero tentar viver sem nenhuma barreira entre a terra desnuda e mim mesma. Cozinhar em fogueiras, beber água pura, dormir no chão... a floresta deve ser capaz de nos ensinar alguma coisa, se tivermos tempo para escutar. — Aguardei sua resposta a esta afirmação bizarra.

Ela simplesmente levantou as sobrancelhas e assentiu com a cabeça. Depois seu rosto se iluminou.

— Olha, você também vai aprender todas as habilidades de sobrevivência necessárias para quando a pandemia chegar e todo mundo fugir para as montanhas. Aí eu vou correr atrás de vocês! — Brincou.

Eu ri, aliviada pela mudança de assunto.

Virgínia repousou o copo e, em seguida, imitou puxar um arco para atirar em um animal.

— Consegue me imaginar caçando uma cabra? — Perguntou em voz alta.

— Espere até estar faminta o bastante! — Respondi, e depois escutei minha colega Rose me chamando de fora da sala de aula. Repousei meu bolo intocado ao lado do copo de Virgínia. Ao caminharmos juntas de volta ao pátio, ela segurou a minha mão e disse:

— Boa sorte, querida! Eu admiro a sua coragem. Por favor, cuide-se bem, ok?

— Obrigada, Gin! Pode deixar!

A escola me deu um presente bastante útil: uma camisa, um *top* e um gorro, todos de lã merino. Agradeci a todos com um pequeno discurso e, depois, tentei abraçar meus dez alunos. A maioria deles tinha problemas comportamentais e tinha largado os estudos no ensino médio. Cada um com um histórico familiar complicado e com dificuldades de se adequar à sociedade. Eu os havia ajudado a encontrar emprego, escrito cartas de referência e comparecido a casos de tribunal. Aqueles jovens estavam crescendo num mundo que eu mesma desconhecia. Nem sempre foi fácil trabalhar com eles, principalmente com os meninos que eram filiados a gangues. Alguns se recusaram a me abraçar, pois estavam felizes de me ver ir embora — ou talvez porque abraçar não fizesse parte do código de conduta deles.

Um dos alunos era Sam. Ele era bem alto e gordo e gostava de se embebedar quase toda noite. Contudo, era um gigante amável. O grande Sam me deu um abraço apertado, chegou a me levantar do chão e me girou pelo ar, fazendo minhas pernas flutuarem. Foi tão cômico que me deu vontade de rir, e até os novatos das gangues sorriram (ou tiraram sarro de mim — nunca pude diferenciar).

Um dos meus alunos preferidos era Jimmy, de 15 anos, que viera de Samoa. Lembro-me de quando li sua ficha pela primeira vez. Ele tinha morado nos Estados Unidos, onde havia participado de grandes rixas entre gangues, e após voltar à Nova Zelândia tinha estado em uma prisão juvenil por roubo e assaltos violentos. Outros alunos tinham reconhecido seu mal-afamado nome e me alertado sobre ele. Assim, quase estremeci quando ele bateu na minha porta pela primeira vez. Porém, ao final do primeiro dia, não pude deixar de me afeiçoar ao pequeno e tímido Jimmy. Mais tarde naquele ano, eu havia organizado uma viagem para acampar com os alunos e descobri que o valente Jimmy tinha na verdade medo do escuro e de fantasmas. Então, quando saí da escola, dei a ele uma pedra de malaquita que havia ganhado de minha mãe aos 10 anos quando também tinha medo de fantasmas. Jimmy pareceu verdadeiramente contente com o presente.

Então, estávamos todos felizes: Jimmy, Virgínia e eu. Considerei uma boa despedida. Para mim, aquele fora o dia mais aguardado de todo o ano: o momento mágico em que eu iria virar a página e começar uma nova vida. Dirigi de volta para casa me sentindo eufórica. Meu coração estava explodindo de entusiasmo e eu sorri durante todo o trajeto. Minha vida na escola havia terminado. Eu tinha boas economias no banco, o visto de residência na Nova Zelândia e a liberdade de viver onde quer que desejasse.

Uma forte rajada de vento fez o carro chacoalhar. Como eu amei aquela força invisível! Descendo do topo das montanhas e entrando no vale, o vento balançava as touceiras de capim amarelado e acariciava os longos galhos de velhas árvores. Carregava sementes e inclinava as flores amarelas, fazendo-as beijarem o chão. Ganhava força ao atravessar as planícies sem árvores e, naquele momento, tentava jogar o meu carro para fora da estrada.

Nossa pequena casa, um chalé branco rodeado de velhas árvores *kahikatea* nativas, ficava a trinta minutos de carro da escola. Assim que me aproximei da casa, vi Peter do lado de fora colhendo abóboras da grande horta. Eu acenei e buzinei cheia de alegria. Pareceu adequado à situação fazer bastante barulho para celebrar a minha demissão.

Saltei do carro e abracei Peter extasiada. Olhei para dentro de seus brilhantes olhos azuis e, imitando a voz de Ed Hillary[1], disse:

— Eu conquistei o desgraçado!

— Bom, agora você é uma neozelandesa de verdade! — disse Peter com um leve riso.

Eu havia conhecido Peter no sul da Índia quatro anos antes. Estávamos em um restaurante e ele me contara, com os olhos cheios de entusiasmo, sobre como havia atravessado o sul da Índia a pé sob um calor de 45 graus, escalado montanhas nos Himalaias sem mapas ou guias, pegado ondas no mar durante uma tempestade noturna...

Eu o escutara boquiaberta. Em anos de viagens, nunca havia conhecido um homem com tanta vivacidade e inteligência, que tão corajosamente tinha trocado sua casa e seu trabalho por uma vida de aventuras. A atração que senti por ele não foi somente por conta de seu conhecimento e sabedoria, seu gosto pela vida aventureira, sua habilidade de viver uma vida simples, ou, até mesmo, pelo seu corpo forte. Foi também pela indiscutível faísca de amor que surgiu entre nós desde o início. É uma faísca que nunca se apagou. Eu soube naquele momento que tinha encontrado um homem extraordinário.

Dois anos após nos conhecermos, mudei-me com ele para o seu país natal, a Nova Zelândia. Peter e eu desejávamos estar próximos à natureza e sempre buscávamos paz, harmonia e liberdade. A meu ver, não havia beleza maior do que a vida intocada e selvagem das montanhas íngremes da Nova Zelândia, as enormes florestas, os grandes rios, lagos e animais. A mera visão das montanhas sempre me fazia sentir muito feliz. As áreas rurais da Holanda onde eu havia crescido, tinham sua dimensão, porém nada tão vasto. No passado, existiram grandes florestas, pântanos e charcos, mas depois a maioria das pessoas passou a viver em cidades que se expandiram e se integraram. Entre as cidades, havia campos férteis de agricultura sustentável divididos por canais artificiais. Eu havia deixado o mundo ordeiro para trás e, naquele momento, desejava viver o indomável.

[1] Montanhista neozelandês famoso por ter sido o primeiro a conquistar o Monte Everest. (N.T.)

Peter havia me contado histórias sobre o tempo que passara na Índia na década de 1970, quando ele caminhara com ascetas *sadhus* nos Himalaias. Eu também queria vagar pelas montanhas e encontrar paz, assim como aqueles ascetas. Entretanto, diferentemente da Índia, onde existem inúmeros vilarejos para se buscar comida e outros suprimentos, além de um clima bem estável, as altas montanhas da Nova Zelândia são inóspitas e, com exceção de ocasionais raízes de *speargrass*[2] e frutos silvestres, não há muito o que se comer, tirando os animais selvagens. Ao fazer nossa transição para a vida na floresta, fomos obrigados a nos organizar meticulosamente.

— Quantas xícaras de chá você toma por dia, querido? — Perguntei. Estava sentada à mesa com papel, caneta e calculadora, trabalhando nos detalhes dos suprimentos que precisaríamos levar conosco.

Peter franziu as sobrancelhas e respondeu:

— Sei lá. Umas seis?

— Ok. Então, são doze por dia, cento e vinte para dez dias, duzentos e quarenta para vinte dias... Cerca de trezentos e sessenta para um mês, mil e oitenta para três meses — calculei.

Como planejávamos levar o mínimo de comida conosco, tínhamos que calcular quantos saquinhos de chá, colheres de mel, gramas de leite em pó, farinha, fermento, arroz e feijão seriam necessários para nos manter durante o inverno. Peter havia desidratado legumes da nossa horta, aproveitando o sol quente do outono. Tínhamos tonéis onde poderíamos estocar comida com segurança no chão, e eu havia feito uma lista do conteúdo de cada um. Tudo foi meticulosamente organizado, como nas histórias que eu havia lido sobre expedições no Ártico.

Lemos sobre plantas comestíveis e cogumelos para poder fazer uma coleta adequada de alimentos silvestres. Além de contar com as plantas, frutos e cogumelos, quis também aprender a caçar animais selvagens como coelhos e cabras. Todavia, se eu não tivesse nenhum êxito, nós não passaríamos fome. Eu havia crescido em uma família que seguia a antroposofia, uma filosofia criada por Rudolf Steiner que utiliza meios naturais para otimizar a saúde física e mental. Além disso, eu havia sido vegetariana desde o nascimento. Só quando cheguei à Nova Zelândia é que tomei conhecimento dos problemas ecológicos causados pelos mamíferos ali introduzidos e percebi, então,

[2] Espécie de touceira nativa da Nova Zelândia com folhas em forma de lança. (N.T.)

ser eticamente justificável caçar e comer animais selvagens. Ao longo dos anos, Peter e eu conhecemos diversos caçadores, sendo que um deles usava arco e flecha. No momento em que vi aquele jovem rapaz, soube que queria aprender a caçar do modo tradicional. Então, comprei um lindo arco e muitas flechas caras e, no quintal, pratiquei atirar em um alvo fixo com muito esmero durante uma hora todos os dias.

Nós havíamos decidido passar a primeira estação no sul da região de Marlborough. Iríamos montar um acampamento próximo a uma velha cabana chamada Cabana Base, que não era muito visitada durante o inverno, mas que dava acesso a carros com tração nas quatro rodas. Peter teve a ideia de pedir ao nosso bom amigo e vizinho Ricky para nos dar uma carona e levar nossos suprimentos até a Cabana Base em sua caminhonete 4x4. Não planejávamos morar na cabana, porém lá havia um braseiro que nos permitiria cozinhar em dias chuvosos. Sentimos que aquele seria o lugar ideal para começar a nossa vida nas montanhas.

Havíamos comprado um passe anual que nos permitiria utilizar todas as cabanas mantidas pelo Departamento de Conservação e partimos em longas caminhadas em preparação para nossa nova vida, carregando mochilas pesadas em trilhas que duravam dez dias. Saíamos das trilhas com nossa carga pesada, embrenhando-nos pela densa vegetação dos cumes e ravinas impenetráveis. Caminhávamos dentro de rios congelantes com sandálias de trilha para treinar suportar pés dormentes. Tentamos acender fogueiras sob chuva e descobrimos que a lã era mais quente que os tecidos sintéticos. Comprei cobertores em brechós e com eles costurei jaquetas e calças à mão para nos mantermos aquecidos no clima gélido.

Antes de partir, também tivemos que nos desfazer de nossos pertences extras. Tínhamos alugado um chalé mobiliado, então possuíamos relativamente pouco. Salvo uma caixa de livros que deixamos com Ricky, nós doamos tudo: *laptops,* telefones celulares, roupas, sapatos, decorações de parede, despertadores, etc. Descobri que era muito mais fácil acumular objetos do que me desfazer de todos os bens aos quais havia me apegado. Entretanto, quando olhei para nossas duas mochilas e doze tonéis de comida, eu sorri. Era animador estar tão livre de posses.

Após muitas semanas de treinos e leituras de uma grande variedade de livros sobre expedições, eu me senti totalmente confiante de que iríamos sobreviver em nosso acampamento próximo àquela cabana na floresta. Eu mal podia esperar para testar minhas habilidades.

Na manhã de nossa partida, um lindo dia de outono no início de maio, eu liguei para meus pais.

— Como vamos saber se você ainda está viva? — Perguntou minha mãe ansiosa.

— Você tem que confiar, mãe — respondi. — Nós seremos super-cuidadosos e eu vou escrever longas cartas. Os caçadores que a gente encontrar pelo caminho vão enviá-las para mim.

— Eles vão fazer mesmo isso? — Indagou minha mãe surpresa.

— Sim! Caçadores são pessoas muito confiáveis, e eu vou colocar selos nos envelopes, então a única coisa que eles vão ter que fazer é colocá-los numa caixa de correio.

Meu pai me deu um último conselho:

— Boa sorte nas caçadas com arco e flecha. E não vá se perder!

Mamãe me mandou beijos pelo telefone:

— *Dag liefke!*

Subitamente percebi que aquelas seriam as últimas palavras em holandês que eu ouviria durante um bom tempo. Meus queridos, amados pais. Senti um nó na garganta. "Será que tudo vai ficar bem?", pensei.

— O Mouse chegou! — Ouvi Peter gritar.

Engoli minhas lágrimas e corri para o lado de fora para ajudar a carregar a caçamba da caminhonete de Ricky com os pesados tonéis e as caixas. Enquanto isso, Peter amarrava todo o nosso equipamento com cordas para mantê-lo firme no lugar.

Ricky, nosso vizinho, tinha 37 anos e era muito ativo, com a energia e o entusiasmo de um adolescente. De algum modo, ele havia se livrado da sisudez que geralmente acomete pais que sustentam filhos que moram com ex-cônjuges. Ele parecia um cãozinho, sempre procurando alguém para brincar. Nós o apelidamos de Mouse porque era ágil, veloz e incansável como um camundongo. Era um ótimo caçador de porcos selvagens e para ele nenhum obstáculo era grande demais. Ajudou-nos com muita satisfação.

Quando ele soube do nosso plano, ficou tão animado quanto nós dois. Seus olhos verdes brilharam com a perspectiva de fazer parte daquela aventura. Ele não só nos levaria até as montanhas em sua caminhonete, como também cortaria uma pilha de lenha para nós com sua moto-serra. Depois, passaríamos a primeira noite juntos no acampamento da Cabana Base como uma espécie de festa de despedida, apreciando uma refeição feita com um pouco de carne de porco selvagem levada por ele.

Peter e eu tínhamos uma bela amizade com Mouse. O único atrito era por conta da esposa dele, Debbie. Apesar de ser uma mulher miúda, era durona e uma ótima caçadora de porcos selvagens, como o marido. Ela sempre pegava os maiores javalis e na garagem de sua casa podia-se admirar os seus troféus: uma grande fileira de presas de javali. Sua aparência era, ao mesmo tempo, bonita e feia, dependia de seu humor. Às vezes, ela era simpática, mas na maioria das vezes, era ríspida, entediada e mal-humorada.

Quando Debbie disse que queria acompanhar Mouse em nossa carona até as montanhas, eu não consegui esconder minha decepção. Eu tinha imaginado uma noite de risos e contação de histórias, porém, naquele momento estava preocupada com o fato de que se ela estivesse de mau humor, nossa diversão seria prejudicada.

Mouse estava no banco do motorista e Debbie sentada ao lado dele. Peter e eu nos sentamos no banco de trás com uma caixa cheia de feijoas entre nós.

— Pegaram tudo? — Perguntou Mouse.

Peter olhou para mim.

— Acho que sim — respondi.

— Bom, é melhor ter certeza, pois é tarde demais agora — afirmou Peter com nervosismo.

Olhei por trás dos meus ombros para os tonéis na caçamba da caminhonete e disse:

— *Ja,* pegamos tudo.

— *Ja!* — Mouse riu, enquanto dava partida na caminhonete. — Pegou uma alemã para organizar a sua expedição, Pete?

— Eu não sou alemã, Mouse! — Retruquei, também rindo.

— Com toda certeza você soa como uma! — Brincou ele.

— Os holandeses não passam de alemães de pântano — Peter piscou para mim. — Eles podem organizar tudo, cada centímetro da sua vida, se você se descuidar.

Ao deixarmos o vale, de carro, pela última vez, eu observei os salgueiros de folhas amarelas e bordôs. Eles contornavam o riacho que atravessava os pastos.

— Quando será que estaremos de volta? — Perguntou Peter.

— Nunca! — Sussurrei e comecei a rir. Sentia-me muito entusiasmada.

"Nunca" não era verdade, é claro! Estaríamos de volta àquela estrada na primavera, apesar de que não voltaríamos para nosso velho chalé, mas para a casa de Mouse.

O braço de Peter estava apoiado na caixa de feijoas e sua mão estava próxima do meu joelho. Entrelacei minha mão esquerda na dele.

— Obrigado por fazer toda a arrumação — disse ele sorrindo.

— O prazer foi meu — respondi e apertei um pouco a sua mão.

Foi uma viagem de carro, silenciosa, pelos sopés das montanhas dos Alpes do Sul. Pela janela, eu pude ver inúmeras plantações de videiras. As uvas tinham sido colhidas há pouco tempo e os ramos estavam vazios. As vinícolas lentamente deram lugar aos pastos cheios de ovelhas. Peter escolheu duas pequenas feijoas, abriu a janela e jogou-as na grama na lateral da estrada.

— Um dia talvez a gente volte e ache uma feijoeira — disse ele.

Cerca de uma hora depois, nós saímos da estrada principal e pegamos uma via cascalhada que estava vazia e com o solo bem irregular. Continuamos até avistar a placa: SOMENTE PARA CARROS COM TRAÇÃO 4X4. PROSSIGA POR SUA CONTA E RISCO.

— Pode parar um pouquinho aqui, amor? — Disse Debbie. Ela segurava um binóculo e se apoiou para fora da janela para olhar os vales e cumes do seu lado.

— Algum sinal de porcos? — Perguntou Mouse ao parar a caminhonete.

— Talvez. Tem uma ravina ali com algumas folhas de samambaia, algumas áreas sem vegetação, parece que estiveram fuçando a terra recentemente.

Eu estava sentada atrás dela e rapidamente abri a janela para mostrar meu interesse na caça, embora não tivesse ideia do que procurar. Pensei se deveria pedir o binóculo emprestado, ou se aquela seria a pergunta errada.

— Os porcos selvagens vivem em altitudes tão elevadas? — Perguntei.

— Ah sim. Eles vivem em qualquer lugar onde possam estar sozinhos — respondeu Debbie.

— Já vi javalis enormes habitando cumes de montanhas. Feras resistentes pra caraca, vou te dizer — contou Mouse, colocando um suéter de lã azul sobre a camisa.

— Pra onde eles correm quando são perseguidos no cume? — Olhei para ele pelo espelho retrovisor.

Mouse sorriu e respondeu:

— Pra lugar nenhum. Eles estão perdidos porque minhas cadelas conseguem pegá-los rapidinho.

— Coitados. Deixem os porcos em paz! — Peter suspirou.

— Qual é, Pete, você é muito mole! — Riu Mouse. — Pete não machucaria uma mosca — falou para Debbie, abaixando o pé para voltar a dirigir.

Mouse cruzou o rio diversas vezes. A certa altura, nós passamos por um trecho profundo e a água quase chegou ao capô. Imaginei a caminhonete quebrando no meio do rio, a água entrando pelas portas e nossos preciosos tonéis flutuando rio abaixo. Quanto mais eu pensava naquela possibilidade mais real ela se tornava.

— Não fique tão nervosa, Miriam! — Mouse tinha visto o meu semblante pelo espelho retrovisor. — Eu tenho um *snorkel* no carro. A água pode chegar até aqui — disse ele indicando a altura do peito com a mão.

— Mas você já esteve nessa profundidade dentro na água? — Perguntei cética.

— Já! Foi quando ele afundou a droga da caminhonete! — Exclamou Debbie, rindo.

— E quando isso acontece a gente faz o quê? — Perguntei, já me preparando para o pior.

— Aí, a gente sai do carro e começa a andar — respondeu Mouse.

Passamos lentamente por um deslizamento de terra que tinha varrido metade da estrada, e Mouse foi obrigado a dirigir sobre pequenos arbustos do lado oposto. Observamos o rio de dentro do carro.

— Me faz lembrar os Himalaias. Parece com isso aqui, no entanto, lá tudo acontece numa escala maior — disse Peter.

— Lá tem um ônibus que faz a travessia toda semana — acrescentei.

— Um ônibus toda semana? — Mouse berrou mais alto do que o barulho do motor. — De onde eles tiram esses ônibus? Devem gastar muito!

— Índia país grande, sem problemas! — Peter berrou de volta.

A caminhonete subiu numa grande rocha e uma das rodas ficou suspensa no ar, fazendo o carro se inclinar perigosamente. Olhei para as cordas sobre os tonéis e fiquei aliviada ao ver que Peter os havia amarrado firmemente.

Logo depois alcançamos um lamaçal de quarenta metros de comprimento. Do lado direito havia marcas de um caminho entre os arbustos que outras pessoas tinham utilizado para fugir da lama. Debbie tentou mostrar por onde ir, porém Mouse se precipitou e entrou com o carro direto no atoleiro.

Eu prendi a respiração quando senti a caminhonete começar a afundar e olhei fixamente para o para-brisa, tentando detectar uma mudança no barulho do motor. As rodas pareciam estar perdendo aderência e os pneus traseiros estavam patinando na lama. Apesar da extrema lentidão com a qual nos movíamos, felizmente não chegamos a parar em nenhum momento. Por fim chegamos ao outro lado. Debbie passou os cinco minutos seguintes dizendo ao Mouse que ela tinha visto o caminho alternativo, porém ele, como de costume, não a tinha escutado. Eu não sabia se ficava do lado dela ou dele. No fim, não disse nada.

Todos nos sentimos aliviados quando finalmente a Cabana Base foi avistada. Ela tinha sido construída aos pés de uma íngreme colina verde. De um lado havia uma clareira gramada e de outro um rio. A cabana, que era revestida com placas de ferro e tinha o telhado de metal ondulado, aparentava estar um tanto abandonada e deteriorada. Parecia ter passado muito tempo ali sozinha.

Mouse foi o primeiro a sair do carro.

— Chegamos! — Exclamou ele. — Então pode ser que vocês se encolham dentro deste barraco nojento pelos próximos três meses enquanto a chuva estronda sobre o telhado.

— Ou, talvez, vocês fiquem presos se a neve bloquear a porta da cabana — acrescentou Debbie.

— Putz! E onde é que vocês vão fazer cocô? — Mouse caiu na risada.

Caminhei até a cabana e meus olhos pousaram sobre um abrigo de lenha vazio. Permaneci em pé na porta de entrada e levou um certo tempo até que minha visão se acostumasse com a escuridão no interior. Havia apenas duas pequenas janelas que não eram limpas há muito tempo. Fazia frio e fedia a ratos. As paredes que uma vez haviam sido brancas tinham se tornado marrons com o passar dos anos. À esquerda, havia dois beliches de ferro e colchões com capas de plástico. No centro, havia uma mesa e três cadeiras, uma delas quebrada. À direita, ficava um pequeno braseiro. No chão estavam algumas pinhas e jornais. Havia uma pequena bancada de cozinha — porém sem pia ou torneira — e um balde de metal para coleta de água do rio. Na prateleira inferior havia uma pilha de pratos. Quando levantei o prato de cima, excrementos pretos de ratos se espalharam pelo chão. Alguém tinha deixado um velho caldeirão e uma frigideira, mas tinha se esquecido de limpá-los.

— Caramba, vamos ter que passar a noite aqui? — Arfou Debbie, entrando logo atrás de mim.

— Acho que sim — respondi, sentindo-me tão incomodada quanto ela. Abri uma das janelas para deixar o ar fresco entrar. — Vai melhorar assim que acendermos o fogo — afirmei, mas soei mais otimista do que realmente estava.

Mouse cortou mais lenha com sua motosserra em uma hora do que nós poderíamos ter cortado com um machado em uma semana. Ele trabalhava como podador e eu o havia visto pendurado nas árvores com uma perna enganchada num galho, serrando com uma das mãos, enquanto mantinha o equilíbrio com a outra.

Enquanto Peter e Debbie empilhavam a lenha, achei uma boa ideia enterrar os tonéis de comida. Mouse se ofereceu para ajudar. Levamos um certo tempo decidindo onde seria o melhor lugar, porém quando finalmente começamos a cavar, descobrimos que o solo tinha apenas cinco centímetros de profundidade. Só havia pedras. Até mesmo na floresta as raízes das árvores tornavam impossível a abertura de um buraco.

Mouse se sentou na grama e riu copiosamente de nossa ingenuidade.

— Vamos ter que esconder e cobrir os tonéis com musgos e galhos — concluí, sentando-me ao lado dele.

Eu estava apreensiva. Se algo acontecesse com a nossa comida seria um desastre. Imaginei todos os cenários possíveis: caçadores poderiam ver a parte branca dos tonéis e roubar a comida ou seus cães farejariam os grãos. E os ratos? Eles poderiam roer as tampas num piscar de olhos.

— E então, gostou da sua casa nova? — Perguntou Mouse, enquanto arrastava dois dos pesados tonéis para uma cavidade natural do solo.

— Acho que prefiro dormir numa barraca aqui fora do que naquela cabana imunda — afirmei com pesar. — Amanhã vamos montar nosso acampamento.

— Poucas mulheres escolheriam viver numa barraca no inverno.

— Poucos homens também! — Eu ri e inclinei minha cabeça em sua direção.

— Verdade — admitiu Mouse. — Você é bem diferente, não precisa do luxo de uma casa limpa e seca, não é? — Disse ele ao pegar os tonéis.

— Eu aprecio a vida simples, caminhar em meio à beleza natural, cozinhar numa fogueira, me banhar no rio. Isso me faz sentir muito viva — declarei e abri as palmas das mãos. — As melhores coisas da vida são gratuitas!

— A liberdade é gratuita! — Ele sorriu para mim.

— Você não gostaria de viver na floresta por um tempo? — Indaguei.

— Talvez, eu gosto da natureza, mas gosto mais de gente. Me sentiria muito isolado aqui nas montanhas — respondeu ele.

Olhei para seus olhos vivos e sua boca que lhe davam a aparência de um golfinho. O mundo era sempre um lugar alegre e tranquilo com Mouse por perto.

Enquanto Peter cozinhava um delicioso *curry* com a carne de porco selvagem do Mouse, a cabana começou a esquentar com o fogo crepitante. Duas velas na mesa iluminaram o nosso jantar. Comemos fazendo um comentário ou uma piada ocasional, mas me sentia um pouco tensa e cautelosa com Debbie por perto. Logo após terminarmos de lavar a louça, decidimos nos deitar em nossos sacos de dormir para nos aquecer. Rapidamente escolhi o colchão menos sujo, esfregando para ver se conseguia tirar as manchas pretas da capa plástica. Depois entrei no saco e usei minha blusa de lã como travesseiro. "Esta é a última noite em que meu saco de dormir vai estar limpo", pensei.

— Todo mundo está aquecido? — Perguntou Peter.

— Estou fervendo — brincou Mouse. Ele sempre gostava de levar as emoções ao extremo.

— Quando o fogo se apagar vai ficar frio — comentou Debbie.

Ninguém sabia mais o que dizer. Depois de um tempo de silêncio, Debbie disse:

— Boa noite, pessoal!

— Boa noite — respondi.

A cada dez minutos, Mouse se virava e sua cama rangia.

— Pare de se mexer tanto, Ricky — bradou Debbie.

Então, para o meu horror, ouvi barulhos de ratos andando de um lado para o outro. Eles estavam mexendo em uma sacola plástica, então Peter se levantou e guardou a sacola.

Quando voltou a ficar silencioso, permaneci deitada me perguntando se os ratos investigariam o meu saco de dormir em seguida. Poderia ser que, acidentalmente, passassem por cima do meu rosto. Sentia muito desconforto e subitamente senti calor. Desejava ter montado a barraca, estaria muito mais relaxada no meu próprio espaço fechado.

Após algumas horas de sono leve, voltei a acordar.

Daquela vez havia ratos no forro. Eles não conseguiam entrar, porém estavam correndo para cima e para baixo quebrando o silêncio da noite. Mouse acendeu sua lanterna, caminhou com as meias limpas pelo imundo chão de madeira e pegou a vassoura.

— Não me diga que vai varrer os ratos pra fora? — A voz de Peter ressoou.

— Presta atenção nisso — sussurrou Mouse.

Com os olhos no teto para detectar a localização dos ratos, ele ziguezagueou pelo cômodo e, em seguida, socou a vassoura com toda força contra o forro. O resultado foi um silêncio absoluto. Mouse ainda bateu com a vassoura no forro diversas vezes por precaução. Era um teto fino e os ratos devem ter ficado atordoados com o estrondo repentino.

— Viu só — disse ele num tom triunfante. — Deu certo!

No dia seguinte, Debbie já estava carregando a caminhonete antes mesmo de termos terminado o café da manhã.

— Temos que voltar rápido caso comece a chover e o nível do rio suba — explicou Mouse afagando as costas da esposa.

Provavelmente por conta da noite mal dormida, Debbie parecia muito pálida e cansada. Quando finalmente chegou a hora de nos despedirmos, ela já estava dentro do carro esperando para ir embora.

Abracei o corpo magro, mas robusto de Mouse. Eu não queria que ele partisse. Naquele momento, percebi que ele seria a última pessoa que veríamos por um bom tempo.

— Sentiremos a sua falta. — Afirmei.

Sorrindo de maneira contagiante, ele disse que estava feliz pela nossa aventura e prometeu nos visitar se o rio permitisse.

— Boa sorte nas caçadas. E lembre-se: que o sol esteja nas suas costas e o vento no seu rosto!

Eu assenti com a cabeça e tentei devolver o sorriso.

Em seguida, eles partiram. Mouse atravessou o rio com muita bravura, a água espirrava acima do capô. Antes da curva, ele buzinou, e pudemos ouvir o ruído do motor por cerca de um minuto.

Então veio o silêncio.

"Eu o escutara boquiaberta. Em anos de viagens, nunca havia conhecido um homem com tanta vivacidade e inteligência, que tão corajosamente tinha trocado sua casa e seu trabalho por uma vida de aventuras. A atração que senti por ele não foi somente por conta de seu conhecimento e sabedoria, seu gosto pela vida aventureira, sua habilidade de viver uma vida simples, ou, até mesmo, pelo seu corpo forte. Foi também pela indiscutível faísca de amor que surgiu entre nós desde o início. É uma faísca que nunca se apagou. Eu soube naquele momento que tinha encontrado um homem extraordinário."

CAPÍTULO 2

INVERNO

Peter se virou para mim e colocou meus braços sobre os seus ombros.

— Agora somos só nós dois! — Disse, abraçando-me. Dei-lhe um beijo na testa.

No imenso céu acima de nós, um gavião apareceu sobrevoando graciosamente o curso do rio abaixo. Quando nos avistou, bateu as asas amarronzadas com força para mudar de direção e desapareceu do outro lado da montanha. Para Peter e eu, aquele era o outro lado do mundo.

— Sinto que finalmente estamos em casa! — Suspirei.

Peter assentiu com a cabeça e disse:

— Este é o mundo em que todos nós nascemos.

Peguei a sua mão e contemplei o vale e a floresta ao nosso redor.

— Que sensação maravilhosa estarmos sozinhos neste lugar inabitado, não é mesmo? — Declarei.

— Verdade! A casa mais próxima está a três dias de caminhada daqui. Nesta época do ano, muitas pessoas deixam as montanhas e se recolhem até a primavera chegar.

Olhei para o alto e vi algumas nuvens flutuando sobre as montanhas. Elas estavam se movendo rapidamente, deveria haver muito vento nos cumes.

— O que será que vai acontecer com a gente? — Perguntou Peter.

Refleti um pouco antes de responder:

— Não sei! Não consigo imaginar o futuro.

— Porque ele é totalmente incontrolável.

— Sim, é como se não tivéssemos futuro, apenas um vazio eterno, uma névoa infinita.

De volta à cabana, reacendi o fogo e preparei duas xícaras de chá. Depois levei-as até Peter, que estava sentado numa pedra próxima ao rio.

— É realmente magnífico, não acha? — Olhei para a água cristalina que descia em cascata das montanhas. As grandes rochas arredondadas, gastas pela correnteza, cintilavam sob o sol.

— Acho, e várias partes desta ilha são assim também. — Peter recostou-se na pedra.

— Sinto que tenho muita sorte de estar aqui, de literalmente morar dentro desta beleza.

Olhei para as rochas expostas do outro lado do rio, a densa floresta à distância, as árvores maduras próximas. Quando terminei o meu chá, preparei outra xícara. Não tínhamos relógio, mas imaginei provavelmente ser umas dez da manhã. Pensei em Virgínia e Rose, que estariam tomando café na mesa ao lado da janela na sala dos professores. Estávamos naquele momento em mundos tão diferentes!

Depois da minha euforia inicial, uma sensação de desconforto emergiu, uma espécie de percepção que acendeu uma faísca de pânico dentro de mim. Era um pensamento que ia de encontro às minhas fantasias de viver tranquilamente na floresta: o "e agora? O que vou fazer?"

Pensei no que poderia fazer e me lembrei de que não tinha visto o banheiro. A latrina ficava a setenta metros da cabana. Era um buraco profundo com uma estrutura de madeira em cima. O único atributo que fazia lembrar um banheiro convencional era o assento branco. Havia um rolo de papel higiênico molhado no canto. Levantei a tampa e olhei para dentro do buraco. O cheiro era tão horrível que eu fechei a tampa rapidamente.

"Se eu me sentar neste vaso com a porta fechada, vou morrer sufocada", pensei.

Fiquei preocupada. A cabana e o banheiro eram piores do que eu imaginava. Tentei não pensar nos meses que tinha adiante e, em vez disso, parti para a ação.

A cabana precisava desesperadamente de limpeza, então coletei água do rio em um balde, achei uma toalha velha e comecei a lavar as paredes encardidas, a sujeira das janelas e até mesmo as manchas dos colchões. Nós dormiríamos na barraca com certeza, pois a cabana obviamente pertencia aos ratos e camundongos, porém em dias de mau tempo poderíamos pelo menos nos abrigar numa cabana limpa.

Peter me viu indo e voltando com os baldes e disse:

— Por que você não se senta um pouquinho?

Como eu sempre estivera ocupada com afazeres, era difícil conseguir ficar parada. Peguei a frigideira suja da prateleira e esfreguei-a com areia do rio até ficar limpa. Depois fiz o mesmo com os talheres e o caldeirão. Em seguida, procurei o melhor lugar para acampar e montei a barraca debaixo de algumas árvores, amarrando uma lona por cima como um sobreteto. A barraca seria o nosso quarto, a cabana nossa sala de estar durante o mau tempo, o rio era nossa torneira, geladeira, chuveiro, lavadora de louças e roupas, e todo o vale era nosso jardim. Era a nossa casa na floresta. Comecei a me sentir melhor em relação ao lugar.

Peter se ofereceu diversas vezes para ajudar, entretanto preferi fazer tudo sozinha receando o momento em que todas as tarefas tivessem sido feitas. Precisava preencher o meu tempo livre. Finalmente, depois de amarrar uma corda entre as árvores para fazer um varal, eu me sentei. Não conseguia pensar em mais nada para fazer.

"Que horas seriam?", pensei.

O sol acabara de tocar o topo das montanhas. Talvez fossem três ou quatro da tarde. O dia parecia interminável.

As nossas caminhadas e treinos haviam me preparado para todos os cenários, exceto um: o tédio. Estar ocupada caminhando o dia todo era relativamente mais fácil do que simplesmente... viver. Se estivesse fazendo trilhas, teria colocado a mochila nas costas e começado a caminhar até a próxima cabana. Se estivesse caçando ou pescando, teria terminado o dia e ido embora. No entanto, eu não poderia ir a lugar nenhum.

Juntei-me a Peter, que estava lendo um jornal antigo tranquilamente sob o sol.

— Acho que vai ser necessário um pouco de adaptação no começo, não acha? — Minhas palavras exprimiram uma coerência que eu não estava sentindo.

— Sem dúvida, uma adaptação considerável — Peter assentiu com a cabeça. — A mente precisa se acalmar. Pode-se levar dias para relaxar e entrar no ritmo deste lugar. Até semanas.

Aqueles primeiros dias foram sem dúvida de uma adaptação considerável, em muitos níveis. Em alguns momentos, me senti confortável e em casa, já em outros, insegura em relação ao futuro. No entanto, sentia principalmente tédio e agitação. Eu não tinha mais um emprego, um projeto ou estímulos como socialização, *e-mail,* música e todo o resto. Parecia estar com sintomas de abstinência. Minha mente estava a mil, meus pensamentos eram confusos e tinha inúmeros *flashes* de memórias. Minha cabeça era o caos comparada ao silêncio da natureza, cujo ritmo suave era muito mais lento do que o meu agitado interior.

Fiquei feliz por ter a possibilidade de falar com Peter sobre o difícil processo de desaceleração. Ele também não havia morado na floresta antes, contudo parecia entender a natureza da mente humana um pouco melhor do que eu. Apesar de aparentar tranquilidade, comparado a mim, ele disse que sabia exatamente como eu me sentia. Peter não procurava milhares de coisas para fazer, mas tinha lido todas as páginas de todos os jornais e revistas antigos que estavam na cabana. A sua sugestão era que simplesmente vivêssemos o tédio e a agitação, sem fazer nada, por um tempo.

Nada.

Era a última coisa que eu queria fazer. Nada significava monotonia, o temido vazio, o terrível vácuo. Nada era o desconhecido.

Tinha descoberto ter medo do nada, e seria forçada a encarar aquele medo nas semanas seguintes.

Na primeira manhã de sol, fizemos uma grande fogueira do lado de fora. Sempre gostei de fogueiras. Desde que tinha 5 anos, era fascinada por duas coisas, ambas ensinadas pelo meu paciente pai: construir cabanas nas árvores e acender fogueiras.

Tínhamos levado conosco farinha, fermento e um forno portátil antigo, que era basicamente uma grande panela de ferro com uma tampa achatada. Peter tinha aprendido a usar aqueles fornos quando, aos 20 anos, trabalhara como cozinheiro numa fazenda de gado no Golfo de Carpentária, no norte da Austrália. Para assar o pão em nosso forno, iríamos precisar de madeira dura para a fogueira. Peter explicou que se usássemos uma madeira macia como o pinheiro, no final, teríamos cinzas e não brasas, o que faria com que nosso pão não cozinhasse por dentro. Levou cerca de duas horas até que a madeira dura que coletamos se transformasse em brasas quentes e vermelhas.

Então Peter sovou a massa do pão e a colocou dentro daquele forno. Após a massa ter crescido até a tampa, ele mexeu na lenha em brasa até fazer um buraco no meio dos tocos flamejantes. Colocou o forno naquele buraco e colocou brasas sobre a tampa, utilizando uma pá.

Depois de uma hora levantei ansiosamente a tampa e juntos contemplamos um lindo pão marrom-dourado. Sorrimos de orelha a orelha enquanto comíamos nossas primeiras fatias quentinhas. Estava delicioso! Tinha o sabor de independência.

Um colorido e pequeno *bellbird*[3], com um brilhante dorso verde e uma barriga amarelada, estava cantando em uma árvore próxima. Seus olhos de cor vermelho-rubi nos estudavam de diferentes ângulos.

— Preste bastante atenção no bico — disse Peter em voz baixa.

Ele cantava com muito entusiasmo, porém, às vezes, seu bico se abria sem emitir sons.

— Alguns sons nós não conseguimos ouvir! — Sussurrei.

— Algumas das notas mais altas nós podemos.

— O que mais estamos perdendo, sem saber, neste mundo?

— É isso que temos que descobrir, Miriam — disse Peter, e então o *bellbird* voou para longe.

Durante nossa primeira semana na floresta, um bode preto e branco passou pelo nosso acampamento. Eu corri atrás dele e berrei "bééé, bééé, bééé" para ver se ele berrava de volta, mas o bode simplesmente vagou de volta para a floresta. Não tentei em nenhum momento caçá-lo, pois ainda estávamos comendo a carne de porco do Mouse.

Entretanto, uma semana depois já era hora de ir em busca de mais carne. Apesar de haver treinado atirar num alvo, eu não tinha nenhuma experiência com a caça em si. De qualquer maneira, eu estava pronta para aprender uma nova habilidade.

Quando pensei na palavra "habilidade", memórias do irmão de Peter, Mark, vieram à tona. Ele tinha uma grande fazenda de criação de ovelhas e nós o havíamos visitado três anos antes, durante meu primeiro mês na Nova Zelândia.

Durante aquela visita, Peter, Mark e eu ficamos tomando chá e conversando em volta da bancada da cozinha. Mark, com seu facão de caça, cortava fatias de salame feitas com carne de porco e cervo que ele mesmo havia caçado. Os dois irmãos eram muito diferentes. Mark, de cabelo bem curto, falava, agia e se portava como um típico fazendeiro: prático, racional, direto ao ponto. Um pouco franco demais, às vezes. O modo como se colocava mostrava que era forte como um touro — uma força que deveria ser considerada. Com uma feição séria e um tom seco, ele estava ocupado resumindo o cenário político internacional.

— Com a superpopulação e os recursos naturais cada vez mais escassos, a pressão só irá aumentar e é apenas uma questão de tempo até algum desastre acontecer — afirmou ele.

[3] Pássaro endêmico da Nova Zelândia conhecido pelo seu canto que parece um sino. (N.T.)

Em seguida, nos encarou brevemente e assentiu com a cabeça. — Pois é, todo este frágil sistema irá desmoronar, como um castelo de cartas — continuou, e, com a ponta da faca pegou uma fatia de salame e a colocou na boca.

— Mas como? — Perguntei.

Naquele momento, os dois irmãos me olharam perplexos, como se eu fosse a única pessoa que não tivesse considerado um apocalipse antes.

— Um desastre da engenharia genética ou a Terceira Guerra Mundial — disse Peter.

— Guerra climática, pandemia — acrescentou Mark.

— A quebra da bolsa de valores como em 1929 — Peter balançou a cabeça negativamente. — Pode haver uma série de causas.

— Sim, e quando o bicho pegar, o dinheiro não vai servir pra nada e cada um vai ter que se virar como pode — Mark passou o salame fatiado para o nosso lado.

Fiquei um tanto surpresa com as palavras de Mark. Peter e eu tínhamos passado muitos anos viajando pela Ásia, onde os problemas de superpopulação e escassez de recursos eram muito aparentes, mas na Nova Zelândia aquelas questões não eram tão evidentes para mim.

— Se a lei falhar, eu sei o que vou fazer — continuou Mark. Depois, se inclinou para frente de forma conspiratória. — Vou explodir as pontes para que ninguém tenha acesso à minha propriedade.

Ele apontou para o lado de fora da janela e eu olhei para as intermináveis montanhas verdes e áreas de floresta que pertenciam à Mark e sua família.

— Sem as pontes, somente as pessoas que tiverem habilidades serão permitidas em meu território — afirmou ele.

"Habilidades", pensei. "Habilidades".

— Tenho armas suficientes para proteger a minha família. Em cima da porta está o meu fuzil 308, caso eu precise dele rápido, e tenho outras armas no meu cofre — prosseguiu Mark.

— Suficientes para um pequeno exército! — Exclamou Peter, dando risada.

Eu me imaginei nesse futuro pós-apocalíptico: estaria em pé na beira do rio sem ponte de acesso.

"Que habilidades você tem?", Mark e seus familiares berrariam do outro lado.

"Sou professora de educação física", eu gritaria de volta.

"O quê?", indagariam os sobrevivencialistas ao escutar uma resposta tão inútil. Que valor isso teria para a sobrevivência do grupo?

"Professora de educação fí..."

"BUM!"

Miriam estaria morta.

A partir daquele ponto minha imaginação foi direto para um grande banquete canibal, pois nada seria desperdiçado no futuro, obviamente.

Ali mesmo, naquele instante, cheguei à seguinte conclusão: "Caso um apocalipse realmente aconteça, devo me certificar de que tenho algumas habilidades básicas de sobrevivência. E, de qualquer maneira, se nada acontecer, pelo menos eu terei aproveitado o processo".

Assim sendo, decidi que queria aprender a caçar como nossos antigos ancestrais. Durante a infância, eu havia feito arcos e flechas com meu pai, utilizando bambu do quintal. Robin Hood fora meu herói. Parecia que a caça se adequava bem a mim. Então, um ano antes de nos mudarmos para a floresta eu comprei um arco recurvo tradicional. Meu lindo arco não tinha mira e o tiro deveria ser feito instintivamente. O tiro instintivo, como é chamado, seria ideal para mim.

Portanto, quando toda a carne de porco do Mouse havia acabado e chegara a hora em que eu deveria sair em busca de mais carne, peguei o arco, coloquei a minha faca na bainha e me encaminhei confiante para dentro da floresta. Imaginei que deveria ter sido assim com os antigos caçadores nativos americanos, caminhando pela paisagem selvagem, arco e flechas pendurados no ombro. Lá estava eu, caçando na natureza selvagem da Nova Zelândia. Que fantástica e épica aventura!

Segui a trilha montanha acima, prestando atenção a qualquer ruído e tentando não fazer barulho. Pensei ter ouvido bodes berrando a uma certa distância, porém quando cheguei perto descobri ser apenas o som do rio. Escondi-me atrás de árvores, senti os cheiros ao meu redor, procurei por excrementos de bode ou pegadas na lama. Entretanto, o mundo estava totalmente estático, até os passarinhos estavam em silêncio. Olhei à minha esquerda para a floresta, mas não ousei me aventurar para longe da trilha por medo de me perder. De repente me senti insegura naquela impressionante vastidão da floresta, onde nada parecia familiar.

Avistei uma grande rocha numa clareira gramada. Mouse havia me falado que bodes gostavam de lugares abertos, então me aproximei lentamente e me escondi atrás da rocha. Armei meu arco com uma flecha me preparando para um bom tiro. Ergui a cabeça devagar na expectativa de ver um bode parado ali, esperando por mim, a uma desejada distância de vinte metros. Mas não. Não havia nada. Nem mesmo um coelho complacente ou uma lebre perdida.

Na tentativa desesperada de atrair um bode para a clareira, eu finalmente berrei: "Bééé! Bééé!"

A única resposta foi o silêncio e o sol poente.

Decepcionada, eu me virei e voltei rapidamente para o nosso acampamento. De súbito, tinha começado a ficar com medo da escuridão que se alastrava.

— Você foi até onde? — Perguntou Peter quando eu retornei. — O que você viu? — Ele estava curioso para saber sobre a minha primeira tentativa de caça.

— Humm, não muito longe. — Resmunguei um pouco envergonhada. — Não vi nada.

— Bom, você pode continuar tentando — disse Peter em tom encorajador. — Haverá tempo suficiente para aprender a caçar.

Os dias claros eram tão agradáveis que podíamos nos sentar ao sol vestindo apenas uma camiseta. Porém, quando o sol desaparecia por trás das montanhas, sentíamos o ar frio descendo sobre nós. Nossa barraca estava montada embaixo de árvores de folhas perenes, então os galhos nos mantinham aquecidos durante as longas noites em que o vale era invadido pela geada e a primeira luz do dia revelava cristais brancos na grama.

Fizemos belas caminhadas naqueles dias claros. Peter geralmente ia na frente, caminhando a uma curta distância de mim. Sentia-me muito segura na floresta com ele. Se estivesse sozinha teria temido me perder, mas com Peter eu não sentia medo. Ele tinha um bom senso de direção e, mesmo se nos perdêssemos, ele saberia o que fazer. Peter caminhava com elegância, nunca cheguei a vê-lo andando de modo descuidado ou imprudente. Como ele não gostava de seguir trilhas, nós andávamos pelo meio da floresta até riachos pedregosos e cânions. Chegávamos a mirantes elevados, esplêndidos campos verdes e pequenas cavernas secretas. Em uma ocasião, ele reparou em um alto e velho pinheiro. Nós escalamos seus galhos até quatro metros acima do solo e nos sentamos na mesma altura dos pássaros para observar todo o vale.

— Parece um pouco com a Escandinávia. — Comentei, apontando para os pinheiros no vale.

— Ou talvez o Canadá — completou Peter, achando um lugar confortável para se sentar. — Aquelas árvores são abetos, pinheiros e ciprestes. Desde os anos 1850, eles tentaram transformar esta área em fazendas, incendiando todos os secos cumes, mas não conseguiram queimar as úmidas ravinas. — Ele apontou para um grupo de faias nativas sobreviventes e continuou: — Por conta das queimadas, o vale se erodiu tanto que decidiram semear a terra lançando sementes de pinheiro de uma aeronave, dessas de asa fixa.

— Como você sabe disso? — Perguntei, raspando um pouco da resina cheirosa da árvore.

— No ano passado, conheci um senhor de idade, que selecionara as sementes para a operação quando era mais novo.

— Mas por que eles estavam preocupados se o solo estava se erodindo ou não?

— Porque sem vegetação esta área estava sujeita a inundações. Todo o baixo vale se encheu com rochas dessas montanhas e a área de fazendas era inundada com frequência.

Olhei para os lindos contornos dos grandes pinheiros. Alguns eram finos como um lápis, outros tinham longos galhos laterais ou tinham o formato de um cone.

— É bom pra gente, este local não vai ser invadido por trilheiros. Os neozelandeses ultimamente não gostam muito de ver árvores que foram introduzidas. — Peter deu risada.

— Mesmo que tenham sido seus próprios antepassados que plantaram estas árvores?

— Pois é, a ideologia mudou. As pessoas preferem ir para florestas originalmente nativas. Se há uma única regra com relação a ideologias é o fato de que elas mudam o tempo todo. — Peter sorriu.

Ele estava encostado no tronco da árvore com as pernas dobradas em volta de um galho. Seu cabelo comprido e ondulado caía por trás dos ombros e sob o sol tinha um tom dourado, mas na sombra ficava prateado. Peter sempre tinha uma aura tranquila quando estava em meio à natureza. Não gostava de afobação ou pressa e tentava aproveitar cada momento do dia. Seus olhos azuis observavam atentamente a paisagem, absorvendo cada detalhe daquela beleza. As grandes orelhas despontavam por entre os fios de cabelo. Ele tentava escondê-las, mas eu gostava de suas orelhas de elfo. Ele podia ouvir tantos sons, até mesmo de longas distâncias. Às vezes, ele escutava até meus pensamentos.

Após algumas semanas explorando o local, decidimos nos mudar mais para o interior das montanhas na região da Cabana Sul, onde nunca havíamos estado e estávamos curiosos para conhecer. Partimos num dia ensolarado com todos os nossos pertences e comida suficiente para duas semanas. Como de costume, caminhei usando sandálias de trilha. Antes eu havia usado botas, porém meus largos pés sofriam com as doloridas bolhas que se formavam. As sandálias de trilha preveniam esse problema e também tinham a vantagem de secar rápido após numerosas travessias de rios, o que foi útil naquele momento pois pelo nosso caminho havia um largo leito de rio e grandes rochas para escalar.

Olhei para o fluxo do rio por um momento com receio de dar o primeiro passo dentro da água gelada. A água estava fria de rachar e me fez tremer imediatamente. A correnteza puxava minhas pernas e comecei a me preocupar com as roupas que estavam guardadas em apenas algumas sacolas de plástico. Se eu fosse levada pela correnteza, as sacolas não iriam se manter impermeáveis. Além disso, se eu caísse na água Peter teria que montar a barraca e me colocar dentro do saco de dormir para evitar hipotermia, pois não tínhamos um carro para voltar.

— Use seu cajado para se equilibrar! — Gritou Peter mais alto do que o barulho do rio.

O forte fluxo do rio me desorientou, eu não conseguia ver o fundo claramente e a correnteza estava me fazendo perder o equilíbrio.

— Por aqui! — Disse ele.

Quando eu estava prestes a cair em um profundo canal, Peter apontou com seu cajado para uma área mais rasa. Caminhei com esforço até sair do rio com minhas sandálias cheias de pedras.

— Não está com frio? — Perguntei em voz alta.

— Congelando! — Respondeu Peter. — Continue andando!

No entanto, primeiro eu tive que parar para retirar os seixos de dentro das sandálias. Cambaleei perigosamente em um pé só com a pesada mochila nas costas, enquanto Peter caminhava devagar para dentro da floresta.

A trilha deixava o leito do vale para trás e subia de forma íngreme para dentro das montanhas. A geada permanente já era visível nas partes do vale que estavam na sombra, abandonadas pelo sol. A subida foi tão extenuante que eu rapidamente me aqueci de novo. Por fim, uma abertura entre as árvores revelou uma vista do vale. Do outro lado do desfiladeiro havia uma parede vertical de pedra. O vento canalizado por entre as fendas da rocha fazia as árvores acima do rio balançarem suavemente.

Foi uma bela e delicada cena. A dança das copas das árvores.

— A beleza e a pureza deste lugar podem transformar a mente, não acha? Todas as grandes religiões têm uma mensagem única. Cristo, Buda, Maomé, Lao-Tzu, todos falam sobre a transformação da mente — disse Peter com olhos cheios de admiração.

Eu assenti com a cabeça, olhando para o poderoso rio que tinha tão sem esforço desgastado aquelas rochas sólidas.

— Seja qual for o significado dessa mensagem, este lugar puro e selvagem deve ser capaz de mudar nossa consciência.

Os últimos trinta minutos de subida foram exaustivamente íngremes. Foi maravilhoso quando finalmente avistamos a pequena cabana branca inserida na gigantesca paisagem. Para conseguirmos chegar lá, entretanto, tivemos que atravessar um pântano úmido e escorregadio dentro do qual me afundei até os joelhos na lama preta.

— Por que eles construíram a cabana aqui? — Suspirei frustrada, enquanto escorregava pelo gelado lamaçal.

O interior da cabana estava úmido. A luz do sol não entrava fazia semanas. Havia uma lareira aberta, lenha e o local parecia claro e limpo, graças a três janelas.

— Olha, sem sinal de ratos! E que cabana agradável com toda essa luminosidade — afirmei contente enquanto começava a descarregar as mochilas.

— A gente deveria dormir aqui ao invés de na barraca? — Perguntei. — Quantos visitantes você acha que virão no próximo mês?

— Bom, no ano passado, vieram quatro pessoas em junho e seis em julho — disse Peter folheando o livro de registros da cabana. — Escuta só esse comentário de um caçador que veio no inverno passado: "Encontrei duas latas de ervilha estouradas nesta cabana. Elas congelaram feito pedra durante a noite!"

Nós nos entreolhamos assustados.

— Aqui um outro de julho do ano passado: "Esta é a cabana mais fria em que eu já fiquei, fez sete graus negativos dentro dela. Bem-vindo à Sibéria!" — Continuou Peter.

Olhei pela janela para os pinheiros espalhados pela floresta de faias.

— Oh Deus, aqui vai uma outra notícia — continuou Peter lendo os comentários. — Isto foi escrito por um caçador de *possums*[4] que passou alguns dias aqui em junho do ano passado: "a droga da lareira não está funcionando,

[4] Tipo de marsupial australiano semelhante a um gambá. (N.T.)

o Departamento de Conservação concretou a base. Sem um duto para alimentar o fogo, sai fumaça pra burro!"

— O que isso significa? — Olhei com atenção para a abertura da lareira.

— No passado havia rochas na base da lareira para permitir que o ar de fora entrasse e alimentasse o fogo. Com o concreto tampando os espaços entre as rochas, não há oxigênio suficiente para que o fogo queime de maneira adequada. Nós podemos tentar, mas talvez tenhamos que abrir a janela para que entre uma corrente de ar.

Quando Peter acendeu a lareira, nós descobrimos que o enfurecido caçador de *possums* estava certo: a cabana se encheu de uma grande quantidade de fumaça. Nos sentamos em meio à fumaça até nossos olhos começarem a doer e lacrimejar, obrigando Peter a abrir a janela. A corrente de ar gelado reacendeu o fogo e clareou o interior da cabana em questão de segundos.

— Como vamos nos manter aquecidos? — Perguntei.

Estava preocupada com o fato de que talvez não estivéssemos equipados o suficiente para as gélidas temperaturas que nos atingiriam nos próximos meses. Afinal, aquele era apenas o início do inverno!

— Vamos ter que fazer fogueiras maiores — respondeu Peter. — O bom da lareira aberta é que podemos colocar grandes toras de madeira dentro. Mas como as chuvas de inverno vão chegar em breve, é melhor enchermos o abrigo com lenha o quanto antes.

Impelidos pelo iminente clima úmido, nós partimos em missões para busca de lenha, sem demora. Uma vez que a madeira estivesse molhada, ela não secaria até a primavera. Assim, decidi coletar as toras caídas na beira do rio que tinham sido secas pelo vento. Para chegar lá, tive que descer uma encosta escorregadia cheia de touceiras de *speargrass*. Esta espécie de planta nociva e espinhuda é comum nas partes altas da Nova Zelândia e tínhamos vivido experiências suficientes com ela para saber que poderíamos nos machucar gravemente se não tomássemos cuidado. Sua raiz é comestível, porém nunca nos atrevemos a chegar perto de nenhuma touceira para prová-la.

Quando encontrei uma boa tora de madeira na beira do rio, levantei-a e coloquei-a sobre os ombros. No caminho de volta à cabana, encontrei um outro tronco. Recordando os treinos de musculação que havia feito quando era adolescente e competia no salto com vara, presumi ser possível carregar uma segunda tora. Depois de algumas tentativas, consegui posicionar um tronco em cada ombro. Aquilo pode ter beirado ao extremismo, porém eu senti uma grande alegria em meu coração. Nossa vida tinha se tornado uma expedição de verdade! Subi a encosta mal tirando os pés do chão, por entre as touceiras de *speargrass,* através da floresta e do riacho até alcançar a cabana. Ao chegar, larguei as toras no chão e caí de modo melodramático.

Peter permaneceu pasmo na entrada da cabana.

— Uma tora já é pesada o bastante, mas duas já é insanidade. Daqui a pouco você vai cortar um seio fora para atirar melhor com o arco! — Exclamou ele.

Eu ri, em seguida, me coloquei em pé novamente e ergui Peter a vinte centímetros do chão para demonstrar mais uma vez a minha força.

Ele abriu um largo sorriso.

— Ok, então preste atenção nisso, Miss Amazonas — disse Peter enquanto eu o colocava novamente no chão.

Segurando o machado com ambas as mãos, ele se posicionou na frente de um dos troncos. Com os pés afastados, levantou o machado até a parte posterior da cabeça. Os joelhos se dobraram para frente e o quadril também. O peito estava arqueado como um arco esticado e, com um movimento rápido como um chicote, brilhantemente cravou o machado no centro da tora.

— Eu consigo fazer isso. — Tentei pegar o cabo do machado impacientemente.

— Não, não, você só viu metade do ato.

Peter voltou à mesma posição. Olhou para o tronco, inspirou profundamente e mais uma vez fez seu corpo todo balançar como um chicote. Transferindo toda a sua força para a cabeça do machado, atingiu o tronco exatamente no mesmo lugar, fazendo-o rachar.

— Uau, isto é incrível! Deixe-me tentar — requisitei, e então Peter me passou o pesado machado.

Imitando seu rosto sério, coloquei-me em frente ao tronco, movi meu corpo como um chicote e golpeei a madeira. O machado atingiu a tora a cinco centímetros de distância da rachadura de Peter, fazendo-a apenas oscilar.

Após haver golpeado o tronco em dez lugares diferentes, ele disse:

— Viu só? Não é tão fácil quanto parece.

As toras que carreguei tinham deixado marcas de lama em meu pescoço e como estava me sentindo razoavelmente com calor, decidi me banhar nas águas geladas do rio. Levei minha caneca azul de ágata, um sabonete amarelo da marca *Sunlight* e uma pequena toalha vermelha para a margem do rio. Aquelas cores vibrantes combinaram com a cor cinza das pedras.

Tirei as roupas e permaneci nua na beira do ruidoso rio enquanto a fria brisa acariciava a minha pele. Em seguida joguei água por todo o corpo e me ensaboei o mais rápido possível. Enxuguei-me com a toalha e imediatamente me vesti. Uma vez que estava aquecida novamente, molhei o cabelo com canecas de água e ensaboei a cabeça.

Inclinei-me para frente, olhando para a floresta de cabeça para baixo, e mergulhei o couro cabeludo dentro da correnteza veloz do rio. A gélida temperatura da água me deu uma instantânea dor de cabeça. A terra havia desaparecido, meus longos cabelos correram rio abaixo e por cinco segundos eu experienciei estar conectada diretamente com a alma do rio. Foi fantástico! Fez-me sentir mais limpa do que todos os banhos quentes da minha vida inteira juntos.

Nossos dias na Cabana Sul foram muito frios e as noites foram geladas. Apesar de a lareira ajudar um pouco, não tínhamos madeira o suficiente para manter o fogo aceso a noite toda. Peter sempre gostava de ter um copo de água ao lado da cama, porém não fazia mais sentido já que a água virava gelo durante aquelas noites congelantes. Fazia um frio tão intenso que conseguíamos ver fumaça saindo de nossa boca em todos os momentos dentro da cabana.

Um final de tarde, esperávamos o arroz e o feijão cozinharem. A chuva estrondava sobre o telhado de metal ondulado e a corrente de ar gelado que entrava pela janela levava embora o pouco de calor que havia no ambiente. Eu tinha vestido todos os meus suéteres e casacos e estava enrolada em um cobertor de lã. Peter estava sentado na frente da lareira.

Cuidadosamente, ele levantou a tampa do caldeirão para provar o feijão e ver se ele tinha cozinhado.

— Eu não gosto mais disso, Miriam.

Seu rosto estava triste e sua voz desanimada.

— Do feijão? — Perguntei esperançosa.

— Não! Eu não gosto desta cabana neste pântano, da fumaça da lareira, do frio cortante, de tudo *isso.*

Ele olhou para mim e continuou:

— Isso não faz sentido! Estou sentado em frente à lareira e há gelo se formando nas minhas costas! O que estamos fazendo aqui?

Eu não sabia o que dizer. Ele parecia estar sentindo muito frio, seu nariz estava roxo e suas bochechas pálidas, mas me senti um tanto decepcionada.

Estávamos na floresta havia menos de um mês. Aquele era apenas o começo da nossa vida de expedições e eu esperava muito mais severidade, porém Peter parecia querer desistir de tudo.

Ficamos em silêncio por um tempo. Olhei para o meu dedo que estava com uma mancha escura. Tinha encostado na alça quente do caldeirão ao retirá-lo do fogo e acabei ficando com uma cicatriz.

— Então, por que não come mais? Você tem comido muito pouco ultimamente. — Fiz um esforço para falar de forma alegre e encorajadora.

— Tenho tanto frio que não tenho fome durante o dia — respondeu Peter com tristeza.

Aquilo não fazia sentido para mim, se eu estivesse com frio comeria mais, não menos.

Olhei para toda a comida que estava no canto da cabana. Três dias antes nós havíamos voltado à Cabana Base para buscar mais farinha, arroz e feijão.

— A gente ainda tem provisões suficientes para mais duas semanas. Não quero carregar tudo de volta de novo — falei com hesitação.

— Eu também não — respondeu Peter, olhando para o piso de madeira. Seus olhos azuis estavam cheios de preocupação. — Este é apenas o *início* do inverno. A gente vai conseguir aguentar estas condições? No verão, esta cabana deve ser fantástica, mas no inverno ela é terrível.

— A Cabana Leste é melhor! — Afirmei. Felizmente nós sabíamos disso, pois já havíamos estado lá no ano anterior. — Assim que a nossa comida acabar, voltaremos para a Cabana Base e de lá iremos para a Cabana Leste.

Apesar de também ter sentido frio e tristeza algumas vezes, nunca considerei voltar para nosso ponto de partida. O magnetismo da aventura era muito atraente, eu me sentia como um explorador de tempos remotos. É claro, nossa jornada era acompanhada de sofrimento físico, temperaturas gélidas, comida sem graça, chuvas intermináveis, estresse por ficar muito tempo dentro de um único lugar e outras dificuldades. Entretanto, eu me sentia muito viva. Estávamos experimentando o mundo real, com os elementos extremos da natureza bruta e selvagem. Nas ocasiões em que arrastei os troncos na beira do rio, tomei banho no gelado rio ou acendi a lareira à noite, meu coração e minha alma se encheram de energia.

Além disso, para mim havia o fator curiosidade. O que aconteceria se Mark estivesse certo e os sistemas do mundo entrassem em colapso por alguma razão? Peter e eu conseguiríamos sobreviver? Tínhamos trazido a maior parte da nossa comida, portanto não iríamos morrer de fome. Contudo, como seria se chegasse o dia em que tivéssemos que contar apenas com nossa caça e coleta de alimentos? Poderíamos sobreviver se não tivéssemos as provisões extras? Considerei ser aquele um bom experimento. Comecei a perceber que sobreviver seria na verdade uma tarefa assustadoramente árdua.

Após a minha primeira experiência de caça, saí diversas vezes armada com meu arco. Porém, com exceção de uma lebre que imediatamente fugiu, não avistei absolutamente nada. Depois da triste confissão de Peter junto à lareira, decidi tentar fazer uma armadilha para *possums.* Talvez a proteína da carne nos desse a caloria e a energia que tão severamente precisávamos.

Os *possums,* originários da Austrália, foram introduzidos na Nova Zelândia por colonizadores europeus na década de 1850 e eram considerados pragas. A maioria dos neozelandeses nunca cogitaria comê-los, porém Peter e eu precisávamos de carne. Eu não tinha experiência alguma em apanhar e matar aqueles animais, no entanto Mouse e Peter haviam me instruído em certa ocasião e havia parecido ser razoavelmente simples. Meu único medo era ficar com o dedo preso ao montar uma armadilha, mas tudo correu bem — tudo, exceto o fato de que não consegui pegar nada. Tinha polvilhado farinha e temperos de *curry* na armadilha, porém não houve *possum* que se deixasse enganar.

Na manhã seguinte, acordamos com dor de estômago de tanta fome. Apesar de nossas grandes refeições de arroz e feijão nos sustentarem, as noites eram tão longas e frias que toda a caloria da comida já tinha sido queimada tão logo o sol raiava. Estávamos perdendo peso pelo simples fato de estar suportando as gélidas condições.

Na manhã do terceiro dia, Peter saiu para verificar a armadilha.

— Pegamos um!

Ouvi ele berrar.

Um *possum* do tamanho de um gato estava sentado na armadilha. Tinha o pelo marrom-escuro e macio, uma cauda peluda e uma pequena cabeça com olhos pretos e orelhas cor-de-rosa. As garras eram miúdas e os dentes como os de um rato.

— Você mata! — Anunciei rapidamente, pois sabia que Peter tinha bastante experiência.

— Você que quer ser a caçadora. Deveria tentar! — Respondeu ele.

Nós dois estávamos com pavor de matar a presa.

Relutantemente, segurei a cauda com a mão esquerda e em seguida bati na cabeça do animal com o cabo do machado. Contudo, para o meu horror, eu não o havia atingido corretamente e ele não tinha morrido. O *possum* olhou para mim com seus grandes olhos escuros aterrorizados. Com as mãos trêmulas, bati nele diversas vezes mais.

— Entre os olhos! — Gritou Peter.

Em minha imaginação, matar um *possum* seria uma tarefa racionalmente simples. Entretanto, para uma novata inexperiente como eu a realidade se tornou angustiante. Perdi o controle da cauda e o animal debilitado se arrastou com a armadilha por um metro.

Peter interveio, segurou a cauda firmemente e, com um golpe certeiro, abateu-o.

Só consegui voltar a respirar depois que o corpo do animal jazia sem vida na grama. Meu coração estava batendo descontroladamente e senti vontade de chorar.

— Quer que eu tire a pele dele? — Perguntou Peter, retirando-o da armadilha.

— Não, não, pode deixar comigo! — Respondi.

Eu estava tentando desesperadamente me recuperar do choque e ser coerente, mas minha voz soou abatida e minhas mãos estavam tremendo. Apanhei o animal e o estirei na minha frente. Olhei para o seu corpo inerte. Apenas momentos atrás ele tinha vida, naquele instante estava morto. Para onde a vida tinha ido?

Tentei relembrar as instruções de Mouse sobre como fazer a extração da pele, porém subitamente não conseguia me lembrar de nada. Apesar disso, eu não queria parecer uma frouxa, então fingi saber o que estava fazendo. Com insegurança, cortei a pele em volta das garras e puxei-a com muita força, fazendo-a rasgar. Muitos pelos caíram e ficaram colados na carne. Arranquei a pele do animal aos pedaços e mais grama e areia ficaram grudadas na carne.

Peter retornou e olhou para a minha sujeira.

— Não consegue se lembrar de como Mouse e eu fizemos?

— Sim, é claro que me lembro! — Menti. — Este é o jeito certo! — Minhas palavras soaram mais ríspidas do que eu gostaria.

— Por que você não me deixa te mostrar? — Peter estava começando a ficar aborrecido. — Olha toda essa sujeira na carne.

— Eu consigo. Só me deixe fazer! — Eu tinha lágrimas nos olhos.

Finalmente, consegui retirar a maior parte da pele, depois fiz um corte na barriga e, de modo aflito, coloquei as mãos dentro do corpo ainda quente do *possum* para retirar os intestinos. Todo o sangue e as tripas caíram no chão. O cheiro era insuportável e repugnante.

Eu me senti horrível.

Cuidadosamente, lavei o *possum* na água do rio numa breve tentativa de tirar a sujeira da carne. Foi mais difícil do que eu imaginava e a carne ainda parecia estar suja. Quando finalmente entrei na cabana com o corpo do animal pingando, Peter olhou para ele com nojo.

Coloquei a carne em cima da tábua de cortar e saí rapidamente da cabana em direção à floresta. Meus olhos ardiam com as lágrimas. Uma grande árvore tinha criado uma área ao seu redor, com seus longos galhos esticados como se fossem braços. Com facilidade, subi no galho mais baixo. Lá me sentei e chorei pela confusão com o *possum,* pelas palavras de irritação de Peter e, principalmente, por ter tirado a vida de uma linda criatura que não tinha feito nada de errado. Que sofrimento eu tinha causado. Tudo aquilo tinha se tornado um terror macabro. Por que razão deveríamos matar aqueles animais inocentes?

Por fim, caminhei de volta à cabana. Peter viu meus olhos vermelhos e me abraçou.

— Tirar uma vida não é fácil, não é mesmo? — Consolou-me. Ele também tinha achado tudo aquilo horrível.

— Não quero mais caçar ou montar armadilhas — falei, e as lágrimas voltaram a cair.

— Você não precisa se não quiser — disse ele, beijando meus olhos. — Aqui, experimente o primeiro pedaço. — Hesitante, Peter me passou um prato de comida, seu símbolo de amizade.

Ele tinha preparado a refeição, pois eu não sabia como cozinhar carne. Até então eu havia sido vegetariana, então não só matar um animal como também cozinhar e comer a sua carne eram atividades totalmente novas para mim. Não sabia se iria gostar. Peter tinha cozinhado o gorduroso *possum* no caldeirão até que a carne se desprendesse dos ossos. Depois, refogou uma preciosa cenoura e uma cebola com temperos indianos e adicionou a carne. Comemos com arroz refogado. Estava absolutamente delicioso e nós aproveitamos principalmente a gordura de que tanto necessitávamos.

— O que você acha, vai montar armadilhas ou caçar de novo? — Perguntou Peter mais tarde.

— Bom... acho que posso tentar de novo.

Dormimos bem aquela noite. Permanecemos aquecidos e não acordamos com dor de estômago na manhã seguinte.

O *possum* nos rendeu três refeições.

Estávamos encolhidos em nossos sacos de dormir. Vestindo luvas, eu segurava um livro suspenso no gélido ar. Tínhamos levado obras que pudéssemos estudar repetidamente por centenas de vezes e ainda assim aprender algo novo. Eu tentava focar minha atenção nos textos do antigo filósofo chinês Lao-Tzu. Boa parte do tempo, meus pensamentos se distraíam com lembranças sem importância, até que li: "Se eu realmente soubesse o que quer dizer viver no Tao, eu temeria, mais do que tudo, a atividade."

— O que você acha que isso significa? — Indaguei Peter depois de ler a citação em voz alta.

— Bom, se você estiver em atividade, estará ocupado. Aí é muito fácil perder a consciência. Sem atividade há tempo e espaço para olhar para si mesmo, encontrar uma saída para sua prisão mental.

Rastejei para fora do saco de dormir e coloquei mais lenha no fogo para esquentar o ensopado de *possum* que estava no caldeirão.

— E o que é o grande Tao? — Perguntei.

— Esta é uma pergunta cuja resposta nós poderemos encontrar juntos — respondeu ele, e, em seguida, sorriu para mim.

Olhei pela janela. Estava chuviscando do lado de fora e uma densa camada de neblina ofuscava a floresta atrás do pântano. Justamente quando eu começava a me perguntar qual seria minha prisão mental, vi duas figuras humanas escorregando na lama. Meus olhos brilharam.

— Pessoas! — Exclamei. — Que dia atípico para recebermos visitas.

A animação tinha chegado à nossa porta!

Peter pulou de seu saco de dormir e nós rapidamente abrimos espaço na pequena e abarrotada cabana.

Abri a porta e berrei:

— Boa tarde!

Os dois trilheiros aparentaram surpresa ao me ver.

Eu estava extraordinariamente feliz, encontrar pessoas naquele lugar úmido e deprimente era algo como ganhar na loteria. Quando alcançaram a cabana, eu os acomodei na parte de dentro, ofereci chá quente e observei com alegria os seus rostos, corpos, posturas, roupas e equipamentos. Absorvi tudo com imenso entusiasmo.

Eles nos contaram que eram fazendeiros da costa oeste da Ilha Norte. A chuva não os incomodava. "Se você não trabalhar na chuva, você não trabalha", era o revigorante lema deles. Ambos estavam na faixa dos 40 anos. Matt era relativamente bonito, alto, forte e com ombros largos. Estava sentado com as costas na parede e a xícara de chá na mão. Parecia relaxado, e eu me dei conta de como era incomum ver alguém totalmente — física e mentalmente — relaxado.

O amigo dele, Jack, era um pouco mais baixo e tinha cabelos escuros e olhos castanhos. Ficou os primeiros dez minutos tentando encontrar as barras de cereal que estavam dentro de sua mochila. Depois, ao encontrá-las, decidiu que iria retirar todo o resto. Tudo ficou empilhado de maneira organizada em sua cama. Notei que ele estava planejando de antemão como organizaria o seu equipamento numa tentativa de criar ordem — um pequeno local seguro com seus pertences em meio à infinita natureza selvagem. Eu o observei atentamente, pois ele me fazia lembrar de mim mesma.

— O que é que você tem aí no fogo, amigo? — Perguntou Matt com um sorriso.

— Temos ensopado de *possum* — respondeu Peter seriamente.

— Você vai comer um *possum?* — Questionou Jack, surpreso.

Peter deu risada e ofereceu-lhes uma colher do ensopado. Ambos provaram e tiveram que admitir que estava realmente gostoso.

Ficamos sentados naquela minúscula cabana enquanto escurecia. Eles haviam levado quatro velas e nós aproveitamos o conforto e o luxo de se ter luz à noite. Conversamos sobre caça, agricultura, pecuária, família e política internacional. O assunto era secundário para Peter e para mim, o fato de termos visita era muito mais importante.

— Quer dizer que vocês não têm relógio aqui? — Perguntou Jack. — Vocês não sabem que horas são?

— Não — respondeu Peter rindo. — É necessário ter um relógio aqui? Que diferença faz se são dez ou onze horas?

— Comemos quando temos fome e dormimos quando está escuro. — Acrescentei alegremente.

Jack olhou para o relógio dele.

— Então vocês estariam dormindo agora se nós não tivéssemos aparecido?

— Com certeza — respondi. — Provavelmente há uma hora!

— Mas não são nem oito horas! Vocês devem dormir mais do que um bebê em geral dorme — afirmou Jack dando risada.

— Ah, sim. É espantoso que o corpo consiga dormir tantas horas, mas aparentemente é possível — disse Peter.

Matt e Jack acharam aquilo surpreendente. Nós explicamos a eles que gostávamos de viver espontaneamente, deixando nosso destino nas mãos do acaso e do acontecer, abrindo espaço para o inesperado. Peter perguntou se eles conheciam algum vale distante, onde pudéssemos passar a próxima estação, e Jack respondeu que ele recomendaria o Vale Matakitaki, talvez a Cabana de Bob. Em seguida, nos mostrou no mapa onde ela estava escondida.

Nós quatro dormimos na cabana naquela noite. Preocupada em não acordar os outros, fiquei deitada praticamente imóvel em meu saco de dormir. Dormi tão pouco que, na manhã seguinte, decidi montar a barraca para a segunda noite.

Pela manhã, eles vestiram suas capas de chuva molhadas e partiram rumo ao pântano com seus rifles. Admirei a energia que tinham. No final do dia, retornaram com a cabeça de uma linda camurça.

— Onde está o resto do animal? — Quis saber.

— Nós o atingimos a uma longa distância daqui e conseguimos trazer apenas a cabeça e alguma carne do dorso conosco.

Peter e eu ficamos mudos. Eu fiquei um pouco chocada, pensei no pobre animal que tinha morrido em vão e em sua proveitosa carne que estava apodrecendo sem necessidade.

Tivemos outra agradável noite juntos em que compartilhamos comida e histórias. Peter e eu dormimos na barraca que havíamos montado debaixo das árvores. Tínhamos coletado algumas folhas de samambaia para que nossos finos tapetes de *yoga* ficassem mais confortáveis, e eu estava curiosa para ver como passaríamos aquela fria noite de inverno. Vestimos todas as nossas roupas incluindo os gorros. Puxei o saco de dormir por cima da cabeça e deixei um pequeno vão para respirar. Senti meu nariz meio congelado, mas lentamente a temperatura começou a subir. Nossos corpos se aqueceram e, para nossa grande surpresa, a pequena barraca se mostrou mais quente do que a cabana, principalmente durante as gélidas primeiras horas da manhã.

Então decidimos que, daquele momento em diante, iríamos dormir na barraca e usar a cabana apenas em dias chuvosos.

Na manhã seguinte, Matt e Jack saíram para caçar bem cedo. Quando retornaram, Matt sorriu alegremente para nós.

— Você tem um mapa da área? — Solicitou ele.

Com muito entusiasmo, revelou os detalhes de um longo e complicado caminho e disse:

— Neste ponto vocês vão encontrar um jovem cervo pendurado em uma árvore. Vai te dar carne suficiente para as próximas semanas.

— Por que você não quer ficar com ela? — Perguntei, pasma.

— Ah, porque é carne demais pra ficar carregando — respondeu Matt. — Além disso, minha esposa não aprecia o gosto de carne de caça — disse ele, dando de ombros.

Peter me olhou incrédulo, seus olhos brilhavam. Estávamos radiantes.

Despedimo-nos dos caçadores com um abraço e prometemos manter contato. Aos poucos eles desapareceram do outro lado do pântano. Pendurada para fora da mochila de Matt estava a cabeça da camurça.

— Façam uma boa viagem! — Falei em voz baixa enquanto os observava ir embora. Na bagagem de Matt, estava a carta de dez páginas que eu havia escrito para meus pais. Quando minha mãe e meu pai abrissem o envelope, em seu jardim banhado pelo verão do outro lado do mundo, eles sentiriam o cheiro da fumaça no papel e saberiam que eu estava viva e saudável.

Logo após eles partirem, saímos com nossas mochilas vazias em direção à árvore descrita por Matt. Levamos várias horas para chegar lá, e nunca irei me esquecer do momento em que nos deparamos com o enorme bicho suspenso na árvore. Tinha me habituado a animais do tamanho de *possums,* então a sensação de ver aquele cervo sem pele foi como a de encontrar um alce no Alasca. Peter retirou o máximo de carne possível dos ossos e nós retornamos à Cabana Sul com cerca de quarenta quilos nas costas. Penduramos a carne nas árvores do lado de fora uma vez que as baixas temperaturas manteriam as moscas afastadas. Comemos a carne do cervo durante um mês.

Depois do que pareceram ser semanas de pancadas de chuva e tempestades, acordei uma manhã ao som de um intenso silêncio. Abri o zíper da barraca e vi pequenos flocos de neve flutuando lentamente e caindo no chão como pequeninas borboletas. Um cobertor branco e macio escondia os segredos da terra. Foi mágico!

Naquela tarde o vento mudou de direção e o tempo melhorou. Ver o céu azul, após dias de chuva fria e neve, foi absolutamente maravilhoso. Peter correu imediatamente para o primeiro espaço aberto com luz do sol. Quando levei sua xícara de chá, ele irradiava felicidade: meu querido adorador do sol estava de *shorts* e camiseta na neve.

Caminhei por dentro da alva floresta. As faias com suas folhas perenes estavam curvadas debaixo da pesada neve. Vi pequenas pegadas no chão branco: *possums* tinham andado por ali durante a noite. A neve absorvia todos os sons e tudo parecia leve, silencioso e novo.

No momento em que nossas provisões básicas acabaram, decidimos voltar para a Cabana Base, onde estavam nossos tonéis com suprimentos. Reabastecemos o abrigo com lenha e descemos o vale com a remanescente carne do cervo. Quando chegamos ao leito do rio, encontramos um bando de gansos-canadenses repousando. O primeiro ganso avisou os colegas da nossa chegada e logo todos começaram a grasnar. Os sons emitidos eram bonitos, mas ao mesmo tempo tão melancólicos. Era como se estivessem pedindo para que os deixássemos em paz. Não é ilegal atirar nessas aves na Nova Zelândia, tanto para controlar a população quanto para evitar que danifiquem pastos e plantações. A maioria dos caçadores não comem os gansos e é triste vê-los sendo desperdiçados. *Possums* e cabras também são problemáticos no que diz respeito à conservação das espécies nativas, evidente, porém tenho um carinho especial pelos gansos. Eles me lembram os últimos animais livres da Holanda: os gansos migratórios que voam em formações em V e que atravessam a Europa. Por fim, os gansos-canadenses bateram as asas e voaram, um após o outro, abraçando o vento.

Ao descermos em direção ao baixo vale, sentimos a temperatura subir e ficamos contentes ao ver a Cabana Base. De súbito, ela pareceu ser maior do que nós nos lembrávamos. Com o calor do sol e o esplêndido pequeno braseiro estaríamos confortavelmente aquecidos.

— Não vamos mais chamá-la de Cabana Base — disse Peter com um largo sorriso. — Vamos chamá-la de Hotel. É tão aconchegante! Sinta a temperatura agradável que faz aqui dentro.

Sentei-me na grama seca com o rosto virado para o sol e absorvi o calor. Estávamos vivendo nas montanhas fazia cerca de dois meses, mas parecia ser uma eternidade. Durante as duas primeiras semanas eu tinha me sentido muito entediada. Contudo, gradualmente, a natureza foi me ensinando a relaxar e, dia após dia, semana após semana, o tempo tinha desacelerado.

"Se eu viver o resto da minha vida em meio à natureza selvagem", pensei, "terei uma vida muito longa."

Eu não sentia falta de nada daquele mundo que tinha deixado para trás.

Percebi que minha experiência com a natureza tinha começado a mudar. Estava conectada ao ritmo da floresta, do rio e das montanhas. A beleza estava mais aparente e intensa. Quando eu observava as montanhas, via não somente suas formas externas, mas também suas cores e sensações. Pouco a pouco, ao longo das semanas e dos meses, passei a sentir o cheiro da brisa suave, do perfume da floresta e da chuva se aproximando. Notava a mudança nas nuvens e nas delicadas cores do céu.

Após uma semana no agradável Hotel estávamos prontos para mudar para a Cabana Leste. Quando partimos com nossas pesadas mochilas, o céu estava azul e o chão estava branco devido à geada. Ao caminharmos sobre a grama congelada, meus dedos dos pés ficaram cobertos de gelo. Senti tanto frio que acabou sendo um alívio pisar dentro da água do rio com temperatura um pouco acima do ponto de congelamento. A água deu um estímulo repentino à minha circulação e em seguida voltei a sentir meus pés aquecidos. O ar fresco era revigorante e o vale tinha um aspecto puro e miraculoso.

Depois de aproximadamente uma hora, adentramos uma antiga floresta de *mänukas* com grandes rochas arredondadas entre as árvores. Os raios de sol penetravam através das pequeninas folhas verdes. O chão estava coberto com uma grossa camada de macio musgo esverdeado.

— Este lugar, minha querida, é o verdadeiro Lothlórien[5] — disse Peter.

Sentamo-nos em uma rocha para comer um pedaço de pão e contemplar a mágica floresta. Um pequeno pássaro cinza com pernas finas e longas e o peito branco desceu e pousou diante de nossos pés: era um *robin* nativo. Ele nos investigou com grande curiosidade, examinou as migalhas de pão com seus brilhantes olhos pretos e depois voou para um galho de árvore de onde cantou surpreendentemente alto. O pássaro parecia não ter medo de nós.

A Cabana Leste estava localizada na parte alta da montanha e tinha sido construída em um local fantástico, com maravilhosa vista do vale e uma vista panorâmica dos cumes das montanhas. Do lado de fora da cabana havia uma clareira gramada que acabava abruptamente em um profundo desfiladeiro.

[5] Reino e floresta dos elfos nas obras fictícias de J.R.R.Tolkien. (N.T.)

Aproximei-me cuidadosamente da beirada e olhei ribanceira abaixo para o revoltoso rio que estava ao fundo.

O interior da cabana era simples, limpo e iluminado. Havia uma ampla lareira e um grande braseiro. Não poderia ter me sentido mais feliz. Montamos nosso acampamento em um local seco debaixo de árvores próximas.

Já estávamos no meio do inverno. Passamos noites severamente geladas e dias claros e repletos de sol, durante os quais saíamos para caminhar. Depois de todos os dias chuvosos na Cabana Sul, aquele parecia ser o melhor clima do mundo. Nas noites frias, estalactites de gelo se formavam no telhado de metal e, sob o sol da manhã, derretiam e espatifavam-se uma por uma no chão. Um dia fui coletar um balde de água no riacho próximo ao acampamento e quando retornei o chão já estava congelado.

Durante aqueles longos meses de inverno nós comemos muitos *possums* e não passamos fome. Sentia-me feliz e privilegiada de viver em tão grande beleza natural, porém uma questão me incomodava: estava muito decepcionada com meu empenho como caçadora. Tinha a expectativa de que seria um pouco mais entusiasmada com a caça; esperava andar pela floresta com confiança e ainda mostrar energia e persistência mesmo após falhar. Ao invés disso, eu havia saído apenas uma ou duas vezes e, após voltar de mãos vazias, tinha quase desistido de caçar.

— Sabe qual é o seu problema? — Perguntou Peter quando me abri com ele. — Sua imagem de Robin Hood.

Olhei para ele sem entender.

— Você acha que vai conseguir caçar animais de imediato. Talvez você devesse começar pelo começo — afirmou ele pacientemente. — Fique sozinha na floresta por algumas horas. Faça uma caminhada e sente-se em algum lugar tranquilo. Veja o que pode ser visto.

Então, segui o seu conselho. Primeiro subi e desci a trilha. Depois caminhei pelo leito do rio. Por último, senti-me confiante o bastante para vagar pela floresta sozinha sem me perder. Sentei-me em troncos e comecei a notar alguns sinais: pegadas na lama, excrementos antigos, troncos de árvores desgastados e muitos outros pequenos indicativos da presença de animais.

Antes de ser capaz de caçar, eu tinha que aprender a observar os animais. Decidi que iria fazer mais uma tentativa e treinar ser mais paciente.

— Como estou? — Levei meu rosto próximo ao rosto de Peter e fingi estar olhando para um espelho.

— Bonita. — Peter riu.

— Bem, sem um espelho, vou ter que confiar na sua opinião! — Beijei-o.

— E eu? — Nossos narizes se tocaram. — Não a incomoda que eu pareça tão velho? — Perguntou ele.

— Não o incomoda que eu pareça tão jovem? — Respondi, colocando o caldeirão no gancho sobre o fogo. — Você é velho e eu sou jovem. Por que ser jovem deveria ser melhor do que ser velho?

— Verdade! — Concordou Peter. — Mas não há tantas mulheres jovens que gostariam de viver com um homem trinta anos mais velho.

— Mas eu não quero viver com qualquer homem mais velho, somente com você! — Abracei Peter que estava com três blusas de lã.

— Que sorte a minha! — Ele riu.

— Você está em forma, é saudável e muito sábio. Que sorte a minha! — Beijei-o novamente.

— Então, sua vantagem é que pode evitar alguns dos erros que eu cometi na minha vida — afirmou Peter, pegando nossas xícaras.

— Pois é. Mais pessoas poderiam aprender com o diálogo entre gerações. Pessoas mais velhas podem aprender com as mais jovens e vice-versa — declarei, e em seguida coloquei folhas de chá dentro da água do caldeirão. — Você aprende muito comigo? — Olhei para ele com um largo sorriso.

— Com você aprendi que duas pessoas podem viver em harmonia uma com a outra.

Em uma ocasião, quando Peter e eu tínhamos acabado de nos conhecer na Índia, estávamos conversando com uma outra viajante quando ela perguntou de forma direta se ele era meu pai. Na época, me senti muito constrangida. Alguns amigos na Holanda imaginavam seus pais quando eu mencionava a idade de Peter. Imaginavam que ele poderia ser idoso, lerdo ou decrépito, e que eu tinha enlouquecido. Outros presumiam que o relacionamento com meu próprio pai deveria ter sido tão ruim que Peter seria o seu substituto. "Deixe que pensem", minha mãe sempre dizia quando eu era criança e me preocupava com o que os outros poderiam pensar. Como pude ver, aquele foi um conselho que se provou útil na minha vida adulta também.

Durante todo aquele inverno, não tivemos nenhum tipo de acidente ou doença. Meu único problema era a caspa. No passado, eu a havia curado com *shampoo* especial, porém ela tinha voltado com tanta força que eu coçava minha cabeça com frequência ao dormir.

— Sabia que está me acordando por causa da sua coceira? — Disse Peter certa manhã.

— É a caspa — respondi rapidamente.

— Deixe-me ver — requisitou ele. — Ouvi dizer que algumas culturas antigas costumavam lavar seus cabelos com urina.

— O quê? — Eu me virei e franzi a testa. — Xixi?

— Sim! Deve ser um produto extremamente eficiente. Aparentemente, eles só usavam urina de mulheres... — Ele deu risada.

Assim, a ideia de lavar meu cabelo com urina tinha surgido. Numa determinada manhã, urinei dentro de uma lata. A urina estava amarela escura e tinha um cheiro bem forte. Levei a lata até o rio, molhei meu couro cabeludo e, em seguida, despejei lentamente a urina sobre ele. Fiquei sentada sob o sol durante trinta minutos horríveis e malcheirosos para que a urina fosse bem absorvida. Peter soltava risadinhas e tampava o nariz com a mão ao se aproximar de mim. Depois voltei ao rio e encontrei uma profunda piscina natural entre as rochas para enxaguar e lavar o cabelo. Usei sabonete para aliviar o mau cheiro. Desta maneira, graças ao que veio a se tornar o melhor e mais barato produto do mundo, minha caspa tinha sido curada — para nunca mais voltar.

Os dias de inverno estavam curtos e as noites longas. Cozinhávamos nossa comida antes de escurecer e depois nos sentávamos ao redor do braseiro por "um quarto de vela", deste modo utilizávamos somente uma vela a cada quatro dias. Durante nosso precioso tempo com luz, Peter lia *O Senhor dos Anéis* para mim. No começo notei que meus pensamentos voavam para longe e eu perdia grande parte da história. Somente após algumas semanas é que consegui escutar a história sem fazer esforço. Depois da leitura seguíamos para a nossa barraca e lá ficávamos deitados em silêncio nos nossos sacos de dormir, ouvindo nitidamente os peculiares sons da floresta à noite. Corujas comunicavam-se através das árvores, *possums* gargalhavam e gritavam, e muitos outros animais noturnos saíam de suas tocas para percorrer seus caminhos. Abaixo de nós, o rio rugia sem parar no desfiladeiro.

As noites não eram nem completamente silenciosas nem totalmente escuras: a lua iluminava as montanhas e as florestas. Frequentemente observávamos as estrelas no céu claro e límpido e nos perguntávamos por que havia algo ao invés de nada no grande universo.

Era uma sensação maravilhosa dormir sob as estrelas. Durante as primeiras semanas eu havia ficado receosa de sair à noite, pois não sabia o que os animais selvagens poderiam fazer. Porém, quando passei a sentir que o vale era o nosso lar, não tive mais nenhum medo. Em geral, dormíamos profundamente por doze horas e o efeito de tanto descanso de qualidade era o aumento da nossa energia. Após três meses, eu me sentia com mais vigor do que nunca em minha vida, o que me trouxe a deliciosa sensação de estar vivendo em um corpo totalmente saudável.

Metade do nosso tempo era gasto coletando lenha e cozinhando na fogueira. Normalmente eu acendia o fogo no começo da manhã para fazer chá e tostar nosso pão. Naqueles frios meses de inverno eu dominei a arte de acender fogueiras e passei a amar nosso alegre companheiro, o fogo, que era um tipo de ser vivo que sempre elevava o meu estado de espírito. Minha mente se acalmava só de observá-lo. O fogo havia me ensinado seus princípios básicos: requer espaço e oxigênio e, quando está queimando bem, odeia ser perturbado em seu âmago. Sob esta perspectiva, o fogo e os seres humanos têm muito em comum.

Acender fogueiras, no entanto, teve seu preço. Minhas mãos ficaram manchadas com a fuligem das toras parcialmente queimadas que eu usava para realimentar o fogo. A fumaça havia penetrado lentamente dentro de cada célula do meu corpo. Era impossível tirar o cheiro do meu cabelo ou das roupas. Lavava minhas camisetas e calças com frequência no rio, mas em questão de horas elas retornavam para seu estado defumado. A fumaça fazia parte de mim, assim como o perfume fazia parte de uma rosa.

Depois de várias semanas, me ofereci para voltar ao Hotel para um reabastecimento. Parti com uma mochila vazia e me concentrei em chegar lá rapidamente. Andei de forma acelerada na descida para o vale, atravessei o rio diversas vezes, passei por trilhas esbarrando na alta vegetação e corri quando o terreno estava plano. Quando entrei no Lothlórien, de súbito pareceu um absurdo toda aquela pressa. Não havia nenhum motivo para ser tão apressada, pelo contrário, seria mais seguro se eu fosse mais devagar. Parei, contemplei a beleza ao meu redor e percebi que tinha feito tudo em alta velocidade. Tive uma reação automática que refletiu a minha vida na escola e no ambiente de trabalho. A natureza, no entanto, tinha tempo de sobra. Decidi jogar fora aquele açoite invisível.

— Ei, Miriam! — Chamou Peter. Seu rosto sorridente apareceu na entrada da barraca.

— O que foi? — Sussurrei. Estava acabando de guardar nossos sacos de dormir após deixá-los tomando ar por algumas horas.

— Larry está aqui! — Peter quase não mexia os lábios para falar e apontava para a cabana.

— Larry? — Minha boca ficou entreaberta e dei um pequeno sorriso.

Seguindo Peter, fui rastejando silenciosamente ao redor da barraca para espiar a área em frente à cabana... e lá estava Larry, nosso bom vizinho, tomando sol na grama: era uma intrépida e linda lebre. Obviamente, eu não iria tentar caçar a nossa visita.

Nossa necessidade de comida se refletia nos muitos *possums* capturados em nossa área, exceto um. Nós o havíamos apelidado de Percy e o víamos com frequência pelo acampamento. Ele não tinha o que temer uma vez que as armadilhas ficavam longe da barraca e nós gostávamos de fazer amizade com alguns dos animais à nossa volta. Quase sempre tivemos um animal ou um pássaro que não perturbávamos. Era reconfortante ver os animais selvagens em seu habitat natural. Eles nos faziam lembrar quão poucas criaturas livres era possível de se ver nos ambientes dominados pelo homem.

Certa manhã acordei cedo, quando ainda estava escuro. Coloquei minha cabeça para fora da barraca tentando discernir se já estava amanhecendo. Ao ouvir os primeiros pássaros cantarem, peguei minhas roupas e rastejei para o lado de fora. O céu estava cinza, mas eu sabia que ficaria azul quando o sol voltasse a brilhar sobre aquela parte do planeta. Coletei alguns galhos secos e fiz uma fogueira para ferver água para o chá. Quando Peter saiu da barraca, ele também admirou o glorioso dia. Comemos nossa torrada enquanto estávamos sentados ao redor do fogo.

— Olha que dia lindo! A gente deveria sair para uma longa caminhada — afirmei, já colocando o caldeirão, o chá e o leite em pó dentro de uma pequena mochila.

Na floresta vimos sinais de uma severa geada. A água do riacho ainda estava fluindo, porém um escudo de gelo havia se formado sobre a cachoeira, pendendo sobre plantas e pedras. Na lateral, havia finas estalactites de gelo que cresciam a cada gota congelada. As paredes de pedra que se encontravam na sombra estavam totalmente cobertas de esculturas de gelo.

Subimos pela vegetação alpina e, por fim, pisamos na neve. Chegamos a um pequeno riacho que tinha cristais de gelo pendurados nas margens. Por conta da subida, eu estava suada e com calor, então me despi rapidamente e me banhei. A água e a fresca brisa foram muito revigorantes e, logo, minha pele estava formigando e irradiando o calor interno.

Peter analisava os cumes das montanhas.

— Este é o melhor dia para se escalar até o topo. Quer tentar? — Perguntou ele.

A cintilante neve branca refletia o brilho da luz do sol e o céu acima de nós tinha uma cor de azul profundo, quase roxa. A neve estava tão sólida que em muitos lugares podíamos caminhar facilmente sobre ela. Meu cajado de madeira afundava no gelo e a cada impulso para frente uma fascinante cor azul aparecia dentro dos profundos buracos. Somente o barulho dos nossos passos e cajados quebravam o silêncio que pairava tão firmemente sobre a terra.

A vista do topo era absolutamente deslumbrante. Não ventava e só havia o silêncio. Enxergamos cadeias sobre cadeias de montanhas cobertas de neve. Não havia nenhum sinal da ação humana: o mundo inteiro estava branco e vazio. O sol estava tão forte que sentimos calor vestindo *shorts* e blusas de lã. Permanecemos em pé olhando para aquele silencioso mundo encantado.

Na descida, reparamos em um declive íngreme na encosta da montanha, era como se fosse um escorregador macio de neve. Só tivemos que dobrar nossos joelhos para escorregar até a base da montanha. Para chegar ao topo levamos algumas horas, porém para descer levamos apenas vinte minutos. A sensação foi maravilhosa, como se estivéssemos esquiando sem fazer esforço sobre uma sedosa rampa branca.

Paramos para descansar. Peter enfiou a mão no bolso e retirou um pedaço de jornal.

— Uma xícara de chá! — Exclamei e dei-lhe um abraço. Que ideia genial trazer um pouco de jornal para acendermos o fogo.

Peter partiu alguns galhos secos de um arbusto e fez uma pequena fogueira em cima das pedras. Eu apanhei um pouco de neve e coloquei no caldeirão para ferver a água.

— Chá gelado! — Peter riu. — Sempre tomamos nosso chá em lugares lindos, não é mesmo?

Eu não conseguia imaginar nada mais prazeroso no mundo do que subir uma montanha, acender uma fogueira e tomar uma xícara de chá com leite quente.

Em meados de agosto nossos suprimentos de farinha, arroz, feijão e dal[6] estavam chegando ao fim. Depois de muitos meses de acampamento

[6] Prato da culinária indiana a base de cereais, geralmente lentilhas (N.T.).

e inúmeras caminhadas pelas montanhas cobertas de neve, era hora de ir embora. Estávamos relutantes em deixar nosso lindo lugar para trás. Aquele vale na costa leste tinha se tornado o nosso lar e temíamos reencontrar a civilização. Apesar de receosos de que um choque cultural estivesse nos aguardando no mundo da velocidade e do barulho, sem nossas provisões não tínhamos outra escolha.

Levamos quatro dias para sair da montanha e caminhar até uma estrada pavimentada onde poderíamos pedir carona. Durante a caminhada, refletimos sobre nosso tempo em meio à natureza selvagem.

— Você se lembra de como achávamos que a pureza da natureza iria transformar as nossas mentes? — Disse Peter a certa altura. Depois parou e permaneceu em pé, descansando o queixo no cajado.

— Você se sente transformado? — Perguntei.

— Sim e não — respondeu ele. — A realidade é sempre diferente do que a gente espera, não é? — Em seguida, bateu a ponta do seu cajado no meu. — Percebo agora como nossa mente é pequena e quão limitado é o nosso pensamento em relação à vastidão de toda a existência.

— Bom, eu me sinto transformada. Sinto muita energia! Talvez por causa das longas noites de sono ou por conta do poder das montanhas, quem sabe? Pode ser que tudo o que a natureza seja capaz de nos dar é energia, para que então a mente encontre um caminho para se transformar sozinha — afirmei.

— Ah sim, eu também sinto muita energia — concordou Peter. — O descanso mental e físico é importante em todas as idades. A arte de não fazer nada é subestimada, acredito.

— Isso foi o que eu achei mais difícil: não fazer nada — sorri para ele e continuamos nosso trajeto.

Finalmente, deixamos as montanhas e entramos na planície, o clima ficou mais agradável e a temperatura começou a subir notavelmente. Em todos os lugares vimos sinais da primavera chegando. A exuberante grama estava repleta de pequenas flores roxas e as ruidosas abelhas estavam ocupadas coletando pólen. Havia cachos de flores amarelas em algumas árvores. Eram muitas as magníficas cores.

Andamos lentamente pelo longo vale até chegarmos às fazendas. Cada pasto estava cercado e protegido com cerca elétrica.

— Tudo é tão reto e quadrado! — Exclamei.

— É para controlar o incontrolável — disse Peter olhando para mim com um sorriso. — Mas, é claro, a natureza só precisa de tempo. Um dia tudo isso voltará para a sua ordem natural.

Olhei ao meu redor. Vi aquelas fazendas com outros olhos. A vida tinha sido colocada em uma prisão e só seria autorizada a crescer de determinada maneira. A ordem humana significava controle. Já a natureza selvagem consistia no oposto: apesar de parecer caótica, tinha sua própria ordem eterna.

Finalmente alcançamos a estrada pavimentada. Passados dez minutos, uma grande BMW vermelha se aproximou de nós e foi perdendo velocidade até parar. O vidro elétrico do lado do motorista desceu e um atraente homem de terno apoiou o braço direito na janela. Senti um cheiro adocicado de loção pós-barba. Um pequeno sorriso revelava-se por entre seus finos lábios. Ele olhou confuso para nossas roupas e cajados. Por fim, seus olhos azuis encontraram os meus. Abri um sorriso.

Com um olhar curioso, ele se inclinou para frente e perguntou:

— De onde é que vocês estão vindo?

"Ele estava encostado no tronco da árvore com as pernas dobradas em volta de um galho. Seu cabelo comprido e ondulado caía por trás dos ombros e sob o sol tinha um tom dourado, mas na sombra ficava prateado. Peter sempre tinha uma aura tranquila quando estava em meio à natureza. Seus olhos azuis observavam atentamente a paisagem, absorvendo cada detalhe daquela beleza. As grandes orelhas despontavam por entre os fios de cabelo. Ele tentava escondê-las, mas eu gostava de suas orelhas de elfo. Ele podia ouvir tantos sons, até mesmo de longas distâncias. Às vezes, ele escutava até mesmo meus pensamentos."

CAPÍTULO 3

PRIMAVERA

Era um final de tarde úmido e exuberante. A primavera estava no ar. Uma despreocupada mamangava nos guiou pela nossa conhecida rua. Apesar de sentir familiaridade com cada colina, árvore, arbusto e buraco no chão, parecia que tínhamos nos ausentado por uma vida inteira. Passamos pelo nosso antigo chalé e em seguida chegamos à casa de Mouse — uma modesta construção de madeira em uma propriedade que tinha algumas ovelhas, um pomar em época de floração e pinheiros ao fundo.

— O quê? — Gritou Mouse da janela da cozinha assim que nos viu. — Como conseguiram chegar até aqui?

Um segundo depois ele apareceu na porta de entrada com um olhar de espanto.

— Andamos, pegamos carona e andamos — respondeu Peter, enquanto dávamos um abraço apertado em Mouse.

— Caraca, vocês sobreviveram lá em cima! Que incrível!

Ao ver o rosto sorridente de Peter, fui tomada por um sentimento de realização: nós tínhamos resistido bravamente aos longos meses de inverno nas montanhas.

— Como estava o tempo por lá? — Indagou Mouse. — Por aqui só choveu! Tentei visitar vocês duas vezes, entretanto não consegui atravessar os rios. *Duas vezes!*

— Na maior parte do tempo tivemos céu claro e fortes geadas à noite. Muita neve também — disse Peter.

— Quero ouvir todas as suas histórias — afirmou Mouse. — Mas entrem primeiro. Vou fazer um chá pra gente.

Tiramos as nossas sandálias e, de modo hesitante, pisei no limpo carpete azul. Duas cabeças de javali olhavam fixamente para nós da parede onde estavam penduradas. Suas silenciosas expressões de assombro final estavam congeladas por toda a eternidade.

Mouse ligou a chaleira elétrica e ela, instantaneamente, apitou bem alto. Em seguida, perguntou:

— O que gostariam de comer? Do que mais sentiram falta?

— Frutas! — nós dois entoamos.

Ele colocou uma grande vasilha com tangerinas e maçãs na mesa, depois despejou a água quente nas xícaras.

— Que rápido! — apontei para a chaleira. — Comparado a apanhar lenha e acender uma fogueira para ferver a água — afirmei olhando para Peter. A maneira como ele devolveu o meu sorriso me fez sentir como se compartilhássemos um segredo sobre um universo que ninguém mais conhecia.

Mouse abriu a geladeira para pegar o leite e eu fiquei olhando fixamente para toda a comida que estava lá dentro. Por um instante me senti como um homem da selva em Nova York, olhando para a abundância de comida que estava quase caindo para fora. Contudo, eu havia crescido com geladeiras assim em casa. Quando criança, costumávamos contar com quatro tipos de queijo e três de iogurte — itens que eram considerados um luxo para mim naquele momento.

— E aí, conseguiu caçar com seu arco? — Perguntou Mouse lançando um olhar de expectativa em minha direção, enquanto colocava as xícaras na mesa.

— Humm, então... na verdade não — respondi. Ele havia me ensinado tanta teoria sobre a caça que me senti como uma aluna reprovada.

Peter veio ao meu resgate:

— É que nós tínhamos carne o suficiente. *Possums* e muita carne de cervo.

— Hã? E como pegaram o cervo? — Mouse inclinou a cabeça para indicar que estava pronto para ouvir uma boa história.

Contamos um relato atrás do outro. Eu começava, Peter terminava, e vice-versa. Às vezes, um de nós animadamente fazia uma cena, enquanto o outro narrava.

— Você deveria ter visto a cara do rapaz quando Peter disse que a gente iria comer um *possum!* — Esgoelei.

— Impagável! — Mouse riu. Depois, num tom mais sério, continuou: — Em alguns momentos deve ter sido difícil pra caramba, hein?

— Tivemos momentos de um frio cortante. — Peter balançou a cabeça negativamente. — Cara, você não iria acreditar. Barraca congelada, cachoeiras congeladas, tudo congelado feito pedra! Vou te contar uma coisa, — Peter repousou sua xícara de chá na mesa — quando você acorda às três da manhã, porque já dormiu por oito horas, todas aquelas estúpidas memórias antigas vêm à tona e te perseguem, várias e várias vezes.

— Sério? — O rosto de Mouse não escondia a inquietação.

— Sim, todos aqueles problemas não resolvidos estão pacientemente esperando para sair. — Peter passou dois dedos lentamente pela barba e continuou — Como aranhas num porão.

— Pois é... — disse Mouse. — Acho que a gente se ocupa o tempo inteiro pra evitar pensar nessas besteiras.

— Não há muito o que se fazer na floresta depois que escurece, então você não tem outra opção a não ser deixar que esses pensamentos aflorem. — Peter tomou um gole de chá.

— E depois? — perguntou nosso amigo.

— Depois de alguns meses, eles desaparecem. Passar por um inverno sem fazer nada, mesmo que seja apenas uma vez na vida, é bem purificador... mentalmente, quero dizer.

— Fisicamente também — acrescentei. — Tivemos tantas horas de sono que estamos totalmente recarregados.

— Troço interessante, né? — Afirmou Mouse levantando as sobrancelhas.

Tomamos o chá em silêncio por um instante.

— E por aqui, o que tem acontecido? — Quis saber Peter.

Mouse movimentou os olhos, pensativo.

— Caramba, acho que nada de mais. Tudo na mesma.

De repente o telefone tocou, liberando automaticamente uma descarga de adrenalina que correu pelo meu corpo.

Nosso anfitrião pulou da cadeira e disse:

— Fiquem à vontade. Acho que a ligação vai ser longa. Negócios.

Peter ligou a televisão e, de súbito, a casa foi tomada pelo som de muitas vozes. Ele navegou pelos canais CNN, BBC, Al Jazeera, um canal russo e CCTV de Pequim para descobrir o máximo possível sobre a situação mundial vigente. Eu corri para o computador em outro cômodo. Após digitar minha senha, fiquei surpresa ao sentir uma ansiedade e uma urgência em acessar o meu *e-mail* o quanto antes. Parecia uma dependente química recebendo uma dose de sua droga favorita. Os sessenta minutos que passei checando os *e-mails* pareceram ser apenas cinco, e somente fui arrancada de volta à realidade pelo som da voz de Debbie.

Tentei sorrir cordialmente e ela também. Em seguida, abracei o seu corpo miúdo. Ela deu risada e disse:

— Você está com cheiro de madeira queimada!

Enquanto Peter ajudava na cozinha, retirei-me para o limpo banheiro branco para me lavar e tirar o cheiro da fumaça. Enquanto mantinha o nariz na perfumada toalha, enxerguei o meu reflexo no espelho. Fiquei surpresa com a minha imagem. "Aquela sou eu?", pensei. Pela primeira vez em muitos meses tinha visto o meu próprio rosto. De algum modo eu havia me esquecido de como eu era, pois o rosto de Peter tinha se tornado mais familiar para mim do que o meu.

Nos dias que se seguiram, nós tomamos mais banhos, lavamos nossas roupas e dirigimos até o supermercado para comprar mais suprimentos. Na noite anterior à nossa nova partida, sentamo-nos à mesa com Mouse.

— Por acaso vocês sabem exatamente para onde estão indo? — Perguntou ele.

— Bom, três pessoas que conhecemos nos últimos quatro meses nos falaram sobre a Cabana de Bob — respondeu Peter. — Fica no Vale Matakitaki. Todos disseram que é uma bela floresta. Primitiva, isolada e não muito visitada.

Mouse franziu as sobrancelhas.

— Mas vocês já viram essa cabana? Já estiveram de fato alguma vez lá?

— Na verdade não, mas estamos meio que confiando em conselhos aleatórios — disse Peter, e os dois se entreolharam.

— Por que vocês não têm um plano? Tipo, ir para tal lugar na primavera, passar o verão aqui, o outono ali... mais ou menos assim?

— Se você planeja tudo, não deixa muito espaço para o inesperado — respondi, levantando os ombros. — O inesperado geralmente é a parte mais interessante!

— Coisas maravilhosas capazes de mudar totalmente a nossa vida podem acontecer, mas essas coisas a gente não consegue planejar — acrescentou Peter.

— Coisas terríveis podem acontecer também, capazes de acabar com a sua vida! — Mouse se curvou sobre o mapa. — Ok. Então é o Matakitaki. Onde fica isso? — Perguntou ele. Seus olhos verdes reluziam sob os longos cílios.

Peter apontou para a área de um parque nacional cuja floresta nunca havia sofrido a interferência do homem. Naquele local encontraríamos a verdadeira e intocada natureza selvagem.

Na manhã seguinte, partimos com a caminhonete de Mouse carregada com seu quadriciclo e nossos reabastecidos tonéis. Cruzamos montanhas, um amplo vale de um rio e por fim chegamos a uma estrada de terra deserta. Depois, transferimo-nos para o quadriciclo equipado com uma carreta e atravessamos várias fazendas até entrar na mata. A floresta parecia um outro mundo — verde, exuberante, cheia de vida — e o sol iluminava o nosso caminho.

— Segurem firme! — instruiu Mouse antes de arrancar em velocidade impressionante pelos riachos, buracos cheios de lama e grandes rochas. Peter teve que se segurar em mim, envolvendo-me com o corpo todo, e eu me segurei firmemente no corpo de Mouse para evitar ser arremessada nas curvas mais acentuadas. Estávamos nos locomovendo a uma velocidade absurda, mas ao mesmo tempo era maravilhoso estar tão próxima de Mouse que eu ri durante todo o percurso. Quando não pudemos mais seguir adiante com o quadriciclo, desci ainda chorando de rir.

— Qual é a graça? — Perguntou Mouse com um tom genuinamente curioso.

Escondemos nossos tonéis de comida na floresta cobrindo-os com musgos e pedras. Em seguida, caminhamos com nossas pesadas mochilas por uma colina arborizada e entramos em um amplo vale onde robustos e rígidos arbustos de *matagouri* cresciam abundantemente. Seus impressionantes espinhos grossos mantinham à distância os animais que pastavam, fornecendo uma conveniente morada para pássaros e coelhos.

Ficamos extremamente felizes quando finalmente avistamos a pequena cabana de madeira na borda de uma clareira, ao lado de uma gigantesca floresta de faias. Cerca de cem anos antes, um fazendeiro — Sr. Downie, presumíamos — limpara a área para suas ovelhas e construíra a cabana com as árvores que ele mesmo havia cortado. Em anos recentes, o velho telhado de madeira tinha sido coberto às pressas com placas de metal ondulado para que as goteiras fossem eliminadas. A Cabana de Downie media quatro por quatro metros e era tão escura em seu interior que levou um certo tempo até que eu pudesse ver a lareira aberta, dois beliches com colchões e um banco de madeira embaixo da pequena janela.

Examinei a cabana com atenção. Aquelas paredes feitas com placas rústicas de madeira escura, as ripas originais no forro e os antigos nomes e datas entalhados na madeira me davam a sensação de estar me mudando para um museu.

— Ei, você viu aquele arminho? — Chamou Peter enquanto eu varria furiosamente o chão. Olhei para cima, porém era tarde demais.

— Que sorte! Ele vai caçar todos os camundongos e ratos pra vocês! — Exclamou Mouse. — Quanto tempo vocês acham que vão ficar aqui? — Perguntou ele enquanto partia alguns tocos de lenha velha para acender o fogo e fazer chá.

— Assim que tivermos trazido todos os tonéis, iremos montar acampamento perto da Cabana de Bob. Então, creio que muito pouco — respondeu Peter.

Depois do jantar, nos enfiamos dentro de nossos sacos de dormir para nos manter aquecidos.

— É legal ficar olhando pro fogo, né? — Disse Mouse, deitado confortavelmente em sua cama com os braços cruzados atrás da cabeça. — Meu velho só deixava a gente acender a lareira quando ele estava em casa. Vigiava a sua grande pilha de lenha como um maníaco e dava uma surra daquelas se descobrisse que a gente tinha acendido a lareira enquanto ele estava fora.

— Sério? — Falei com espanto. Não conseguia imaginar uma infância com tanta violência.

— Ah, sim! — disse Peter do canto escuro da cabana onde se encontrava. — Naquele tempo, você recebia uma surra em casa *e* na escola! O castigo físico era completamente normal naquela época.

— Verdade! Na escola, eu tinha a opção de fazer a tarefa ou levar uma surra com vara. — Mouse deu um largo sorriso. — A surra que os professores me davam não chegavam nem perto das terríveis sovas que meu pai me dava, então eu sempre escolhia a vara!

— O quê? Todo dia? — Imaginei um garotinho magricelo se oferecendo espontaneamente para receber uma surra.

— Bom, no fim eles perceberam que aquilo não fazia sentido. Então, o diretor me acolheu, me deu um uniforme da escola e me ajudou com a tarefa — contou ele, rindo de sua própria engenhosidade.

Refleti sobre meus anos de escola durante os quais nunca recebi uma surra por nada. Parecia que Mouse tinha nascido e crescido trinta anos antes de mim, mas ele era apenas doze anos mais velho do que eu. Os tempos tinham mudado muito.

Na manhã seguinte, Mouse se levantou à primeira luz do dia.

— Bom, boa sorte pra vocês! — desejou ele. Seu rosto demonstrava uma certa preocupação. — Não sei se vou conseguir visitar vocês aqui. É meio longe — disse desculpando-se enquanto rastejávamos lentamente para fora dos nossos sacos de dormir.

— Não se preocupe, a gente vai ficar bem! — falei com um sorriso confiante e o abracei. — Vou enviar uma carta pelo primeiro caçador que encontrarmos.

Acenamos em despedida e, através da pequenina janela da cabana, observamos Mouse caminhar tranquilamente pela grama molhada. Após cerca de cinquenta metros, ele começou a correr.

Mais tarde, naquela manhã, o sol desapareceu por detrás de escuras nuvens e começou a chuviscar. Depois passou a chover continuamente. Depois o céu desabou.

Peter estava com um aspecto um tanto desamparado na escura cabana, em pé com sua grande jaqueta preta da marca Swanndri e *shorts*.

— Seu cabelo fica todo enrolado com a umidade — comentei dando-lhe um abraço.

— Precisamos de lenha — disse ele antes de me dar um beijo. — Lenha, Miriam! — repetiu com um certo tom de urgência. — Pra que a gente possa assar o pão. — Olhei para sua feição séria e ele continuou: — Depois do inverno, toda a madeira daqui está encharcada.

— Amanhã o tempo vai melhorar, tudo vai secar e vamos encher aquele abrigo! — Exclamei com otimismo.

Contudo, o tempo não melhorou. No dia seguinte, choveu mais, e no dia depois daquele mais ainda. Na verdade, parecia que nunca iria parar de chover. No intervalo entre as pancadas de chuva eu corria até o leito do rio para buscar as toras secas pelo vento, ao passo que Peter cortava um tronco de faia vermelha da altura de sua cintura. Queimávamos os pedaços mais secos e colocávamos os tocos úmidos encostados nas paredes para que fossem secos pelo calor das chamas. Queimávamos lenha para secar lenha, e depois a lenha seca era queimada para secar mais lenha. E assim por diante. Dia após dia...

Permanecemos semanas dentro daquela velha cabana, que por sua vez resistiu melancolicamente ao frio, à impiedosa chuva que caía de forma inclinada e à neve molhada. O nível do rio atingiu proporções monstruosas. Os afluentes transbordaram e bloquearam o caminho para o vale e para a estrada. A luminosidade dentro da cabana era tão pouca que tornou-se impossível ler um livro a menos que nos posicionássemos bem ao lado da janela. Então, jogamos xadrez, lemos livros, cozinhamos feijão, cortamos lenha, alimentamos o fogo e tomamos incontáveis xícaras de chá. Enquanto isso, os pássaros cuidavam de seus afazeres primaveris e as lebres corriam absortas de um lado a outro. De todas as criaturas daquele vale, nós éramos as que menos pareciam adaptadas para a vida naquele lugar.

Sentava-me em frente à única janela por dias seguidos, à procura de figuras humanas no rodopiante nevoeiro.

"Se ao menos alguém viesse", pensava. "Um caçador, trilheiro ou pescador... qualquer pessoa seria fantástico."

Imaginava dois homens debruçados sobre a mesa de jantar, decidindo o local de sua expedição de caça com uma xícara de café fumegante nas mãos.

— Matakitaki! —Eu sussurrava em seus ouvidos. Mas minha telepatia nunca funcionou, porque ninguém nunca apareceu.

— Sabe quando as pessoas dizem que vão fugir para as montanhas caso haja um colapso no sistema? — Perguntei um dia enquanto limpava o caldeirão.

— Sei — respondeu Peter, ocupado assoprando o fogo e transformando a fumaça em chamas.

— Imagine essas pessoas vindo pra cá. Não acho que a maioria conseguiria aguentar... psicologicamente, quero dizer. Depois da primeira semana, ficariam ansiosas e estressadas por passarem muito tempo dentro de um único lugar. Iriam querer saber o paradeiro de seus familiares e ficariam perturbadas só por estarem separadas do resto da humanidade, não acha? Mouse, por exemplo, mal conseguiria suportar uma noite. Ele não via a hora de voltar pra casa.

Parei de falar por um instante. A chuva estrondava no telhado.

— Se pudéssemos escolher, eu sairia agora para procurar um outro lugar onde não estivesse chovendo — suspirei. — Está chovendo sem parar faz semanas!

— Sim, concordo. Porém, a realidade é tal que, mesmo se conseguíssemos atravessar os rios, não teríamos para onde ir. A natureza selvagem é o nosso único lar neste momento. Então, é assim que vai ser. Certo?

Olhei pela janela para os desenhos que a névoa formava entre as árvores.

— Pois é, estamos totalmente à mercê do tempo — dei um sorriso meio amarelo.

— O tempo está chuvoso, mas não estamos de férias nem vamos voltar para uma vida normal com uma casa normal depois — disse Peter. — Esta é a nossa vida, então vamos ter que nos adaptar.

Em algumas ocasiões, quando a chuva virava chuvisco, saía para caçar. Vestindo *shorts* e sandálias de trilha, andava sobre a grama alta. As hastes das plantas encharcadas tocavam a pele das minhas panturrilhas delicadamente. Partes da clareira tinham se tornado um pântano e meus pés desapareciam na água que ia até aos tornozelos. No momento em que vi uma lebre sentada nas pedras ao longe, atirei uma flecha. Faíscas brilhantes voaram quando ela atingiu as pedras. A lebre há tempo havia ido embora e minha flecha acabou ficando torta. Ela nunca mais voaria em linha reta novamente.

Apesar de ter montado a armadilha para *possums* diversas vezes, não capturei nenhum animal. Eles, assim como nós, estavam se escondendo da chuva. Então, comemos feijão no jantar. E lentilha. Todos os dias. Feijão. Dal. E arroz. Durante semanas.

Tínhamos muito tempo livre naquela melancólica e velha cabana. Como não conseguíamos ler livros, acabei inventando um passatempo interessante: eu nomeava um país e Peter descrevia algumas das paisagens que ele havia visto em fotos. Peter conhecia os diferentes tipos de clima e vegetação graças a seus estudos. Tinha lido muito sobre fatos históricos e políticos e, naquele momento, me contava todas aquelas histórias. Foi assim que aprendi um pouco mais sobre o mundo em geral.

Uma noite estávamos conversando sobre o Iraque e sua cultura antiga quando Peter desviou o assunto para *A Epopeia de Gilgamesh,* que achei particularmente interessante.

— Gilgamesh foi um lendário mas autêntico rei que viveu em torno de 2700 a.C. e que queria conquistar a imortalidade — começou Peter. — Então decidiu construir a primeira cidade, pedindo permissão à deusa Ishtar. Ela respondeu: "O presente da civilização eu darei a você, mas lembre-se: você não poderá devolvê-la". Assim Gilgamesh construiu Uruk. Os muros da cidade eram o símbolo da separação entre o homem e a natureza. Porém, sem uma relação direta com o meio natural, as pessoas passaram a se sentir sozinhas e isoladas e suas conquistas pareciam irrelevantes em face à morte.

— Uau! Você não poderá devolver a civilização — repeti. — Não aprendemos muito em cinco mil anos. Agora temos cidades maiores e nos sentimos ainda mais sozinhos e mais isolados.

Ficamos deitados em silêncio por um momento.

— Os muros podem cair algum dia — afirmei.

— Mas pode ser que demore — disse Peter.

Havia uma latrina perto da cabana. O buraco tinha sido cavado havia muito tempo e com o passar dos anos tinha acumulado fezes humanas, terra e água da chuva. Certa manhã me sentei no vaso sanitário de madeira e observei úmidos flocos de neve caindo sobre o delicado musgo no chão. Ouvi meu cocô despencando... e, em seguida, para o meu absoluto horror, senti um respingo na bunda. Uma mistura de água da chuva com fezes tinha acabado de atingir o meu traseiro! Cocô de outras pessoas! Permaneci completamente estática por alguns segundos, assimilando aquele pesadelo. Depois parti para a ação e corri choramingando pela chuva torrencial, com as calças ainda abaixadas na altura dos tornozelos, para lavar e esfregar o meu traseiro no riacho.

Percebi o olhar gozador de Peter quando entrei na cabana.

— O que aconteceu? — Indagou ele com ironia.

— Respingo na bunda — respondi seriamente enquanto apanhava o sabonete. Eu pretendia sair novamente para uma nova sessão de limpeza.

Peter apontou para uma caixa no canto da cabana.

— Sempre coloco uma folha de jornal primeiro por essa mesma razão — disse ele com um largo sorriso no rosto.

Após três semanas de chuva, ficávamos irritados um com o outro pelos menores motivos.

— Cadê os flocos de aveia? — Perguntou Peter com impaciência certa manhã.

— Coloquei naquela sacola no canto ou talvez de volta no tonel. Ah, não, acho que naquele gancho ali? Pelo amor de Deus, procure! Não podem estar tão longe! — Falei rispidamente.

— Você está ficando tão nervosa comigo ultimamente. Tenho a sensação de que não gosta mais de morar comigo — revelou Peter um tempo depois. O tom de sua voz fez meus olhos marejarem. Pedi desculpas pelo meu mau humor e o abracei. Fui tomada pela percepção de que éramos totalmente dependentes um do outro naquela solitária cabana em meio às inóspitas montanhas. Foi como estar andando por um deserto com uma garrafa de água e, em seguida, descobrir que tinha perdido a garrafa. Peter era a pessoa mais importante para mim. Eu tinha que tratá-lo com carinho, pois ele era meu companheiro, meu melhor amigo e minha única companhia em meio à natureza selvagem.

Certa noite, quando fomos dormir, a chuva estrondava sobre o telhado e podíamos ouvir trovoadas ao longe. Um relâmpago iluminou a cabana. Logo em seguida, um trovão ensurdecedor sacudiu as camas dando início a um dilúvio. Tornara-se impossível conversar por conta do barulho assustadoramente alto. Até me ocorreu ir me enfiar na cama de Peter, porém a ideia pareceu infantil demais e sem sentido.

Depois a chuva diminuiu e começou a ventar forte. O vento entrava pelas mais ínfimas frestas e podíamos ouvir galhos se chocando violentamente uns contra os outros na floresta. Como havia uma árvore morta que pendia sobre a cabana, meu temor era que ela desabasse com as fortes rajadas e destruísse o nosso lar. Ficava mais aflita a cada minuto que passava, imaginando se iríamos sobreviver àquela noite. "Iremos resistir até de manhã?", pensava angustiada. Minha mente se encheu de imagens dos nossos corpos esmagados, sendo devorados por arminhos e porcos selvagens. De repente, o barulho de um forte estalo me fez soltar um grito. Um impressionante estrondo sacudiu o chão e senti que meu coração ia sair pela boca.

Para minha grande surpresa, nós dois sobrevivemos àquela noite e o telhado permaneceu intacto. Pela manhã, abri a porta e senti o cheiro do ar fresco e revigorante do sul, que sempre trazia bom tempo. Um glorioso céu azul! O fim das monções! Abri meus braços para os céus. Sentia-me como Noé após o grande dilúvio, preparada para enviar uma pomba em busca de terra firme.

— Céu azul! — Berrei para Peter.

Caminhamos até o rio, onde fomos bem recebidos pela magnífica vista das altas montanhas cobertas de neve. Nunca tínhamos visto aqueles picos, pois eles tinham ficado encobertos por cerca de um mês pelas intermináveis nuvens. A apenas vinte metros da cabana, descobrimos que uma gigantesca árvore viva havia caído — a origem do forte estalo que eu escutara durante a noite. E quanto à árvore morta que tinha sido o principal motivo de minha inquietação na noite anterior? Aquela permaneceu exatamente onde estava antes da tempestade: pendendo sobre a cabana.

Peter e eu nos abraçamos e nos parabenizamos. Tínhamos sobrevivido à chuva! Testemunhar um céu límpido após vinte e cinco dias de chuva parecia ser a maior alegria do mundo — quase valendo a pena passar por toda aquela chuva de novo. Quase...

Estava com um desejo latente de partir imediatamente para a Cabana de Bob.

— Vou até a próxima cabana para levar suprimentos e voltarei com a notícia de que aquele outro vale é maravilhoso! — Exclamei.

Imediatamente comecei a arrumar a mochila, colocando os grandes sacos de arroz e farinha dentro dela. Não aguentava passar nem mais um dia naquele calabouço fedido e escuro que era aquela cabana. Estava ávida para embarcar em uma emocionante expedição solo.

— É necessário ter tanta pressa? — Perguntou Peter um pouco preocupado. — O nível do rio ainda deve estar alto.

—Ah não, tenho certeza de que os rios terão baixado — afirmei e continuei empacotando. — Vou aproveitar ao máximo todos os bons dias. Olha, o letreiro diz quatro horas até a Cabana de Bob. Não é longe! — Dei um beijo em Peter cheia de otimismo. — Até amanhã!

Foi extraordinário caminhar rumo ao Grande Desconhecido, sozinha, em um dia tão esplêndido. Passei cuidadosamente pela lama, subi íngremes margens de rios, galguei árvores caídas e atravessei riachos. A trilha era bem nítida e fácil, e eu estava contente. Entretanto, depois de uma hora caminhando adentrei um outro tipo de floresta onde pairava um silêncio absoluto. Não havia brisa, pássaros cantando ou o rugir de riachos. O sol desapareceu por trás das nuvens e de repente pareceu anoitecer. Em meio às estáticas e silenciosas árvores, eu me sentia muito desconfortável e deslocada. As árvores daquela assustadora montanha pareciam estar me dizendo para voltar. "Volte... Volte..."

O nevoeiro rodopiava dentro da floresta à medida que o caminho ganhava altitude e a cada cem metros o ar ficava mais frio. Caminhei por uma pequena passagem que ainda estava coberta de neve. Quando olhei para trás, vi minhas próprias pegadas. "Se eu nunca retornar," pensei com nervosismo, "ao menos eles poderão seguir as minhas pegadas e encontrar o meu corpo".

Ficava mais aflita a cada minuto.

Cruzei um afluente sem grandes dificuldades e, depois, cheguei a uma ponte que eu havia notado no mapa. Era uma estrutura que eu nunca tinha visto antes: um cabo de metal para os pés, dois paralelos para as mãos. Se eu escorregasse do cabo inferior e caísse, despencaria no cinzento rio ou me chocaria contra as escuras pedras ao fundo. Coloquei o meu cajado horizontalmente sobre os dois cabos superiores e hesitantemente pisei no cabo inferior. O gélido rio corria abaixo de mim a uma velocidade espantosa.

"Não caia, Miriam", uma voz ecoava em minha cabeça enquanto as juntas das minhas mãos ficavam brancas de tanto me segurar firmemente. No final da travessia, os cabos estavam tão altos que eu mal conseguia alcançá-los e quase perdi o equilíbrio. Com imenso alívio, finalmente passei para o outro lado.

Continuei subindo a trilha dentro da fria montanha através da escura, úmida e escorregadia floresta. Além de estar progredindo a uma velocidade incrivelmente lenta, eu estava extremamente cansada. Sentia-me como se fosse Chapeuzinho Vermelho esperando o lobo aparecer. Ao invés do lobo, no entanto, acabei assustando um grande cervo. Ele estava bebendo água de um riacho e fugiu, batendo em disparada e quebrando o silêncio da até então pacata floresta.

Então subitamente a trilha desapareceu.

Fiquei parada olhando fixamente para a ameaçadora floresta ao meu redor. As escuras folhas de faia em decomposição cobriam qualquer rastro da trilha. Amedrontada, imaginei que iria desaparecer em meio à escuridão. Dei voltas e mais voltas ao redor de mim mesma tentando localizar de maneira frenética o triângulo laranja do sinalizador de trilha, porém tudo o que vi foi um amontoado de árvores estranhamente entrelaçadas. Avistei um feixe de luz que penetrava na densa e sombria floresta. Parecia estar escurecendo rápido. Caminhei um pouco mais à frente até um local onde havia uma clareira que poderia ser o caminho. Contudo, quando lá cheguei não encontrei nada e, rapidamente, refiz meus passos para trás. De súbito, tudo pareceu estranho, mas de algum modo acabei descobrindo qual desvio havia perdido.

A trilha ganhou altitude novamente e por fim, enxerguei a luminosidade nos limites da floresta. Segui os sinalizadores laranjas afixados em estacas de ferro até um grande pântano que estava totalmente coberto com uma espessa camada de gelo. Um estreito riacho corria por entre grossas touceiras de capim e algumas plantas encobriam a superfície da água. Acreditei que o riacho seria relativamente raso até o momento em que dei os primeiros passos e a água gelada atingiu a altura das minhas coxas. Minha blusa de lã, que estava amarrada na cintura, ficou instantaneamente encharcada. Ofegante e em pânico, comecei a chorar. Pensei que fosse morrer de hipotermia e toda a sorte de cenários assustadores passaram pela minha cabeça. Tinha chegado ao meu limite.

Tentei correr, mas ao invés de ir mais rápido tropecei nas rochas cobertas de neve que estavam pelo caminho. Disse a mim mesma para me acalmar. Tinha ouvido histórias de pessoas que tinham enlouquecido na floresta. Uma ameaça real lhes havia tirado a razão, deixando-as histéricas. Senti que estava indo rapidamente naquela mesma direção.

Logo depois avistei uma pequenina cabana branca ao longe. Quando alcancei a porta de entrada, meus olhos pousaram sobre um túmulo coberto de neve bem embaixo da janela. Chegar ao cemitério de um único homem após minha assustadora jornada era a última coisa que eu queria. O túmulo estava identificado com uma grande cruz de madeira entalhada com as palavras: DESCANSE EM PAZ, BOB. Tudo indicava que Bob tinha sido um antigo garimpeiro de ouro, sua pá estava pendurada na parede da cabana como um memorial de sua vida ali. "Ele deve ter morrido dentro desta cabana ou perto dela", pensei. "De alguma doença? Em algum acidente?", estremeci.

Quando abri a porta, vi que o claro e limpo interior daquele local era bem melhor do que a Cabana de Downie. A Cabana de Bob media provavelmente três por cinco metros. Consultei o livro de registros e notei que ninguém havia estado lá durante todo o inverno. Do lado de fora, a última luz do dia revelava uma enorme montanha rochosa que permanecia indiferente e silenciosa acima da cabana. Encontrava-me em um lugar extremamente isolado e inóspito. Aquela era a bruta natureza selvagem que eu havia procurado, porém naquele momento em que a tinha encontrado, não sabia ao certo o que pensar. Sentia-me completamente sozinha no mundo.

Troquei de roupa e coloquei uma calça *legging* e uma camisa, ambas de lã, que tinha levado de reserva. Acendi o fogo e estendi meus *shorts* molhados e minha blusa de lã num varal acima da lareira. Logo comecei a me sentir aquecida novamente. Ao deitar-me, fechei os olhos e pensei em Bob — ou mais precisamente em seu espírito, que poderia ainda estar perambulando por ali.

— Olá, Bob — sussurrei.

Não houve resposta.

Enquanto estava deitada em meio à quietude da noite, percebi que meus habituais pensamentos tagarelas tinham desaparecido e comigo tinha ficado somente o medo — o medo de ver um fantasma. Parecia que tinha voltado a ter 12 anos. Escondi minha cabeça dentro do saco de dormir por um longo período, até não conseguir mais respirar. Pensei na pedra de malaquita que havia dado a Jimmy para protegê-lo de seu medo de fantasmas.

Depois me lembrei de algo que havia lido na obra de Lao-Tzu: "O que queres destruir, primeiro deves deixar que desabroche bem". Então respirei fundo e deixei o medo aflorar. Estava invocando exatamente o fantasma que me amedrontava. Aguardei e olhei atentamente para a escuridão. Nenhuma voz do além se pronunciou. Absolutamente nada aconteceu. Permaneci deitada no silêncio e compreendi que, na verdade, o que eu realmente temia era o desconhecido.

De alguma maneira, aquela simples descoberta me fez sentir imensamente melhor. Voltei a respirar e, por fim, caí no sono.

No meio da noite acordei suando em meu saco de dormir e sabia que aquele ar quente do norte provavelmente significaria mais chuva. De fato, logo cedo pela manhã caiu um temporal. Receando que os rios subissem, arrumei desesperadamente minha mochila — não tinha a mínima vontade de passar três semanas sozinha naquela cabana com o fantasma de Bob!

Corri montanha abaixo e atravessei a ponte que havia sido tão problemática no dia anterior quase sem tirar os pés do cabo inferior, não refletindo sobre o que estava fazendo. Fui obrigada a parar vinte minutos depois, por conta das violentas águas de um afluente pelo qual tinha passado facilmente durante a ida. Olhei para a água suja e marrom que corria velozmente. O rio não era extenso em largura, porém a correnteza parecia furiosa.

Examinei o percurso da enxurrada. Até onde seria levada se a correnteza do rio me puxasse? Finalmente, decidi me arriscar e entrei na água. Coloquei meu longo cajado entre as rochas e me apoiei nele. Por diversas vezes a corrente empurrou o cajado. O fluxo de água era forte — fortíssimo! O rio puxava minhas pernas enquanto grandes rochas rolavam pelo leito fluvial.

Naquele momento me lembrei de um efetivo exercício de teatro da minha mãe: "Se você se imaginar como uma árvore, ninguém será capaz de te carregar". Podia ouvir a voz dela como se estivesse bem ao meu lado. Imaginando que minhas raízes penetravam fundo dentro da terra, permaneci firme como uma árvore no meio do ruidoso rio. O nível da água atingiu a minha cintura e continuou subindo, entretanto a correnteza não conseguiu me tirar do lugar. A adrenalina deixou todos os meus sentidos aguçados. Estava consciente de cada respiração. Passo a passo, fui caminhando lentamente até chegar ao outro lado.

Com a mochila mais leve, percorri rapidamente o resto do caminho de volta à Cabana de Downie. Não notei nada de tenebroso na floresta e quando cheguei por volta do meio da tarde estava até alegre. O tempo tinha clareado completamente e me senti um pouco tola de ter corrido tanto no meio daquela chuva.

Peter ficou surpreso ao me ver e me deu um abraço apertado.

— Você deveria ter esperado, querida. Não se arrisque atravessando rios que estejam volumosos. No século 19, o afogamento era chamado de "Morte Neozelandesa", devido ao grande número de pessoas que morreram atravessando rios aqui.

À noite quando estava na cama, pensei no que poderia ter acontecido naquele rio. Pela primeira vez, tinha ficado verdadeiramente assustada com a possibilidade de ter me afogado e senti meu coração palpitar na garganta. Foi uma sensação estranha demais, pois não havia sentido nenhum medo ao atravessar o rio oito horas antes. O medo tinha sido causado pelos meus pensamentos. "Será que é sempre assim?", pensei.

Acordamos no dia seguinte sob um céu límpido. Superado meu medo de rios e de fantasmas, convenci Peter a pegar todo nosso equipamento e subir até a bela Cabana de Bob. Não partimos antes do final da manhã, pois levamos muito tempo arrumando as mochilas. Mas não importava, assegurei ao Peter, já que a cabana não era muito longe.

Quando tentei colocar a mochila nas costas, entretanto, constatei que ela estava tão pesada que eu não conseguiria levantá-la. Tive que me sentar no chão, colocar as alças nos ombros, rolar para o lado para poder dobrar um joelho e, com ajuda do cajado, vacilar, para finalmente ficar em pé.

Com o peso das mochilas nosso progresso pela lamacenta trilha foi muito lento.

— Isso vai levar mais que quatro horas. Teremos sorte se chegarmos lá antes do anoitecer! — Disse Peter, virando e esperando que eu reduzisse a distância de quinze metros que havia entre nós. — Você está sempre com pressa porque é ansiosa ao extremo — afirmou ele.

Passei por ele, cambaleando, sem dizer uma palavra.

— Poderíamos ter arrumado tudo hoje e partido bem cedo amanhã de manhã, mas você é tão impaciente que agora nós dois estamos correndo perigo! — Gritou Peter atrás de mim.

Ele estava certo. Eu não podia discutir com a verdade, porém também não queria admiti-la, o que acabou deixando Peter ainda mais furioso.

— E por que diabos estas mochilas estão tão pesadas? — Continuou ele. — A gente deveria jogar algumas coisas fora. É ridículo. Todos esses produtos por exemplo... seu creme facial naquele pote de vidro!

Levantei a cabeça numa tentativa de me defender, entretanto não encontrei nenhuma desculpa. Enquanto isso o chuvisco encharcava lentamente as minhas roupas.

— Você certamente não precisa dele no meio da floresta — prosseguiu Peter. — Se está com receio de ficar com rugas no rosto, deveria voltar correndo pra cidade.

"Ok, chega", pensei. Não pronunciei em voz alta, porém naquele momento prometi a mim mesma nunca mais partir em uma longa caminhada com Peter, nunca mais. Qualquer missão de reabastecimento, decidi, seria feita apenas por mim daquele momento em diante. Nossa vida era perfeita — desde que não caminhássemos longas distâncias juntos e com mochilas pesadas. Tínhamos claramente chegado ao nosso limite. Entretanto, mal sabia eu que um dia iria quebrar aquela promessa.

Por fim alcançamos a cabana na última luz do dia. Acendi a lareira silenciosamente e Peter fez o jantar sem falar muito.

— Sabe, é bom estar aqui — disse ele enfim, folheando desinteressadamente as revistas deixadas por outros trilheiros.

Surpresa, levantei o olhar e, em seguida, ri.

— Por que está rindo? — Perguntou ele com franqueza. Depois olhou para mim e sorriu.

— Ah, nada demais, querido — respondi.

Aos poucos o tempo clareou e a umidade da floresta evaporou. Estávamos rodeados de lindas áreas rochosas e nosso lar ficava na sombra projetada pelos numerosos e magníficos cumes cobertos de neve. Em tardes ensolaradas, ouvíamos avalanches carregando toneladas de neve e gelo dos quase verticais cumes montanha abaixo.

A Cabana de Bob dava vista para um extenso campo pedregoso onde dois rios se encontravam. Em muitos lugares ao nosso redor havia pequenos riachos e córregos que desciam em cascata dos penhascos. Geralmente observávamos, através de uma fenda existente entre as cadeias de montanhas, uma particular e majestosa formação em pirâmide: os picos estavam cobertos com pura neve, mas as rachaduras e fissuras verticais estavam nuas já que nenhuma vegetação ou mesmo neve conseguia se manter ali. A parede de pedra exposta refletia as cores do céu: algumas noites parecia um tanto avermelhada, durante o dia ficava preta à sombra e quando o sol incidia diretamente sobre ela, ficava marrom clara.

Quando a umidade do solo embaixo das árvores começou a secar, montamos um confortável acampamento próximo à cabana e, com exceção dos dias chuvosos, passamos a maior parte do nosso tempo do lado de fora.

Certo dia, quando voltávamos de uma longa caminhada, Peter avistou uma gansa-canadense chocando seus ovos na grama alta ao lado do rio. Ele se aproximou para ver se ela fugiria, porém a corajosa mãe não se moveu nem um centímetro. Daquele dia em diante, começamos a tentar encontrar ovos que estivessem sem a proteção das fêmeas. Deixei o meu arco de lado e foquei na caça aos ovos. A ideia de comê-los era muito atraente.

Após algumas tardes caminhando sobre as pedras, por fim encontrei uma linda coroa de penas cuidadosamente trançada e resistente aos vendavais que com frequência varriam o vale. Com dificuldade, tive que me forçar a pegar os ovos. Podia ouvir a mãe grasnando em desespero ao longe, então peguei somente dois ovos, com cuidado para não tocar nos outros três.

Lágrimas brotaram em meus olhos. Senti-me cruel e desolada pela mãe. "Estou roubando seus filhos", foi o que pensei — algo que nunca havia passado pela minha cabeça ao comprar ovos no supermercado. Lá estava eu, chorando por ter apanhado dois ovos de ganso.

Quando voltei à cabana, Peter olhou para os ovos e não para meus olhos vermelhos.

— Veja, não sabemos em que estágio o embrião está, correto? — Peter segurou os dois preciosos e aquecidos ovos em suas mãos. — No Vietnã, eles querem os embriões. Na realidade, eles comem os embriões, às vezes crus! Assim, de qualquer modo não há nenhum problema, ok?

Em seguida quebrou os ovos com cuidado dentro de uma xícara. A gema não era como as de ovos de galinha comprados, aquela gema continha um treco com sangue.

— Você quer comer isto? — Peter olhou para mim.

— Humm... — Eu não queria comer aquilo, mas também não queria parecer patética.

Peter abriu um largo sorriso, fisgou o embrião para retirá-lo da xícara e colocou os ovos na frigideira. Então, comemos um omelete com pão fresco e nos sentimos como os reis do nosso castelo selvagem.

Certo dia enquanto estava tostando pão na fogueira, ouvi um ruído que não ouvíamos fazia quase dois meses: um motor. "Vup! Vup! Vup! Vup!" Um pequeno helicóptero azul apareceu por trás dos cumes das montanhas. Foi uma visão surpreendente, como se alienígenas estivessem caindo do céu. Acenei alegremente para o piloto, na expectativa de que ele pousasse e falasse conosco. Ele permaneceu suspenso no ar, fazendo muito barulho e transformando todo o local num inacreditável redemoinho. Quando as hélices do helicóptero finalmente desaceleraram e a revoada de folhas e galhos voltou à terra, um homem desceu com um cãozinho em cada mão.

Paul estava morando na Costa Oeste. O helicóptero era dele e era utilizado para ir até áreas remotas onde ele passava noites capturando *possums* em armadilhas. Tentava ganhar a vida vendendo a tão procurada pele daquele animal. Era simpático, tinha em torno de 45 anos e uma barriguinha saliente. Apesar de tímido, Paul tinha alguns momentos ousados de franqueza.

— Você caça com arco e flecha? — Perguntou, olhando para mim incrédulo e sentando-se em um tronco ao lado da fogueira.

— Sim. Não. Bom, eu tenho um arco. — Olhei para meus pés descalços e unhas que estavam sujas. — E flechas — acrescentei. Aquela era a verdade sobre o assunto. — Cervos são grandes demais para que eu atire flechas e não tenho visto nenhum sinal de cabras — disse, sem graça

— Não, não tem nenhuma cabra por aqui. Talvez camurças nos cumes, mas predominantemente cervos e *possums*. Cada região tem seus próprios animais — explicou ele. Depois tirou o gorro por um instante para coçar o curto cabelo loiro.

— Aquela Cabana Matakitaki Leste é bem legal também — disse Paul, aceitando com gratidão o chá e a fatia de pão feito no forno portátil. — Semana que vem vou até lá apanhar *possums* e posso levar de helicóptero os seus mantimentos, se quiserem.

Os olhos de Peter brilharam.

— Leva apenas dez minutos voando.

Estávamos com sorte, principalmente depois de toda a dificuldade que tivemos ao carregar nossos suprimentos até a Cabana de Bob.

Tomamos nosso chá e eu olhei para as primeiras estrelas. Estava de muito bom humor já que nosso futuro — livre de discussões sobre o transporte de mochilas pesadas — estava assegurado.

Conversamos a noite toda e pela manhã nos sentamos ao redor da fogueira novamente para uma xícara de chá.

Paul afagou os cãezinhos ao seu lado e, em seguida, dirigiu-se a mim:

— Você estava falando sobre caçar cabras, certo? Olha, conheço o vale mais bonito do mundo e nunca aparece ninguém por lá. É cheio de cabras, cervos e camurças. Não tem cabanas nem trilhas e levaria três ou quatro dias para chegar lá a pé.

Peter e eu saltamos para um novo estado de atenção.

— Como se chama esse lugar? — Peter se aproximou de Paul para evitar perder aquela informação crucial.

— Paraíso de Paul — disse ele, com um largo sorriso. — Localização ultrassecreta, em elevada altitude nas montanhas. É bem frio no inverno e na primavera, mas se quiserem ir lá neste verão posso transportar os suprimentos pra vocês.

— A gente vai ter que caminhar usando vendas nos olhos? — Brinquei.

— Não tem cabanas, você estava dizendo? — Perguntou Peter.

— Gostaria de construir uma cabana para que eu possa ter um lugar para ficar quando estiver caçando. — Paul sorriu ao ver meus olhos esperançosos. — Trabalho como construtor e posso transportar materiais como placas de metal ondulado para o telhado, braseiro, paredes, estacas, coisas do gênero. Vou ensinar vocês a construir.

Tive que me conter para não pular nos braços dele e dar um abraço de urso em seu corpo atarracado, por pura gratidão e felicidade. Não podia acreditar em nossa incrível sorte. Tínhamos acabado de conhecer o melhor homem do país.

Passamos o resto do dia fantasiando sobre nossa pequena cabana na floresta. Pensei em Mark e em sua exigência de habilidades e já sentia orgulho em poder gritar de volta: "eu construo cabanas!"

Antes que Paul decolasse, entreguei-lhe algumas cartas endereçadas a meus pais. Uma das cartas, eles deveriam encaminhar para minha irmã mais velha, Hanna, e a mensagem ao final chegaria à minha irmã mais nova, Sofie. Sabia que todos aguardavam por notícias minhas em meio à natureza selvagem. Contei-lhes sobre como o clima regia o nosso dia a dia e descrevi como a lua cheia surgia por cima das montanhas, iluminando a neve nos cumes de maneira tão extraordinária. Sabia que meus relatos contrastavam muito com o mundo em que viviam, com compromissos, reuniões, contas, empréstimos, trabalho e estresse — e férias ao final de tudo.

> "Livre de todas as ocupações e distrações", *escrevi*, "confronto-me com meus próprios medos e limitações, os quais nem sempre são fáceis de se encarar. Descobri ter medo de ficar sozinha, por exemplo. Assim, comecei a fazer um exercício e a cada vez tem ficado um pouco mais fácil. Às vezes, sento-me sozinha na floresta por uma tarde, sentindo agitação e desconforto. Tenho que resistir à vontade de voltar correndo para Peter. Depois me concentro na beleza das árvores e das samambaias e lentamente começo a me sentir mais tranquila. Espero que o medo desapareça por completo um dia..."

Quando fechei os volumosos envelopes, pensei se realmente minha família poderia imaginar o lugar onde eu estava vivendo: uma terra atemporal protegida por um ritmo ancestral, onde a humanidade era obsoleta e o controle era inútil. Uma terra onde a floresta era uma guardiã, o fogo nosso amigo mais íntimo, o vento um portador de mudanças e o sol a nossa salvação.

Uma semana depois Paul retornou. Embarquei com ele em seu helicóptero para transportar nossos suprimentos da Cabana de Downie até a Cabana Matakitaki Leste, onde os esconderíamos. Levamos alimentos suficientes para um mês. O helicóptero saiu do chão devagar para em seguida acelerar pelo ar. O voo foi de tirar o fôlego. Sorri durante todo o trajeto, observando do alto as árvores sob as quais havíamos caminhado tão vagarosamente. O rio parecia muito diferente visto de cima. As montanhas estavam incrivelmente intocadas e selvagens, sem nenhum sinal de marcas deixadas pelo homem.

— Maravilhosa sensação de liberdade, não acha? — Comentei, olhando para o rosto de Paul por um momento.

— Esta — respondeu ele, inclinando a cabeça na direção do nariz da aeronave — é a minha liberdade na minha vida!

Nós dois rimos alegremente.

Paul me levou de volta à Cabana de Bob e, alguns dias depois, Peter e eu caminhamos juntos até a Cabana Matakitaki Leste. Ela tinha sido construída em uma linda clareira. De um lado havia um rio de água cristalina e de outro antigas faias em torno de uma íngreme montanha. Ao olharmos para cima, vimos magníficas montanhas cobertas de neve. O governo havia construído aquela cabana sessenta anos antes para os caçadores profissionais de cervos. Eles abatiam os animais para controlar o número de espécimes, pois os cervos eram considerados pragas. A construção original tinha sido aprimorada desde então pelo Departamento de Conservação.

Camundongos haviam descoberto uma maneira de entrar na cabana pela chaminé, por isso insisti que dormíssemos na barraca. Não muito longe dali, embaixo de faias, havia um local convenientemente plano para montarmos nosso acampamento. Exceto por algum ocasional dia chuvoso, passávamos a maior parte do tempo do lado de fora ao redor da fogueira.

Quando as condições climáticas ficaram ótimas, começamos a explorar as redondezas. À nossa volta, havia muitas áreas de passagem entre cumes, porém nenhuma trilha sinalizada. O céu estava azul, o ar fresco e claro, e uma leve brisa trazia o perfume das flores amarelas na grama. Certo dia seguimos o curso do rio que serpenteava através da densa floresta de faias. O único momento em que a verde floresta mostrava alguma mudança em sua tonalidade era quando as folhas novas brotavam durante a primavera.

Um lindo tom de vermelho emergia das árvores. Subimos pelo vale até chegar a um adorável campo verde, onde Peter se sentou ao sol e tirou a camisa.

— Heliopatia! — Ele sorria. — Tome um pouco de sol nessa sua pele branca.

Tirei a minha camisa também.

— Tcharan!

Dancei para fazer Peter rir, depois me envolvi ao seu lado, coloquei minha orelha na altura do seu coração, acariciei os pelos loiros de seu peito e beijei sua barriga lisa, que ainda estava bronzeada do sol de inverno. Fechei os olhos e sorri. Como eu amava o aroma natural de seu corpo.

— Que pele macia você tem! — disse ele, afagando as minhas costas.

Fizemos amor no gramado aveludado e imaginamos ser Adão e Eva. Foi surpreendentemente belo e sereno. Não tínhamos nenhuma preocupação no mundo. Grilos cricrilavam, *robins* cantavam e *fantails*[7] se aproximaram. Alguns gansos estavam repousando a apenas cinquenta metros de nós. Não representávamos perigo para nenhum deles. Todo o vale parecia encantado. Simplesmente fazíamos parte da beleza maior do mundo.

— Miriam, venha ver! — Ouvi Peter me chamando. Estávamos coletando lenha quando ele me levou até o rio.

— Patos azuis — sussurrou ele com empolgação enquanto rastejávamos pela grama. — Consegue ouvir o assobio deles?

Os radiantes olhos de Peter encontraram os meus. Foi maravilhoso ver aves tão raras como aquelas. O distinto som que emitiam era extraordinário: um assobio, um "fffio" — de onde recebiam o nome *whio*na língua nativa maori — mais alto do que o barulho das águas correntes, e, portanto, mais eficazes do que a usual grasnada. Sem perceber que tinham espectadores, os patinhos de cor azul acinzentado flutuavam e mergulhavam em meio à correnteza do rio como se estivessem em uma lagoa.

— Está vendo aquele pedaço de pele na ponta do bico? — Sussurrou Peter. — Ele ajuda a filtrar os invertebrados que estão nos detritos da turbulenta água. Estão mergulhando atrás de insetos que ficam nas pedras no fundo do rio. Muitos amantes de pássaros dariam uma fortuna para ver isso.

Com o passar dos meses, Peter me ensinou os nomes de todas as criaturas que encontrávamos pelo caminho. Ele via o mundo natural como um

[7] Pássaro nativo da Nova Zelândia que tem a cauda em forma de leque. (N.T.)

maravilhoso milagre e, aos poucos, a curiosidade e o conhecimento dele tornaram-se meus também.

Peter tinha visto no mapa um lago situado na base de um dos picos mais imponentes daquela região. Então, numa límpida manhã, partimos rumo ao espelho-d'água subindo a montanha atrás do nosso acampamento. Alcançamos as últimas árvores e à nossa frente se abriu um extenso campo pedregoso. Enquanto eu observava a infinita paisagem que parecia a superfície lunar, Peter pulou sobre a primeira pedra como uma cabra-montesa e seu cabelo dançou com o vento.

— Você deve manter a cadência! — Gritou ele por cima do ombro, saltando para a próxima pedra.

Quando saltei atrás dele, ele gritou:

— Cuidado com as grandes pedras soltas!

— Por quê?

— Elas parecem firmes, mas repentinamente você pode cair se pisar no lado errado.

Seguindo atrás de Peter, acabei pulando sobre uma pedra solta e fui lançada severamente contra as outras impiedosas rochas ao redor. A queda não causou mais estragos do que um pequeno hematoma, mas me senti atordoada e um tanto chateada.

— O que aconteceu? — Peter retornou até onde eu estava e esticou a mão para me ajudar a levantar.

— Uma pedra solta. — Meus olhos ficaram úmidos. Havia me assustado com o tombo. Abracei o corpo forte de Peter até sentir que tremia menos.

Juntos subimos pela vegetação alpina. Vimos lindas e delicadas flores entre as áreas nevadas. Apesar de parecerem tão frágeis, elas cresciam em um dos lugares mais hostis do planeta. Eu havia me sentido muito vulnerável depois de cair sobre as pedras, contudo aquelas plantas tinham que suportar condições extremamente severas nas encostas rochosas atingidas pelas fortes rajadas de vento. Elas testemunhavam o acúmulo da neve, as chuvas torrenciais e o calor intenso. Cada planta e animal que habitava aquele local sabia como resistir: uma aptidão que eu também iria adquirir com o passar dos anos.

Quando por fim chegamos ao lago, o qual se encontrava congelado debaixo da neve, parecia que tínhamos alcançado o topo do mundo. Tudo à nossa volta era puro, intocado e de uma cor branca tão brilhante que quase não conseguia ficar de olhos abertos. Em pé, contemplávamos a impressionante vista quando ouvimos uma estranha risadinha vinda do céu. Olhei para cima e avistei um grandioso gaivotão de dorso preto e barriga branca: o rei das montanhas. Ele planou graciosamente pelo céu profundamente azul. Em seguida, outros se juntaram a ele, todos soltando risadinhas ao voarem em círculos acima de nós. Nós os observávamos e eles nos observavam. Depois de um tempo, eles se entediaram e voaram mais alto em direção a outra montanha ao longe.

— Não seria bom poder voar? — Perguntou Peter, olhando atentamente para os pequenos pontos acima da montanha.

Ajeitei-me sob o seu braço e respondi:

— Com certeza! — E nós dois rimos.

Apesar de ter quase desistido de caçar com arco e flecha, ainda desejava encontrar um cervo. Numa tarde tranquila, afastei-me da trilha para caminhar sobre um tapete de musgo entre velhas árvores retorcidas. O musgo tinha um aspecto adorável, porém como não conseguia senti-lo, tirei as sandálias para poder experimentar por completo a sua maciez. Do mesmo modo, a luz do sol parecia agradável mas não alcançava a minha pele, então tirei as roupas para melhor sentir o seu calor.

"Se um cervo me visse agora", pensei, "veria apenas um macaco nu — apenas um outro animal na floresta".

Caminhei lentamente por cima de troncos caídos e, por acaso, encontrei uma lagoa. Bebi a água pura. Uma cerva tinha estado lá também e não fazia muito tempo, pois suas pegadas ainda estavam visíveis na lama. Permaneci imóvel por um longo período, na esperança de vê-la. Depois sentei-me na relva ao lado da água e debrucei-me sobre os meus joelhos. Observei os desenhos que o sol deixava no musgo. Foi extremamente pacífico permanecer lá sozinha, sem nenhuma vestimenta. Paramentada com *shorts*, camiseta e sandálias, facilmente me esquecia de que era apenas uma outra espécie de animal.

Quando nossos suprimentos acabaram, caminhamos para fora do vale e adentramos o outro mundo. Após três dias andando em meio à floresta, alcançamos uma estrada de terra e a área de fazendas.

Depois de algum tempo, um carro passou e parou. O motorista vestia roupas pretas e usava óculos de sol tão escuros que não podíamos ver seus olhos. Seu passageiro era um monge budista: um americano vestido com um manto laranja claro que tinha acabado de deixar um retiro de sete dias em um chalé nas proximidades.

— Que maravilha! Nós também acabamos de sair da floresta — exclamei. — Nós moramos lá por três meses. — Apontei para o grande vale em meio à floresta do lado esquerdo. Queria falar com ele sobre a "arte de não fazer nada" (que ele provavelmente chamaria de meditação), mas o homem com vestes laranjas não se deixou encorajar pelo meu sorriso e se mostrou bastante desinteressado. Durante a viagem de carro, ele reclamou copiosamente das políticas obrigatórias de sua associação budista na Califórnia.

— Ele não pareceu ser muito zen! — Comentei com Peter quando eles nos deixaram.

— Não, bastante estressado na verdade. É uma pena. Estamos em um lugar tão magnífico.

Viramos e olhamos para as familiares montanhas cobertas de neve. Pequenos pontos apareceram no límpido céu azul e ouvimos graciosas e melancólicas grasnadas de um bando de gansos. Vinte ou mais estavam sobrevoando em nossa direção numa esplêndida formação em V. Moviam-se num ritmo lento e, gradualmente, nos passaram, rumo às planícies gramadas. Ficamos observando até que eles tivessem desaparecido de vista. Pudemos ouvi-los por um bom tempo, até aquele ruído também desaparecer.

"...a luz do sol parecia agradável mas não alcançava a minha pele, então tirei as roupas para melhor sentir o seu calor... Se um cervo me visse agora", pensei, "veria apenas um macaco nu — apenas um outro animal na floresta"... Caminhei lentamente por cima de troncos caídos. Depois, sentei-me na relva ao lado da água e debrucei-me sobre os meus joelhos. Observei os desenhos que o sol deixava no musgo. Foi extremamente pacífico permanecer lá sozinha, sem nenhuma vestimenta."

CAPÍTULO 4

VERÃO

— Aposto que nunca imaginou vir parar aqui quando estava saindo das montanhas!

Mouse deu um largo sorriso.

O barco, com o motor zumbindo, deslizava sobre as ondas. O céu estava azul com pequenos flocos de nuvens brancas pairando no horizonte. Tínhamos saído do píer de Picton fazia mais de uma hora e estávamos navegando por entre as tranquilas ilhas na região de Marlborough Sounds. Mouse pilotava o seu barco com uma mão e com a outra apontava para as focas que descansavam preguiçosamente sob o sol de verão nas escuras rochas.

Ele desacelerou e, em seguida, abriu uma das caixas de transporte. Um esbelto cão preto saltou para fora e permaneceu no deck.

— Vê como Bella está farejando? — Disse Mouse. — Ela consegue sentir o cheiro de um porco no meio do mato, se o vento estiver soprando a nosso favor.

Bella se posicionou na direção da Ilha Arapaoa. Nosso amigo abriu outra caixa e três ávidas cadelas saltaram para fora, esbarrando em mim. Depois pularam no mar e nadaram uma curta distância até a costeira. Enquanto eu as observava sumir entre os espinhosos tojos, Mouse averiguava seu aparelho rastreador GPS para acompanhar suas "garotas", como ele as chamava.

Flutuamos calmamente até lá. O sol estava a pino e, com o barco parado, começara a fazer calor. Levaria um certo tempo até que as cadelas localizassem um porco, então decidi descansar sobre as caixas e olhei para Peter, que admirava a paisagem. Ele segurava o corrimão do barco com uma mão enquanto a outra estava casualmente enfiada no bolso. O rosto dele estava bronzeado, másculo, delineado pelo sol, e a brisa balançava seus cabelos. Não estava procurando nada em particular, estava apenas curioso. Ele sempre tivera uma grande curiosidade em relação a tudo. Onde eu via apenas o mar e as colinas com arbustos, Peter analisava a idade da floresta observando sua vegetação. Ele sabia qual era a direção dominante do vento pelos contornos das árvores e as cores das folhas lhe contavam sobre a precipitação de chuvas. Para Peter, cada pedra, pássaro ou gota de água revelava algum dos muitos segredos da natureza.

Em seguida, apanhou uma caixa de fósforos que estava em seu bolso, retirou um, quebrou-o ao meio com o auxílio das unhas e o utilizou para caprichosamente palitar os dentes. Lentamente seu olhar veio em minha direção. Com uma feição um pouco surpresa, ele disse:

— Parece que Matakitaki foi em outra vida, não é mesmo?

Eu assenti com a cabeça e sorri, depois repousei a nuca sobre meu suéter para tirar uma soneca.

— Elas acharam um porco! — Exclamou Mouse, e sem anunciar acelerou o barco tão abruptamente que eu quase caí na água. Fomos lançados para frente com um potente ronco do motor, oscilando em velocidade fenomenal rumo a outra parte da ilha.

— Estão bem aqui! — Mouse dava risada enquanto conduzia o barco pela barrenta costeira que tinha três metros de altura e alguns tocos de raízes despontando para fora. — Ok, um de vocês vem comigo para segurar o porco. O outro mantém o barco aqui.

— Você vai. — Peter e eu apontamos simultaneamente um para o outro.

— Você é a caçadora. — disse Peter.

Relutante, desci do barco atrás de Mouse e subi a escorregadia encosta com ajuda das mãos, avançando em direção aos altos grunhidos. No local encontramos um grande porco selvagem sendo encurralado pelos cães que latiam ferozmente. Olhei para o javali com uma espécie de fascinação aterradora, pois nunca tinha visto um animal daqueles vivo — e, certamente, não um que estivesse sendo atacado nas orelhas, testículos e patas traseiras por um bando de furiosas cadelas.

Estávamos na beira da costeira. Se o javali as empurrasse, elas se chocariam contra mim e eu seria a primeira a cair na água do mar.

— Consegue segurar as patas traseiras? — Perguntou Mouse procurando algo em sua mochila.

— Como? — Quis saber, desconfortável com aquela repentina responsabilidade.

Então Mouse se aproximou do animal, agarrou as patas com impressionante destreza e as entregou para mim. Depois, ao invés de acabar com o sofrimento do javali, pegou uma pequena câmera para filmar a cena. O javali estava grunhindo desesperadamente e eu não queria sorrir para a câmera, só queria que todo aquele episódio terminasse. Meio minuto depois, Mouse finalmente deu uma facada certeira no coração do agonizante porco.

Ao soltar lentamente as fortes patas traseiras, percebi que minhas mãos estavam tremendo. Desabei contra uma árvore, enquanto Mouse retirava as vísceras do animal. Ele não necessitava da carne, iria oferecê-la para outra pessoa. O que ele queria era pendurar as presas do javali ao lado das centenas de outras que ele já tinha. Eu não conseguia entendê-lo.

Juntos transportamos o pesado corpo para dentro do barco.

— Que fera, não é mesmo? — Comentou Mouse com Peter, pegando as longas presas com as mãos fechadas. — Tremendo javali!

Passamos um maravilhoso fim de semana juntos na casa de praia de Mouse em Marlborough Sounds. A casa ficava situada em meio a uma pequena floresta e tinha uma praia particular. Desfrutei do tempo quente, do sol de verão e do céu claro. Aquele mar agitado, as ilhas e, até mesmo, os estreitos canais da região eram muito diferentes das montanhas. Coletamos frutos do mar e pescamos, e nosso anfitrião apanhou outro porco selvagem que seria doado.

Na viagem de volta, Mouse me convidou para pilotar o barco. Ele se levantou e eu me sentei em seu lugar. A condução foi fácil, uma vez que o mar estava bem calmo.

Um tempo depois, Mouse avistou algo boiando na água que parecia ser um tronco de árvore e se aproximou de mim para assumir o comando. Gesticulei para que ele se sentasse no meu colo e ele aceitou. Passei um dos braços em volta de sua cintura. Naquele momento, percebi que os meses passados na floresta haviam me deixado mais espontânea e menos hesitante. Tínhamos apenas dois dias com Mouse e não o veríamos por um longo período. Por que seria errado demonstrar afeto? Sorri contente para Peter e ele sorriu de volta.

Mouse olhava para o mar e o seu corpo me abrigava do vento. Olhei para o javali morto estirado aos meus pés com sua grossa pelagem preta manchada de lama e sangue.

Como Mouse era capaz de matar um animal tão friamente? Ele via os animais introduzidos como pestes, uma ameaça ao ecossistema da Nova Zelândia e usava esse argumento como justificativa para matar sem remorso.

E quanto a mim? Eu abominava o jeito como ele matava os animais, porém eu mesma era uma caçadora. Odiava suas ações, contudo gostava muito de Mouse. Não tinha clareza sobre o que estaria certo e o que estaria errado.

Peter pegou uma das presas do javali e levantou um pouco a cabeça do animal.

— Não há regras — disse ele, como se tivesse escutado meus pensamentos com suas orelhas de elfo. — Os homens podem tirar ou não tirar vidas.

— O que foi? — Perguntou Mouse, virando-se para trás.

— Carne de porco. Vamos saborear carne de porco hoje à noite. — Respondi, encostando meu nariz em seu suéter que estava com aroma de lavanda do sabão em pó.

— Somente dez quilômetros — afirmou Peter, analisando o mapa e calculando a distância até nosso primeiro local de acampamento. Tínhamos voltado às montanhas.

— Aaah! — Exclamei de forma exagerada. — Levará apenas algumas horas e o dia tem dezesseis horas de luz!

— Entretanto, vamos ter que escalar quase mil metros montanha acima até o outro lado — enfatizou Peter.

Após caminhar tranquilamente por uma hora seguindo o leito de um pedregoso rio, chegamos a um local particularmente belo, banhado de sol, e Peter sugeriu que tomássemos uma xícara de chá. Grata pela pausa, retirei da mochila tudo o que precisaríamos para preparar a infusão enquanto Peter acendia a fogueira com pedaços de madeira da margem do rio. Sentei-me nas lisas rochas acinzentadas que tinham se aquecido sob o sol e olhei para o fogo. As chamas estavam quase invisíveis devido ao intenso brilho solar. Durante o tempo ali, conversamos e gargalhamos como se não estivéssemos prestes a subir dez quilômetros pela selva da Costa Oeste sem nenhuma trilha. Quando terminamos o chá, decidimos aproveitar e almoçar também, uma vez que já havíamos desempacotado tudo. Então comemos biscoitos *crackers* com queijo, tomate, pepino e pasta de levedura *Marmite*... e, depois, comemos duas laranjas cada um, para não ter que carregá-las. Por fim, relutantemente arrumamos nossas mochilas.

— Quer um pouco de uvas passas? — Ofereci o pacote a Peter para depois pegar um punhado para mim.

— Não era pra gente comer essas passas na subida da montanha?

— Bom, estamos subindo agora, não estamos? — Falei com a boca cheia.

— Acho que devemos seguir o riacho — disse Peter pegando o pacote. — Melhor do que nos perdermos entre as elevações laterais da montanha.

O plano pareceu bem racional e coerente.

Dez minutos depois, a parte infernal começou. Penetramos numa espessa vegetação rasteira de uma floresta mal iluminada. Havia trepadeiras e cipós por toda parte e tínhamos a sensação de estar numa selva tropical. O riacho não era um córrego de águas claras, mas uma terrível ravina densa e impenetrável. A água do fundo estava coberta com meio metro de folhas marrom-escuras em decomposição, pedras escorregadias, galhos capazes de quebrar nossos tornozelos e toras capazes de torcer nossos joelhos. As grandes árvores nas laterais também não ajudavam, pois uma úmida e grossa camada de fungo fuliginoso tornava tudo naquela área um assustador e escorregadio tormento.

Paul nos havia informado que aquela área recebia de três a seis mil milímetros de precipitação de chuva por ano. Era minha primeira vez nas montanhas da Costa Oeste da Ilha Sul e eu, desanimada, questionava-me se havíamos escolhido a melhor parte do país para passar nosso verão. Aquele não parecia um lugar adequado para se viver em uma barraca. Entretanto, já havíamos nos comprometido, então segui em frente.

Batalhamos por entre a vegetação que esbarrava em nossos joelhos, escorregando e deslizando para trás ao subir o terreno incrivelmente íngreme. Em intervalos curtos, teias de trepadeiras bloqueavam o nosso avanço. Tínhamos que rastejar ou pular para conseguir atravessar aquele emaranhado confuso, e com frequência nossas mochilas ficavam presas justamente quando achávamos que tínhamos nos desvencilhado. Já estava escurecendo quando finalmente encontramos uma área gramada próxima ao rio onde poderíamos acampar.

No dia seguinte, continuamos nossa jornada até o Paraíso de Paul. Num dado momento, sentei-me para descansar um pouco enquanto Peter caminhava vagarosamente em minha direção. Como se estivesse assistindo à cena em câmera lenta, vi Peter pisar em um velho tronco coberto de musgo para, logo em seguida, ter sua perna engolida pela árvore apodrecida. Enquanto isso, sua pesada mochila o puxava para um lado e o joelho tinha ficado preso no meio da tora. Foi uma cena tão cômica que não tive como não rir de seus olhos esbugalhados e braços girando no ar. Quando ele finalmente recuperou o equilíbrio, soltou um gemido de dor e abraçou o joelho. Naquele momento, não tínhamos nos dado conta de quão sério tinha sido o incidente, porém aquela lesão no joelho ainda incomodaria Peter por anos a fio. Mesmo sentindo muita dor naquela ocasião, ele foi capaz de continuar.

Logo depois entramos numa floresta de dragoeiros. Seus troncos esguios, a maioria medindo cerca de dez metros de altura, pareciam desfazer-se em camadas de papel pardo e a folhagem verde semelhante à das palmeiras balançava com a brisa. As espécies ancestrais daquelas extraordinárias árvores datavam do tempo dos dinossauros e não era difícil imaginar um tempo e um clima totalmente diferentes ao olhar para elas.

Por fim despontamos em uma área aberta localizada entre dois picos, com vista para as vastas cordilheiras verdes a oeste e para os Alpes do Sul a leste: um cenário inesquecível. Senti um grande alívio por ter deixado a densa e escura floresta para trás.

— Vamos acampar neste local? Tão alto assim? — Questionei Peter com os cabelos esvoaçantes.

— Sim, aqui será nosso acampamento. Há um riacho próximo para coleta de água. Se não me engano, Paul disse que há boas possibilidades de caça ali embaixo. — Peter apontou para o vale.

Contemplamos a vasta floresta virgem, onde ninguém havia colocado os pés anteriormente — naquele momento podíamos compreender bem o porquê. Contei sete cadeias de montanhas ao sul, todas forradas com florestas e alguns cumes ainda cobertos com neve. Em pontos esparsos, a névoa rodopiava pelo vale. Estávamos em um lugar incrivelmente ermo e intocado.

Alguns dias após nos estabelecermos, Paul chegou com os nossos suprimentos.

— Gostaram do lugar? — Perguntou ele assim que desceu do helicóptero.

— É muito bom! — Respondeu Peter animado. — Venha ver o nosso acampamento.

Caminhamos da clareira até as faias próximas, onde havíamos montado nossa barraca sobre uma macia camada de musgo e capim. Tínhamos também amarrado nossas lonas e o toldo de sobreteto entre velhas árvores retorcidas que eram magníficas obras de arte vivas. Os troncos de casca enrugada estavam profundamente enraizados na terra, firmes e inabaláveis, e os longos e curvos galhos quase tocavam o solo. Aquelas árvores tinham sobrevivido a condições incrivelmente severas a uma altitude de mil metros. Talvez algumas tivessem mais de 300 anos.

— Gostaria de construir a cabana por aqui — disse Paul. — Assim a fumaça da fogueira não vai espantar os animais que vivem no vale. O que vocês acham?

— Concordo, é um bom lugar. — afirmei com entusiasmo. — Conta pra gente o que precisamos fazer para começar.

— Bom, precisamos cavar buracos, que tenham um metro de distância entre eles, para as estacas — disse Paul, entregando-me a planta baixa e uma fita métrica.

— Que estacas? — Perguntei, não sabendo ao certo o que seriam "estacas" ou de que material eram feitas.

— Vou trazer as estacas de helicóptero depois, sua tonta — brincou Paul, dando risada. — Por acaso estou vendo algum cabelo loiro aí? — Disse ele levantando o meu gorro.

Eu soltei um leve riso.

— Olha... — Paul deu uma batidinha em meu ombro e apontou em direção ao vale. — Vi um bando de cabras agora mesmo enquanto estava sobrevoando a área. Quanto mais animais você abater, melhor! Caso contrário, o Departamento de Conservação irá jogar veneno na floresta. Cabras são consideradas uma peste aqui — explicou ele, como se nós já não soubéssemos das medidas de conservação aplicadas contra os animais introduzidos. — Assim, você estará fazendo um grande favor ao país, ok?

Apenas assenti com a cabeça.

— Boa sorte nas caçadas! — Foram as últimas palavras de Paul antes de levantar voo em seu helicóptero e acenar para nós. Ficamos cerca de dois meses sem vê-lo.

Quanto mais tempo permanecíamos em nosso acampamento, mais evidente se tornava o fato de que estávamos em um local absolutamente isolado — quase esquecido. Muitas criaturas selvagens viviam naquele habitat de montanhas e clareiras. Certo dia, um arminho surgiu de trás de uma velha árvore com um enorme rato na boca. Em seguida, correu a passos curtos por entre as grossas raízes, saltou sobre pedras no rio e desapareceu do outro lado. A noite trazia o som das raras rãs nativas que viviam nas lagoas cobertas de musgo nos brejos da montanha. Era um som parecido com um apito. Às vezes, ouvíamos um *possum* chiando na escuridão e, com frequência, o estranho e prolongado canto agudo dos cucos-de-cauda-longa quebravam o profundo silêncio da noite. No alvorecer, pequenos papagaios coloridos voavam de uma árvore a outra em meio ao verde da floresta. No céu acima de nós, falcões defendiam ferozmente o seu território contra investidas de gaviões. Quanto mais tempo passávamos ali, mais animais podíamos avistar.

Muitas vezes eu pensava em Sofie, minha maravilhosa, linda e esbelta irmã, que eu amava muito. Quando éramos crianças compartilhávamos tudo e, depois de adultas, continuamos melhores amigas. Ao anunciar a minha partida para a Nova Zelândia, ficamos ambas com o coração partido. Tudo o que tínhamos naquele momento eram as correspondências que atravessavam o globo terrestre para nos alcançar. No dia mais longo do ano, escrevi-lhe uma carta:

> "Querida Sofie,
>
> Você consegue imaginar um modo de vida tão tranquilo, tão atemporal, tão abundante e pleno que observar uma única folha tremulando na árvore, erguida no ar por uma leve brisa, tornando-se prateada com a luz do sol, seja relevante? Ter recursos suficientes para poder nos manter sem trabalhar e morar em meio à estonteante beleza natural é um verdadeiro privilégio.
>
> Estamos no meio do verão agora e parece que os dias não têm fim! Como não temos um relógio, acho que só cozinhamos o jantar em torno das nove horas da noite. Certamente estamos dormindo bem menos agora do que nas longas noites de inverno, mas ainda assim temos muita energia.
>
> Uma vez você me perguntou a razão pela qual eu escolhi viver na natureza. Sabe, quando eu estava no Zimbábue e na Índia conheci mulheres que haviam nascido em meio à extrema pobreza. Elas (compreensivelmente) desejavam sair dos imundos buracos em que viviam e queriam encontrar segurança obtendo dinheiro para comprar ou alugar uma casa. Comparado a elas, percebi como nós duas somos privilegiadas.
>
> Para Peter e eu o sonho de enriquecer não é mais tão empolgante. Sei o que é ter a segurança de um emprego e de uma casa. Sei o que é viver num mundo competitivo, onde as pessoas lutam para subir na escala social por poder e status. Conheço o mundo, onde o prazer se torna o centro da vida. O que eu não conheço, entretanto — e acho que devo tentar conhecer — é o mundo natural em que todos nós nascemos.
>
> Acredito que seja difícil para uma mente habituada com a civilização humana reconectar-se com a natureza. Na Epopeia de Gilgamesh, a cidade murada de Uruk simbolizava a perda dessa conexão com os grandes ritmos naturais e quando moramos em cidades, sejam grandes ou pequenas, creio que também perdemos essa conexão.
>
> Talvez você me pergunte por que deveríamos nos reconectar com a natureza. Na minha opinião, ela pode nos deixar mais saudáveis, tanto mental quanto fisicamente, e acho que nosso planeta pode nos tolerar por um tempo maior se assim o fizermos. O que você acha?
>
> Com muito amor, Miriam"

Como naquele momento havia uma possibilidade real de encontrarmos cabras para comer, estava determinada a achar uma. Caminhei tranquilamente pelo terreno coberto de musgo em direção ao vale. Cerca de cem metros depois, deparei-me com a impenetrável vegetação. Ao rastejar pelos pequenos buracos deixados pelos *possums* nos arbustos, percebi que levaria um dia inteiro só para alcançar a primeira cabra, então dei meia-volta e retornei ao acampamento. No dia seguinte, voltei, daquela vez munida de uma faca, uma serra e uma machadinha para começar a abrir uma picada na mata. Vários dias depois, finalmente parti para uma segunda tentativa de caça com meu arco e flechas.

A trilha me levou do denso matagal até um bosque com velhas faias. Pontos brilhantes da luz do sol estampavam escuras sombras no chão, formando um colorido tapete no musgo. Continuei caminhando e passei por um campo de grama espessa e macia, onde a temperatura estava agradável. Ao colocar os pés na fresca água de um riacho cheio de pedras, pequenos peixes afastaram-se rapidamente. O vale estava bastante silencioso, o único ruído era o burburinho suave do riacho, cujo percurso segui durante um tempo. Quando cheguei a uma área gramada mais elevada, inesperadamente me vi frente a frente com um pequeno grupo de cabras selvagens.

Fiquei tão surpresa que demorei um pouco até conseguir pegar uma flecha. Quando finalmente armei o arco, as cabras já tinham se locomovido e estavam subindo uma colina próxima repleta de árvores e grandes rochas pretas. Considerei correr atrás delas, porém apesar de parecerem lentas elas logo estavam fora de alcance.

"Bom", pensei, "pelo menos elas existem".

Aguardei um pouco, mas as cabras não retornaram. Virei-me e caminhei de volta ao acampamento.

Enquanto Peter ficava em repouso devido à lesão no joelho, saí diversas vezes para caçar. Entretanto, a cada nova tentativa eu cometia um erro diferente. Às vezes, sequer via um animal. Outras vezes quando os conseguia encontrar, eles fugiam no momento em que eu tentava me aproximar rastejando pelo chão. Em diversas ocasiões até cheguei a atirar uma flecha, mas ela passava direto pelo alvo e acertava uma árvore.

Sempre voltava de mãos vazias — porém, a cada caçada eu aprendia a me tornar um pouco mais paciente, cuidadosa e alerta. Sentia-me encorajada já que meu entusiasmo e perseverança nunca diminuíram.

Certa tarde caminhei lentamente rumo a uma clareira e avistei sete cabras pastando. Escondi-me atrás de uma árvore por um bom tempo até conseguir me aproximar o máximo possível. Sem fazer barulho, levantei-me, armei o arco e atirei uma flecha que atingiu uma grande cabra. Entretanto, não pude acreditar no que vi: a flecha estava alojada nas costelas do animal... que imediatamente saiu correndo.

Eu havia lido que caçadores deveriam esperar vinte minutos antes de seguir o rastro de sangue de um animal. Se eu corresse atrás dela naquele momento, a adrenalina a faria correr por horas — e, consequentemente, eu também. Então decidi me sentar e esperar até que perdesse a cabra de vista, porém depois de alguns minutos fiquei muito ansiosa. Corri até os arbustos, onde ela havia desaparecido e me tranquilizei ao ver marcas de sangue vivo nas folhas. Segui o rastro floresta adentro, sentindo orgulho de mim mesma ao rastejar com as mãos e joelhos no chão — como um verdadeiro homem da selva! Quando a distância entre as manchas de sangue foi gradualmente aumentando para mais de cinco metros, comecei a ficar preocupada. A imagem da cabra sofrendo, com a flecha enfiada nas costelas, permanecia em minha mente o tempo todo.

Depois de um tempo, não vi mais nenhum sinal.

Tinha perdido o rastro.

Levantei-me e andei em zigue-zague pela íngreme encosta na esperança de, por um milagre, encontrá-la deitada atrás de um tronco. Contudo, nada encontrei.

Imaginei quanto tempo levaria para ela agonizar e morrer. Procurei por muitas horas, berrei como uma cabra na tentativa de obter uma resposta, mas não havia mais nada — somente um triste silêncio.

Então, resolvi retornar e peguei a trilha de volta. Sentia-me culpada e irritada comigo mesma. "O que estou fazendo? Que diabos estou fazendo?" Dei um murro em uma árvore de tanta frustração e meus olhos se encheram de lágrimas. "Ferindo inocentes animais selvagens com meu arco e flecha? Deixando-os morrer lenta e dolorosamente? Bancando a pequena Robin Hood?"

Eu estava contribuindo para a infelicidade e o sofrimento deste planeta. "Contribuindo!" Eu era tão culpada quanto qualquer outro criminoso. Tive vontade de estraçalhar meu arco contra a próxima árvore que encontrasse. "É o fim." Mordi as juntas das minhas mãos e a pele acabou ficando com as marcas dos dentes.

Às vezes, aquela vida já não fazia sentido para mim.

Às vezes, tudo o que eu queria fazer era voltar a morar numa casa com uma horta e ser vegetariana de novo. Esquecer aquela vida primitiva de caçadores-coletores. Estava sendo muito difícil, extremamente difícil.

Quando retornei ao acampamento conversei serenamente com Peter — pela centésima vez — sobre o meu dilema. Deveríamos matar animais para comer? Ou deveríamos ser vegetarianos e matar os vegetais da horta para comer? Deveríamos matar bezerros para ficar com o leite? Matar aves pré-maturas dentro de ovos para poder comê-los? Deveríamos deixar nosso dinheiro no banco? Ele não estaria sendo investido na pecuária ou na indústria bélica que aniquilava pessoas nas guerras? E as roupas que vestíamos provenientes da devastadora indústria do algodão?

Cada tópico dava início a uma nova agonia. Olhei para a fumaça que saía da fogueira e decidi pegar mais lenha para alimentar a fogo.

— Ei! Há musgo vivo nesse pedaço de lenha! — Exclamou Peter, pegando a tora da minha mão para retirar o musgo.

O Natal chegara trazendo uma chuva típica de inverno e uma inesperada frente fria, que me impossibilitaram de caçar. A temperatura tinha caído tanto que lembrei com nostalgia das festas de fim de ano no hemisfério norte, da comida caseira da minha mãe, dos bolos festivos e das pequenas luzes piscando na árvore de Natal na aconchegante casa dos meus pais. Em impressionante contraste, lá estávamos nós comendo espaguete, ervilhas e peixe enlatado. Senti ainda mais frio e tristeza do que sentira durante o inverno na Cabana Sul.

Estávamos sentados em nossos tonéis em volta da fogueira que fumaçava sem parar. Tremíamos de frio e Peter tinha o olhar fixo no chão. Lentamente, ele repousou o prato azul de ágata no tonel que estávamos utilizando como mesa e falou com um tom de voz abatido:

— Não estou me sentindo muito bem. Acho que estou tendo uma recidiva de malária.

Eu havia guardado com muito cuidado todas aquelas terríveis lembranças num canto bem escuro da minha mente, porém bastaram as palavras de Peter para que elas voltassem à tona. O calor debilitante e infernal. A densa selva encharcada pela umidade. As frágeis cabanas de palafita. Os bebês chorando. Papua Nova Guiné e a doença que quase o matara: a malária.

Peter oscilou em direção à barraca com movimentos lerdos e pesados, parando para se segurar em uma árvore no meio do caminho. Lavei a louça silenciosamente e depois me deitei em meu saco de dormir ao seu lado. Após uma hora de repouso, ele começou a ofegar e os dentes começaram a ranger. Com cuidado para não fazer nenhum barulho que perturbasse os seus hipersensíveis ouvidos, contorci-me para fora do meu saco de dormir e o utilizei para cobrir o seu corpo que tremia. Uma leve garoa caía sobre a barraca e um cuco-de-cauda-longa entoava o seu estranho canto por perto.

Fixei meu olhar na escuridão, sentindo frio, tristeza e uma grande solidão. Lágrimas brotaram em meus olhos quando uma enxurrada de memórias da Papua Nova Guiné tomou conta de mim, tão vivas como se tivessem acabado de acontecer.

Estivéramos viajando durante um ano da Índia até a região norte da Papua Nova Guiné. Nosso plano era subir o Rio Sepik e entrar na região das terras altas, atravessar as montanhas de quatro mil metros de altitude e, depois, navegar pelo Rio Fly até a costa sul. Planejávamos entrar na Austrália pela Ilha Thursday em dois meses.

Tínhamos alcançado a parte inicial da floresta e estávamos sentados na caçamba de uma caminhonete com cerca de doze moradores locais. Passamos por uma incrível e exuberante selva no caminho para o Rio Sepik, que seria o ponto de partida da nossa expedição. De repente, fomos obrigados a parar: três homens troncudos, rostos cruéis e lanças de madeira estavam bloqueando a estrada.

— Estão caçando porcos — sussurrou no meu ouvido a pessoa que estava ao meu lado.

"Caçar porcos com lanças em uma floresta tropical!" Era uma visão que ia além dos meus sonhos mais selvagens (mal sabia eu que, um dia, também me encontraria caçando em uma floresta).

Um dos caçadores começou a gritar segurando firmemente a lança em suas mãos, sua pele suada brilhava naquele impressionante calor abafado. Temendo um violento ataque, olhei para uma senhora ao meu lado. Ela simplesmente fechou os olhos e balançou a cabeça em negativa, bem suavemente, para indicar que não havia motivo para pânico. Ela estava certa. A disputa logo terminou e nós seguimos em frente.

Um tempo depois alcançamos o final da estrada. Todos saltaram para fora da caminhonete para percorrer o último quilômetro a pé até o vilarejo. Uma interminável floresta tropical se estendeu à nossa frente.

— Vocês têm uma faca? — Perguntou o professor do vilarejo quando nós chegamos. Ele era o único naquele local que falava um pouco de inglês.

— Sim! — Segurei com orgulho a faca cerimonial que havia comprado na Indonésia. De súbito ela pareceu ser um pouco frágil.

— Isso é bom — disse ele.

— Por que vou precisar dela? — Perguntei, imaginando-me apanhando cocos.

— Inimigos. — Seus profundos olhos castanhos pareciam sombrios.

— Que inimigos?

— Ladrões — disse ele, pausando por um momento. — Estupradores... talvez até canibais.

Engoli a seco e olhei para Peter, que apenas continuou sorrindo.

— Boa sorte! — Desejou o professor, cumprimentando-nos com um aperto de mãos antes de partir pela floresta.

Em seguida, pegamos uma pequena trilha e Peter foi na frente.

— Não ficou preocupado com aqueles inimigos? — Perguntei-lhe, examinando atentamente a espessa vegetação em busca de sanguessugas, cobras ou aranhas.

— Não! — respondeu ele. — Simplesmente me recuso a acreditar que posso ser vítima de alguma violência desse tipo. Teria perdido muitas oportunidades de estar em lugares magníficos no passado se eu não pensasse assim.

A confiança e a coragem de Peter tiveram um impacto extraordinariamente positivo em mim, e senti-me entusiasmada por estar entrando naquele canto secreto do planeta.

Caminhamos durante três dias, dormindo em vilarejos ao longo do caminho, onde éramos recebidos por mulheres nuas da cintura para cima e crianças extremamente magras, mas que tinham barrigas inchadas e descamações na pele. Estavam subnutridas. Eram sociáveis, porém um pouco tímidas, e viviam em cabanas com telhado de palha sustentadas por pequenas palafitas e uma escada de acesso.

Numa pacata manhã, avistei através da porta aberta da nossa cabana quatro homens descalços vestindo apenas *shorts* se aproximando. Caminhavam a passos largos, em fila indiana, e não pararam para falar com ninguém no vilarejo. Aqueles habitantes das regiões montanhosas se locomoviam num ritmo harmonioso com a selva, tinham um porte elegante e imponente e estavam totalmente conectados com a terra sobre a qual caminhavam. De súbito, me dei conta de que havia nascido num cativeiro em comparação a eles — criada em uma cidade, educada em escolas, cercada de tanto conforto que perdera a minha força interior. Senti-me como um passarinho na gaiola, enquanto eles eram aves de rapina no céu.

Então, certa noite, Peter começou a passar mal com uma febre alta. No dia seguinte ele ainda conseguiu falar e ficar sentado, mas, no dia após aquele permaneceu o tempo todo deitado na cabana. No terceiro dia, tentou cambalear até a latrina que ficava fora do vilarejo porém, acabou desabando no chão. Encontrei-o estirado e semiconsciente na grama. Enquanto corria para perto dele, o frenético zumbido dos insetos e o canto dos pássaros pareceu diminuir até se transformar em um eterno silêncio, e tive a sensação de que o pesado e úmido ar tentava envolver, sufocar e engolir o corpo de Peter.

Ele abriu um pouco os olhos e gemeu:

— Água!

Corri para a caixa d'água que ficava do outro lado do vilarejo e quando retornei havia cerca de vinte pessoas ao redor de Peter. Um padre estava em pé ao seu lado de forma um pouco assustadora, evocando uma reza:

— "Deus Pai, você gosta esse homem branco? Ele muito doente. Acho que não gosta, ele arruinado de morto.

Fiquei atônita. Não era um bom sinal. Não mesmo. O padre achava que Peter estava "arruinado de morto."

"Se ao menos não tivéssemos vindo até aqui", pensei. "Se ao menos não tivéssemos tentado atravessar a selva".

Naquela noite Peter e eu nos mudamos para a escola local, pois ele não conseguia mais subir a escada da cabana. Espalhamos nossos tapetes de *yoga* entre os bancos e mesas de madeira da sala de aula. Do lado de fora, a chuva estrondava sobre o telhado de metal. *Flashes* de uma luz azulada iluminavam o céu em intervalos de poucos segundos e o barulho dos trovões era tão alto que ressoava no chão. Cada vez que a sala de aula era iluminada por um relâmpago, eu via mais água se infiltrando através das paredes. Poças estavam se formando pelo chão.

— Pode pegar o analgésico pra mim? — Pediu Peter.

"Que analgésico?", pensei desesperada. Em seguida, me lembrei de um *kit* de primeiros socorros que alguns franceses haviam me dado quando eu viajara sozinha pelo Paquistão, dois anos antes. Peter havia guardado os potentíssimos analgésicos. Com o clarão dos *flashes* de luz consegui esvaziar a mochila e encontrar um comprimido. Em seguida, engatinhei até junto dele levando também uma garrafa de água.

— Vai evitar que a febre cozinhe... o meu cérebro — disse ele suspirando.

O meu desespero foi tão grande que comecei a chorar. Sabia que a vida de Peter estava em risco com a febre nas alturas, mas estávamos totalmente desamparados no meio da selva sem um médico. Não tínhamos escolha, tínhamos que desistir do nosso plano de atravessar a Papua Nova Guiné e encontrar alguma maneira de voltar até a estrada e retornar à civilização.

Ao amanhecer, Peter conseguiu ficar de pé. Arrumei nossas mochilas e o escorei durante todo o percurso de volta pelo leito do rio. Ele cambaleava e tropeçava com frequência e tínhamos que parar para descansar a cada cem metros. Apesar de compreender a gravidade da situação, não havia nada que eu pudesse fazer além de encorajá-lo a beber água e a seguir em frente. Sentia-me sufocada por aquele ar úmido.

Depois de três dias angustiantes, finalmente alcançamos a estrada. Deitamo-nos sob o calor escaldante e esperamos um veículo — qualquer veículo — passar. Não havia movimento na estrada. A cantoria dos passarinhos havia sido abafada pelo barulho das motosserras e das escavadeiras que derrubavam a valiosa madeira de lei da floresta tropical. Presenciar a destruição daquelas preciosas árvores — o habitat de tantos pássaros e animais — foi desolador.

Esperamos muitas horas até que um solitário caminhão-tanque amarelo apareceu e parou no acostamento. Dentro do velho caminhão fazia um calor infernal e não podíamos viajar a mais de vinte quilômetros por hora. O suor pingava da minha testa para o meu colo e minhas pernas estavam coladas na caixa metálica sobre a qual estava sentada. Peter estava com a cabeça reclinada para frente.

À tarde, chegamos à cidade de Vanimo na costa norte, onde fazia ainda mais calor do que na selva. Havia navios chineses no porto aguardando o carregamento das toras de madeira. Cambaleantes, adentramos a pequena construção de cor branca que era o hospital.

— Não há nenhum médico agora — informou-nos a enfermeira. Não havia nada que ela pudesse fazer.

Então saímos do hospital e seguimos aos tropeços para a casa de um gentil habitante da cidade que havíamos conhecido ao chegarmos pela primeira vez a Vanimo. Na ocasião, ele nos havia oferecido um quarto caso precisássemos e, naquele momento, decidimos aceitar com gratidão aquela oferta.

Peter estava piorando rapidamente quando chegamos a casa. Semiconsciente, ele se deitou no colchão. O odor exalado pelo seu corpo era nauseante. Parecia que ele nem estava mais lá. Eu podia sentir o cheiro da morte se aproximando.

Ele abriu os olhos devagar e olhou para mim em desespero.

Entreguei-lhe o último analgésico e a imunda garrafa plástica de água.

Ele mal conseguiu erguer a cabeça para engolir a água e o suor se formava aos poucos em sua testa. Deitei-me no meu tapete no chão e escutei o som do baixo elétrico tocando no rádio do vizinho. Fui tomada por um sentimento de resignação. Aos 23 anos eu estava inteiramente responsável por nós dois, obrigada pelas circunstâncias a ser forte apesar de não sentir nenhuma força.

Posteriormente, Peter me contou que a febre tinha se tornado tão intensa que ele sentira como se sua mente estivesse se desfazendo. Uma estranha sensação havia tomado conta de seu corpo e ele não conseguia sentir os pés. Aquela peculiar sensação avançara pelas pernas, subira pelos quadris, barriga, peito e braços. Tinha acabado de chegar ao pescoço quando eu lhe dera aquele último analgésico, e o remédio fez com que a febre cessasse e o trouxesse de volta à vida.

Logo depois, organizei nossos vistos para retornarmos à Indonésia. Com ajuda de amigos locais erguemos Peter com muito esforço e o colocamos dentro de uma van de transporte público. Eu carregava nossas duas mochilas — uma na frente e outra atrás. Tivemos que sair da van e atravessar a fronteira a pé até a Papua Ocidental, em seguida pegamos um ônibus até o outro lado. De algum modo conseguimos chegar ao hospital.

— Desculpe, desculpe — dizia a enfermeira indonésia perfurando continuamente a mão de Peter. Suas veias estavam destruídas e os exames de sangue revelaram duas cepas de malária: *P. falciparum* e *P. vivax*.

— Ele teve muita sorte — disse o médico falando inglês com certa dificuldade. — *Falciparum* mata muitas, muitas pessoas por aqui.

Por fim, com o braço preso a uma bolsa de soro contendo medicação e vitaminas, Peter lentamente abriu os olhos e me viu. Apertou com delicadeza a minha mão e tentou sorrir. Naquele momento respirei aliviada.

Cercado de cuidados hospitalares, Peter se recuperou rapidamente e, em duas semanas, teve alta. Contudo, levou mais de dois anos para que sua recuperação fosse completa, sofrendo várias recidivas por ano. Tínhamos viajado durante vários anos por países onde a malária era um problema e nunca havíamos sido contaminados. Ficamos despreocupados e, como ficara evidente, com excesso de confiança. Naquele tempo, havia um remédio que os habitantes locais nos recomendavam tomar somente se contraíssemos malária — Peter chegou a tomá-lo quando descobrimos que ele estava infectado, porém de nada adiantou.

Aquelas semanas na Papua Nova Guiné me ensinaram uma importante lição. A palavra "precaução" passou a ter um novo significado para mim. Frente à morte, na verdade, não existe precaução alguma. A vida pode acabar a qualquer momento, por qualquer motivo.

Os dias no Paraíso de Paul após a recidiva de malária de Peter foram silenciosos. Peter permaneceu deitado na barraca e foi melhorando aos poucos. Felizmente não precisou tomar Lariam, o medicamento que ele carregava para todos os lugares depois do ocorrido na Papua Nova Guiné. Apesar de eficaz, ele provocava terríveis efeitos colaterais de natureza psicótica. Naquele momento, Peter se recuperava e estava confiante de que o pior já tinha passado. Diferentemente da primeira crise de malária na selva, ele parecia mais sereno em meio à tranquilidade da floresta.

Durante sua recuperação, realizei tarefas como assar o pão, preparar as refeições, fazer o chá e lavar a louça no riacho. Sentava-me sobre a lenha embaixo da lona e admirava a grande e nebulosa quietude da floresta. Longas e brancas tranças de líquen pendiam dos galhos das árvores. Os raios de luz que se infiltravam na floresta eram incrivelmente retos em relação às outras formas, todas curvas ou arredondadas. Aquele efeito visual era maravilhoso.

— Sabe o que eu estava pensando, Peter?

— O quê? — Perguntou ele de dentro da barraca.

— Foi na Papua Nova Guiné que eu me dei conta, pela primeira vez, de que era um passarinho na gaiola. Todos nós nascemos em cativeiro, somos condicionados a buscar segurança ao invés de liberdade, mas na verdade não sabemos o que é a liberdade pois nunca a experimentamos.

— Não mesmo.

— Se parássemos de buscar segurança mental, — continuei — haveria uma chance de descobrirmos como é viver livremente.

— Humm, verdade — disse Peter num tom pensativo. — E o que aconteceria se encarássemos nossas inseguranças?

Pensei por um momento.

— Medo! — Exclamei surpreendida. — Sentiríamos medo. Medo é a barreira que existe entre a segurança e a liberdade.

— Pode ser que você tenha razão.

— Não estou falando sobre segurança física, como colocar-se em perigo de maneira irresponsável... essa é uma outra questão — afirmei.

Olhei para as gotículas de água repousando sobre o musgo. Pareciam pequenas pérolas.

— Bem interessante isso, não é mesmo? — Disse Peter. — Então toda vez que sentirmos medo daqui pra frente saberemos que estamos chegando perto dos limites da nossa segurança... e que devemos seguir em frente e ver o que pode acontecer.

— Sim! Mas sabe o que é realmente difícil? — Perguntei. — Reconhecer o medo!

— Como assim? Todo mundo sabe como é sentir medo.

— Porém ele tem muitas formas. Às vezes, sentimos somente um leve desconforto. Outras vezes sentimos um torpor, ou uma tremedeira devido à adrenalina, ou raiva, até mesmo, vontade de chorar... Caramba, a lista é imensa.

Peter riu.

— São tantos os caminhos para a liberdade!

Certa tarde, uma *weka* repentinamente surgiu de trás de algumas árvores. A *weka* é uma ave nativa de penas laranjas e marrons que nunca voa. Ela ficou me analisando com grande interesse antes entrar na barraca para investigar Peter. Lá dentro, revirou com o bico tudo o que não estivesse devidamente amarrado, depois saiu correndo com o sabonete e ameaçou roubar uma colher. Ofereci-lhe alguns pedaços de pão que ela aceitou com avidez, porém não se deixou domesticar totalmente. No terceiro dia, ela continuou sua jornada pelo colo da montanha, batendo em retirada como uma confiante montanhista que não necessitava de um mapa ou de uma bússola.

Quando a *weka* foi embora um vento quente do norte começou a soprar.

Peter observou atentamente as nuvens no horizonte e disse:

— Sentir esse calor a uma altitude de mil metros significa que uma área de baixa pressão atmosférica está se formando.

Logo depois uma chuva torrencial começou a cair. A tempestade parecia um grande balde de água sem fundo sendo continuamente despejado sobre nós por doze horas seguidas. O pequeno riacho acabou se transformando num rio e grandes poças de água começaram a se formar ao nosso redor. A possibilidade de inundação me deixou cada vez mais apreensiva. Nos momentos em que o temporal dava uma trégua, corríamos aos atropelos para fora da barraca e tentávamos salvar o acampamento. Enquanto Peter cuidava da sua tão estimada pilha de lenha, eu cavava uma estreita vala em volta da barraca. Quando já havíamos feito tudo o que estava ao nosso alcance, recolhíamo-nos embaixo da lona e nos rendíamos às circunstâncias.

Finalmente, bem cedo pela manhã, a tempestade perdeu força e o céu se abriu ao sul. Um ar fresco e renovado soprava das montanhas e no dia seguinte desci em direção ao vale com o otimismo recuperado. Tinha me tornado uma caçadora mais sensitiva. Conseguia achar pegadas e, às vezes, sentia o cheiro do animal antes mesmo de o avistar. Havia aprendido a utilizar não somente meu conhecimento e experiência mas também minha intuição, que estava se desenvolvendo no sentido de perceber a presença de um animal.

Sentei-me à sombra de uma grande árvore com vista para o ensolarado leito do rio. Meu arco repousava ao meu lado. Havia uma pequena clareira gramada por perto e a qualquer momento uma cabra poderia aparecer, portanto eu tinha que estar preparada. O riacho murmurava baixinho e uma brisa quente soprava suavemente pelo vale. Um grande gavião sobrevoou o céu em círculos e depois planou na direção oeste. Observei como a luz do sol irradiava sobre os arbustos e as árvores, alterando seus tons de verde para tons alaranjados. Aos meus pés, havia delicadas flores brancas de miolo amarelado que se esparramavam lindamente em meio às samambaias e tinham uma encantadora fragrância adocicada.

Depois de um tempo, levantei-me e caminhei por entre as árvores ao longo da margem do riacho. Abaixei-me atrás de alguns arbustos para espionar a bela clareira. Meu coração bateu forte quando vi três animais: um bode, uma cabra e um filhote pastando tranquilamente sob a sombra de duas grandes faias. Minhas mãos tremeram enquanto eu ansiosamente armava o arco. Saí devagar de onde estava escondida e atirei uma flecha direto no filhote.

Foi um tiro afortunado. A flecha o havia atingido direto no coração. O filhote cambaleou um pouco e depois caiu, mortalmente ferido. A cabra berrou aflita e caminhou mais para perto da cria. O bode deu alguns passos para trás e bufou, como se dissesse: “Vamos embora, ele está morto”.

Meu coração pulsava na minha garganta. A cabra se aproximou do filhote para cheirá-lo e, em seguida, se juntou ao bode. Depois parou e se virou, fixando seu olhar na minha direção por um longo tempo antes de desaparecer na floresta. Parecia que ela não estava disposta a deixá-lo ir. Uma imensa tristeza pairou no ar.

Com lágrimas nos olhos, caminhei até o corpo morto do filhote e me sentei ao seu lado. Seus olhos azuis estavam distantes. Ele tinha pequenos chifres e sua pele ainda estava quente. Chorei por aquela linda criatura e por seus pais, que naquele momento caminhavam sem a sua cria.

Desejei conhecer uma maneira de agradecer ao pequeno filhote pela sua vida. Desejei acreditar em algum deus ou divindade que pudesse me dar permissão para tirar a vida de um animal se eu orasse. Uma oração faria a diferença se eu realmente acreditasse, pois senti que ela seria capaz de, estranhamente, aliviar a carga tão pesada de se tirar uma vida.

Por fim, peguei a minha faca e abri o corpo do animal. Retirei as tripas, que não comeríamos, e coloquei-as sobre uma grande rocha na clareira para que gaviões sobrevoando o céu enxergassem a sua parte. Senti que era minha obrigação não desperdiçar nada.

Com cuidado, coloquei o filhote sobre os meus ombros e comecei o percurso de volta ao acampamento. Suspirei com pesar. Estava pasma com o fato de amar tanto aquele cabrito e, ao mesmo tempo, estar carregando o seu corpo morto em minhas costas. Quanto mais eu caminhava, mais serena eu me sentia.

"Foi assim que a humanidade outrora viveu e sobreviveu", pensei. Aquele era um legado dos nossos antepassados. Com meu arco e flecha, estava trilhando o caminho dos nossos ancestrais.

Enquanto percorria o último quilômetro, comecei a me sentir extremamente entusiasmada. "Atirei em uma cabra com o meu arco! Finalmente!" Após inúmeros treinos e caçadas malsucedidas, eu havia enfim alcançado um feito verdadeiramente notável! Estava em êxtase, sentindo orgulho de mim mesma e sorrindo de felicidade. Dancei ao ritmo ancestral da vida e da morte.

Peter estava esperando por mim no limite da floresta. Ele havia pressentido a minha chegada.

— Você conseguiu! — Gritou ele. — Você conseguiu, Miriam! — Ele estava tão eufórico quanto eu.

— Eu consegui! — Exclamei, erguendo o meu arco em sinal de triunfo.

Serrei um dos chifres do cabrito, abri um pequeno buraco nele e o pendurei em um cordão, que Peter amarrou em volta do meu pescoço. Usava o colar em memória do jovem filhote. Aquele era o símbolo do sacrifício que existia no âmago dos ciclos e fluxos da vida. O cabrito tinha se tornado parte de mim.

Peter retirou o coração, o fígado e os rins e os refogou com manteiga *ghee*. Comer a carne de um animal que eu mesma havia encontrado, abatido, destripado e carregado foi incrivelmente gratificante. A carne mais saudável do mundo: um cabrito selvagem da mais remota natureza selvagem. A nutrição que ele nos forneceu foi muito além de proteínas e calorias, ele nos deu uma energia impossível de ser descrita em palavras.

Tínhamos embrulhado a carcaça em um tecido específico e a pendurado num galho sobre o rio para mantê-la fresca, porém como era verão as temperaturas estavam altas mesmo naquela altitude. Na segunda noite, quando fui desembrulhar a carne encontrei algo branco rastejando sobre ela.

— Larvas! — Gritei com olhos esbugalhados.

Peter correu até onde eu estava.

— Meu Deus, olha isso! — Disse desesperada.

— Vamos verificar toda a carne cuidadosamente — afirmou Peter com austeridade. — Vamos retirar uma por uma.

Passamos horas procurando-as ao mesmo tempo em que lutávamos contra uma nuvem de moscas-varejeiras. No final, consideramos que a carne estava limpa, porém sabíamos que provavelmente ainda havia algumas escondidas. Peter cozinhou a carne e comemos com hesitação — subitamente tudo tinha o aspecto de larvas, principalmente o arroz.

— A palavra "larva" é, com certeza, mais repugnante do que o ato de comê-la efetivamente — comentou Peter. — Elas comem carne. É tudo proteína. Não conseguimos nem sentir o seu gosto. — Após uma breve pausa, ele acrescentou: — Já li, em livros sobre a guerra, que os caras sobreviviam comendo vermes e coisas muito piores...

— Pois é — concordei desanimada. Estava tentando não pensar no que seriam aquelas "coisas muito piores".

Algumas semanas depois, Paul reapareceu com as estacas de madeira e as placas de metal ondulado amarradas embaixo do helicóptero. Colocamos as estacas nos buracos que havíamos cavado e as reforçamos com algumas pedras. Foi um trabalho entediante e demorou mais do que esperávamos. À noite, sentamo-nos em volta da fogueira e saboreamos uma razoável fatia de pão feito no acampamento.

— Se me permitem a pergunta, como é que vocês se mantêm sem um emprego? — Disse Paul, colocando um pedaço de lenha nas chamas da fogueira.

— Bem, — respondeu Peter — não estamos vivendo às custas de nenhum tipo de subsídio governamental. Temos nossas economias investidas e vivemos dos rendimentos. Se nossas despesas continuarem baixas, poderemos viver sem trabalhar.

— Mas se quiséssemos comprar uma propriedade ou alugar uma casa, teríamos que arranjar um emprego para poder pagar as contas — acrescentei.

Paul assentiu com a cabeça e observou o fogo.

— Estamos vivendo com menos do que as pessoas que vivem na linha de pobreza — afirmou Peter, fazendo uma pausa depois. — Não há nada mais terrível do que a pobreza, entretanto, se viver com simplicidade for uma escolha, então é até divertido. — Completou ele, abrindo um sorriso para mim.

— Me considero uma pessoa rica, na verdade! — Exclamei com alegria. — Se tempo é dinheiro, somos milionários! — Em seguida, prossegui num tom mais sério: — Nossa comida é simples, mas eu comeria o que fosse e dormiria onde fosse para evitar estar confinada dentro de um prédio, cercada por uma cidade feia e sem vida, presa a um emprego com uma rotina dominadora e monótona. Para mim, esse também é um tipo de cárcere. — Concluí e assoprei as chamas ardentes para realimentar o fogo.

— Sim, sei o que você quer dizer — disse Paul — Eu passei anos no ramo da construção, trabalhando todos os dias e gastando todo o dinheiro que entrava sem refletir. Gostaria de ganhar a vida usando o helicóptero, mas receio ter que voltar ao trabalho pesado para pagar as contas e as dívidas.

Permanecemos sentados em silêncio, cada um ocupado com seus próprios pensamentos.

Então Peter relatou:

— Após anos estudando assuntos interessantes como estes para o meu doutorado, estava muito frustrado com meu trabalho como professor universitário. Me sentia preso às políticas da universidade e me ocupava somente com trivialidades. Certo dia, durante uma longa e entediante reunião de professores, olhei pela janela e pensei "Eu definitivamente não queria estar aqui". Foi aí que comecei a planejar a minha partida da Nova Zelândia para a Índia.

— Você simplesmente abandonou tudo? — Perguntou Paul com uma ponta de entusiasmo.

— Então, levou um certo tempo até organizar tudo... mas sim, no fim eu pedi demissão, vendi todos os meus pertences e a minha casa e deixei a minha esposa na época, para me mudar para a Índia. Não consigo expressar o quão extasiado eu fiquei ao finalmente deixar as chaves da casa na caixa de correio e ir embora rumo ao aeroporto carregando apenas uma pequena mala.

— Talvez eu faça isso um dia — afirmou Paul, tomando um gole de chá.

Após Paul retornar para sua casa, escalamos os íngremes cumes rochosos das montanhas. Sem carregar uma mochila pesada, a dor no joelho de Peter era tolerável. Subimos as pedras verticais com ajuda das mãos e sentimos o calor que elas haviam absorvido do sol. Ao mesmo tempo, uma fresca brisa refrescava nossas costas.

Nos cumes, sentamo-nos sobre uma planta de cor creme que parecia uma almofada de lã. Suas folhas extremamente juntas e enroladas ficavam tão densamente compactadas que a planta tinha o aspecto de lã de ovelha. Enquanto contemplávamos a vista em todas as direções, com magníficas cadeias de montanhas inexploradas por todos os lados, avistamos um grande grupo de camurças correndo sobre pedras amarronzadas — elas eram parecidas com as cabras, porém na realidade eram membros da família dos antílopes. Camurças jovens e velhas saltavam e pulavam de pedra em pedra, aparentemente sem notar o profundo abismo que se abria ao seu lado. Observamos aqueles intrépidos animais com grande admiração.

— Você se lembra dos pastores *Gaddis* que encontramos nos Himalaias? — Perguntou Peter.

— Claro — respondi, assistindo às camurças desaparecerem ao longe.

— Eles eram tão destemidos como essas camurças. Simplesmente nunca tinham aprendido a ter medo de altura. Cheguei a perguntar a alguns deles se já haviam sentido vertigem, mas eles não tinham a menor ideia do que eu estava falando. Lembro de tê-los visto caminhando tranquilamente em encostas quase verticais sem nenhum traço de medo. Absolutamente fantástico.

Num final de tarde, estávamos sentados ao redor da fogueira quando Peter se levantou e caminhou de forma descontraída sobre a grossa camada de esfagno. Estava com os pés descalços e havia uma determinação em seus passos que me fez segui-lo. Pisou com elegância sobre troncos caídos, por entre touceiras de capim e chegou a uma clareira no colo da montanha. O sol tinha acabado de se pôr atrás dos cumes azul-acinzentados ao longe. As árvores, a grama e o musgo estavam banhados de um brilho avermelhado.

Permaneci descalça sobre o macio musgo, olhando para o vale. De uma maneira tão sutil e suave como uma brisa perfumada, tomei consciência da existência do vasto corpo de silêncio e eternidade, da clara presença do desconhecido — quase uma outra dimensão. Senti uma tal presença que fui forçada a parar de pensar e a começar a escutar. Escutei em completo silêncio e com atenção plena. Sem fazer nenhum esforço.

Naquele momento, o todo estava completo, puro e sagrado.

Na manhã seguinte, o céu estava límpido e uma leve brisa soprava do leste. Como o tempo estava bom para secar roupas, decidi lavar o meu suéter no riacho com uma barra de sabão. Em determinado momento, reparei que os passarinhos tinham parado de cantar e, em seguida, ouvi o leve ronco de um motor. Pendurei o suéter em um galho e caminhei até a clareira onde Paul estava aterrissando o helicóptero.

— Certo — disse Paul. — Aqui está o projeto. — Ele apertou os lábios para enfatizar a importância do papel que estava segurando e nos mostrou a planta da cabana.

— Vamos dar uma olhada. — consentiu Peter.

Estávamos no exato local da cabana. Havia doze estacas fincadas no solo e Paul tinha trazido mais materiais de construção com ele.

— Pode me dar uma mão aqui, Peter? — Solicitou Paul, gesticulando em direção às chapas de madeira compensada. — Miriam, poderia pegar um martelo, um alicate e uma chave inglesa na caixa de ferramentas ali?

Corri até a caixa, porém quando a abri me dei conta de que não sabia os nomes de metade das ferramentas. Peguei o martelo e corri de volta até Paul.

— Onde está o alicate? — Perguntou Paul um pouco irritado.

— Não sei... — Gaguejei.

— Que droga! — Exclamou ele com impaciência.

Paul marchou furiosamente até a caixa de ferramentas como se estivéssemos com muita pressa. Segui atrás dele como um cachorrinho inquieto.

— Isto é uma chave inglesa, — disse ele secamente, como se já tivesse explicado centenas de vezes. — E isto é um alicate — falou enquanto segurava as ferramentas no ar. Em seguida, sorriu.

Eu sorri de volta, fingindo estar de muito bom humor. Entretanto, ao retornarmos, senti raiva pois não tinha gostado da reação que aquele evento tinha desencadeado em mim. Sentia-me como um patético cachorrinho pidão, ansiando por um afago. Detestava aquela sensação mais do que a rabugice de Paul ou suas piadas de mau gosto.

Eu tinha dificuldade em compreender as atitudes dele. Era muito legal comigo — havia passado muitas horas afiando todas as minhas flechas e tinha nos trazido maçãs da cidade — porém acho que nunca chegou a perceber o quanto eu abominava suas piadas sobre o meu sotaque holandês. Quando ele zombava de mim eu procurava rir de seus comentários, porém cada vez mais aquilo me incomodava.

Apesar de tudo, eu estava gostando de construir a cabana com Paul. Ele tinha momentos de mau humor, mas logo em seguida se mostrava alegre novamente. Com ele aprendi a planejar adequadamente, a medir com precisão e a encaixar as vigas de modo a deixar tudo perfeitamente no lugar.

Enquanto Peter fixava as chapas nas laterais da cabana, sentei-me sobre as vigas mais altas para pregar as placas de metal ondulado e fazer o telhado. Foi fantástico observar aquela pequena casa sendo erguida na floresta. Tentei memorizar todo o processo detalhadamente, caso um dia precisasse construir uma cabana sozinha.

Quando ela ficou pronta — completa com um braseiro — Paul nos perguntou com que frequência pretendíamos visitá-lo.

— Bom, depende. Talvez nunca. — respondeu Peter com naturalidade.

Quando vi a feição de Paul, rapidamente expliquei que aquela seria a nossa cabana reserva.

— Por que reserva? — Questionou Paul.

— Por conta de tudo o que pode acontecer... uma doença contagiosa letal, por exemplo. Aí vamos querer estar o mais longe possível de todos — explicou Peter.

— Às vezes, me imagino em uma situação fatal. Pouco antes de morrer, eu pensaria "Se ao menos eu tivesse feito isso ou aquilo, ainda poderia estar viva" — relatei.

Paul ergueu as sobrancelhas e disse:

— É verdade, vamos supor que eu conseguisse chegar até aqui com muita dificuldade em meio à neve do rigoroso inverno, fugindo de uma peste que dizimara todo mundo exceto eu. Entrasse na cabana e, logo em seguida, descobrisse que todos os meus palitos de fósforo tinham ficado úmidos! Morreria de hipotermia na primeira noite.

— Exatamente! — Exclamou Peter dando risada. — Você iria desejar ter trazido alguns palitos de fósforos à prova d'água, não é mesmo?

— Com toda certeza você iria desejar ter aprendido a acender o fogo usando pedras ou varetas! — Afirmei.

Projetamos muitas outras situações futuras calamitosas. Quando acreditamos que tínhamos imaginado todas os cenários possíveis, olhamos para a cabana à nossa frente com muita satisfação.

— Pois é, esta cabana pode ser a nossa salvação algum dia — conjeturou Paul. — E aí ficaremos extremamente gratos pela sua construção.

Eu sorri e disse:

— Aposto que o único cenário que não fomos capazes de imaginar...

— Será exatamente aquele que vai acontecer! — Completou Peter, rindo.

Lamentavelmente, não permanecemos muito tempo na cabana uma vez que nossos suprimentos tinham chegado ao fim logo após finalizarmos a obra. Chegara a hora de partirmos novamente. Quando descrevemos como tinha sido nossa batalha para chegar até aquele local, Paul enfatizou que ele tinha visto uma rota bem melhor do seu helicóptero. Indicando no mapa, ele nos mostrou como poderíamos subir até o cume e de lá descer até um grande rio do lado oeste.

Arrumamos nossas mochilas e descemos pela picada que eu havia aberto na floresta. Era uma manhã de tempo quente e alguns pombos selvagens soltavam seu som gutural enquanto caminhávamos por entre as árvores. Atravessamos um terreno pantanoso de água quente e barrenta, onde duas tadornas-paraíso começaram a grasnar sem parar até que tivéssemos saído do seu campo de visão. O riacho pelo qual seguíamos gradualmente se transformou num rio que desaguava em um fresco e sombreado desfiladeiro de grandes rochas acinzentadas. Por fim chegamos à área aberta de um prado verde. Havia grandes árvores no entorno e o local tinha uma atmosfera encantadora e secreta. Uma árvore fúcsia nas proximidades tinha os galhos retorcidos e sua casca se assemelhava a tiras de papel enrolado prestes a cair. Seus frutos de cor roxa eram muito saborosos. Ali, descarregamos as nossas mochilas, fizemos uma fogueira e preparamos o jantar.

Aquele pequeno vale foi um dos lugares mais bonitos em que já havíamos montado acampamento. No crepúsculo, levei Peter até um local onde eu havia visto uma cerva e seu jovem filhote algumas semanas antes. Os cervos ainda estavam lá, pastando tranquilamente frente a uma colina de solo argiloso repleta de exuberantes avencas. Sentamo-nos atrás de uma árvore caída e apoiamos nossos queixos no tronco para observá-las. Do lado de lá, elas também nos observavam.

No dia seguinte, escalamos até o cume.

— De jeito nenhum esta rota é bem melhor! — Disse Peter enraivecido. Ele tentava empurrar os densos arbustos de*leatherwood*[8] para poder passar, porém os galhos eram tão rígidos que ele não conseguia abrir espaço suficiente para seu corpo e sua volumosa mochila. Soltou palavrões e tentou andar por cima das moitas. Aquela estratégia também não funcionou, então Peter furiosamente jogou a mochila no chão e a arrastou atrás de si. As margaridas eram

[8] Arbusto endêmico da Nova Zelândia que tem flores parecidas com as margaridas. (N.T.)

formosas e delicadas, mas a contínua exposição ao vento havia deixado aqueles arbustos extremamente resistentes e rígidos, formando uma barreira praticamente intransponível. Ao mesmo tempo, descer a perigosa encosta íngreme do cume não era uma opção.

— Onde estamos? — Perguntou Peter ao alcançar uma pequena clareira rodeada de árvores que bloqueavam a sua visão. Ele massageava o joelho lesionado.

— Tente ver no mapa — gritei, empurrando os arbustos agachada como um caranguejo.

— Estou tentando! — Gritou ele de volta. — Temos que virar em algum ponto, mas não estou conseguindo localizar onde.

Enquanto Peter estudava o mapa, escutei o melodioso canto de uma cotovia. Era um canto agudo e as notas assobiadas eram claras e vívidas mesmo a uma certa distância, pois o pássaro estava tão alto em uma árvore que eu não conseguia vê-lo. Imaginei que lá de cima a cotovia podia enxergar todas as cadeias de montanhas daquela área.

Eu não estava preocupada; pois sabia que não iríamos nos perder. Tudo o que precisávamos fazer era achar uma maneira de descer até o vale que estava a quinhentos metros abaixo de nós. Só desejava não ter que passar por inesperados penhascos ou abismos. Coloquei minha mochila no chão e subi numa grande árvore para tentar ver lá de cima, porém a vista era limitada — não conseguia ver nada além do que já via do chão.

No fim, Peter nos conduziu intuitivamente por uma elevação lateral da montanha até chegarmos ao grande vale. Durante a descida, a cada cem metros notamos que a temperatura subia, as árvores se tornavam maiores e mais verdes e os primeiros mosquitos-palha apareceram. Após três dias de batalha nos arbustos, foi libertador caminhar pelas amplas margens do rio. Naquele local, também testemunhamos os impactos do grande temporal que caíra depois do Natal: arbustos e árvores tinham sido arrancados e levados vale abaixo. Havia uma espessa faixa de lama em ambos os lados do rio.

Então, avistamos uma pegada humana no chão. Incrédulos, olhamos atentamente para aquele rastro por alguns segundos.

— Alguém esteve aqui. — afirmou Peter.

Senti como se tivéssemos acabado de pousar na lua e descoberto que alguém já havia estado ali. Aquele tinha sido o primeiro sinal humano em nosso ermo lar nas montanhas. Foi uma sensação estranha ficar tão impressionada com aquelas pegadas. Analisamos as marcas por um tempo, especulando sobre o tipo de pessoa que as teria deixado.

Depois de muitas horas descendo o curso do rio, encontramos um triângulo laranja que indicava um caminho. Apesar de ter sido originalmente bem conservada, a via tinha sido assolada pela enxurrada. Seguimos a sinalização até a trilha de uma fazenda que lentamente se transformou numa estrada de terra esburacada. A princípio, fiquei feliz de poder caminhar sem ter que examinar o chão em busca de perigos escondidos, mas depois percebi que com o conforto daquela estrada, havíamos perdido algo. A floresta tinha ficado para trás e estava longe. *Intocável.* Naquele momento, havíamos nos afastado da natureza selvagem e com aquele afastamento o mundo das complexidades mentais tinha começado a se instalar novamente.

Vimos uma figura humana se aproximando com um cão e logo percebemos ser uma mulher. Não víamos uma outra mulher fazia três meses. Quando chegamos perto, nos cumprimentamos. Fiquei maravilhada com seu sorriso gentil e feição bondosa, percebendo naquele momento como a energia feminina é atraente. Subitamente senti que no cerne da primitiva energia feminina existe uma força de grande magnitude. Aquela mulher não tinha consciência daquele encanto, como ocorre com a maioria na sociedade moderna. Contudo, eu havia reconhecido o sutil, receptivo e acolhedor poder que havia nela — e, por extensão, em todas as mulheres incluindo eu mesma.

Eu sorri. Parecia que algo dentro de mim tinha amadurecido, germinado e começado a brotar.

Uma caminhonete vermelha veio em nossa direção com dois cãezinhos correndo em sua lateral. Justamente quando me perguntava onde havia visto aqueles cãezinhos antes, Paul abaixou o vidro da janela e disse:

— Achei que pudesse encontrar vocês por aqui.

"A flecha o havia atingido direto no coração. O filhote cambaleou um pouco e depois caiu, mortalmente ferido. Meu coração pulsava na minha garganta. Por fim, peguei a minha faca e abri o corpo do animal... coloquei o filhote sobre os meus ombros e comecei o percurso de volta ao acampamento. Quanto mais eu caminhava, mais serena eu me sentia. Dancei ao ritmo ancestral da vida e da morte."

CAPÍTULO 5

OUTONO

Estávamos descalços em um grande pântano coberto de esfagno com forquilhas nas mãos. Quase não havia brisa e o sol, lá no alto, estava sufocantemente quente. Próximo a nós, um *fernbird*[9] cinza-esverdeado de cauda longa e cabeça avermelhada estava pousado nas longas hastes do junco, cantando "Iúú-tíí".

Ao que respondi "Iúú-tíí".

Em seguida, ele bateu as asas e voou em direção a outra touceira.

— Há uma boa porção por aqui! — Chamou Peter.

Naquele momento, estávamos fazendo a extração do delicado esfagno verde e o acondicionando em grandes sacos de tecido. Paul os buscaria com seu helicóptero para vendê-los a uma pessoa que os exportaria. Estávamos trabalhando para pagar os custos que ele tivera ao fazer o nosso transporte e o de nossos suprimentos. Nossa meta era recolher cem sacos, o que levaria uma semana. No final de cada dia de trabalho, estávamos tão esgotados que não tínhamos energia para coletar lenha, cozinhar nossas refeições lentamente na fogueira, buscar baldes de água ou assar o pão. Depois daquela experiência, entendi a razão pela qual as pessoas que trabalham duro optam pelo conforto assim que a primeira oportunidade aparece.

— Então, onde é que vocês vão passar o outono? — Perguntou Paul. Estávamos em sua casa e eu me encontrava debruçada sobre o computador, imersa no mundo digital.

— Gostaríamos de subir o Rio Arawhata no sul do distrito de Westland — respondeu Peter, sentado à mesa folheando um jornal.

---

[9] Pássaro nativo da Nova Zelândia que vive em pântanos. (N.T.)

— Olha, eu não iria pra lá nesta época se fosse vocês — disse Paul. — Todo e qualquer homem estará naquele vale com seu cão, pois é a época do acasalamento dos cervos, quando os machos soltam rugidos para chamar as fêmeas e ficam mais expostos. Do jeito que vocês gostam de andar fora das trilhas, pode ser que acidentalmente levem um tiro de algum caçador.

Tirei os olhos do computador e encontrei o olhar preocupado de Peter.

— Por que vocês não vão para o Vale Mökihinui? — Sugeriu Paul após um momento de silêncio. — É bem mais tranquilo do que Arawhata.

— Onde fica o Mökihinui? — Perguntei.

— Ao norte daqui, na Costa Oeste. É sossegado e cheio de cabras. Há até um bivaque chamado Cabana Riacho da Cabra. — explicou Paul, olhando-me com um sorriso empolgante. — Não é longe daqui em linha reta. Posso levar seus suprimentos de helicóptero, se quiserem.

Sorri para Peter e disse:

— Cabana Riacho da Cabra parece um ótimo lugar!

Quando Paul transportou nossos suprimentos para a Cabana Riacho da Cabra, começamos nossa caminhada até lá pela antiga cidade mineradora de ouro Lyell. Em seu auge, no final do século 19, a cidade chegou a ter uma população de mais de duas mil pessoas e foi desenvolvida a ponto de ter delegacia, fórum, bancos e hotéis. Fato difícil de se acreditar — naquele momento, ela estava completamente tomada pela exuberante vegetação da floresta. Salvo algum resquício de ferro oxidado e algumas partes de maquinário, não havia praticamente nenhum outro sinal da extinta cidade. Foi surpreendente observar como, em menos de setenta anos, a vívida floresta tinha apagado Lyell completamente do mapa.

Seguimos por uma antiga trilha para passagem de carroças. Caminhamos o dia inteiro e montamos acampamento em uma área de passagem entre cumes que era onde a trilha terminava. Daquele local de vista privilegiada, pudemos admirar pela primeira vez o majestoso vale com sua vasta floresta e o rio: um local encantadoramente selvagem e acolhedor. Podíamos avistar as cadeias de montanhas e suas elevações laterais, todas cobertas por uma densa floresta. Cada espécie de árvore tinha uma cor única.

Após desmontar nosso acampamento na manhã seguinte, passamos horas descendo um barranco incrivelmente íngreme e escorregadio em direção ao rio. A cada meia dúzia de passos tinha que me escorar em uma árvore para evitar sair rolando ribanceira abaixo. Quando finalmente alcançamos o rio, os sinalizadores de trilha desapareceram por completo.

Tivemos que cruzar e descruzar o rio diversas vezes, o que não foi difícil uma vez que a água estava rasa e com uma temperatura agradável. Já era final de tarde quando encontramos um lindo local para acampar, localizado um pouco antes de um desfiladeiro. Acendemos uma fogueira e nos sentamos com nosso chá. Enquanto observávamos o rio correndo pela ravina à nossa frente, lembrei-me de Lao-Tzu.

— Não há nada mais fluido e suave do que a água — enunciei. — No entanto, para atacar o que é duro nada se iguala a ela. A fraqueza vence a força, a suavidade vence a dureza.

— Na realidade não é somente a água que esculpe um cânion — disse Peter. — É o tempo também. Se você despejasse um milhão de litros de água sobre uma montanha, muito pouco iria mudar. Mas se a água gotejar paulatinamente por um milhão de anos? Ela irá talhar as rochas. É a perseverança e a resistência que contam. O maior poder é sutil... quase invisível. Ninguém sabe que eu vivo jogando sementes aqui e ali, por exemplo, mas quando eu estiver morto haverá muitas árvores crescendo.

— Literalmente ou metaforicamente? — Perguntei com um sorriso.

— Os dois — respondeu Peter, levantando-se para apanhar de dentro do seu bolso algumas vagens da árvore de flores amarelas *köwhai.* — Isto é uma semente, e você também é uma semente — continuou. Depois sorriu, deu-me um beijo e jogou as vagens em um local com luz do sol, onde elas poderiam facilmente brotar.

Enquanto as cores do céu lentamente inclinavam-se para o rosa e o laranja, sentamo-nos em silêncio. Nossas mentes começaram a desacelerar e a entrar em harmonia com o ritmo da natureza, mais uma vez. Meu corpo estava relaxado e com isso senti uma grande alegria. Não havia motivo para estresse ou preocupações. Foi como se a floresta e o rio absorvessem todos os nossos anseios, e, naquele momento, ficássemos conectados unicamente com o meio ambiente que estávamos experienciando de forma direta. Nossa vida tinha voltado a ser prazerosamente simples.

Na última luz do dia avistamos duas pequenas cabras passeando pelo vale. Elas se deitaram na relva sob uma formosa árvore do outro lado do rio e olharam em nossa direção. Uma era marrom e a outra preta e branca. Observar aquelas lindas cabras selvagens me trouxe um grande contentamento, pois elas não se sentiram ameaçadas e estavam tranquilas. Não tive vontade de caçá-las pela simples razão de não estar com meu arco. Quando saía com meu arco e flechas sentia que me transformava em uma caçadora. Já quando estava sem o arco, encantava-me ao observar as criaturas selvagens.

Após uma longa noite de repouso, acordamos para o que prometia ser o início de um dia perfeito. A temperatura estava agradável e o ar tinha um leve e adocicado perfume de verão. Arrumei nossas mochilas com entusiasmo enquanto Peter analisava o mapa.

— Você prefere caminhar pelo desfiladeiro deste lado — disse ele apontando para uma área plana — ou subir por ali para contorná-lo?

Olhei para a densa selva acima de nós e respondi com espontaneidade:

— Ah, o rio parece mais fácil.

Então caminhamos pelo rio que cortava o desfiladeiro admirando os penhascos de sessenta metros de altura de ambos os lados. O nível do rio estava baixo na maior parte do curso, mas em alguns lugares chegou a atingir o nosso quadril obrigando-nos a carregar as mochilas sobre a cabeça. Nossos *shorts* ficaram um pouco molhados porém secaram rapidamente com o sol típico de verão. Tudo fazia parte do espírito de aventura que eu apreciava tanto.

Em seguida, alcançamos um trecho que era profundo demais para atravessarmos. Peter apontou para uma área que poderíamos escalar para sair do desfiladeiro e adentrar a floresta. Era um aclive íngreme forrado de folhas em decomposição e uma densa vegetação rasteira. Batalhamos por pelo menos uma hora através da escorregadia mata até Peter ficar preso em trepadeiras espinhosas e farpadas.

— Por aqui, não! — Alertou ele.

Localizei uma saída para voltarmos ao rio e galguei um grande tronco apodrecido. Cheguei a ver algumas vespas, porém não lhes dei muita atenção — até que Peter, logo atrás de mim, gritou:

— Vespeiro!

Desci correndo e cheguei tão rápido ao leito do rio em comparação ao pobre Peter que foi até embaraçoso. Ele ainda tentava descer a ribanceira quando começou a ser atacado pelas furiosas vespas. No momento em que finalmente alcançou o rio eu sorri aliviada, pois sabia que ele era bem resistente às picadas de vespas. Se tivesse sido eu a vítima daquele ataque, teria entrado em colapso de tanta dor.

— Levei umas doze picadas!

— Nossa! Está tudo bem? — Perguntei, retirando minha garrafa de água da mochila para enchê-la.

— Está, mas levei diversas picadas no pescoço — relatou Peter, sentando-se em uma grande rocha. — Pode ser bastante perigoso... minha garganta pode começar a inchar e, se isto acontecer, não vou conseguir respirar. Uma vez isso aconteceu com meu irmão quando éramos crianças.

— E aí o que teremos que fazer? — Perguntei, subitamente saltando para um estado de maior atenção.

— Você terá que fazer uma traqueostomia em mim.

— Uma traque-osso-mia? — Indaguei. Nunca tinha ouvido aquela palavra antes.

— Você vai ter que fazer um buraco na minha traqueia — suspirou Peter.

Franzi as sobrancelhas.

— Um buraco — repetiu ele com a voz cansada. — Para que o ar chegue aos meus pulmões, mesmo com a traqueia bloqueada pelo inchaço.

Olhei rapidamente para a mata fechada e para a correnteza do rio e, de repente, me dei conta de que estávamos a dois dias de caminhada da estrada mais próxima.

— Devo utilizar uma faca, um pino ou... o quê? — Perguntei insegura. Estava tentando ser prática para assimilar as informações vitais, mas minhas pernas tinham começado a ficar ligeiramente trêmulas.

— Use a faca mais fina e afiada que tivermos — respondeu Peter.

Por que nunca tinham me ensinado aquilo nos cursos de primeiros socorros na selva? Foi o que passou pela minha cabeça.

— *Estou* me sentindo um pouco tonto e com dor de cabeça... — disse ele, apertando a cabeça com as mãos. Sua voz começou a ficar apática. — Vou me deitar de costas. Coloque um suéter debaixo do meu pescoço. No momento em que fizer o corte o sangue vai correr para dentro da garganta, então você vai ter que inserir um tubo que servirá como uma passagem de ar independente.

— Um *tubo?*

— Sim, como um canudo.

"Um canudo?" Pensei. "Pelo amor de Deus. Quem traz um canudo para a floresta?" Nunca tinha visto um canudo num *kit* de primeiros socorros.

— Não tenho um canudo — falei em voz baixa. Estava começando a ficar atordoada também.

— Você tem que achar alguma coisa que seja *como* um canudo.

Pensei freneticamente em uma maneira de produzir algo utilizando galhos, hastes de plantas ou junco. Talvez achasse algum utensílio em nossas mochilas? Mas nada se parecia com um tubo plástico. Imaginei o pior cenário possível: Peter morreria e a polícia nos encontraria (de algum modo). O corpo dele estaria estirado com a garganta cortada e eu seria a única suspeita, pois àquela altura já não haveria mais vestígio do veneno de vespas... Fiquei tão nauseada com o peso daquela responsabilidade que quase vomitei.

Permanecemos sentados nas rochas por um tempo. Senti piedade de mim mesma por estar em meio àquela natureza selvagem numa situação tão precária e por ser responsável pela vida de Peter. Observei-o ansiosamente. Quando ele fez menção de pegar a garrafa de água eu rapidamente a coloquei em sua mão. Depois peguei a garrafa para que eu mesma pudesse tomar um pouco de água. Peter mexeu o pescoço de um lado a outro, apalpou levemente a garganta e, de súbito, disse numa voz normal:

— Acho que vou ficar bem, sim.

— O quê? — Eu ri.

— Não há nenhum sinal de reação alérgica — afirmou ele, olhando para os calombos que tinha nas pernas e nos braços.

Fiquei tão aliviada naquele momento, porém ainda estava incomodada com o fato de que não teria sido capaz de salvar a vida dele, se tivesse sido necessário.

— Caramba! — Exclamei. — Não sei se teria conseguido fazer um buraco na sua traqueia, querido.

— Claro que teria. Coisas extraordinárias podem ser feitas em situações de emergência — disse Peter com convicção, mas eu mesma não tinha tanta certeza assim.

Com Peter recuperado, continuamos a descer o vale fazendo pausas para descansar brevemente em belos locais. Não tínhamos o hábito de ficar parados muito tempo em altitudes baixas como aquela trajando *shorts*. Se ficássemos, os mosquitos-palha logo nos encontrariam. Aqueles implacáveis insetos sugadores de sangue procuravam qualquer parte exposta do corpo, mas gostavam principalmente dos pés e tornozelos. Peter os chamava de "guardiões da natureza selvagem" — pois se não fosse por eles, lugares selvagens como aquele seriam muito mais visitados. Na primeira ocasião em que me deparei com grandes nuvens de mosquitos-palha, quase enlouqueci e as picadas me deram comichões por vários dias. Gradualmente, fui me acostumando a eles e, apesar de sentir as picadas, procurava não coçar a pele. Os mosquitos-palha eram pequenos demais para conseguir picar através da roupa e lentos demais para atacar quando estávamos em movimento, então se não estivéssemos caminhando, mantínhamos nosso corpo coberto.

Na parte da tarde, caminhamos por uma estreita faixa de rochas acinzentadas, entre o rio de forte correnteza e um grande rochedo. Ao fazermos uma curva, surpreendemos um cormorão. O pássaro cinza tinha acabado de apanhar uma truta, porém quando nos viu derrubou o peixe de volta no rio. O peixe ficou flutuando impotente na superfície da água.

— Rápido! — Exclamou Peter entrando na água. Em seguida, apanhou a truta antes que ela fosse levada rio abaixo.

Eu aplaudi com alegria. Que sorte a nossa! Tiramos nossas mochilas das costas, coletamos um pouco de madeira, espetamos o peixe em uma vareta e o assamos numa fogueira na margem do rio.

— Não consigo acreditar na nossa sorte! — Falei repetidamente, e todas as vezes Peter dava risada. — Tudo é fornecido pra nós!

— A natureza fornece tudo o que é necessário para a manutenção da vida a todos os seres deste planeta — reiterou Peter. — Ar, água, gravidade, luz, terra, solo, comida... tudo. Até o bem-estar é fornecido pela natureza e por tudo o que é belo.

— Bom, se você me largasse aqui pelada, eu logo morreria. Os humanos são os animais mais frágeis e incapazes sem suas ferramentas, como esta panela por exemplo — afirmei levantando o caldeirão no ar.

— Sim, mas nós temos o nosso cérebro que nos ajuda a resolver as coisas — respondeu Peter. — Esta é a chave da nossa sobrevivência — continuou, e, em seguida, assoprou o fogo para deixá-lo mais forte. — É incrível como a natureza oferece tudo sem pedir nada em troca.

— Até o dia em que a gente morrer — afirmei. — Então daremos os nossos corpos de volta à terra. Nossos corpos irão se decompor e se transformar em solo. De certa maneira, a mortalidade é o preço que pagamos pela oportunidade de viver.

Após três dias de caminhada, encontramos os suprimentos que Paul havia escondido perto da Cabana Riacho da Cabra, que era um pequeno abrigo branco com porta vermelha praticamente em ruínas. A cabana ficava cerca de cem metros distante do grande rio, porém estava situada próxima do Riacho da Cabra. Não fizemos nenhuma tentativa de dormir em seu interior e preferimos montar nosso acampamento entre grandes árvores antigas nos arredores. Tínhamos acendido uma fogueira para assar o pão e, enquanto aguardávamos a massa fermentar, Peter retirou algo de dentro do seu bolso. Parecia um envelope.

— Adivinhe o que tenho aqui? — perguntou ele sorrindo de sua astúcia.

— Me dê isso aqui. — pedi, dando risada.

— Não, não, não. Você tem que adivinhar! — Exclamou ele, abrindo um largo sorriso e escondendo as mãos atrás das costas. Saltei para perto dele e tentei pegar o envelope fazendo graça, mas Peter conseguiu prender a minha cabeça com uma gravata.

— Uma carta? — Fiz uma tentativa.

— Não! — respondeu Peter, apertando seu braço ao redor do meu pescoço e fazendo-me soltar gargalhadas.

— Não sei! Não sei! — Desisti.

Ele balançou o envelope e pude escutar algo chacoalhar lá dentro.

— Sementes! — Gritei. Fiquei muito satisfeita de ter conseguido adivinhar corretamente.

Peter me soltou da gravata.

— Ok, não precisa gritar — disse ele em tom de brincadeira. Em seguida, sorriu, orgulhoso de ter tido tão brilhante ideia, e caminhou até a margem do riacho. — Se eu plantar estas sementes agora, teremos rabanetes, couve chinesa, espinafre, beterraba e acelga dentro de um mês.

Fizemos nossa horta em uma pequena área plana entre grandes e ásperas rochas de granito e touceiras de capim-dos-pampas que tinham plumas de inflorescência branca nas pontas das longas hastes. Tais plumas oscilavam graciosamente com o vento.

— O solo fértil dos cumes desce com a corrente de água do riacho — explicou Peter, enchendo sua mão com lodo e deixando-o escorrer por entre os dedos. — Este é o melhor solo. Nossa horta é como uma versão em miniatura da Holanda. Vamos torcer para que nossos diques sejam altos o suficiente para que o rio não a inunde.

Enchi o caldeirão com água e Peter regou cuidadosamente a terra para ajudar as sementes a germinar. Foi maravilhoso quando pudemos ver, alguns dias depois, as primeiras folhas verdes despontando no solo. Cuidávamos da nossa horta diariamente com muita alegria e, após algumas semanas, pudemos comer as folhas verdes que tanto nos haviam feito falta nas estações anteriores.

Tínhamos sido abençoados com as melhores condições climáticas possíveis. O tempo seco de outono estava tão agradável que logo esquecemos a angústia que sentíramos nos frios e úmidos meses de primavera e verão. O outono era a estação da abundância! Quase todos os dias saíamos em busca de frutos silvestres. Peter me mostrou onde encontrá-los e me ensinou a diferenciar os comestíveis dos venenosos. Encontramos frutos brancos, azuis e roxos, todos extremamente saborosos. Nossos preferidos eram as amoras, que comíamos sem parar até nossas línguas ficarem tingidas de uma profunda cor roxa. Colhê-las levava tempo, mas isso não era um problema para nós. Parecia que o tempo tinha desacelerado. Duas semanas pareciam dois meses. Estávamos vivendo na floresta fazia três estações, porém sentia como se já fizesse três anos. A pessoa que eu havia sido um ano antes já não existia mais.

Brisas quentes sopravam com frequência pelo vale e quando saía para caçar geralmente preferia subir o curso do rio. Meus pés tinham se acostumado com as grandes rochas de granito e eu já não tropeçava nelas. O leito do rio era o único espaço aberto do vale, como se fosse uma ampla avenida em relação à impenetrável floresta de ambos os lados.

Toda vez que avistava uma grande árvore ao longe eu procurava me aproximar cuidadosamente, pois sabia que as cabras gostavam de se deitar à sombra para ruminar a grama.

Certo dia, reparei em um pequeno afluente que parecia promissor. Depois de caminhar pelo seu leito por cerca de cem metros, as margens começaram a ganhar altura até formar uma estreita garganta. A água tinha cavado um sedoso túnel através da rocha sedimentar. Continuei subindo por aquele canal e cheguei a uma profunda piscina natural. A límpida água azul-esverdeada estava com uma temperatura agradável, então decidi me despir. Com o arco em uma mão e a trouxa de roupa na outra, atravessei para o outro lado e subi em uma lisa rocha acinzentada. Senti o calor sob os meus pés. A água havia esculpido a rocha com magníficas formas. Continuei me aventurando pelo cânion até alcançar uma pequena cachoeira que tinha alguns metros de queda e desaguava em uma outra piscina. Gotículas subiam pelo ar. Era incrível toda aquela beleza ao meu redor existir. Atravessei aquela piscina e subi algumas rochas até o topo da cachoeira. Sentia-me como um explorador de séculos anteriores, descobrindo uma terra desabitada e totalmente nova.

Quando voltei ao acampamento escrevi uma carta para Sofie, esperançosa de que pudesse encontrar alguém que a levasse ao correio num futuro próximo:

"Querida Sofie,

Você se lembra de como costumávamos conversar sobre ter filhos na mesma época para que eles pudessem crescer juntos? Bem, eu não tenho mais tanta certeza se gostaria de ter filhos. Eu achava que seria possível criá-los em meio à natureza selvagem, porém nos últimos dez meses me tornei mais realista. Acredito que seria muito difícil viver uma vida nômade numa barraca nas montanhas (sem mencionar o fato de não pertencer a uma tribo) com um bebê ou uma criança pequena.

Também há uma outra questão que comecei a considerar e me pergunto se ela faz algum sentido para você: sinto como se minha vida fosse um trem correndo numa ferrovia de trilhos fixos. No fim da linha, eu encontrarei a morte, mas ela ainda está bem longe no horizonte (assim espero). Ao seguir viagem, o trem da minha vida passa por diversas placas de sinalização: aos 5 anos devo estudar, aos 18 entrar na universidade, aos 23 encontrar um emprego e aos 27 achar um marido. Agora que tenho quase 30, vejo a placa da maternidade se aproximando.

Não somos muito encorajadas a refletir sobre quando deveríamos fazer o quê, pois a sociedade já criou para nós um modelo de 'Vida Perfeita' ao qual somos impelidas a seguir. Entretanto, agora que tenho consciência dessas placas, subitamente comecei a questionar esse modelo. Não quero dizer com isso que não devemos nos casar ou ter filhos — mas será que devemos, talvez, tentar encontrar uma maneira de saltar desse trem e caminhar em direção às nossas próprias escolhas?

Você entende o que quero dizer?

Com muito amor, Miriam"

Um dia recebemos a ilustre visita de uma *weka*. Não sabíamos se era um macho ou uma fêmea, mas Peter chamava-a de Wilma. Wilma era tão grande e forte que era sem dúvida uma reencarnação de Napoleão. Ela era capaz de abrir qualquer objeto duro com seu afiado bico, o qual era utilizado como uma britadeira e conseguia correr mais rápido do que eu com suas robustas pernas. Seus olhos podiam localizar um pequenino besouro em folhas a metros de distância. E ela não pedia por comida, ela a exigia.

O *show* realmente começou quando uma nova família de *wekas* apareceu, e Peter e eu cometemos o erro de dividir as sobras do nosso arroz e flocos de aveia com os recém-chegados. Aquele ato inofensivo enfureceu Wilma. Ela ficou indignada com a probabilidade de ter que dividir a *sua* comida e lutou contra os pais e filhos como se sua sobrevivência dependesse disso. Depois de conseguir tocá-los para uma distância segura, começou a patrulhar a área dia e noite — parecia que nunca dormia. A cada duas horas ela fazia uma ronda pelas fronteiras do seu território em busca de inimigos, guinchando incrivelmente alto pelo caminho. A floresta que normalmente era bastante silenciosa à noite — cada pequeno ruído ressoava claramente com todas as suas notas — deixou de ser depois que Wilma começara o seu patrulhamento. Peter sussurrava: "Wilma". E logo depois: "Cale...se".

Contudo, Wilma nunca se calou. Ela tinha tomado gosto pelo arroz refogado com *possum* e não estava disposta a dividir seus camaradas humanos sem antes entrar em um combate.

Com o passar das semanas e dos meses, Wilma tornou-se nossa amiga. Seus sagazes olhos de cor rubi nos observavam o tempo todo. Parecia que ela estava estudando nossos sons, hábitos e costumes como se fosse algum tipo de antropóloga *weka* analisando o comportamento dos macacos-humanos.

Após quase dois meses de tranquilidade e tempo seco naquele nosso vale, tivemos a primeira chuva. Caíram torrentes de água durante a noite toda. Na manhã seguinte, quando parou de chover, eu me encaminhei para o lado de fora.

— Olha só isso! — Gritei entusiasmada, pois nunca tinha visto algo daquele tipo. — Vem logo, Peter! — Exclamei com impaciência, sacudindo a barraca para encorajá-lo.

Respingos da barrenta e acinzentada água do rio estavam aos poucos atingindo a lateral da barraca, que por sorte havíamos montado em uma área mais elevada do terreno. Na noite anterior, eu havia atravessado o Rio Mökihinui com a água na altura do joelho. Em contrapartida, depois da chuva o rio estava com cem metros de largura e, naquele momento, grandes ondas de espuma desciam em enxurrada pelo seu centro. Árvores tinham sido derrubadas pela raiz e estavam sendo arremessadas em direção ao mar pela turva água da enchente. Podíamos escutar rochas rolando rio abaixo num turbilhão. A inundação havia invadido nossa pequena horta e a água corria furiosamente por entre as grandes árvores.

Sentindo-nos relativamente seguros, ficamos em êxtase e demos pulos de alegria como se fôssemos duas crianças, falando alto e apontando para as maravilhas do poder da natureza.

Levou dez dias até que pudéssemos atravessar o rio novamente, o que significou que fomos temporariamente forçados a ficar no acampamento e a ler livros. Também escrevi bastante em meu diário naquele período.

> "Tenho pensado na frase de Krishnamurti: 'Sua dependência e seus apegos preparam o terreno para a sua tristeza'. Se eu me observar com atenção, posso ver que existe uma grande dependência emocional com relação a Peter. Ele me disse outro dia que tem a sensação de que eu me apego muito a ele por causa do meu medo de ficar sozinha. Acho que ele pode estar certo.

Consigo ficar um dia inteiro sozinha relativamente bem, ou até mesmo uma semana, mas sei que o medo da solidão ainda persiste. De fato, ao longo dos anos eu construí um casulo afetivo para nós dois — é o que eu chamo de 'amor', e é onde eu me sinto mais segura. É a minha concepção de segurança, sem um emprego ou uma casa. Gostaria de encontrar uma outra maneira de amar, que não inclua o medo de ficar sozinha ou de perder Peter. Apesar de conversarmos bastante sobre isso, estas questões não são muito fáceis de se lidar. É muito mais fácil abandoná-las e enterrá-las no chão até que venha uma enchente e as arranque pela raiz..."

A água do rio lentamente retornou para os níveis baixos e logo as primeiras gramíneas e plantas emergiram através da lama e da areia depositadas no leito do rio.

— Não é maravilhoso que a natureza esteja pronta para qualquer desastre e oportunidade? — Comentou Peter numa agradável e ensolarada manhã, enquanto caminhávamos em busca de lenha. — Milhões de sementes, neste solo, estão esperando uma chance para poder crescer e assegurar a manutenção da vida.

— Sim — concordei. — Não importa o que aconteça, a vida sempre prevalecerá. Seja como for.

— A vida é extremamente flexível e adaptável! — Disse Peter, rindo. — Mesmo se o planeta fosse bombardeado e reduzido a um nada infértil, ele simplesmente aguardaria um milhão de anos e, no fim, a vida ressurgiria da água do mar.

Aquilo me animou consideravelmente.

— Com certeza! A vida não pode acabar.

Peter recolheu alguns galhos que tinham sido levados rio abaixo pela enchente e os empilhou. Depois esticou os braços e eu depositei a pilha de lenha sobre eles. Coletei uma outra pilha de lenha, amarrei-a com um pedaço de corda e carreguei-a de volta ao acampamento. Acendemos uma fogueira e tostamos o pão sobre o carvão quente. Após tomar duas xícaras de chá, levantei-me e peguei o meu arco.

— Não voltarei antes do anoitecer. — afirmei, afivelando o cinto onde carregava minha faca em volta da cintura. Ao longo de muitas semanas, eu havia feito tentativas de caça e visto alguns animais, mas por diversas razões não tinha conseguido ser bem-sucedida.

Como a tarde estava quente, saí apenas com *shorts* e a parte de cima do biquíni. Um pedaço de corda estava atado em volta do meu pulso e eu tinha o arco na mão. Se alguém tivesse me visto teria achado o meu visual bem inusitado, no entanto não havia mais ninguém a quilômetros de distância.

Caminhei a passos rápidos o bastante para escapar dos mosquitos-palha, porém lentos o suficiente para perceber os odores mais sutis no ar. Após algumas horas, pude sentir o cheiro de cabras. Apesar da maioria das pessoas achar o cheiro de cabras repulsivo, para mim era o cheiro de comida, portanto era muito bom.

Armei o arco com uma flecha e procurei por uma cabra que estivesse de lado, porém tudo o que consegui ver foram doze focinhos — a pior posição para uma caçadora "instintiva" como eu. Ajoelhei-me atrás de uma pequena moita na esperança de que uma delas se virasse. Lamentavelmente, todas começaram a se mover em minha direção. Fui obrigada a me deitar no chão. As cabras se aproximaram tanto que puderam me ver atrás da moita, então fingi estar morta, afogada e abandonada na grama pela enchente. Para minha agradável surpresa, elas acreditaram na minha performance e continuaram a pastar normalmente. Até que um pequeno filhote chegou tão perto de mim que não pude evitar olhar. Ele mordiscava a grama a apenas um metro de distância quando viu a movimentação dos meus olhos e, naquele momento, descobriu que tinha sido enganado. Em pânico, ele bateu em retirada e o resto do bando o acompanhou em questão de segundos.

Eu praguejei contra mim mesma e tive que andar em círculos durante um bom tempo até conseguir encontrá-los novamente. Quando finalmente me deparei com um grande bode numa posição e distância perfeitas, não hesitei: atirei todas as minhas seis flechas, uma após a outra. Duas o atingiram — uma perfurou seu pulmão e a outra uma pata, mas para meu espanto o bode saiu correndo e sumiu de vista rapidamente.

Procurei pelas flechas, todavia não consegui localizá-las no meio da grama alta. Permaneci em pé perplexa por um instante, não sabia o que fazer sem as flechas. Não havia outra escolha, minha única opção seria encontrar o bode ferido e usar a minha faca para matá-lo. Eu não estava disposta a voltar ao acampamento sem as flechas ou sem a caça. Então deixei o meu arco sobre uma grande rocha e procurei por respingos de sangue. Com o corpo abaixado, percorri um caminho dentro da mata fechada até quase ficar enroscada em uma teia de aranha, o que me fez perceber que o bode não teria seguido naquela direção.

Para onde um bode ferido iria? Ele não se embrenharia dentro da floresta fechada, ele caminharia até o leito do rio, com certeza! Após subir o pedregoso riacho por cerca de cem metros eu avistei, para meu alívio, o bode ferido. Ele estava repousando atrás de um grande tronco caído. Sem fazer barulho, dei passos para trás e me esgueirei pelos arbustos para despontar do outro lado do tronco, exatamente atrás dele.

"Pegue os chifres com a mão esquerda e corte a garganta com a direita", premeditei. Meu coração palpitava com violência enquanto eu, hesitantemente, aproximava as mãos de seus chifres... contudo, no momento em que minha mão passava por cima de sua cabeça, o meu cheiro se fez sentir e o bode disparou em impressionante velocidade. Eu teria que ser menos hesitante da próxima vez — se houvesse uma próxima vez.

À medida em que ele corria sobre as grandes pedras acinzentadas do rio, uma espuma começou a escorrer de sua boca. Seus pulmões estavam perfurados e ele parecia tão fraco que achei válido tentar correr mais rápido do que ele. Saltei de pedra em pedra com a faca na mão. Após cinquenta metros, fiquei cansada e diminuí o ritmo. O bode também parou, aguardando meu próximo passo antes de começar a se afastar novamente. Daquela maneira, percorremos um longo caminho dentro do vale.

"Você é o que há de mais importante para mim, neste momento", pensei. "E eu sou o que há de mais importante para você". Aquele bode e eu estávamos, estranhamente, totalmente conectados.

Então, subitamente, ele desapareceu de vista.

Contornei um íngreme penhasco e o encontrei dentro de uma pequena caverna. Ficamos frente a frente por um instante. Caminhei em direção ao bode de maneira a impedir que ele escapasse. Quando ele tentou fugir, cravei a faca por entre as suas costelas. Seu pesado corpo tombou desajeitadamente sobre os meus pés. Eu recuei e caí sentada, atordoada, sobre as pedras. Estava feito. Terminado. Minhas pernas tremiam e minha respiração estava ofegante por conta da corrida, da adrenalina e do abrupto final.

"E agora?", ponderei. Estirado ao meu lado, o corpo sem vida do bode parecia grande demais.

Arrastei a pesada carcaça sobre grandes rochas até a árvore mais próxima na floresta. Tive que usar toda a minha força para suspendê-lo no ar enquanto simultaneamente o amarrava em um galho usando a corda. Retirei as tripas e as depositei ao ar livre para os gaviões.

A cabeça com os chifres foi deixada em um toco de árvore.

"Descanse em paz, bode", desejei em silêncio.

Os passarinhos cantavam as últimas canções do dia. Olhei ansiosa para o céu. O ocaso se aproximava lentamente e um ar frio soprava dos cumes. O acampamento estava longe. Com pressa, atei as patas dianteiras às patas traseiras e amarrei o animal nas minhas costas, da maneira como Mouse havia me ensinado. O bode ainda estava quente e sua pelagem pinicava a minha pele.

A carcaça oscilava desajeitadamente da esquerda para a direita conforme eu avançava. Foi uma longa e cansativa jornada de volta, e a última luz do dia a oeste me guiou pelas travessias do impetuoso rio. Quando a direção do vento mudou, pude sentir o cheiro da fumaça do nosso acampamento de muito longe.

Peter estava sentado ao lado da pequena fogueira quando enfim cheguei. Exausta, agachei-me para que ele desamarrasse o bode e o retirasse das minhas costas. Sentamo-nos em volta das chamas dançantes do fogo e eu relatei com serenidade todos os detalhes da caçada. A lua prateada sobrelevava os altos cumes.

Em seguida, entrei em uma piscina natural do rio para lavar todo o sangue do meu corpo e dos meus cabelos. Observando a lua naquela noite de céu claro, refleti sobre a longa caçada e o abate final. Tinha sido bem primitivo. Compreendi naquele momento que tinha me tornado a pessoa que eu mais abominava na minha juventude — época em que era uma típica vegetariana moralista. Eu tinha descido tanto, por assim dizer, que estava tocando o chão. A terra.

Apenas um ano antes, eu explicara a Virgínia, no meu último dia na escola, como eu gostaria de viver sem nenhuma barreira entre a terra desnuda e mim mesma. "Bom, é isto", pensei surpresa. "Aqui estou eu. Não há mais barreiras."

Passamos os dias que se seguiram cozinhando o bode. A carne era dura e necessitava ser cozida por um longo tempo. Ficávamos agachados em volta da fogueira e comíamos a carne com as mãos, pois grande parte dela ainda estava grudada nos ossos. Quando acabávamos de limpar os ossos, eu os partia com uma pedra para ingerir o tutano: a parte mais saborosa do animal. Com os rostos lambuzados de gordura, mastigávamos a caça e sorríamos um para o outro. Afora nossas vestes modernas, poderíamos estar vivendo na Idade da Pedra. Levar aquela vida simples e prática nos trazia uma surpreendente sensação de realização e contentamento.

As únicas criaturas que exigiam a sua cota da carne — além de Wilma, é claro — eram as vespas, cuja população no vale era incrivelmente grande. Desde que deixadas em paz, elas não eram agressivas nem nos atacavam. Quando estávamos comendo a nossa carne, entretanto, ao menos cinco iriam rastejar em nossos pratos. Elas também pousavam em nossas pernas e comiam os mosquitos-palha dos nossos tornozelos. Conforme os dias se tornaram mais curtos e as noites mais frias, as vespas ficaram ainda mais famintas e, desesperadas, começaram a comer umas às outras para sobreviver. Testemunhamos o canibalismo das vespas com um certo fascínio: duas delas elegeriam uma mais fraca, cortariam o seu corpo ao meio e em seguida o devorariam.

Em noites de temperatura agradável, comíamos *curry* e jogávamos xadrez sobre uma grande rocha plana próxima ao rio. Enquanto Peter analisava o jogo, eu gostava de observar o seu rosto e as sobrancelhas grossas acima de seus olhos azuis — como havia feito na primeira noite em que nos conhecemos no sul da Índia.

Esbarramo-nos pela primeira vez em um pacato restaurante local rodeado de um exuberante arrozal verde. Era uma noite abafada em que se podia escutar o som dos grilos ao longe. Eu estivera viajando pela Índia com meu tabuleiro de xadrez fazia cinco meses e Peter fora o primeiro jogador sério que encontrara pelo caminho. Após terminarmos uma partida, tomamos um adocicado *chai* servido em pequenos copos e conversamos sobre escalar as montanhas dos Himalaias, até o restaurante fechar.

Ele me acompanhou até a minha pensão que ficava fora do vilarejo. Passamos por um bando de cães vira-latas que não o amedrontaram e nos despedimos com um abraço.

— Vou pegar um atalho pelo arrozal — disse ele. — São apenas alguns quilômetros.

Observei-o desaparecer na escuridão sem nenhuma lanterna. Seus cabelos ondulados brilhavam com a luz da lua. Parecia um lobo indomável. Naquele momento, tomei a decisão de estar ao seu lado aonde quer que ele fosse.

Ao amanhecer, arrumei minha bagagem e caminhei até a pequena reserva natural que Peter cuidava. Cobras, lagartos, esquilos e macacos haviam encontrado um refúgio entre as grandes rochas arredondadas que eram tão antigas quanto a terra. Havia até um tímido crocodilo que vivia em uma lagoa próxima da cabana de Peter. Era um tranquilo oásis em meio à agitação dos vilarejos.

— Ano passado Nini dormiu sobre aquelas rochas do lado de fora — explicou ele. Nini, era uma amiga de Peter que também tinha se hospedado na reserva.

— Também vou dormir sobre as rochas — declarei.

Peter assentiu com a cabeça.

Então, naquela noite, deitei-me relaxadamente sobre uma grande rocha plana que tinha retido o calor do sol. Contemplando as estrelas acima, senti-me livre e forte.

Na manhã seguinte, Peter comentou:

— Semana passada, ouvi os gritos de um macaco. Foi tão horrível, me deu arrepios. Os gritos continuaram por dez minutos ou mais. Um pastor de cabras me contou depois que se tratava de um leopardo atacando o macaco... mas não se preocupe. Isso foi semana passada. O leopardo já foi embora.

Fiquei apreensiva, porém como já havia dormido a noite anterior do lado de fora achei que conseguiria repetir o feito. A diferença foi a mudança de local: da rocha para a varanda, ao lado da porta da cabana de Peter. "Se eu ouvir um leopardo se aproximando", pensei comigo, "vou me levantar, abrir a porta e entrar". Fiquei deitada em meu tapete de *yoga* e olhei atentamente para a escuridão. Qualquer ponta de medo que eu tivesse sentido durante o dia se multiplicava à noite. Eu estava apavorada. Não queria cair no sono, pois não perceberia o movimento das patas do leopardo indo em minha direção. "Com que frequência eles se alimentam?", perguntava a mim mesma. Eu seria um alvo fácil em meu saco de dormir.

Queria que Peter me levasse com ele em uma aventura nos Himalaias, mas sabia que para isso precisaria de muita coragem. Estava determinada a mostrar para ele que era corajosa o bastante. Quase não preguei os olhos e permaneci acordada pelas minhas muitas elucubrações temerosas; no fim, não vi nenhum leopardo.

Na manhã seguinte, eu timidamente perguntei a Peter se poderia dormir na cabana.

— Claro que sim! — afirmou ele com um largo sorriso.

— Você se lembra de quando eu dormi do lado de fora da cabana choramingando a noite inteira com medo do leopardo? — Questionei Peter em uma das ocasiões em que jogamos xadrez ao lado da fogueira.

— Claro!

— Não ficou com receio de que eu fosse atacada?

— Não. Eu sabia que ele tinha ido embora. Só não sabia como fazer com que você entrasse na minha cabana — disse ele, sorrindo. — Sua vez.

Passamos mais de dois meses em total tranquilidade no acampamento perto da Cabana Riacho da Cabra e quase nos esquecemos de que o mundo exterior existia. Nossos únicos visitantes eram as aves e os outros animais. Às vezes, uma massa de ar quente deslocava-se do norte e nos atingia, outras vezes uma frente fria aproximava-se do sul. Vivíamos tão sossegados que paramos de contar os dias, as semanas e os meses. Nossa única maneira de medir a passagem do tempo era através das luas crescente e minguante.

Até que numa certa manhã, depois do que pareceu ser uma eternidade de silêncio, acordamos ao som de um helicóptero. Corremos para a cabana para assistir ao suave pouso da aeronave na grama. O piloto saltou do helicóptero e caminhou em nossa direção enquanto os passageiros — dois homens — descarregavam caixas e sacolas.

— Como vocês estão? — Gritou ele para fazer-se ouvir apesar do ruído do motor. — Me chamo Wayne! — Cumprimentou-nos com um aperto de mãos. — Estão pescando por aqui?

— Não, na verdade estamos morando aqui! — Gritei em resposta.

— Morando! Há quanto tempo?

Peter levantou três dedos em resposta:

— Três meses!

— Que incrível! — Wayne pareceu bem surpreso. Depois gesticulou educadamente para indicar que tinha que voltar às pressas, pois o dispendioso motor continuava ligado. Eu sorri para mostrar nosso consentimento e Peter acenou com a mão. O piloto entrou na aeronave e partiu sobrevoando as florestas que cobriam as cadeias de montanhas.

Em seguida, nos aproximamos dos outros dois homens. Ambos aparentavam ter quase 40 anos e estavam carregando os últimos equipamentos para dentro da cabana. Um deles era magro, tinha longos cabelos loiros que desciam em cachos até a altura dos ombros, um rosto fino e bonito e olhos azul-claros. Descobrimos que seu nome era Daniel. Vestia calça *jeans,* uma camisa de flanela preta e botas de cano alto, e em volta de seu pescoço havia dois colares feitos à mão: um tinha uma pedra *pounamu* e o outro era feito com dentes de cervo. Carregava um rifle de forma descontraída sobre o ombro e depois soubemos que ganhava a vida apanhando *possums* e transformando a pele deles em mantas.

O outro, Carl, também era magro e forte e passava boa parte do seu tempo em ilhas distantes salvando albatrozes e outras espécies ameaçadas de extinção. Tinha a barba por fazer e seu cabelo parecia ter crescido aleatoriamente. Vestia um surrado suéter de lã marrom e calça *jeans.* Era atraente do seu jeito, com seus ombros robustos e largos. A primeira coisa que fez foi pegar um pouco de fumo e enrolar um cigarro. Ele passava uma imagem de tranquilidade e autoconfiança.

Aqueles eram homens da selvagem Costa Oeste da Ilha Sul da Nova Zelândia, onde era necessário ser forte o bastante para sobreviver, onde a aparência física não importava e onde era preciso uma atitude de autossuficiência para poder aproveitar a vida. Havia algo de intrigante e fascinante naqueles dois homens.

— O governo e as companhias de energia elétrica estão mirando o Rio Mökihinui para fazer uma represa — contou Carl, quando Peter perguntou qual era o motivo da estadia deles ali. — Para compensar os possíveis estragos ao meio ambiente, eles planejam proteger as aves e os animais das partes altas do vale. Precisam que uma pesquisa sobre as aves seja feita para este propósito, e nos contrataram para isso — explicou ele apagando o cigarro.

— Então o que exatamente vão ter que fazer? — Perguntei.

— Ficaremos sentados em locais pré-estabelecidos na floresta e vamos escrever os nomes dos pássaros que conseguirmos ouvir — respondeu Daniel. Em seguida pegou, o seu facão e cortou de uma só vez uma longa folha de linho-da-nova-zelândia.

— Vocês acham que a represa é uma boa ideia? — Indagou Peter.

— Bom, eles acham que ela vai ajudar a criar mais empregos para os moradores da Costa Oeste — disse Daniel. — Mas este é um dos últimos rios intocados deste país, desde a nascente até o mar. — Continuou ele, prendendo os cachos de seu cabelo com a longa folha. — Deveríamos protegê-lo.

— A represa é inútil de qualquer maneira, se querem saber a minha opinião — afirmou Carl. — Este poderoso rio tem o costume de moer as pedras. — Ele tocou as rochas ao seu redor. — O lago atrás da barragem será tomado por pedregulhos e areia em menos de cem anos.

— A pergunta mais importante é: em primeiro lugar, por que precisaríamos de mais energia elétrica? — Prosseguiu Daniel. — Eles vão ter que inundar uma grande área do fundo de vale, o que acarretará o afogamento de aves, insetos e caracóis. Tudo isso para que as pessoas apenas desperdicem mais eletricidade.

Mais tarde, quando estávamos sentados em volta da fogueira, Peter mencionou o Paraíso de Paul e a cabana que havíamos construído no colo da montanha.

— Aprendendo a se virar para o apocalipse, hein? — Gracejou Daniel. Seus lábios sempre insinuavam um sorriso, como se ele estivesse ao mesmo tempo surpreso e alegre.

— Que habilidades você tem? — Perguntei.

Daniel revelou tudo o que sabia fazer com maestria: caça de animais selvagens, curtume de peles e posterior costura de roupas, construção de cabanas, barcos e casas, jardinagem, soldagem, confecção de redes de pesca, armadilhas para enguias e *possums* e fabricação de pólvora. Ele até conseguia fazer suas próprias facas e armas de fogo.

Quando ele terminou sua longa lista, achei difícil acreditar que uma pessoa como ele realmente existisse. O modo como falava de suas experiências era tão modesto, como se tudo fosse muito simples e ele tivesse adquirido aquelas habilidades por acaso. Ele nos contou histórias sobre suas expedições na selva amazônica e como, quando tinha 25 anos, tinha desejado se casar com alguma "garota da selva" boliviana. Apesar de nunca ter encontrado uma garota daquelas, ele ainda era proprietário de terras vizinhas à floresta tropical. Imaginei que Daniel morasse sozinho na costa, que vivesse planejando uma expedição solo após a outra e que tivesse um espírito livre demais para se apegar às mulheres. Entretanto, eu estava redondamente enganada: ele era casado e tinha duas filhas. Ele realmente morava em uma cabana na costa, porém a família estava pensando em se mudar para a cidade.

Quando tivemos um momento de pausa no dia seguinte, achei que seria útil tentar aprender o máximo possível com ele. Daniel começou explicando detalhadamente como fazer o curtume da pele de *possums* e descreveu vários tipos de técnicas de costura que deixei anotadas em meu diário.

Decidi contar-lhe, a título de entretenimento, sobre o nosso incidente com o vespeiro. Ao chegar à parte em que relataria o corte na garganta de Peter, ele comentou com naturalidade:

— Ah sim, a velha traqueostomia.

— Sim, a velha traqueostomia. — repeti, receando ser a única pessoa que nunca tinha ouvido falar naquela operação. Em seguida, continuei: — Pois então, estávamos no desfiladeiro e Peter me pediu para fazer um canudo. Consegue imaginar um pedido tão absurdo? Um canudo! Eu pensava em utilizar junco ou...

— Você está segurando um canudo agora — interrompeu Daniel. — Sua caneta! — Exclamou sorrindo.

Eu ri prostrada. Senti que estava começando a parecer um pouco estúpida ao lado do meu herói da floresta.

Após quatro dias muito interessantes, chegara a hora de Daniel e Carl irem embora. Prometemos manter contato e Daniel deixou anotado em um papel — com uma bela caligrafia, o que foi surpreendente — o seu nome, número de telefone celular e endereço. Do outro lado da folha, desenhou um mapa em que mostrava como chegar à sua cabana na costa. Eu lhes entreguei a carta para Sofie e os abracei antes de retornarem ao helicóptero de Wayne e desaparecerem lentamente por entre as nuvens.

Nas semanas seguintes à partida deles, os dias começaram a ficar notavelmente mais curtos. As sombras se tornaram mais escuras e as noites mais frias e longas. Tinha sido um outono atípico: longo, quente e seco. Quando a primeira geada finalmente chegou, os cervos começaram a soltar rugidos. Era época do acasalamento. Se antes só víamos as pegadas daqueles animais sempre ocultos, naquele momento eles revelaram o seu misterioso paradeiro. Cada macho defendia o seu território e tentava atrair as fêmeas. Ouvir um grande cervo — alguns com cerca de duzentos quilos — rugindo no meio da noite era extraordinário. Parecia que os rugidos vinham de um cânion secreto localizado embaixo da terra, tão grave era o som que ressoava através das silentes montanhas.

Depois de três meses naquele tranquilo vale, nossos suprimentos estavam acabando e nos preparávamos para desmontar o acampamento e fazer o caminho de volta. Decidimos não pegar o mesmo trajeto da ida e preferimos descer o curso do rio. O nível da água estava gradualmente subindo. Na maior parte das vezes, encontramos locais rasos para fazer a travessia, mas em algumas áreas fomos obrigados a caminhar em meio à correnteza dos canais. Em certo momento, alcançamos uma profunda piscina natural onde grandes enguias de corpo levemente achatado flutuavam entre os escuros troncos submersos.

— Olhe! Enguias! — Exclamei com simpatia por aquelas criaturas, como se fossem inofensivos peixes de aquário.

Peter lentamente retrocedeu seus passos para fora da água.

— Aquelas enguias estão esperando pelas próximas vítimas — disse, subindo a dificultosa margem do rio que quase desmoronou sobre dele. — Imagine que tivesse sido levada por aquela grande inundação do mês passado e ficado presa sob aquele tronco.

Soltei um leve riso.

— Você teria sido devorada pelas suas colegas aqui. Elas começariam pela sua barriga, que é a parte mais mole, e iriam gradualmente abocanhar o corpo inteiro, até chegar aos ossos — explicou Peter, já em pé sobre a margem do rio. — E tem mais, elas possuem dentes voltados para trás. Uma vez que tenham mordido, não conseguem mais soltar a presa... mesmo que queiram.

Comecei a me movimentar sem tirar os olhos delas já que naquele instante as enguias mais pareciam crocodilos à espreita. Ao caminhar com pressa sobre os grandes troncos escorregadios, imaginei-me caindo na água e sendo apanhada pelas pernas. Até o final daquele dia, evitei entrar em qualquer área profunda do rio.

Passamos a última meia hora de caminhada batalhando por entre touceiras de cavalinha, que tinham a altura dos nossos ombros. Por fim, subimos uma colina e chegamos à Cabana Forks.

— Se eles construírem a represa, toda essa área será inundada — disse Peter, considerando os afluentes do lado sul e do lado norte do Rio Mökihinui. Era uma área muito ampla. Eu desejava que eles não construíssem a barragem.

Descansamos por alguns dias na Cabana Forks e assamos a última porção de pão. Quando estávamos a ponto de colocar as mochilas nas costas e pegar os cajados para a última pernada da jornada, um grande helicóptero apareceu. Reconheci o piloto imediatamente: era Wayne.

— Ainda estão por aqui? — Gritou ele mais alto do que o ruído do motor, enquanto dois caçadores desembarcavam.

— Sim, mas já estávamos indo embora! — Gritei de volta.

Wayne apontou para o rio e eu assenti com a cabeça.

— Por que vocês não vêm comigo? — Berrou ele, e, em seguida, abriu um sorriso.

Aceitamos o convite sem pestanejar e saltamos para dentro. O helicóptero subiu e lentamente nos levou para longe daquele vale que tinha sido nosso lar durante o outono. Deixamos o rio com suas pedras cintilantes, onde eu havia lavado nossa louça toda noite. Voamos para longe da nossa fogueira, onde as últimas vespas ainda estariam a devorar umas às outras. O acampamento com nossos pequenos caminhos desapareceu no horizonte. Wilma ainda estaria patrulhando. A cabeça do bode ainda estaria naquele toco de árvore, numa área praticamente desprovida de presença humana. Estávamos dentro de uma grande libélula sobrevoando os topos das árvores dançantes e as pacatas montanhas. O sol ameno daquele começo de inverno projetava sombras escuras e profundas dentro da floresta.

Ao passarmos pela última cadeia de montanhas, pudemos assistir ao encontro do azul do céu com o vasto oceano, unidos pela fixa linha do horizonte ao meio. Nuvens cúmulos pairavam ao norte como se fossem ondas brancas. Aos poucos, as clareiras da floresta deram lugar aos pastos e às estradas. As primeiras casas apareceram, espalhadas pelas isoladas e áridas fazendas. O contraste com a existência caótica e de constante transformação do rio e da floresta foi um tanto desolador.

— Vamos tomar um café — ofereceu Wayne ao pousarmos nos arredores da cidade de Karamea. Peter e eu estávamos pasmos com a rapidez com que nossas circunstâncias tinham mudado. Um momento antes estávamos no coração da floresta, enfrentando uma jornada de dois dias até voltarmos para a civilização. Instantes depois nos encontrávamos num café do Last Resort, um hotel situado no fim de uma sinuosa estrada de cem quilômetros.

Enquanto Wayne pedia os cafés, entrei para procurar um banheiro. Uma jovem estava atrás do balcão do bar lustrando taças de vinho com um pano de prato.

— Olá! — Cumprimentei e acenei cheia de alegria.

A maneira como ela riu de volta me fez perceber que o meu cumprimento tinha sido entusiasmado demais, porém eu apenas me permiti estar feliz e animada.

Quando passei em frente aos longos espelhos, pude ver o meu reflexo. Meu rosto estava bem bronzeado e meus cabelos bastante longos e queimados de sol. Fiquei surpresa ao ver como minha macia camiseta verde estava surrada e esgarçada. Meus *shorts* estavam desbotados e minhas sandálias, que tinham sido usadas todos os dias, estavam gastas e com manchas de lama seca.

Voltei para o lado de fora e encontrei Peter e Wayne conversando amigavelmente.

— Quer dizer que o total da sua despesa semanal com comida é quase igual à minha conta semanal só de cafés — calculou Wayne incrédulo. Ambos estavam rindo animadamente. Observei a postura tranquila de Peter, adquirida após sobreviver quatro longas estações em meio à natureza selvagem. Uma mão estava descontraidamente apoiada numa cadeira ao seu lado e a outra segurava um sachê de açúcar vazio entre os dedos, como se fosse um cigarro. Ele se mostrava forte e seguro de si.

Tomei um gole de café da pequena xícara e coloquei o pé sobre o assento da minha cadeira, mas, em seguida, me lembrei de que aquilo poderia parecer indecente. Lentamente me recompus. De súbito me dei conta de que havia um manual de boas maneiras — como deveríamos falar, olhar, rir e andar. Sempre houve regras para tudo o que faz parte da existência humana. No passado, eu havia me comportado de modo a não questionar nada, porém naquele momento, comecei a achar tudo aquilo estranho.

Depois do café, Wayne nos convidou para passar a noite em sua casa. Quando lá chegamos, ele gentilmente ofereceu:

— Gostaria de checar o seu *e-mail*, contar à sua mãe que está viva?

Abri a minha caixa de mensagens e, depois de escrever a meus pais, encontrei um *e-mail* que havia sido enviado dois meses antes:

> *"Queridos Miriam e Peter,*
>
> *Ficaremos honrados se vocês aceitarem viver em nossa cabana no Parque Nacional Abel Tasman. Fica a vinte minutos de caminhada do mar, onde as praias têm areia dourada, e está localizada no sopé de grandes montanhas. O lugar está inabitado e os ratos estão tentando entrar. É de vocês, se quiserem.*
>
> *Lembranças,*
>
> *Terry e Rachel"*

Terminado o jantar, Wayne nos perguntou:

— Então, como é que foi passar um ano inteiro na floresta?

Estávamos sentados em volta da mesa com sua esposa Julie e a filha deles de 12 anos. Tínhamos uma xícara de chá nas mãos e na mesa havia uma vasilha com tangerinas.

— Para uma mente preocupada e que trabalha a mil por hora — comecei — viver na natureza pode ser extremamente entediante, já que não há muito o que se fazer. Mas, se você conseguir utilizar o tempo que tem para desacelerar, conhecerá um mundo de maravilhas sem igual. Viver ao redor de uma fogueira em meio à beleza de árvores centenárias, observar o ritmo de um rio que flui sem cessar, resistir às intempéries que vêm e vão...

— Eu gostaria de tentar fazer isso — afirmou Julie.

Wayne olhou para a esposa.

— É bem difícil viver na floresta, viu! — Exclamou ele, e, em seguida, acrescentou: — Sabe o que eu acho mais incrível?

— Não... o quê? — Indaguei com um sorriso.

— Que seja possível passarmos uma noite agradável como esta sem nenhuma gota de álcool!

Nunca havia passado pela minha cabeça beber álcool. Todos conversamos ininterruptamente até à uma hora da madrugada. Peter e eu estávamos tinindo de energia e estávamos tão extasiados com aquele encontro fortuito que poderíamos ter conversado a noite inteira.

Enquanto todos se preparavam para dormir, saí para caminhar do lado de fora. Estava um pouco frio. Podia sentir o cheiro do inverno no ar. Olhei para a escuridão ao meu redor e refleti sobre o que o futuro poderia nos trazer. Uma brisa balançou as folhas de uma bétula próxima a mim e, naquele instante, toda a árvore pareceu zumbir. Quando ela silenciou, uma lua em forma de foice surgiu aos poucos sobre as montanhas do lado leste.

"A melhor habilidade do mundo é sentir-se em casa não importa onde", pensei.

"...então decidi me despir... Continuei me aventurando pelo cânion até alcançar uma pequena cachoeira que tinha alguns metros de queda e desaguava em uma outra piscina. Gotículas subiam pelo ar. Era incrível toda aquela beleza ao meu redor existir. Atravessei aquela piscina e subi algumas rochas até o topo da cachoeira. Sentia-me como um explorador de séculos anteriores, descobrindo uma terra desabitada e totalmente nova."

CAPÍTULO 6

PARQUE NACIONAL ABEL TASMAN

Encontramos com Rachel numa feira livre na pequena cidade de Takaka. Turistas sentados em bancos tomavam café orgânico em copos descartáveis e mochileiros com *dreads* nos cabelos espalhados pelo gramado trançavam cestas com fibras de linho-da-nova-zelândia. Um músico tocava um sitar indiano em um pequeno palco. Dei uma volta pelas barracas e encontrei pinturas, queijo de cabra, picles e ovos de galinha caipira. Todos os produtos orgânicos tinham um aspecto lindo e saudável, mas os preços eram muito altos para o nosso orçamento.

— Oi, Peter! Oi, Miriam! — Reconheci a animada voz de Rachel de longe. Ela acenava com a mão direita e com a esquerda carregava um pequeno poodle branco. Era alta e bonita, tinha os olhos castanhos, um corte de cabelo impecável e vestia roupas de grife. Seu perfume era incrível também. Rachel era prima de Peter e o marido dela, Terry, era proprietário da cabana no Parque Nacional Abel Tasman que havia sido mencionada no *e-mail.*

— Oi, gente! — Terry nos cumprimentou. De corpo atarracado e forte, tinha um sorriso charmoso e, como trabalhava no ramo da construção, havia feito ele mesmo a cabana. Após trocarmos abraços e formalidades, Peter lhe perguntou como era possível ser proprietário de terras dentro de um famoso parque nacional.

— Conheci as pessoas certas na hora certa. — respondeu Terry. — Foi uma barganha na época. Hoje em dia o terreno deve custar uma fortuna.

— Vocês se hospedam na cabana com frequência? — Questionei Rachel, afagando seu fofo cãozinho.

— Eu? Não. — Disse ela sorrindo alegremente. — Gosto apenas de visitar. O lugar é lindo, mas acho que não me sentiria confortável o suficiente para passar uma noite. Na verdade, a cabana está infestada de ratos — afirmou dando risada.

Apesar de gostar muito dela, não podíamos ter personalidades mais diferentes.

— Quanto tempo vocês acham que vão ficar por lá? — Perguntou, colocando o poodle no chão.

— Acho que um ano — respondi. — Gostaria de aprender a cultivar legumes e verduras em todas as estações.

— Então, no verão... — Disse Terry, pausando por um instante enquanto procurava as chaves da cabana em sua bolsa. — No verão pode ser que haja algum movimento de *campervans*[10] viajando até o final da estrada, mas no inverno deve ser bem tranquilo. Vocês só terão uma vizinha, uma senhora chamada Elisabeth que ainda mora numa antiga fazenda a alguns quilômetros dali.

Deixamos Takaka — e o último estabelecimento comercial — com comida suficiente para três meses dentro do porta-malas do nosso carro, que tinha ficado aos cuidados de Mouse. Percorremos uma estrada pavimentada em meio às colinas por cerca de uma hora. Passamos por praias desertas de areia dourada e magníficas baías. Quando adentramos o Parque Nacional Abel Tasman, o asfalto deu lugar a uma estrada de terra.

— Escute o canto dos pássaros! — Abaixei o vidro da janela do carro e coloquei o braço para fora para sentir o ar fresco e úmido. Quase pude tocar os cipós de caules grossos pendurados nos galhos das árvores mais altas. A vegetação litorânea era tão diferente da vegetação alpina que tínhamos a sensação de estar entrando em um outro país. As grandes palmeiras *nïkau* na lateral da estrada pareciam coqueiros e me davam a impressão de estar numa selva tropical.

— Olhe aquelas samambaias arbóreas gigantescas. Não são maravilhosas? — Comentou Peter, apontando para uma grande samambaia arbórea que deveria ter pelo menos doze metros de altura. A folhagem tinha três metros de comprimento e pendia elegantemente sobre a estrada. Peter sorria e parecia tão entusiasmado quanto eu. Estar em um novo ambiente era muito revigorante para nós dois.

---

[10] Vans modificadas para funcionar como um pequeno motorhome. (N.T.)

Após uma curva acentuada, a estrada subitamente terminou em uma ravina onde corria um rio de pequena vazão. Prendi a respiração quando Peter entrou com o carro na água, pois aquele era um veículo feito para se rodar na cidade e não era muito alto. Quando a parte inferior raspou ruidosamente nas rochas, temi que alguma peça tivesse sido danificada — estávamos muito distantes de qualquer oficina mecânica — mas felizmente o carro resistiu à travessia.

Após um longo trajeto, alcançamos uma estreita ponte sem guarda-corpo que dava acesso às terras de Terry e Rachel. Ao cruzar a ponte, Peter não teve outra opção a não ser adivinhar a posição das tábuas. Fiquei impressionada com a sua tranquilidade enquanto mantinha as rodas sobre as estreitas placas de madeira. Em seguida pegamos a longa estrada de acesso à propriedade que passava por dentro de uma floresta de altas árvores *kahikatea* nativas. Após cerca de duzentos ou trezentos metros, chegamos a uma grande clareira gramada rodeada de montanhas. Em uma das extremidades encontramos a cabana de madeira que tinha sido construída na parte mais ensolarada do estreito vale.

Peter desligou o motor e nós descemos do carro. Ficamos surpresos com a quietude que havia ali. O local parecia ser muito sossegado.

— Nossa nova casa, Miriam! — Exclamou Peter abraçando-me calorosamente. — Podemos descarregar as malas e relaxar em uma cadeira. Ninguém vai aparecer de supetão. — Peter subiu na espaçosa varanda. — Olha esta antiga porta de loja! — A porta de madeira tinha um grande vidro frontal gravado com a palavra LOJA. — É tudo estilo anos 70. Parece uma antiga morada para hippies.

Entrei e a cozinha estava à esquerda. Abri a janela que havia acima da pia e observei os armários de tonalidade verde e azul. No centro da cabana estava o braseiro que poderíamos utilizar para cozinhar. No canto havia uma grande cama. A aconchegante área do quarto ficava separada do resto do chalé por uma cortina de *batik.*

Para nós, o lugar era luxuoso. Teríamos privacidade e água corrente — apenas água fria, mas já seria de grande ajuda. A cabana era abastecida por uma longa tubulação que descia uma colina após coletar a água de um pequeno e límpido córrego. Do lado de fora quase beirando a floresta havia uma latrina cuja fossa era bem funda — não haveria possibilidade de sentir respingos. No ruidoso riacho próximo à cabana encontrei uma profunda piscina natural onde poderíamos lavar nossas roupas e nos banhar.

No dia seguinte, Peter achou um local apropriado para uma horta e então pegamos pás e começamos a remexer a terra.

— Ei, olha só! Cheio de minhocas — disse ele animadamente.

— O que as minhocas fazem? — Perguntei, curiosa para aprender tudo sobre jardinagem.

— As minhocas são nossas pequenas ajudantes, Miriam — explicou ele com um riso contagiante. — Elas transformam o solo duro e difícil de manejar em húmus leve e macio. Cuidado para não as machucar!

Peter estava adorando tudo aquilo, pois já havia feito o cultivo de extensas hortas no passado. Vê-lo contente sempre me fazia muito feliz.

— Consegue ver o que está cavando? — Questionou ele.

— Como assim? O solo?

— Sim. Vê como é arenoso? O mar costumava vir até aqui. Este lugar já foi uma praia um dia.

Olhei à minha volta e imaginei a maré se aproximando. Aquele vale era bem plano e as verdes colinas que o cercavam bastante íngremes. Quando terminamos o nosso trabalho com o solo, retornamos à cabana.

Passávamos a maior parte do tempo na varanda, que era mobiliada com uma grande mesa redonda e quatro cadeiras. O telhado nos protegia da chuva e se estivesse frio vestíamos mais de um suéter. Não tínhamos o costume de permanecer dentro do chalé e só entrávamos depois de escurecer. Após um ano vivendo ao ar livre, tínhamos uma certa resistência em voltar a ficar entre quatro paredes.

Certo dia, estávamos jogando xadrez na mesa da varanda quando vimos uma senhora que aparentava ter seus 70 anos caminhando em direção à cabana.

— Boa tarde! — cumprimentei-a alegremente.

— Ah, olá... mil desculpas por incomodar vocês — gaguejou ela, retirando o chapéu marrom da cabeça e revelando os curtos cabelos brancos. O chapéu tinha a aba esquerda levantada, do tipo daqueles usados pelo exército australiano.

— Sou Elisabeth — disse ela. Seus olhos azul-claros brilharam timidamente. Ela tinha no máximo um metro e meio de altura, o rosto arredondado e uma pele macia.

Eu me apresentei e, em seguida, apresentei Peter, fazendo o possível para falar lentamente de modo a não a assustar mais do que ela já parecia estar.

— Somos vizinhos — afirmou ela, apontando na direção de onde tinha vindo. — Eu moro ali. — Ela pareceu estar confusa. — Bom, eu acho que na verdade é ali — disse, gesticulando para indicar a parte de trás da cabana. Ela tinha um sotaque quase britânico, parecido com o das vozes das pessoas mais velhas que eu escutava no rádio.

— Venha sentar-se conosco — ofereceu Peter, que sempre se comunicava de uma maneira carinhosa. — Gostaria de tomar uma xícara de chá?

— Bem, na verdade, — respondeu ela com um riso nervoso. — Gostaria de saber se vocês teriam alguns fósforos. — Ela apalpou o bolso. — Vou pagá-los por isso. — Em seguida, ofereceu uma nota de vinte dólares. Eu me segurei para não rir, pois uma dúzia de caixas de fósforos não custariam mais do que alguns poucos dólares.

Elisabeth subiu com insegurança os degraus do terraço e sua postura revelava uma certa fragilidade. Uma vez na varanda, ela permaneceu em pé por um momento, incerta sobre onde deveria se sentar. Puxei uma cadeira para uma posição mais acolhedora. Após servirmos o chá na xícara de ágata, ela tomou um gole e pareceu ter queimado os lábios.

— Então a senhora morou a vida toda aqui? — Indagou Peter.

— Sim, morei. O meu avô foi o primeiro a lavrar a terra e meu pai trabalhou na fazenda a vida toda. Eu cresci aqui, na propriedade — explicou, lentamente repousando a xícara sobre a mesa cujo tampo de madeira tinha sido deformado pelo sol. Suas mãos eram pequenas e finas, o que me fez pensar que seriam mais adequadas para o tricô do que para a criação de ovelhas. Com uma voz tão baixa que tinha que me esforçar para ouvi-la, Elisabeth nos contou sobre como, no início, tudo tinha que ser transportado de barco. Seu avô e os irmãos dele tinham aberto a estrada depois, usando picaretas e pás. Perguntei-lhe como obtinha seus mantimentos naquele momento. Ela disse que tinha uma amiga que levava suprimentos a cada quinze dias. Por fim, nos convidou para ir visitá-la se tivéssemos tempo e, em seguida, levantou-se com hesitação.

— Quanto tempo ficou sem os fósforos? — Quis saber, entregando-lhe várias caixas.

— Três dias — revelou ela, um pouco constrangida.

— E ficou todo esse tempo passando frio? — Perguntei, pois sabia que ela vivia sem eletricidade. Aquela frágil, porém valente senhora, me intrigava.

— Bem, pois é, eu cuidei para que o fogo não se apagasse, mas esta manhã quando eu me levantei ele tinha se apagado. Aí me lembrei de ter ouvido de um amigo de Terry que vocês estavam aqui. Sorte a minha.

Logo depois apanhou seu chapéu e despediu-se de nós.

O tempo agradável de outono aos poucos se esvaía. Os dias estavam mais curtos e as noites mais frias e longas. Vivíamos de forma tranquila e modesta. Trabalhávamos em nossa horta durante o dia e, à tarde, geralmente fazíamos uma caminhada até a praia. Depois do jantar, nos recolhíamos e eu costumava me sentar à mesa para tocar violão e cantar suavemente. Uma vela iluminava as melodias e letras de música que eu havia deixado rabiscadas em pedaços soltos de papel. Minhas composições eram inspiradas na natureza selvagem e no mundo. A maioria delas falava sobre a liberdade, porém as minhas preferidas eram as canções de amor dedicadas a Peter. Ele geralmente ficava deitado na cama atrás de mim me ouvindo tocar.

"O homem que amo é selvagem, ele vive comigo. Ele ousa viver assim, sem abrigo", cantei certa noite.

— Muito bem, querida! — disse Peter quando eu terminei. Apaguei a vela com um sopro e, agasalhada com duas camadas de roupas, enfiei-me debaixo dos cobertores junto a ele. Ergui um de seus braços e apoiei a minha cabeça sobre o seu peito. Tum-tum... tum-tum... tum-tum... Seu coração batia calmamente. Minha cabeça ficava mais leve quando eu estava em seus braços. Queria ficar apoiada em seu peito para sempre, naquela silenciosa floresta, numa baía deserta, num canto longínquo do Oceano Pacífico.

Ficamos deitados confortavelmente no aconchego de nossa cama até ouvirmos um repentino barulho: "Drrrrr".

— O que foi isso?

— Ratos! — Exclamou Peter com a voz sobressaltada, como se fosse o Ceifador da Morte a bater à porta. Escutamos um rato correndo no forro. Depois um outro subiu pelo lado de dentro da parede. O primeiro — ou talvez um terceiro — começou a roer violentamente a madeira. Tinha a impressão de que eles iriam perfurar o teto e cair em cima da nossa cama.

— O que faremos? — Sussurrei.

— Parece que você está com medo — disse Peter. — Por quê? Não teve um rato quando era criança?

— Era um ratinho de estimação! Era gracioso e branco, não uma dessas ratazanas selvagens que querem comer os dedos das pessoas!

Mal dormi naquela noite e acordei novamente antes do raiar do dia. Quando vi um rato correndo pela cozinha, rapidamente apanhei o veneno e, sem piedade, joguei as iscas nas ripas do telhado.

Então, aqueles roedores começaram a morrer lenta e miseravelmente, dentro das paredes da cabana, deixando todo o ambiente com um fedor insuportável. Nossa guerra contra os ratos durou todo o inverno.

— Quero me livrar deles o mais rápido possível — declarei. — Eu os abomino com todas as minhas forças.

— Arrá! — Peter deu risada. — Agora você sabe como os neozelandeses veem os *possums,* arminhos, furões, cabras e todos os outros animais que tenham sido considerados pestes!

Numa tarde, enquanto estávamos ocupados com a horta, ouvimos o ronco de um motor se aproximando. Peter descansou a pá na terra e olhou para mim antes de olhar para a estrada. Uma picape branca surgiu.

— Mouse! — Exclamei, jogando as estacas no chão e correndo descalça em direção à caminhonete.

Mouse buzinou quando me viu chegar, saltou do veículo e quase me ergueu do chão com seu abraço. Com um largo sorriso, abraçou Peter também. Estava vestindo um suéter verde escuro, o que fazia com que seus olhos esverdeados se destacassem. Podia ver suas finas pernas por debaixo dos *shorts*, que faziam uma cômica combinação com as galochas. Ele estava com 39 anos, porém ainda tinha uma aparência muito jovem. Ao abrir as caixas de transporte para cães, suas quatro cadelas pularam para fora e correram sobre a terra recém cavada.

Mouse nos levara suprimentos, jornais e muitas histórias. Na companhia de inúmeras xícaras de chá, contamos a ele tudo o que nos havia acontecido desde a última vez que o havíamos visto.

Naquela noite, Mouse pegou o rifle de dentro de sua mala, olhou para mim e perguntou:

— Que tal caçar um *possum* para o jantar? — Ele já buscava um agasalho extra e a sua lanterna. Assim, saímos da aconchegante cabana e adentramos a fria noite sem luar.

— Fiquem quietas — sussurrou ele para as cadelas que grunhiam de dentro das caixas de transporte. Elas sabiam que estávamos saindo para caçar e queriam nos acompanhar, porém nós as deixamos para trás. Mouse apontava a lanterna de árvore em árvore e o forte círculo de luz balançava para cima e para baixo conforme ele caminhava. O que ele procurava eram os olhos dos *possums* que refletiriam a luz como pequenos espelhos. Percorremos sem pressa a floresta em torno da estrada de acesso à cabana. Ouvimos o pio de uma coruja numa árvore próxima. O feixe de luz da lanterna abria caminho em meio à escuridão enquanto todo o resto continuava totalmente preto. Uma segunda coruja piou de uma outra direção e a primeira respondeu ao chamado.

— Caramba, minha mão está congelando — disse Mouse. A mão que carregava a lanterna estava exposta ao gélido ar fazia um tempo.

— Deixe que eu levo — sussurrei.

Ele me entregou a lanterna e eu segurei a sua mão. Esfreguei-a e soltei uma baforada de ar quente sobre ela. As palmas de suas mãos eram como as minhas: grandes, calejadas, ásperas e fortes. Em seguida, sem pensar, pressionei meus lábios contra as costas da sua mão. Senti um leve perfume adocicado. De súbito, ficamos em silêncio e diminuímos o ritmo até pararmos por completo. Apaguei a lanterna e sorri. A escuridão e o silêncio da noite nos encobriam como se fossem as asas de um morcego.

— Nossa, sério? — Disse ele com um leve riso.

Quando beijei a sua mão novamente, ele chegou mais perto de mim. Inclinei-me e, com meus lábios, senti as formas do seu rosto. Minha boca flutuou sobre seu nariz gelado e bochechas quentes. A noite estava tão silenciosa que eu podia escutar a sua respiração. Em seguida, achei seus lábios e os beijei. Sua boca era macia e úmida. Ele me beijou também — de forma um pouco apressada, como se estivesse nervoso.

Puxei levemente a sua blusa de lã e ele se aproximou ainda mais. Fiz com que seu beijo ficasse mais lento. Parecia que só a boca de Mouse existia em todo o universo e que todo o resto havia desaparecido na escuridão. Ele tocou o meu rosto e passou carinhosamente um dedo pela minha bochecha, seguindo o seu contorno. Sua boca encontrou a minha novamente. Fechei os olhos e senti apenas o seu toque: a comunhão mais íntima entre duas pessoas. Seu beijo tinha ficado mais lento naquele momento. O tempo tinha desacelerado.

Ouvi algo se mexer numa árvore *kahikatea* próxima. Acendi a lanterna e vi um *possum* subindo um galho. O animal olhou para o feixe de luz e ficou estático. Mouse me passou o rifle e pegou a lanterna.

— Você atira — disse ele em voz baixa. — Olhe através da mira, coloque o alvo na cabeça dele e puxe o gatilho.

Peguei a arma com hesitação. O alvo do rifle movia-se de um lado a outro. Enfim, puxei o gatilho. A bala atingiu a cabeça do *possum* que caiu morto no chão. O sonoro estouro da arma destruiu os momentos mágicos que vivenciávamos antes e rapidamente nos trouxe de volta à realidade.

— Foi um bom tiro! Ele nem percebeu que foi atingido — afirmou Mouse. Subitamente, parecia que ele estava falando muito alto em meio àquela quietude.

— É mil vezes mais fácil caçar com isto do que com o arco! — Exclamei, devolvendo o rifle e vendo-o descarregar a arma. — É tão fácil quanto apertar um botão para destruir os monstros dos videogames que eu tinha quando era criança.

— É verdade. — Mouse deu risada. Em seguida, pegou o animal pelo rabo. — Agora você sabe por que ninguém mais usa arcos e flechas.

Quando estávamos próximos da cabana, ele apagou a lanterna. Podíamos ver Peter lendo um livro sob a instável luz de uma vela. Sem fazer barulho, Mouse subiu na varanda com o *possum* nas mãos e em seguida arranhou a porta da cabana com as garras do animal. O lado de dentro permaneceu silencioso. Então, ele abriu apenas alguns centímetros da porta e, segurando-o pela parte de trás, empurrou-o para dentro da cabana. Peter ficou em silêncio por um segundo até cair na risada.

— Boa noite, Sr. *Possum!*

Naquele momento, percebi o quão absurda tinha sido aquela minha última hora: eu havia caminhado em meio à total escuridão da noite, beijado um amigo e atirado num *possum* que comeria no jantar. Apesar de absurda, pelo menos ela tinha sido real. Não era uma mera fantasia, tudo aquilo estava realmente acontecendo.

"A vida é curta demais para apenas sonhar", pensei com um sorriso enquanto retornava ao aconchegante interior da cabana.

— Acho estranho que alguns casais não sintam ciúmes — disse Mouse após o jantar.

Estávamos sentados em volta do braseiro observando as chamas do fogo.

— Bom, eu acho que o ciúme pode ser bem destrutivo — afirmou Peter. — Muitas pessoas agem como se possuíssem as outras.

— Concordo. Ninguém é dono de ninguém, na verdade. — Mouse ficou em silêncio por um instante e depois continuou: — Eu sei de tudo isso, porém não consigo imaginar Debbie encostando em outro homem. Isso me deixaria louco!

— Mas você mesmo, pode? — Perguntei, afagando os pés dele que, enfiados em grossas meias de lã, repousavam sobre o meu colo.

— Não, não, claro que não! — Respondeu rindo alto e mexendo os dedos dos pés.

— E por quê? — quis saber Peter.

— Acho que ficaria com medo de que ela gostasse mais do outro cara.

Eu assenti com a cabeça e disse:

— Você teria que confiar que ela não iria te deixar.

Peter parecia estar refletindo.

— Bem, se Miriam se apaixonasse por você e quisesse casar e ter filhos... o que é bem improvável, eu não poderia impedir, poderia? — Disse ele com uma risada. — Miriam é jovem e bonita. Ela tem muitas opções. Não posso controlá-la, nem mesmo se quisesse.

— Nunca mais vou me casar — afirmou Mouse.

— Mas Mouse, você já é casado — apontei.

— Eu sei — suspirou ele. — É que Debbie parece estar o tempo todo irritada. As pessoas mudam com o passar dos anos. Não sei... ela odeia o trabalho dela, quando volta pra casa está cansada e só quer assistir televisão. Hoje em dia a gente não faz mais quase nada juntos.

Mouse revelou que Debbie e ele já não estavam se dando muito bem. Quando ele partiu após quatro dias conosco, desejamos que ficasse bem e ele prometeu voltar quando o trabalho permitisse.

Eu estava curiosa para conhecer o lugar onde Elisabeth morava. Então numa certa manhã, logo após Mouse partir, fui em direção à casa dela. Andei pela floresta e pela estrada de terra, onde me deparei com uma fria corrente de ar. De longe, pude avistar a velha casa da fazenda construída sobre um pequeno monte. O extenso gramado que ficava entre a estrada e a casa tinha sido, um dia, uma área para criação de ovelhas. A grama alta estava amarelada, sinal de que se preparava para as primeiras geadas. Em algumas partes alagadas, havia touceiras de taboa. No céu, cordões de névoa branca flutuavam entre os agudos cumes das montanhas e as ravinas da floresta. O vento assobiava através do topo das colinas próximas e com ele nuvens finas e compridas deslocavam-se rapidamente na direção norte.

Ao passar por um arbusto de tojo, subitamente levei um susto ao ouvir os estalos de um rápido bater de asas: "Trrrrraaaaa!"

"Cui! Cui! Cui!" Duas rechonchudas codornas cantaram vigorosamente, levantaram voo por cerca de dois metros, correram pela trilha e, depois, desapareceram em meio às folhas da taboa. A trilha terminou num pântano cujo nível de água alcançava as minhas panturrilhas. Surpreendia-me o fato de Elisabeth ter que passar por tudo aquilo toda vez que quisesse sair. Talvez fosse por isso que ela não ia a lugar nenhum.

Percorri cerca de dois quilômetros de trilha até avistar dois grandes carvalhos que indicavam a presença de habitação humana. Caídas no gramado debaixo das árvores estavam diversas bolotas e folhas secas. Próximo ao portão, havia um celeiro em ruínas cujas placas de metal soltas rangiam com o vento — um tenebroso ruído que dava àquele local ares de um antigo conto de terror. Uma espessa camada de musgo e líquen formava uma capa aveludada sobre o velho portão, o qual tive que empurrar com força para abrir uma vez que as laterais estavam se soltando das dobradiças. Havia fumaça saindo pela chaminé da casa de madeira. A pintura branca estava descascada em diferentes pontos e, salvo pela grama aparada, fazia a casa parecer abandonada.

— Olá? — Chamei. — Tem alguém em casa?

Elisabeth apareceu na porta de entrada.

— Olá! Estava justamente na cozinha assando *muffins* — disse ela alegremente enquanto eu avançava pela varanda. Seu semblante estava mais vívido e ela parecia mais segura de si em sua própria casa.

Do lado de dentro, a casa estava tomada pelo delicioso cheiro dos bolinhos recém-assados e da fumaça do forno. Tive a impressão de estar entrando em um museu de história viva de um mundo já esquecido. Fortes raios de sol penetravam pelas janelas e iluminavam a casa, que não era tão mais espaçosa do que a nossa cabana — mesmo assim, Elisabeth chegara a morar lá com os pais e cinco irmãos. Havia um sofá empoeirado sob um retrato oval de seus avós. Ficou claro que ela passava a maior parte do tempo na cozinha, onde seu bordado meio acabado tinha sido deixado em cima da mesa. Ao lado dele estava uma antiga lata de biscoitos cuja tampa tinha a imagem da rainha da Inglaterra ainda jovem. Atrás da cadeira onde ela se sentava, havia um antigo gabinete de fogão a carvão — algo que nunca tinha visto antes. O fogão tinha uma pesada porta de ferro atrás da qual ficava o forno e uma outra porta menor, onde o carvão queimava. Aquele gabinete também era utilizado para aquecer a água da casa.

Fomos para o lado de fora e nos sentamos em cadeiras de madeira, sob o sol, na varanda desgastada pela exposição ao tempo. Tomamos o chá em pequenas xícaras de porcelana.

— A senhora não se sente sozinha aqui? — Perguntei.

Ela pareceu um pouco chocada por um momento, como se não estivesse acostumada a responder perguntas.

— Não, não. Bem, acho que às vezes todo mundo se sente um pouco só.

Elisabeth repousou o garfo no prato e sorriu sem olhar para mim. Ela tinha acabado de começar a comer o *muffin,* enquanto eu já havia terminado o meu fazia dez minutos. Observei a grande clareira à nossa frente. Bem ao longe era possível enxergar o azul do mar.

— Há tanto para se fazer aqui. Olhe só, ainda preciso organizar todas essas roupas e documentos — disse, apontando com as macias palmas das mãos para as cinco pilhas de entulho espalhadas pelo gramado. Ela havia separado tudo como se o caminhão de reciclagem da cidade estivesse prestes a passar para fazer a coleta.

— E tenho Meia-Noite.

— Meia-Noite?

— É um *possum* que mora no pórtico da casa. Todos os dias, no final da tarde, eu levo a janta para ele. Adoro pássaros selvagens também. Papai costumava espantá-los para longe das uvas moscatel, mas eu acredito que haja o suficiente para todos. Está escutando esse canto de alerta? — Indagou ela com curiosidade no olhar. — Pode ser que um arminho esteja andando perto dos pássaros, não acha?

Eu nunca havia prestado muita atenção nos cantos dos pássaros e daquele dia em diante prometi escutar mais atentamente aquelas mensagens.

— Quando o cachorro de Papai morreu alguns anos atrás, eu não quis outro — continuou Elisabeth. — Prefiro os animais selvagens. Eles são bem mais fáceis de se manter, pois não são dependentes de nós.

Elisabeth contou que sua mãe havia morrido muito jovem. A partir de então, ela tinha cuidado de seu pai que vivera bem até os noventa anos. Contou também sobre os irmãos, a irmã e a fazenda. Por fim, ouvi o grande relógio soar doze vezes do lado de dentro da casa. Era hora de ir embora, mas prometi a ela que retornaria.

Voltei pelo caminho das bolotas, naquele momento sabendo que era o local onde Elisabeth costumava correr quando criança. Sob os carvalhos havia um velho arado enferrujado coberto em sua grande parte pela grama alta. No passado, cavalos haviam empurrado carroças de feno e arados como aquele. Cães de pastoreio haviam tocado com seus latidos os rebanhos de ovelhas. Diferentemente de Mökihinui, onde só havia o tempo presente, aquela fazenda estava presa ao passado. Contudo, se para Elisabeth tudo era antigo, aos meus olhos tudo era novidade.

Achei fascinante poder visitá-la em sua cozinha com o velho e fumacento fogão a carvão e ouvir o soar do antigo relógio marcando as horas. Percebi que eu também, algum dia, envelheceria e apreciaria a companhia de alguém.

Assim sendo, minha vida tinha se tornado mais interessante com a presença de Elisabeth. Ela era minha estranha, bela e frágil amiga. Fazia alguns meses que estava à procura de uma companhia feminina e, naquele momento a havia encontrado. Com um sorriso no rosto, prometi a mim mesma zelar por ela e fazê-la feliz.

"Toc-toc-toc..."

— Quem bate? — Perguntou Peter, olhando para mim com um sorriso. O dia estava raiando.

— Já vai! Já vai! — Exclamei. Desci da cama, apanhei um punhado de flocos de aveia e os espalhei sobre o assoalho da varanda.

William era um sagaz pássaro *weka* que batia em nossa porta toda manhã. Ele costumava aparecer e desaparecer misteriosamente. William sabia ser selvagem sem ser temeroso e tinha encontrado havia pouco tempo uma esposa *weka* — a qual chamávamos de Wanda. Eu a observava correr sobre a fina e branca camada de gelo e subir na varanda para, assim como ele, pegar a sua porção de aveia.

Acendi o fogo para aquecer a cabana e, depois, nos sentamos na varanda com uma xícara de chá. Vestindo várias blusas de lã, admiramos o nascer de um novo dia.

— Olhe os cristais de gelo naquela árvore. — Peter apontou para uma antiga árvore *köwhai* que ficava numa parte sombreada da clareira. O ar estava tão gélido que eu podia ver a sua respiração. Aquela remota área onde estávamos vivendo era congelante. Massas de ar frio desciam pelas serenas montanhas e permaneciam nas ravinas. A umidade condensada embaixo do telhado virava gelo durante a noite e, quando o sol da manhã aquecia as telhas de metal, a água do degelo respingava por toda a nossa volta. Uma pesada gota atingiu em cheio a minha xícara e um pouco do chá acabou respingando para fora. Pouco a pouco, o sol avançava sobre o fundo do vale, derretendo a geada e tornando visível o verde da grama. O ar estava parado e todas as criaturas pareciam estar apreciando em silêncio a luz do sol.

Comida e aquecimento eram nossos constantes focos de atenção na cabana. Após caçar com Mouse usando a lanterna, descobri que havia muitos *possums* habitando aquela área. Nas noites mais silenciosas podíamos ouvi-los grunhindo uns com os outros na floresta. Comecei a montar armadilhas para pegá-los. Observando seus padrões de comportamento, aprendi sobre seus gostos e preferências. Não era difícil localizar os estreitos caminhos utilizados tantas vezes por eles em meio à baixa vegetação e em cima de altas árvores. Receava apanhar Wanda ou William, então passava boa parte do tempo montando as armadilhas sobre as árvores. Cada vez que pegava um *possum,* eu retirava a sua pele, deixava a carne com Peter para que ele a cozinhasse e pregava a pele em uma estrutura de madeira que eu mesma tinha construído.

Fiz o curtume das peles seguindo as instruções que Daniel havia me passado no Vale Mökihinui. Primeiro, aplicava uma grossa camada de sal que seria retirada no dia seguinte. Repetia esta etapa diversas vezes. Em seguida, besuntava a pele com uma mistura de fermento em pó com querosene e a deixava de molho durante uma noite antes de limpá-la novamente. Algumas vezes, esfregava muito fortemente a pele e acabava deixando-a quebradiça e com rasgos. Outras vezes, os resíduos de sal atraíam umidade, o que fazia com que a pele apodrecesse. Quando finalmente consegui fazer o correto curtume de algumas peles, comecei a costurar mantas e gorros com elas. Gostava muito de todo aquele processo. Todas as mulheres da família da minha mãe tinham sido ótimas costureiras e minha irmã Sofie estudava moda. Assim, foi natural que eu tentasse costurar também.

Elisabeth havia mencionado que seus irmãos costumavam apanhar mexilhões graúdos nas pedras da costeira, então certo dia Peter e eu partimos em busca daquele delicioso fruto do mar. Para chegar até a arrebentação das ondas caminhamos por mais de uma hora pelo estuário com a maré baixa e tivemos que atravessar o rio. Pelo caminho, avistamos centenas de pássaros em um banco de areia. "Kiru, kiru" cantavam os ostraceiros com seus longos bicos avermelhados, dorsos pretos e barrigas brancas. Eles perambulavam a uma pequena distância de um grupo de andorinhas do mar.

Podíamos ver areia de cor dourada na maior parte daquele braço de mar, mas também havia alguns pontos cobertos com lama. Quando a maré estava muito alta, tínhamos que subir uma encosta arenosa para contornar a desembocadura do rio. Após alcançarmos o mar, seguíamos por uma praia deserta e subíamos a costeira até chegar numa pedra plana. Da beirada daquela pedra observávamos as ondas batendo contra as rochas abaixo de nós. Num instante era possível ver as colônias de mexilhão e, no instante seguinte, elas já estavam completamente submersas. Relutei em chegar perto da água, pois tinha medo de ser derrubada e levada pela correnteza. Peter me ensinou a fazer a leitura do ritmo das ondulações e fizemos a contagem juntos: a quinta ou sétima onda era sempre maior do que as outras.

O mar era um ser perigosamente incontrolável e novo para mim. Eu havia aprendido a identificar as condições do tempo nas montanhas, podia atravessar rios e subir em rochas e árvores com o arco na mão, porém nada sabia sobre o movimento das ondas. No começo, eu arrancava apenas os mexilhões das pedras mais altas, mas eles eram pequenos e agrupavam-se em densas colônias que eram difíceis de serem extraídas. Avistei mexilhões graúdos nas rochas que ficavam na arrebentação, então reuni toda coragem que tinha e pulei rapidamente sobre as escuras pedras para pegá-los nos intervalos das ondas mais fortes. Subindo e descendo, parecia estar brincando de pular corda já que num curto espaço de tempo uma nova onda gigante se quebrava violentamente contra as ásperas rochas. Ficava atenta olhando para trás para ver se uma onda se aproximava e puxava com força os graúdos mexilhões esverdeados. Com uma das mãos eu apressadamente enchia a frágil sacola plástica que a outra mão segurava — a mesma que utilizava para me apoiar na costeira.

Algumas vezes uma onda espirrava em mim quando se quebrava, mas a água não chegava a ser fria e eu abria um largo sorriso entusiasmada com a força do vento e das ondulações. Perdi o medo do mar e pouco a pouco comecei a admirar o indomável e impiedoso oceano. Cozinhávamos os mexilhões num grande caldeirão, depois queimávamos todas as cascas na fogueira e utilizávamos as cinzas como adubo para a nossa horta.

Gradualmente, os dias de primavera ficaram mais longos e quentes e a horta mais exuberante a cada semana. Peter me explicou sobre sazonalidade, escalas de pH, elementos minerais e químicos, e eu me esforcei para me lembrar de tudo. Desenhei diagramas em meu caderno e fiz um glossário na parte de trás; toda aquela experiência parecia fazer parte de um estágio curricular. Eu também tinha dois livros sobre fitoterapia que estudava com afinco. Apesar de serem conhecimentos úteis, não tive a oportunidade de testá-los pois nós nunca ficávamos doentes.

Estava determinada a aprender tudo sobre jardinagem, mas tinha que forçar um certo entusiasmo. Não era fácil estar sempre no papel de aprendiz, aquela que estava "sendo instruída". Por vezes eu me esquecia de alguns detalhes e, quando fazia a mesma pergunta pela segunda ou terceira vez, Peter suspirava e respondia: "Eu já te expliquei isso!" Então, sentia-me magoada e estúpida. Naqueles momentos, tinha vontade de jogar a pá na terra, ir embora e nunca mais fazer jardinagem.

Entretanto, meus ressentimentos não duravam muito tempo. A beleza natural ao meu redor tinha o poder extraordinário de dissolver quaisquer pensamentos negativos ou mágoas. Admirar os belos raios de sol entre os galhos das árvores e ouvir os pássaros — que não se perturbavam com nada — ajudava-me a colocar as ideias no lugar e me animava. Viver em meio à beleza selvagem era muito benéfico para a minha mente.

Eu costumava observar Peter trabalhando na horta, ele retirava os sapatos e pisava cuidadosamente entre os canteiros, examinando as plantas com tanta atenção que parecia ter se esquecido do resto do mundo. Ele caminhava devagar até os feijões e se ajoelhava, depois retirava algumas folhas secas e o mato. Quando eu estava prestes a pisar numa gavinha de abóbora, ele encostava a sua mão levemente no meu ombro e dizia: "Cuidado, elas são muito sensíveis".

Sem perceber, tornei-me mais vigilante e alerta. Peter nunca me pedia para escutá-lo, mas no decorrer dos meses me ensinou a sentir as plantas. Descobri sozinha que os tomates não gostavam de ser tocados. Outras plantas se incomodavam com água em suas folhas ou na grama próxima às suas raízes. Cada vegetal tinha suas preferências que não poderiam ser aprendidas pelo estudo, apenas pelo instinto. Por estar em constante contato com as plantas, aos poucos tornei-me mais consciente de seus temperamentos — os seres verdes.

Como cultivávamos mais legumes e verduras do que consumíamos, levava o excedente para Elisabeth. Na primavera, o gramado de sua fazenda ficava repleto de narcisos amarelos e junquilhos. Ela já havia tentado cultivar uma horta, mas Meia-Noite roubava os legumes antes que ela pudesse apanhá-los. Toda vez que a visitava, fazia reparos em sua casa que lentamente se deteriorava. Enquanto eu trabalhava com pregos e o martelo, Elisabeth tricotava ou fazia crochê produzindo peças de lã quadradas para uma colcha. Meus afazeres por lá eram uma mera desculpa para poder vê-la. Parecíamos fazer parte de uma peça teatral ambientada nos anos 1930, em que ela era a dona da casa e eu o seu faz-tudo. Naquela longínqua parte do mundo nós podíamos ser o que bem entendêssemos. Quando terminava meus serviços, sentávamo-nos na varanda para tomar chá servido em uma bandeja decorativa.

Elisabeth gostava de sua antiga casa, de viver sem eletricidade e de cozinhar no fumacento fogão a carvão. Ela amava o que conhecia, porém eu tinha a impressão de que o fardo de seu passado pesava sobre ela. Elisabeth não era uma mulher teimosa, forte ou excêntrica; ela era tão delicada quanto uma flor na montanha. Tão frágil que uma pessoa distraída poderia passar sobre ela sem nem mesmo notar. Eu tinha um afeto muito grande pela minha amiga, pois havia algo de genuíno e inocente nela.

A horta estava em plena floração. Tínhamos tudo de que necessitávamos: carne de *possums,* frutos do mar frescos e nossos próprios legumes e verduras, os quais comíamos todos os dias. Até que um dia começou a chover. O estrondo no telhado era tão forte que mal conseguíamos nos escutar. Choveu sem parar durante três dias, e na quarta noite, caiu uma tempestade com raios e trovões que atingiu proporções inimagináveis. O céu tinha desabado sobre Golden Bay.

Quando a chuva finalmente se transformou em chuvisco na manhã do quinto dia, corremos para o lado de fora. O pequeno riacho havia se transformado num volumoso rio de água turva que tinha carregado toneladas de areia montanha abaixo. O leito original havia desaparecido e a correnteza invadia cada vez mais a nossa estrada de acesso. A clareira gramada tinha se transformado num lago com um metro de areia em seu fundo. Por toda parte havia troncos espalhados e árvores que tinham sido arrancadas das áreas mais altas. A lama tornou-se areia movediça no momento em que tentamos atravessá-la. O estrago tinha sido inacreditável.

Olhamos para o lamaçal que antes havia sido a nossa horta. Não somente uma horta — havia sido a nossa vida. Passáramos muitos meses trabalhando, fertilizando e cultivando aquele solo. Aquele quarto de hectare de terra tinha nos fornecido todos os legumes de que precisávamos e foi desolador vê-lo totalmente perdido. Peter olhou para o vale em desespero e disse:

— Aposto que a estrada está totalmente destruída. Será impossível sair com o carro. Como vamos fazer para nos alimentar?

— Não podemos começar outra horta, em um outro local?

— Vai demorar muito tempo! — Exclamou Peter, sentando-se em um tronco sujo de lama.

— Teremos que caminhar com uma mochila até Takaka para pegar suprimentos — sugeri.

Ele ergueu a cabeça e olhou para mim com um semblante aflito.

— Quanto de comida nós ainda temos?

— O suficiente para duas, talvez três semanas. — Balancei os ombros. — Posso caminhar e pedir carona para chegar lá. Não tem problema.

Felizmente nossa cabana havia sido construída numa parte alta o suficiente para resistir à inundação. A construção estava intacta, porém a tubulação que nos abastecia tinha sido totalmente danificada, então tivemos que coletar água do riacho usando baldes.

Tempos depois ficamos sabendo que mil milímetros de chuva haviam caído em menos de dois dias. Chamaram-na de "inundação que acontece a cada quinhentos anos". Estradas foram bloqueadas por guardas da Defesa Civil. Fazendas tinham sido cobertas com areia, lama e troncos de árvores. Grandes deslizamentos de terra haviam destruído casas. Lamentavelmente, houve até algumas fatalidades e o Parque Nacional Abel Tasman foi temporariamente fechado para visitantes. Pedestres foram proibidos de entrar na famosa trilha costeira uma vez que todas as pontes tinham sido destruídas e o caminho se tornado impossível de transitar pelos grandes desmoronamentos.

A casa de Elisabeth se salvou por pouco. O rio havia despejado galhos quebrados, arbustos, pedregulhos e uma grande quantidade de areia na parte de trás da casa. Quando a visitamos, ela nos contou como nunca havia visto nada parecido em toda a sua vida. Todo aquele vale tinha se tornado um enorme banco de areia com um quilômetro de extensão. Elisabeth disse ter ouvido o retumbar da terra e sentido muito medo.

Peter e eu caminhamos pela estrada de terra para ver a dimensão dos estragos. Os imensos deslizamentos haviam varrido o percurso. Grandes rochas nuas intercalavam-se com aglomerados de árvores caídas. Desfiladeiros de cem metros de profundidade se abriram à nossa frente. Os córregos estavam sujos com lama de cor amarronzada. Com os pés e as mãos, tivemos que galgar velhas árvores que tinham sido arrancadas da floresta. Após algumas horas, não pudemos mais seguir em frente, pois a estrada tinha desaparecido por completo: havia apenas um grande barranco com areia de cor dourada.

Tão logo foi possível, começamos a fazer uma nova horta em um local mais alto. Como era verão, as plantas cresceram rapidamente e nós pudemos comer as primeiras verduras sem esperar muito tempo — todavia, os legumes que necessitavam de uma estação inteira para crescer tinham sido perdidos para sempre, incluindo nossas batatas. Como não podíamos sair com o carro, naquele momento estávamos totalmente isolados. O desaparecimento da estrada teve um efeito surpreendente em nós: de súbito sentimos uma maravilhosa sensação de quietude, como se estivéssemos novamente em meio à intocada natureza selvagem. Qualquer contato com o mundo exterior tinha sido eliminado. O único modo de entrar ou sair daquele lugar era via helicóptero ou pelo mar, assim como havia sido nos tempos em que Elisabeth era criança.

Com o verão vieram as cigarras — centenas delas, talvez até milhares. Toda a floresta vibrava com o seu cantar. Agarradas às árvores, elas emitiam um ruído quase ensurdecedor. As ninfas passavam anos enterradas embaixo da terra até rastejarem para fora e se estabelecerem no tronco de uma árvore. Depois a carapaça se abria e uma cigarra saía voando, deixando para trás uma casca seca e amarronzada. Havia carapaças vazias em todas as árvores. Vez por outra uma cigarra pousava acidentalmente no meu braço e eu aproveitava para observar de perto seu corpo esverdeado que parecia ter sido pintado por um artista. Com seus olhos avermelhados e patas em forma de gancho, as cigarras seriam criaturas assustadoras se porventura fossem maiores.

Num dia quente, tentamos seguir o curso de um rio montanha acima. O vale estava situado distante de qualquer trilha do parque e nos encontrávamos em meio a uma beleza natural que possivelmente não tinha sido vista por nenhuma outra pessoa havia muito tempo. A certa altura, fomos impedidos de continuar por uma gigantesca pedra de superfície lisa que estava no caminho. Subimos a pedra com ajuda das mãos, segurando nas estreitas saliências. Uma vez no topo, pudemos avistar uma linda cachoeira cuja queda parecia estar pulsando ritmadamente. Foi incrível testemunhar as batidas do coração daquela cascata. Após uma parada para almoçar, subimos até o cume e alcançamos um local com antigas árvores coníferas *rimu*. Uma *rimu* tinha sido envolvida por uma trepadeira chamada *rata* do norte que tinha lindas flores vermelhas, e o chão abaixo delas estava coberto com um tapete de pétalas.

— Esta *rata* irá matar a outra árvore? — Perguntei, tocando nos caules da trepadeira que eram tão grossos quanto as minhas coxas.

— Bom, os ecologistas dizem que uma *rata* dominará uma *rimu,* que ela estrangulará a árvore até matá-la — respondeu Peter. — Esta visão darwinista está baseada na competição e na sobrevivência do mais forte, o que acabou se tornando um padrão cultural. Na realidade, acho que há muito mais simbiose do que nossos olhos podem ver. Uma trepadeira *rata* só germinará em árvores maduras e a *rimu* permite que ela a envolva até a sua morte. Ao entrar em decomposição, a velha árvore fornece alimento para a *rata*. É o extraordinário ciclo da vida.

Peter se agarrou à trepadeira e eu o acompanhei. Foi quase tão fácil quanto subir uma escada. A dez metros de altura, o chão parecia estar muito longe e eu tive receio de cair, porém Peter continuou subindo. Hesitante, subi atrás dele. A *rimu* era gigantesca e em pouco tempo nos encontrávamos numa altitude mais elevada do que o resto da floresta. Enganchei uma perna dentro da trepadeira e lancei o olhar sobre a magnífica vista das delicadas copas das árvores. Estávamos na mesma altitude de dois pássaros *bellbirds* que ficaram surpresos com a nossa presença ali. Os galhos das árvores abaixo de nós balançavam suavemente com a brisa e áreas floridas de tonalidade vermelho intenso destacavam-se em meio ao verde da floresta. Lá de cima, pude ver altas samambaias arbóreas com suas folhagens que formavam um perfeito guarda-sol. A *rimu* sobre a qual estávamos sentados oscilou de leve da esquerda para a direita. O ar estava pesado e tenso, ressoando o som das cigarras. Senti uma estranha sensação, como se todo o meu corpo estivesse vibrando com o canto daqueles ruidosos insetos. Foi maravilhoso estar naquela altitude acima da floresta.

Por fim, descemos para terra firme e, no final da tarde, caminhamos de volta à nossa casa. Estávamos prestes a virar em direção à estrada de acesso quando avistamos um homem com o corpo curvado para a frente caminhando com alguns cães.

Peter segurou o meu braço e disse:

— Espere um pouco. Estou desconfiado daquele cara, parece que ele está rondando a área procurando algo para roubar. É melhor que não nos veja caminhando por aqui.

Então nos escondemos atrás de uma árvore até o homem ir embora.

Já de volta à cabana, estávamos na varanda tomando chá quando vimos alguém se aproximar. Fiquei boquiaberta. Naquele momento constatei que o homem que tínhamos visto com os cães era Mouse. Seus ombros estavam caídos e ele parecia perdido e derrotado.

Corri ao seu encontro.

— Mouse!

Senti que ele perdera as últimas forças quando caiu em meus braços.

— Debbie me deixou — disse ele.

Tudo o que restava dele era uma casca, uma triste carcaça abandonada com olhos profundos cheios de lágrimas. Seu habitual semblante forte, sorriso alegre e energia sem fim tinham desaparecido. A mudança tinha sido tão grande que eu, de imediato, fiquei preocupada com ele.

Já sentados, Mouse nos contou o que havia acontecido. Ele e Debbie tinham se tornado cada vez mais irritados e frustrados um com o outro e o relacionamento tinha acabado. Na semana anterior, ela pedira o divórcio. Ele havia gritado com ela angustiado, jogado as fotos do casamento deles pela sala e atirado a aliança contra a parede. Ao fazer o seu relato, lágrimas começaram a escorrer pelo seu rosto e ele disse que faria de tudo para tê-la de volta.

Para mim, não tinha sido um choque o fato de eles terem finalmente se separado. O que acabou sendo mais surpreendente, entretanto, — quase assustador, foi o quão devastador aquilo tinha sido para ele.

Na manhã seguinte, caminhamos até o barco de Mouse. Ele havia visto no noticiário que a estrada tinha sido destruída e tinha trazido caixas de suprimentos para nós. Com o passar dos dias, ele foi gradualmente ficando mais calmo. Enquanto nós assávamos o pão na fogueira do lado de fora, ele permanecia sentado em silêncio olhando para a floresta e para a nossa horta. Observamos uma grande tranquilidade tomar conta dele, algo que nunca tínhamos visto antes.

— Quanto mais você vive em meio à beleza, mais você começa a ver a beleza — disse ele numa ocasião, repentinamente.

Pouco a pouco, Mouse começou a compreender o que tinha acontecido. Ele havia crescido num ambiente de violência e pobreza e tudo o que havia desejado era um estilo de vida de classe média que lhe desse alguma sensação de segurança. Com o divórcio, ele perderia metade de tudo e sua propriedade teria que ser vendida. Sem sua terra e seus animais, sua segurança e seu *status* também desapareceriam.

Depois de uma semana conosco, ele passou a ficar mais alegre e a sorrir mais frequentemente. Num dia quente, levamos os caiaques de Terry até o rio e remamos em direção ao mar. Seguimos a costeira até encontrar uma linda praia deserta de pequena extensão que tinha areia dourada. Recolhemos alguns galhos que tinham sido levados pelo rio e acendemos uma fogueira para fazer chá. Mouse avistou mexilhões nas pedras. Para coletá-los, amarrou cada uma das mangas de sua camiseta e nós a utilizamos para carregar os moluscos. Em seguida, cozinhamos os mexilhões no caldeirão para o nosso almoço. Enquanto estávamos comendo e admirando o oceano azul, duas gaivotas-de-bico-vermelho que sobrevoavam o límpido céu se aproximaram. Com suas pernas vermelhas e deslumbrantes penas de cores branca e cinza, aquelas aves pareciam homens de negócios vestindo elegantes coletes. Elas nos haviam avistado de longe e, numa tentativa de conseguir um mexilhão, uma delas resolveu nos dar um *show*. Ficou na ponta dos pés para se mostrar alta e forte e começou a grunhir para a segunda ave de colete, que se acovardou e abaixou as asas de um jeito cômico. Quando nossa comida acabou, elas perderam o interesse e foram embora.

Nos outros dias, fizemos longas caminhadas e trabalhamos em nossa horta. Geralmente nos sentávamos sob o calor do sol e ficávamos conversando. Eu me sentava com as pernas cruzadas no gramado enquanto Mouse trançava o meu cabelo e falava com Peter. Mouse continuava sendo divertido e surpreendente comigo e, naquele momento, estava mais afetuoso e gentil do que nunca.

Nós três estávamos muito felizes. Fiquei verdadeiramente contente quando percebi ser possível existir tamanha sintonia entre as pessoas. Não havia ciúmes, competição ou complicações; estávamos apenas juntos, em meio à natureza selvagem, rodeados de uma floresta intocada. Não tínhamos sobre nós o olhar crítico de uma sociedade julgadora, com suas regras veladas sobre quem deveria amar quem. Tínhamos uma amizade de índole livre e pura.

Certa noite conversamos sobre o futuro de Mouse.

— Sabe, Mouse — começou Peter. — Eu estava numa situação parecida com a sua quando vendi a minha casa. Foi fantástico. Me senti muito livre.

— Sim, mas você escolheu se desfazer de tudo. Eu fui forçado. — Ele sorriu e ficou pensativo por um instante. — Vocês não são donos de nada, mas têm um ao outro. Apesar de não terem receio de perder uma propriedade, têm receio de perder um ao outro — afirmou. Em seguida, olhou para mim. — Você ficaria devastada, se algo acontecesse com Peter.

Senti-me atordoada.

— Sim — admiti. Sabia que ele estava certo. Fiz uma pausa antes de continuar. — Me sinto muito segura com Peter. Posso viver em qualquer lugar, em qualquer novo ambiente, desde que Peter esteja comigo. Ele é o meu porto seguro. — Olhei para a fogueira. — Mas, é claro, com esta segurança vem o medo de perdê-lo. Tenho tanto medo de perdê-lo que o protejo dentro de um casulo. — Tentei soltar uma risada.

— E esta é a pior coisa que você pode fazer — disse Peter com um sorriso nos lábios.

— Diga-me, por que escolheu um homem que tem trinta anos a mais do que você e que pode morrer de velhice enquanto você ainda é jovem? — Perguntou Mouse.

— Eu me apaixonei — afirmei, abrindo um largo sorriso para Peter. — Mas, se um dia eu ficar só, espero ser forte o suficiente para conseguir me reerguer. — Minha resposta me fez parecer mais confiante do que eu realmente estava.

— E quem disse que eu vou morrer antes? — Indagou Peter. — Você pode morrer em um acidente ou de alguma doença, e, então, serei eu quem ficará sozinho.

— E o que você faria, Pete, se ficasse sozinho? — Quis saber Mouse.

— Seria extremamente difícil. O modo como vivemos hoje é adequado apenas para nós dois, então teria que encontrar uma maneira totalmente diferente de viver. — Peter se inclinou para frente e ajeitou a meia do pé. — Contudo, como já morei sozinho antes, sei que seria possível.

Após duas semanas conosco, Mouse teve que voltar por conta de compromissos em casa. O tempo havia mudado e um forte vento começara a soprar do leste. Ao acompanharmos nosso amigo até a desembocadura do rio no mar, vimos ondas se quebrando ao longe. Antes de entrar no barco, Mouse prometeu retornar caso a maré estivesse muito perigosa. Peter e eu ajudamos a empurrar a embarcação até águas mais profundas.

— Não vá se perder! — Exclamou Peter, porém Mouse não o ouviu com o barulho ensurdecedor do vento. Ele simplesmente acenou e sorriu, e nós acenamos de volta.

— Não vá se perder! — Gritou Peter novamente, e desta vez Mouse fez o sinal de positivo com a mão. Depois, virou-se e corajosamente pilotou o barco para fora do estuário. Nuvens escuras lentamente se acumulavam no horizonte. Sentamo-nos e assistimos à embarcação partir em direção ao mar aberto.

— Ele vai retornar? — Perguntou Peter. O barco ia de encontro à arrebentação das ondas.

— Não — respondi. — Ele vai seguir em frente.

Num lindo dia de verão, decidi subir a remota trilha que passava pela montanha acima da nossa cabana. Peter ainda não estava com o joelho recuperado a ponto de conseguir escalar trilhas íngremes carregando uma pesada mochila, então dei-lhe um beijo de até breve e parti sozinha com comida suficiente para seis dias. O canto da *kaka,* o papagaio vermelho nativo das montanhas neozelandesas, deu-me as boas-vindas à floresta. Quanto mais alto eu subia, mais sentia me aproximar dos reinos do céu. Eu gostava de viver em nossa cabana, porém havia algo nas montanhas que eu não podia deixar para trás. Caminhar através de cumes difíceis e hostis, onde a tempestade e o vento fluíam livremente, dava-me uma sensação de insignificância que era estranhamente libertadora. Só o presente importava. Surtia um efeito purificador e despojava-me de toda tolice que não tinha relevância alguma perante os olhos da natureza.

Viver em um mesmo lugar por um ano tinha a sua beleza. Podia observar as estações chegando e partindo, as plantas crescendo e minha amizade com Elisabeth prosperando. Em contrapartida, nos meses de verão principalmente, comecei a sentir um impulso de ir para as montanhas e uma vontade de começar a vagar novamente.

Segui pela trilha rumo ao cume e passei a noite na barraca em meio à quietude da floresta. Pensei sobre o que Mouse havia comentado, que se algo acontecesse com Peter eu ficaria devastada. Imaginei Peter morto e meus olhos se encheram de lágrimas. A mera imaginação era dolorosa. Fixei o olhar na escuridão por um tempo até perceber que eu temia muito mais os meus próprios pensamentos — de que algo poderia acontecer com ele no futuro — do que o que estava realmente acontecendo naquele momento.

Senti-me como uma criança aterrorizada com a sombra de um lobo na parede, mas que, em seguida, descobriu que a sombra, na realidade, estava sendo projetada pelas suas próprias mãos diante de um feixe de luz. Compreendi que muitos medos eram baseados apenas em abstrações.

Era muito prazeroso caminhar durante o dia. A trilha era fácil, a floresta tinha uma bela diversidade e a vista da baía era de tirar o fôlego. Numa noite, montei minha barraca sobre a macia grama debaixo de uma grande faia. Acendi uma fogueira e comi meu jantar. Quando a luz do dia começou a desvanecer, o céu ficou azul claro a leste e rosa a oeste. O contorno das árvores ficou evidenciado e nítido. Andei relaxadamente para dentro da floresta, sem rumo certo. Ao caminhar sem um foco ou objetivo, subitamente, senti o mundo expandir ao meu redor. Tudo era maravilhoso e tinha sua razão de ser. Ocorreu-me que o sentido da vida reside na falta de objetivo: quando não há foco, o mundo se abre.

Lembrei-me do vilarejo onde eu havia crescido, das pacatas e pequenas estradas com salgueiros em ambas as margens ao longo das quais eu frequentemente pedalava em minha bicicleta amarela. Eu gostava de me deslocar até uma pequena reserva e subir em um salgueiro para observar os pássaros numa laguna. Enquanto criança, o mundo sempre tinha sido repleto de novidade e encantamento, porém depois de adulta aquele sentimento havia desaparecido. Viver na natureza e caminhar em meio à beleza estavam fazendo aquele mundo encantado lentamente voltar a fazer parte de mim.

Em muitos dias daquele tranquilo verão, Peter e eu caminhamos até a costeira. O grande estuário estava diferente toda vez. Havia uma pequena e pitoresca ilha no canal onde o rio se encontrava com o mar e uma magnífica baía de águas incrivelmente claras. Com a maré baixa, os lamaçais ficavam marcados com os lindos desenhos das ondas e o estuário ganhava vida com os caranguejos e crustáceos que se escondiam na lama até a maré retornar. Arraias descansavam nas muitas poças.

Certo dia de maré baixa, Peter e eu seguimos pela costeira e coletamos uma sacola cheia de ostras. No caminho de volta, encontramos uma piscina natural de água morna. Repousei minha cabeça sobre o colo de Peter, que tinha os pés balançando dentro da água. Conversamos sobre a possibilidade de comprarmos uma propriedade algum dia. Divagamos sobre os tipos de frutas e castanhas que poderíamos plantar, o projeto da cabana que iríamos construir e as cabras que iríamos criar para ordenha de leite e fabricação de queijo.

— O único problema é que — disse Peter — eu nunca mais quero fazer um empréstimo na vida. Tive que fazer um quando tive um sítio. É um estresse constante ter que quitar dívidas.

Lembrei de ter visto algumas fotos suas de quando tinha 30 anos, com um sorriso amarelo entre as alinhadas fileiras de laranjeiras e abacateiros, carregando um gato preto nos braços.

— Pegar um empréstimo é como assinar sua sentença de morte — disse ele sorrindo, batendo na rocha com uma pequena pedra.

— Temos que encontrar um terreno que possamos comprar sem empréstimo — afirmei.

— Um terreno com solo fértil para cultivarmos uma boa horta é geralmente mais caro — respondeu Peter, cuidadosamente apoiando a pequena e aquecida pedra sobre a minha testa.

A leve luminosidade da tarde produziu um brilho alaranjado em torno de nós. As velhas faias resistiam incansavelmente sobre as pedras com suas raízes expostas e danificadas pelas tempestades. Senti o adocicado perfume de flores *mänuka* combinado com o ar salgado do litoral. A maré estava subindo tão rápido que podíamos observar a água cobrindo gradualmente a areia do estuário.

Ao caminharmos de volta para a estrada de terra, deparamo-nos com uma moça de cabelos encaracolados. Ela nos cumprimentou alegremente e pude notar um sotaque francês. Tinha o rosto em formato de coração, olhos castanhos e cabelos escuros. Seu corpo era magro e atlético e ela vestia *shorts* largos, um top justo e um par de tênis cor-de-rosa. A cada poucos minutos, sugava um pouco de líquido de um tubo que saía da lateral de sua pequena mochila. Descontraidamente, ela nos contou que tinha saído para correr e nos mostrou em seu *smartphone* a rota de trinta quilômetros que percorria. Explicou que naquele momento só precisava atravessar o estuário para chegar até o chalé que tinha alugado do outro lado do rio.

— Isso vai ser difícil, talvez você tenha que nadar — comentou Peter, dando risada.

— Meus pais estão esperando por mim — disse ela apontando para o outro lado da baía. — Eles estão de férias e vieram me visitar. Minha mãe ficará ansiosa. Vou ter que dar a volta pela costeira de pedra.

Tentei avisá-la que a desembocadura do rio era bem maior do que parecia e que não seria fácil andar pela costeira, pois a encosta e as pedras eram muito íngremes e acidentadas, mas ela estava muito determinada e já tinha começado a tirar os sapatos. Como sabia que ela levaria horas para conseguir atravessar a baía, sugeri que fosse conosco pegar o nosso caiaque e descer o rio a remo.

— Como você vai pegar o caiaque de volta? — Perguntou ela, levantando-se devagar.

— Você pode escondê-lo do outro lado e eu o buscarei amanhã quando a maré estiver baixa.

Consegui convencê-la e então caminhamos de volta à nossa casa pelo longo caminho arenoso. Soubemos que seu nome era Celine e que era cirurgiã especializada em câncer num hospital público. Tinha apenas quatro anos a mais do que eu, porém o mundo em que vivia não poderia ter sido mais diferente do que o meu. Ela ficava a maior parte do tempo dentro do hospital, utilizando tecnologia de ponta para operar e salvar vidas. Era inteligente e direta. Celine tinha tanta energia que quando falava parecia que estava saltitando pelo ar, como se estivesse constantemente recebendo uma pequena descarga elétrica. Tive a impressão de que ela via a vida como uma sucessão de obstáculos que poderiam ser facilmente superados desde que se tivesse determinação.

— Como médica, quais são suas reflexões, seus anseios sobre o futuro? — Indagou Peter que nunca perdia a oportunidade de aprender algo novo.

— Uma pandemia. — respondeu ela sem hesitar. — Não é se vai acontecer, mas quando vai acontecer. Um vírus fatal ou bactéria pode viajar para todos os cantos do planeta no ar-condicionado de aviões em questão de dias. Há muitas doenças resistentes aos antibióticos também. As pessoas acham que estamos progredindo porque nossa expectativa de vida aumentou, mas o sistema imunológico dos seres humanos nunca foi tão vulnerável como hoje.

Contei sobre nossa "preparação para o apocalipse" e nossa cabana reserva, e ela escutou com interesse.

— O que você vai fazer quando uma pandemia estourar? — Perguntei.

— Eu? Irei afundar com o barco — respondeu ela. — Sou uma mulher urbana, não fui treinada para sobreviver.

— Você deveria vir com a gente! — Dei risada. — Suas habilidades médicas podem salvar as nossas vidas e nós poderemos salvar a sua.

Enquanto mostrávamos a nossa horta pra Celine, William e Wanda apareceram com seus quatro filhotes.

— Estas são nossas aves *wekas* — apresentei-as com orgulho. — Elas descobriram que nós éramos uma boa fonte de comida e esta é a ninhada de Wanda: Westie, Wimpie, Wicky e Wolly — falei soltando uma risada.

— Elas são selvagens? — Quis saber Celine.

— São, sim — disse Peter. — Elas moram em algum lugar na floresta. Muitas aves nativas são bem mansas, pois não evoluíram com predadores terrestres. As *wekas* não têm medo das pessoas, mas olham com medo para o céu quando um avião passa. Elas estão acostumadas com predadores aéreos.

Após comermos pão feito no forno portátil e ensopado de *possum,* Celine e eu carregamos o caiaque até o rio. Segurei a parte da frente enquanto ela carregou a parte de trás.

— Então, como é a vida de uma cirurgiã francesa na Nova Zelândia? — Perguntei.

Celine ficou sem falar durante alguns segundos, e eu cheguei a pensar que ela não tinha me escutado. Depois, ela disse:

— Trabalhei em diversos hospitais e constatei que meu nível de felicidade está diretamente ligado à atmosfera da unidade em que trabalho. Quando os outros médicos e enfermeiros são solidários e responsáveis, minha vida fica boa. Se há algum atrito ou conflito, minha vida rapidamente se torna instável e estressante.

Caminhamos em silêncio por um momento.

— Não sente falta de um banho quente, roupas novas, um bom restaurante ou um pouco de cultura? — Indagou ela.

— Humm, não. — Virei-me para olhar em seus olhos e sorri. — Sei que, em troca de conforto ou prazeres, posso viver em meio a isso. — afirmei, apontando para as montanhas ao longe e para as touceiras de *raupö* na lateral da trilha. Suas pontas que pareciam charutos permaneciam firmes nas longas hastes de dois metros de comprimento.

— A beleza da natureza. — comentou ela. — Aí está uma coisa que não se pode comprar.

Quando chegamos à ponte, desci o caiaque e coloquei-o na água do rio. A água estava tão transparente que as pedras no fundo eram tão brilhantes quanto os seixos na margem.

— Você tem um endereço postal? — Perguntou Celine. — Tenho um guia de sobrevivência na floresta que não vou precisar. — Ela fez uma pausa antes de continuar. — Bem, pode ser que eu precise, mas não tenho tempo para estudá-lo, então enviarei para você.

Passei o endereço de Terry e Rachel para ela, que o digitou em seu telefone celular. Em seguida, anotou o endereço dela na parte de trás de um recibo antes de entrar no caiaque. Quando ela já estava sentada confortavelmente na água, virou-se e disse com um sorriso no rosto:

— Admiro muito a sua vida livre!

Eu soltei um riso.

— Não se esqueça de visitar a natureza. Ajuda a curar a nossa mente.

Quando ela se foi, eu virei o recibo. Vi que ela tinha comprado uma peça de queijo orgânico e uma garrafa de vinho por oitenta e sete dólares. Realmente vivíamos em mundos diferentes.

Uma tarde no final daquele longo verão, decidi caminhar até a fazenda de Elisabeth. Transpus uma árvore caída, parei para apanhar os últimos frutos silvestres da estação e, sem pressa, encaminhei-me até a casa dela.

Quando passei pelo musgoso portão, havia um peculiar silêncio no ar. Um coelho saltou sobre o gramado. O ranger das vigas e dos fios de arame ressoou de forma grave e persistente em meio àquela quietude. Não havia fumaça saindo pela chaminé e Elisabeth não estava em sua cadeira na varanda.

— Elisabeth?

Tentei abrir a velha porta de madeira, mas ela estava trancada. Pela janela pude ver o seu bordado em cima da mesa. Meu olhar pousou sobre o martelo com cabo de madeira e a lata cheia de pregos que eu havia deixado na varanda na ocasião de minha última visita, quando tinha arrumado um buraco que tinha visto no telhado. Elisabeth havia encontrado um pedaço de metal que serviria para tapar o buraco, e nós tínhamos caído na risada quando ela insistiu em segurar a velha e cambaleante escada — feita pelo seu avô com madeira nativa — enquanto eu martelava.

Claramente não havia ninguém na propriedade e quando retornei dois dias depois a casa continuava vazia. A vida de Elisabeth em meio à natureza tinha chegado a um abrupto fim. Qualquer que tivesse sido o motivo, ela não havia encontrado tempo para me contar que estava indo embora. As pilhas de documentos, cobertores e roupas permaneciam sobre o gramado. Ela não conseguira organizar os últimos pertences da família; tudo aquilo seria jogado pelos ares durante a primeira tempestade de outono. Coloquei tudo dentro de baús de madeira cheios de buracos de cupim e aloquei-os ao lado das longas foices no celeiro. Retornei para a varanda onde me sentei pela última vez sob o calor do sol. Tantos pés haviam caminhado sobre aquele piso de madeira que uma leve depressão tinha se formado. Reparei que a janela não estava trancada, então preguei-a com ajuda do martelo para evitar que ladrões ou ousados *possums* entrassem.

Senti-me triste com a partida de Elisabeth. Gostávamos da companhia uma da outra e eu admirava a coragem que ela tinha de viver naquele local, de maneira tão primitiva, em sua idade. Olhei para a grama seca e o oceano ao longe. Nuvens escuras estavam se aglomerando na direção norte e o cheiro de chuva estava no ar.

Por fim, levantei-me e segui em direção ao portão. Uma leve brisa desprendeu a primeira folha amarelada do carvalho que flutuou lentamente até tocar a grama alta, onde já estavam as primeiras bolotas caídas. A folha era linda — incrivelmente cheia de cor. Era a primeira de muitas que viriam a cobrir a terra, mais uma vez. Fechei o portão atrás de mim. O passado havia ficado para trás para dar lugar a um novo começo.

Após semanas carregando troncos caídos e rochas para desviar o rio do nosso acesso, finalmente conseguimos pegar o carro e dirigir até o final da estrada. Ali, proprietários de casas de praia tinham providenciado uma balsa para resgatar veículos ilhados. Passamos por enseadas desertas e canais, e mais uma vez fiquei impressionada com toda aquela beleza. Nuvens pairavam sobre o topo das montanhas e a densa floresta parecia selvagem e impenetrável à distância.

Saímos da balsa e dirigimos até a cidade para ver Terry e Rachel. Enquanto Peter ajudava Terry do lado de fora da casa e Rachel preparava salmão e salada para o jantar, encontrei o nome do irmão de Elisabeth na lista telefônica. Ele me contou que a família e o médico tinham declarado Elisabeth inapta para morar sozinha na isolada e abandonada casa da fazenda sem uma estrada para que pudessem ser levados suprimentos e ajuda. Então, tinham enviado um helicóptero para resgatá-la. Seu irmão me assegurou que ela estava em um lugar seguro na cidade.

Imaginei Elisabeth entrando naquele helicóptero sem resistir. Mal sabia ela que poderia nunca mais voltar. Não teria tido coragem de dizer ao médico o quanto a vista do mar de sua varanda, os *muffins* assados no fogão a carvão, seus pássaros selvagens e Meia-Noite a tinham feito feliz.

De repente, Rachel interrompeu minha sequência de pensamentos:

— Ah! Antes que me esqueça, Miriam — disse ela. — Chegou uma encomenda para você pelo correio. — Em seguida me entregou o pacote. Dentro dele estava um livro laranja com um bilhete.

"Aqui está o guia de sobrevivência que prometi. Espero que seja interessante e útil para você. Gostaria muito de revê-los. Posso ir visitá-los — onde quer que estejam — é só me contar sobre o paradeiro de vocês.

Bisous, Celine"

Quando abri a minha caixa de mensagens, encontrei um *e-mail* de Daniel. Ele tinha se mudado com a mulher e os filhos para a cidade e seu chalé de madeira na Costa Oeste ficaria vazio durante um ano. Se nos interessasse, escreveu ele, poderíamos morar lá de graça.

— Recebeu muitos *e-mails*? — Perguntou Rachel, folheando a edição de final de semana do jornal.

— Então... talvez nos mudemos para a Costa Oeste — respondi.

Ela pareceu surpresa.

— Sério? Onde?

— Não sei ao certo, mas tenho um pequeno mapa em algum lugar. — Comecei a rir, entusiasmada com a perspectiva de recomeçar, de explorar um ambiente novo e de devolver a cabana às forças da natureza, assim como Elisabeth fizera com a casa da fazenda.

Rachel estava intrigada.

— É incrível! — afirmou. — O modo como vocês dois se deslocam pelo país, aparentemente sem fazer esforço!

— Pois é... — respondi com um sorriso. — Bem, nós só passamos por portas que estejam abertas.

"A noite estava tão silenciosa que eu podia escutar a sua respiração. Em seguida achei seus lábios e os beijei. Sua boca era macia e úmida. Ele me beijou também — de forma um pouco apressada, como se estivesse nervoso.
Puxei levemente a sua blusa de lã e ele se aproximou ainda mais. Fiz com que seu beijo ficasse mais lento. Parecia que só a boca de Mouse existia em todo o universo e que todo o resto havia desaparecido na escuridão. Ele tocou o meu rosto e passou carinhosamente um dedo pela minha bochecha, seguindo o seu contorno. Sua boca encontrou a minha novamente. Fechei os olhos e senti apenas o seu toque: a comunhão mais íntima entre duas pessoas. Seu beijo tinha ficado mais lento naquele momento. O tempo tinha desacelerado."

CAPÍTULO 7

A COSTA OESTE

CUIDADO – CRIANÇAS PERIGOSAS anunciava a enferrujada placa que tinha a imagem de uma criança com uma faca na mão. Havíamos saído da estrada que beirava a costa e entrado em uma via tomada pelo mato em meio a arbustos *mänuka.* Alguns quilômetros depois avistamos um abrigo com um carro estacionado. Não havia nenhuma casa por ali, então, hesitantes, seguimos a pé por um estreito caminho que se insinuava numa pequena mata fechada. Após cerca de duzentos metros, alcançamos uma clareira com uma incrível vista do oceano. Estávamos em um local bastante elevado acima do mar e dali tínhamos a sensação de conseguir ver onde o mundo terminava.

À nossa frente, estava um pequeno chalé cujas janelas tinham peitoris vermelho-escuros feitos de madeira reciclada.

Daniel ouvira a nossa chegada.

— Oba! Conseguiram chegar! — Exclamou ele. — Tudo bem com vocês? — Em seguida saltou da varanda ao invés de descer pelos degraus. Vestia a mesma camisa de flanela preta que usara no Vale Mökihinui e tinha deixado crescer uma barba rala, a qual era surpreendentemente mais escura do que seu encaracolado cabelo loiro. Após nos dar um rápido abraço, mostrou-nos a casa que ele mesmo construíra. Cada peça de madeira e de metal fora carregada por ele em um carrinho de mão. As muitas janelas do chalé octogonal deixavam a luminosidade entrar. Num canto havia um sofá azul e uma mesa de centro — parecia que Daniel tinha serrado um grande tronco de árvore para fazer aquela mesa. Senti-me imediatamente em casa naquele ambiente com mobília simples, belos armários de madeira em cima da pia e um brilhante piso de taco.

Havia uma grande banheira atrás do chalé. Poderíamos tomar banhos quentes do lado de fora mesmo durante chuvas ou temporais, pois o braseiro aquecia a tubulação de água. Ao lado da banheira estava uma enorme moita de folhagem escura que chamou a atenção de Peter. Ele se aproximou, sentiu a grossura das folhas e disse num tom sério:

— Esta é uma saudável não-me-esqueças das Ilhas Chatham[11], Miriam.

Olhei para ele aguardando uma explicação.

— Significa nunca se esqueça da chuva.

Olhamos para o mar. Um aglomerado de nuvens escuras a oeste estava se aproximando rapidamente.

Ranúnculos haviam se apropriado da horta, a qual aguardava para ter seu solo revolvido mais uma vez. Doze cacarejantes galinhas e um galo nos deram ávidas boas-vindas. Uma delas, a corpulenta "Velha Choca", saiu correndo com suas brilhantes penas alaranjadas atrás de Peter. Quando ele cuidadosamente a apanhou, ela o fitou com seus velhos olhos também alaranjados. Suas pernas fortes pendiam rígidas por entre os dedos dele.

— O abastecimento de água vem da garagem — explicou Daniel enquanto caminhávamos pela trilha. — O telhado coleta água da chuva que vai para um grande reservatório e a água é canalizada para a cozinha.

— O reservatório já chegou a ficar vazio alguma vez? — Perguntou Peter.

— Nunca. — Daniel sorriu. — Esta é a terra das chuvas.

Continuamos nosso *tour* e chegamos a um pequeno barraco situado a cinquenta metros da casa.

— E este é o banheiro. Receio que seja um pouco primitivo.

A construção não tinha porta e se a chuva caísse do lado oeste ficaríamos molhados. Embaixo do assento de madeira havia um grande balde preto.

— Se eu fosse você, esvaziaria aquele balde com frequência.

— Humm, e onde devemos esvaziá-lo? — Imaginei-me arrastando atrás de mim o recipiente cheio de fezes, balançando e respingando através de lamacentas elevações e buracos no chão.

— Despeje-o sobre algo que se beneficie do conteúdo — disse Daniel, dando de ombros. — Como uma árvore. — Em seguida, indicou alguns bons locais para descarte dos excrementos enquanto caminhávamos de volta ao chalé.

---

[11] Planta de flores azuis nativa das Ilhas Chatham, na Nova Zelândia. (N.T.)

— Bom, isso é tudo que vocês precisam saber. Acho que é melhor eu seguir viagem — afirmou ele assim que as primeiras gotas de chuva começaram a cair das escuras nuvens no céu.

— Quando vai parar de chover? — Perguntei.

— Estas são somente algumas pancadas de inverno. — Ele deu risada. — As monções começam pra valer em setembro. Geralmente é seco em novembro, porém nem todas as vezes. — Até mesmo quando ele falava parecia estar sorrindo, pois as laterais de sua boca estavam sempre levantadas.

Acompanhamos Daniel até o seu carro e Peter lhe perguntou:

— Então, o que o levou a nos deixar viver aqui? Você poderia alugar este chalé, não poderia?

Ele permaneceu imóvel.

— Sabe, não posso mais ficar me aventurando. Eu achava que seria possível viver com as crianças em meio à natureza, mas isso acabou se tornando mais difícil do que eu imaginava. Minhas filhas levam duas horas para ir e voltar da escola todos os dias e elas sentem falta de ficar com as amigas. Tudo virou um problema. Agora, estou preso a uma teia de responsabilidades e preciso sustentar a minha família. — Respondeu ele, voltando os olhos para nós dois. — Com vocês morando aqui, sinto que posso viver através de vocês. De alguma maneira.

Depois que ele partiu, transportamos nossa bagagem com o carrinho de mão até o nosso novo lar e, em seguida, nos sentamos em um banco na varanda. Apesar de não haver cercas ou divisas, em frente do terreno de Daniel começava uma área de reserva florestal. A intocada natureza selvagem se estendia por cerca de duzentos metros descendo uma íngreme encosta até o mar. A vista panorâmica que tínhamos do oceano nos dava uma maravilhosa sensação de espaço aberto.

Parecia que estávamos sozinhos no mundo. Contemplamos a beleza estonteante do pôr do sol. A última luz do dia brilhou através de uma escura nuvem em formato de olho. Um laranja vívido irradiou de seu centro. Enquanto o sol desaparecia no horizonte, tons de vermelho, rosa e até verde se espalharam pelo céu. Faixas azul-violeta se refletiram no mar. O *show* de luzes ficou ainda mais radiante acima das águas de cor turquesa. Lentamente, a claridade desapareceu. O dia havia terminado.

Sentimo-nos como filhos de alguma divindade celeste durante nossa estada no chalé de madeira de Daniel. Os céus traziam chuva e sol, raios e trovões, vento e calor. Vivíamos de acordo com o clima e a beleza que suas transformações traziam, apreciávamos o encanto e a maravilha do pôr do sol. Atrás de nós, estava a escarpada e selvagem Cordilheira Paparoa com seus imponentes picos e cristas, rochas e ravinas. Aquela era uma terra de musgo e chuva, samambaias e cavernas, palmeiras e harmonia natural. A Costa Oeste era o espírito vivo da natureza selvagem.

Uma semana depois, Daniel retornou para buscar seus últimos pertences. À distância de cinquenta metros do chalé, ele havia construído um alvo em frente a uma colina. A instalação parecia um teatro do tipo do *Muppet Show*[12] com garrafas de vinho vazias. Quando ele pegou a arma, tampei meus ouvidos.

— Consegue atingir aquelas garrafas daqui? — Perguntei.

— Na maioria das vezes — respondeu ele. Em seguida, engatilhou a arma e disparou. O barulho dos cacos de vidro caindo dentro dos latões do lado de trás foi estranhamente prazeroso. — Fazendo reciclagem — disse ele, recarregando o armamento. Daniel parecia um *cowboy* do Velho Oeste com sua gasta calça *jeans,* cinto de couro e o jeito como mirava as garrafas. — Venha ver o resto da minha artilharia. — Com um largo sorriso no rosto, destrancou a porta de ferro cravada em um grande armário de cimento atrás do chalé. O cofre estava repleto de antigas pistolas, espingardas, revólveres e rifles.

— Claro, caçar com arco e flecha é muito mais antigo — afirmou ele. — Mas o mecanismo primitivo de uma arma de fogo existe há séculos também. — Ele percebera minha rejeição a tais armas e minha preferência idealista de caçar do modo original. — Cada uma destas antigas tem a sua própria personalidade — explicou ele. — Algumas foram utilizadas em guerras, outras em caçadas. Elas já viram paisagens magníficas e fizeram coisas extraordinárias. Só de segurar uma, você consegue sentir a sua personalidade. Aqui, experimente.

Daniel me entregou uma pistola com desenhos florais e outras formas elegantes esculpidas na lateral. Apesar de ser mais pesada do que parecia, não me fez sentir que tinha uma história.

— Nossa, é verdade. — Sorri e devolvi a arma.

— Bom, acho que você deveria usar este rifle enquanto está aqui — disse ele, apontando para um modelo bem leve e esguio com lindos desenhos esculpidos na madeira e no metal. — Este aqui é um modelo centenário de Winchester. Já viajou pelo mundo todo e foi manuseado por muitos jovens

[12] Série de televisão britânica-americana com bonecos fantoches, da década de 1970. (N.T.)

aventureiros... talvez até aventureiras — acrescentou ele com um sorriso. — Este rifle é tão simples quanto um arco e flecha. Não tem nem mesma alça de mira, então nada pode se quebrar ou dar errado.

Segurei-o, hesitante.

— Com o arco, você machuca os animais — prosseguiu Daniel. — Com a arma de fogo, você os aniquila no primeiro disparo, o que é bem mais humano. Além disso, você não precisará mais comprar flechas caras.

Em seguida, me passou uma caixa com munição e me ensinou a disparar contra as garrafas do tiro ao alvo do *Muppet Show*. Apesar de ter obtido uma licença para porte de armas dois anos antes com a intenção de aprender a atirar, tinha pouquíssima experiência com o tiro. Na verdade, sentia-me ansiosa só de olhar para aqueles rifles. Não gostava do barulho dos disparos e após ouvir muitas histórias sobre acidentes em caçadas, não confiava em nenhum armamento de fogo ou em seu portador. Quando criança eu costumava jogar futebol com os meninos do vilarejo, entretanto nunca participava dos jogos com pistola de brinquedo. Assim como os adultos que conhecia, achava que as armas eram o símbolo do mal.

Cada vez que Daniel nos visitava no chalé, ensinava-me mais sobre as armas. Mostrava tanto entusiasmo que aceitei com cautela o seu rifle. Senti gratidão pela oportunidade de ter um professor; sem ele, nunca teria aprendido a caçar com uma arma de fogo. Ele me ensinou a atirar em um alvo e a respirar e relaxar o corpo antes de puxar o gatilho. Explicou os diferentes métodos de se limpar o cano e a câmara. Também demonstrou como afiar uma faca de caça escutando o tinir da lâmina sendo raspada suavemente contra uma pedra. Se o tinido se alterasse, o ângulo teria mudado e a faca não ficaria tão afiada. Para Daniel tudo era uma forma de arte e assim, lentamente, passei a apreciar a sua visão de mundo.

Minhas caçadas começaram nas verdes colinas no sopé das montanhas. Caminhava seguindo o curso de rios e me aventurava por pequenos afluentes, onde a água esculpira túneis nas rochas sedimentares. Vagava por lugares fascinantes e selvagens, descobrindo cavernas secretas de rocha calcária e magníficos penhascos cujas fendas haviam se tornado a morada de musgos e pequenos arbustos.

Um aspecto particularmente perigoso da natureza daquela região eram os *tomos* — buracos naturais nas rochas sedimentares. Um *tomo* se assemelhava a um profundo poço, e quando galhos ou plantas cobriam a sua abertura, podia-se ter o azar de cair dez, vinte, até trinta metros dentro daquele buraco negro e morrer gritando. Tanto animais quanto alguns raros caçadores já haviam padecido de tal destino no passado.

Certo dia, segui um alto rochedo de calcário floresta adentro. Olhando para cima, reparei em uma estreita área projetada para fora do penhasco. Escalei até lá e cheguei a uma formação cavernosa suspensa trinta metros acima do chão. A plataforma era ampla e tinha uma fantástica vista da floresta ao redor da ravina. Desloquei grandes pedras até o interior daquela caverna para fazer uma mesa e uma cadeira, e adquiri o costume de me sentar lá para escutar os sons. As paredes brancas do fundo da caverna funcionavam como uma concha acústica: se alguma cabra berrasse ao longe, eu poderia facilmente ouvi-la. Como aprendera a fazer uma boa imitação daqueles berros, às vezes atraía um bode para dentro da caverna.

Com o passar das semanas e dos meses, fui identificando os caminhos em meio aos riachos, ravinas, rochedos e *tomos*. Caçar com um rifle também era muito diferente. Enquanto estava com a arma nas mãos, experimentava uma estranha sensação de poder que destruía qualquer tipo de medo. Não temia cair em um *tomo,* ficar perdida, tomar chuva, sentir frio ou encontrar uma pessoa com más intenções. A arma dava uma falsa sensação de segurança, e aquela impressão de poder poderia ser viciante. Entendi como um país, onde cada cidadão é dono de uma pistola, pode se tornar uma nação com uma ilusão de autoconfiança.

O ato de matar também era diferente com um rifle. A máquina me separava do animal; sentia-me como uma mera observadora enquanto o Sr. Winchester executava o trabalho. Contudo, a eficácia de uma bala era indiscutível. A cabra morria instantaneamente e nos provia de uma grande quantidade de carne. Na maioria das vezes em que saía para caçar, voltava com uma presa.

Para manter a carne fresca eu havia feito uma grande armação cilíndrica com arame do galinheiro, a qual foi pendurada em uma viga numa área sombreada atrás do chalé. Além disso, costurara uma velha cortina de renda em volta da estrutura que servia tanto para proteger a carne das moscas quanto para deixar o vento passar e agir eficientemente como uma geladeira.

Estávamos satisfeitos com nossa vida autossuficiente: tínhamos a carne que eu caçava, galinhas que nos davam ovos e legumes e verduras da horta. Não gastávamos muito para viver ali. Ainda assim, um dia decidi tentar ganhar algum dinheiro.

Estava em pé, solitária, na pacata estrada costeira. Sem um relógio não fazia ideia de que horas seriam, mas imaginei ser muito cedo já que nenhum carro passava. Nuvens escuras se deslocaram do mar, e em pouco tempo, começou a chuviscar. Além de triste tinha ficado encharcada. Quem daria carona para uma pessoa molhada em seu carro? Depois do que imaginei ser um longo período, por fim, escutei o leve ronco de um motor. Após alguns minutos, uma *campervan* surgiu na colina. O veículo parou, um homem de cabelos loiros abriu a porta e disse:

— *Nederlands?*

Comecei a gargalhar. Achei espantoso que aquele holandês pôde ver só pelo meu rosto que eu havia nascido na mesma parte do mundo que ele. Viajava com a esposa pelo país e ambos ficaram felizes em me dar uma carona para a cidade. Foi bom poder falar minha língua materna novamente. Perguntaram-me por que eu havia imigrado para a Nova Zelândia para viver na floresta. Expliquei que a beleza da natureza selvagem — a qual, na minha opinião, era a verdadeira energia do incontrolável — proporcionava-me uma sensação de bem-estar que eu não experienciara na Holanda. Depois de um longo e amigável bate-papo, eles me deixaram no supermercado.

Entrei com hesitação e comprei um bolinho doce. Quando a moça do caixa me entregou o recibo, perguntei-lhe:

— Com licença, poderia falar com o gerente?

Ela ficou apavorada — de tal modo que, na verdade, sua feição e olhos arregalados ficaram congelados durante um frio silêncio. Aquela reação produziu um inusitado efeito em mim: eu, também, havia perdido a fala. Felizmente, a atendente ao lado que colocava o meu bolinho numa sacola plástica olhou com surpresa para a colega e disse:

— Sim, o gerente está no segundo andar.

— Obrigada! Só queria saber se tenho permissão para me apresentar aqui. — Levantei meu violão no ar.

O gerente foi razoavelmente amigável e disse que eu poderia cantar na entrada do supermercado. Estava preparada com minhas canções *folk*[13] em uma pasta, tinha uma pandeireta em volta no tornozelo e uma espécie de chocalho sob o pé. Eu havia crescido em um ambiente de música e teatro, e minha irmã Hanna era uma cantora profissional — ela tinha o costume de me encorajar a cantar enquanto tocava piano. Desta maneira, a ideia de cantar em público não era tão desconhecida para mim, porém ainda assim me senti

[13] Estilo de música moderna, porém executada segundo a característica folclórica tradicional. (N.T.)

nervosa. Quando comecei a primeira canção com uma voz aguda e trêmula, ninguém reparou. As pessoas passavam por mim como se eu não existisse.

Foi necessário um pouco de coragem para continuar, mas me assegurei de que não deveria ter medo uma vez que não estava correndo nenhum perigo. Não iria cair de uma montanha, afogar-me em um rio ou congelar na neve. Eu estava em segurança. Tudo o que tinha que fazer era cantar algumas inofensivas canções.

Somente após a terceira canção é que consegui aquecer a minha voz e ousei tirar os olhos da pasta. As pessoas daquela pequena cidade da Costa Oeste pareciam um tanto distantes. Decidi me esforçar para olhar cada transeunte nos olhos, reconhecendo assim a sua existência. Toda vez que conseguia, a pessoa sorria de volta. Após uma hora, os passantes se mostraram muito amistosos e recebi muitos elogios — houve até menções a Joan Baez e Judy Collins[14]. Alguns pararam para me escutar e uma mulher me perguntou se eu estaria disponível para cantar em um casamento. Um gentil senhor que empurrava a bicicleta do outro lado do estacionamento se aproximou e apontou para as palavras escritas em meu violão.

— O que quer dizer com: a liberdade é gratuita?

— Bem — respondi alegremente —, a liberdade é uma dádiva. É gratuita! Muitas pessoas trabalham durante anos para guardar dinheiro para o futuro, mas quando finalmente economizam o suficiente para conseguir fazer algo diferente, não têm coragem para fazê-lo. Então, o futuro é tarde demais. Ninguém precisa ser milionário para encontrar um outro modo de viver, é o que eu acho.

Ele sorriu e assentiu com um aceno.

— Trabalhei a minha vida inteira. Tão logo me aposentei, desejei ter parado de trabalhar bem antes. — Em seguida olhou para as montanhas ao longe, por um momento. — Porém, não tive outra opção. Tinha quatro crianças para sustentar, contas a pagar, um empréstimo para quitar. O pacote completo.

Assenti com a cabeça, mostrando empatia.

— Que tipo de trabalho o senhor fazia?

— Era professor. Aqui no colégio para meninos. — Ele apontou para a esquerda sem olhar, depois apanhou uma nota de cinco dólares do bolso e cuidadosamente a colocou embaixo das moedas que estavam na capa do meu violão. — Meus parabéns, querida. Você tem uma bela e clara voz. Pude

[14] Cantoras norte-americanas de música *folk*. (N.T.)

ouvi-la do outro lado do estacionamento. — Em seguida, fez um sinal de despedida com as mãos e foi embora empurrando a bicicleta.

Com todo o encorajamento, passei a sorrir e a me divertir. Descobri que aquela seria uma ótima maneira de pagar pelas minhas provisões. Cantei por seis ou sete horas e, ao final do dia, fiz minhas compras, pedi carona e voltei ao chalé.

— Então, quanto dinheiro você conseguiu juntar? — Perguntou Peter quando eu cheguei com um grande sorriso no rosto.

— Uma fofura! — Levantei uma grande sacola cheia de moedas. Peter caiu na risada.

— Você quer dizer uma fortuna.

— Ah, sim, uma fortuna — disse sorrindo. — Consegui o bastante para poder nos manter até o final do mês.

— Sei como você consegue a sua fortuna. — Peter pegou uma nota de vinte dólares. — Eles estão pagando por dez segundos de felicidade.

— Bem, é uma contribuição razoável para a sociedade, não acha? — Disse e abri um sorriso.

Daniel me dera uma velha jaqueta da marca Swanndri. A lã verde-escura era grossa o suficiente para me proteger até dos piores espinhos e quente o bastante para não me deixar morrer de hipotermia caso tivesse que passar uma noite na floresta. Além disso, era tão pesada que nunca me deixaria esquecer que eu estava vestindo o símbolo da natureza selvagem da Nova Zelândia. Lamentavelmente, ela também havia sido parcialmente comida pelas traças, o que fez com que eu passasse uma semana remendando todos os buracos. Ao mesmo tempo, aproveitei para costurar bolsos com zíperes para alojar balas, uma corda e um *kit* de primeiros socorros.

No chalé estavam alguns livros antigos sobre caçadores de cervos que tinham partido em expedições solo com um caldeirão, um pacote de sal e uma arma pendurada no ombro para vagar pelas montanhas durante longos períodos. Dormiam em suas jaquetas Swanndri e comiam o que caçavam; eles haviam "se embrenhado no mato". Aquela ideia me aprazia muito, então quando o sol de meio de inverno apareceu, declarei orgulhosamente que eu, também, estava indo "me embrenhar no mato".

Contei a Daniel, que nos visitava, que iria partir sozinha em uma expedição de caça aos cervos por uma semana.

— Sério? — Ele sorriu, e eu fiquei contente de ver como ele pareceu impressionado. — Vou te dar uma arma decente para a ocasião. — Ele destravou a porta da câmara onde guardava o seu tesouro e me entregou um grande rifle de caça. — Aqui, pegue este. É o meu favorito — afirmou.

No dia seguinte o céu estava claro e o ar fresco. Parti sentindo orgulho de mim mesma, vestindo minha nova jaqueta Swanndri, levando a arma na mão, a faca na bainha do cinto, uma barraca e saco de dormir, temperos e um caldeirão. Imaginei estar parecida com os homens dos livros de Daniel (exceto, obviamente, pelo fato de eu não ser um homem, claro). A única porção de comida que levei foi um pedaço de pão para o primeiro dia; uma vez que ele tivesse acabado, comeria carne de cervo ou, se não conseguisse, carne de cabra. Os cervos eram alertas, ágeis, muito espertos e difíceis de se encontrar — ademais, eu realmente não conhecia nada sobre eles. Contudo, eu aprenderia, disse a mim mesma, com meu usual otimismo.

Caminhei por um magnífico cânion. Paredes colossais de rocha calcária branca subiam imponentes duzentos e cinquenta metros em ambos os lados do rio de água límpida e corrente. Apesar de em alguns lugares haver samambaias e musgos agarrados aos penhascos, eles eram tão íngremes que quase nenhuma planta conseguia se fixar e crescer. O gotejamento de água deixara elegantes linhas de tonalidade preta e cinza no calcário. Conforme atravessava o rio, eu cuidadosamente checava a sua profundidade, pois sabia que, se chovesse, o nível de água subiria e eu ficaria isolada na parte alta do vale.

Após caminhar por muitas horas, descobri que o desfiladeiro dava lugar a montanhosas florestas. Avistei o rastro de um animal que subia em direção à mata. No topo daquele aclive, havia uma suave área plana e gramada entre duas grandes árvores. Era nitidamente um local de descanso para os cervos, pois pude ver seus excrementos. Da mesma forma, mostrava-se um excelente local para acampar, então montei minha barraca, porém não fiz nenhuma fogueira, já que os cervos eram capazes de sentir o cheiro da fumaça a quilômetros de distância.

No cair da tarde, coloquei-me de bruços entre as árvores com a arma sob o meu queixo. Enquanto os pássaros cantavam, observei os sinais de pastejo no amplo vale abaixo. Logo depois, a luz se enfraqueceu e a escuridão se alastrou. Houve um silêncio absoluto até a primeira coruja começar a piar. Seriam em torno de cinco ou seis da tarde e já estava completamente escuro. Subitamente comecei a sentir frio. Enfiei-me em meu saco de dormir dentro da barraca e olhei para as escuras sombras do lado de fora por um momento. Por fim, fechei o zíper da barraca e tentei dormir.

Cochilei, devaneando sobre assuntos extremamente distantes, quando de repente um enorme animal se chocou contra uma das cordas de fixação da barraca. Fiquei em choque! Meu coração explodiu em minha garganta até eu perceber ter sido — obviamente — um cervo. "Eu não deveria me sentir tão aterrorizada", pensei enquanto escutava-o partir ruidosamente pela floresta. Eu estava ali, justamente, para caçar um daqueles animais com a arma que permanecia inerte na entrada da barraca.

Acordei bem antes do sol raiar e rastejei para o lado de fora na fria manhã. Embrulhada em muitas camadas de roupas, mais uma vez me posicionei embaixo da árvore. A grama no leito do rio estava branca devido à geada. O melodioso e alegre gorjeio dos passarinhos ressoou através do fresco ar matinal. Um *bellbird* pousou num galho próximo a mim e, saltitante, esticava seu pequeno corpo para produzir sons. Entre as graves e ávidas notas, pude ouvir também as maravilhosas e ásperas batidas. "Os pássaros foram os primeiros músicos da terra", refleti. Ao meu redor, timbres agudos subiram pelos ares como um chafariz e em seguida foram substituídos por um bater parecido com o de gotas de água caindo sobre pedras. Com o irromper do dia, o volume daquela música diminuiu e o som do rio ficou mais alto.

Permaneci de bruços em silêncio, observando a grama lentamente voltar ao seu tom de verde sob o calor do sol. Depois me levantei e busquei lenha para acender uma fogueira. Apanhei as pontas de uma jovem árvore *mänuka*e utilizei as miúdas folhas, que aparentemente contém vitamina C, para fazer chá. A fumaça subiu aos poucos pelo vale e então tive certeza de que nenhum cervo se aproximaria novamente. Na verdade, senti-me aliviada de não ter visto nenhum deles: eram animais tão grandes e belos que a ideia de matá-los parecia absurda. Decidi que preferiria caçar uma cabra — apesar de muito belas também, eram mais numerosas naquela área e mais fáceis de se encontrar, atingir, transportar e manter.

Após tostar minha última porção de pão, caminhei para dentro da floresta com o rifle. Não havia nenhuma trilha sinalizada então vaguei silenciosamente em meio à vegetação. Deparei-me com áreas gramadas, abismos rochosos e árvores antigas. Sentei-me por várias horas em elevações laterais da montanha, olhando atentamente para o leito do rio e prestando atenção ao menor ruído de cabras. A serenidade envolvia tudo naquele límpido dia de inverno. Sentia-me bastante tranquila mesmo estando sozinha, e me lembrei do quão insegura eu havia ficado quando caminhara pelas montanhas sem

Peter nos meus primeiros meses de inverno, em meio à natureza selvagem. Constatei ter superado aquele medo de ficar sozinha. A vontade de me libertar do medo havia sido mais forte do que o medo em si.

Quando parei para descansar em torno do meio-dia, escrevi uma carta para Sofie:

> *"Querida Sofie,*
>
> *É inverno por aqui, entretanto as árvores continuam verdes e os dias são tão agradáveis quanto os de um verão holandês. Somente durante as longas e gélidas noites é que me recordo de que estamos no meio da estação mais fria.*
>
> *Apesar de ser a única pessoa neste vale, recentemente descobri que, na verdade, nunca estou sozinha. Aonde quer que eu vá, levo um pequeno companheiro muito animado comigo: o Pensamento! Ele fala incessantemente sobre uma incrível gama de assuntos. Por vezes me canso de ouvir as velhas histórias e preferiria ter paz e sossego — principalmente quando estou tentando dormir, — porém o Pensamento continua falando sem parar como um rádio. Em geral ele é otimista, mas me relembra repetidas vezes de tudo o que eu disse ou fiz de errado no passado. Às vezes um outro Pensamento se materializa inesperadamente para mandar o primeiro se calar, e aí a questão fica complicada. Serei a única pessoa com um companheiro tagarela como ele? Imagino que você tenha um amigo bem parecido com o meu...*
>
> *Com amor, Miriam"*

No final daquela tarde, avistei um bode e atirei. A arma, que tinha capacidade para derrubar um alce, estourou nos meus ouvidos como um canhão. Só escutava um alto "piiiii". Por um instante senti como se tivesse perdido a visão também. Não conseguia ouvir para qual direção o bode tinha corrido, entretanto quando me aproximei vi que ele não fora a lugar nenhum: estava estirado e morto. Tão logo consegui arrastá-lo até o acampamento, senti a falta de Peter. Ele sempre ficada extasiado ao me ver chegar com uma presa e, sem ele, caçar era bem menos recompensador.

Segurei o fígado em minha mão e imaginei onde poderia cortá-lo. Peter sempre carregava algum tipo de tábua de corte, mas eu não tinha nada parecido. Usei a faca para remover a casca de um tronco caído e cortei o fígado sobre a madeira. Apesar de ter ficado sujo, eu o cozinhei mesmo assim. O gosto estava forte e não o apreciei muito; sonhava com uma torrada com pasta de amendoim — que eu não tinha.

Comi os rins no café da manhã do dia seguinte. Estavam um pouco mais saborosos do que o fígado. Na hora do almoço olhei atentamente para a carcaça pendurada na árvore. Onde estaria o macio filé-mignon que eu deveria comer antes do resto? Naquele momento, me dei conta de minha inabilidade até para separar a carne; Peter sempre fazia a limpeza e os cortes. Por fim, consegui cortar grosseiramente o filé. Abri o meu pote com pequenos pacotes de temperos, porém não fazia ideia do quanto de cada um deveria utilizar. Aquela, também, era uma incumbência de Peter.

À noite cozinhei a carne do dorso. Apesar de razoavelmente boa, ela tinha uma textura de borracha. O que eu havia feito de errado? Ao sentar-me em silêncio ao lado da fogueira, mastigando os borrachudos pedaços, percebi que aquele animal de longos chifres era tão velho que sua carne se tornara extremamente fibrosa e impossível de se comer sem que fosse cozida por uma semana. Mesmo assim, estava determinada a comer o bode pelos próximos quatro dias, pois aquele tinha sido o meu objetivo.

No dia seguinte, me perguntei o que aqueles caçadores que "se embrenhavam no mato" realmente faziam após capturarem algo para comer. Uma vez que o estímulo da caça e da alimentação havia terminado, um grande tédio surgiu em mim e eu apanhei o guia de sobrevivência de Celine.

O tédio parecia ir e voltar. Olhar para a fogueira ajudava, pois tinha um efeito purificador. Recordei a longa jornada que havia feito com Peter nos Himalaias no ano em que nos conhecemos. Passáramos dois meses atravessando diversas cadeias de montanhas, a pé. Certo dia, tinha parado para descansar sobre uma grande rocha enquanto Peter continuou subindo rumo a uma passagem mais elevada. Observei o grande vale abaixo: gigantescas e áridas montanhas se espalhavam por todas as direções e o vento esculpira as rochas transformando-as em magníficas colunas. Naquele local, compreendi que, se levasse uma vida bastante simples, poderia ter maior clareza mental e isso se refletiria num corpo saudável e livre de impurezas... até mesmo numa vida pura, o que quer que isso possa significar. "Simplicidade, clareza, pureza." Este foi o ideal que desde então mantive comigo, uma vez que parecia ser o curso natural de tudo o que há no mundo.

Após quatro longos dias, o tempo mudou, na manhã seguinte. Pude sentir o cheiro da chuva se aproximando. O ar estava pesado e úmido, com um aroma quase doce. Caminhei de volta ao chalé com a carne na mochila. Não me incomodava o fato de o bode ter sido velho e a carne estar tão borrachuda quanto uma bota; simplesmente senti orgulho de ter caçado e comido um animal. Enquanto eu caminhava, ocorreu-me que a minha expedição de caça também poderia ser vista como um fracasso — afinal, eu não tinha nem mesmo visto um cervo. "Pode-se transformar qualquer fracasso em sucesso, e qualquer sucesso em fracasso", compreendi com um sorriso. "É tudo uma questão de perspectiva."

A fria chuva se intensificou nos dias seguintes à minha chegada. Parecia que nunca iria parar de chover e o céu estava sempre cinza. Entre as pancadas, corríamos para o lado de fora para alimentar as galinhas, as quais ciscavam no meio da lama. O tempo estava terrivelmente deprimente, e nos questionávamos por que havíamos nos deslocado para a úmida Costa Oeste. Tínhamos a sensação de estar revivendo a primavera na Cabana de Downie, só que desta vez, pelo menos, eu teria uma distração: havia ganhado de Daniel algumas caixas com peles e caudas de *possum* profissionalmente curtidas. Mantive-me ocupada durante várias semanas cortando as peles em pequenos quadrados e depois costurando-os para fazer um grande cobertor. Com bastante esforço, aplainei e costurei as caudas; elas eram tão firmes e grossas que acabei quebrando inúmeras agulhas. Fiz um tapete para Peter — para o qual foram necessárias duzentas caudas e um período de duas semanas — e em seguida outro para mim. Os tapetes de *possum* nos mantinham aquecidos e substituíram os tapetes de *yoga* que estávamos utilizando para dormir.

Contava também com meu violão. "É o amor que importa, carinho meu. É o amor que importa, amado meu...", cantei para Peter certa noite. Ele estava deitado em seu novo tapete com um livro nas mãos.

— Gostou da minha canção? — Perguntei-lhe ao terminar de cantar.

— Sim, é muito boa — afirmou ele, repousando o livro. — Mas o que *é* este amor sobre o qual você canta? — Sorriu e apanhou um palito de dente.

— É o amor que tenho por você! — Dei risada.

— Por mim ou pela minha imagem? — Indagou ele. — O amor é um mundo à parte — continuou. — Quando você ama alguém tem que fazer isto, dizer aquilo, agir de uma maneira, apresentar-se de outra. — Peter balançava a cabeça da esquerda para direita enquanto falava. — Está vinculado a obrigações, rituais e infinitas palavras sem sentido.

Subitamente senti um nó em meu estômago. Tudo o que eu queria fazer era cantar alguns versos românticos. Gostaria que ele me pegasse em seus braços e que fôssemos muito felizes, para sempre.

— Você acha que é isso o que estamos fazendo? — murmurei.

— Sim. Falamos sobre isso ano passado. Seu casulo, dentro do qual se sente tão segura, é o que todos nós chamamos de amor. Porém, se você priorizar segurança e proteção, acabará caindo numa rotina sem sentido — disse ele. — Quase como uma prisão.

Olhei pela janela. Não estava gostando do rumo que aquela conversa estava tomando. Caía uma chuva torrencial. A densa folhagem dos arbustos *mänuka* oscilava ao vento como um grosso casaco de pele.

— Será que duas pessoas conseguem viver juntas sem monotonia? — Prosseguiu Peter. — Manter a chama viva, espontânea e renovada?

— Sim, mas como? — Resmunguei. Minha voz soou como se eu estivesse prestes a chorar.

— Bom, não sei. Talvez observando o que o ritual faz? Num primeiro momento, ele te dá uma satisfatória, mas falsa sensação de segurança, contudo após alguns anos você irá odiar a monotonia, os velhos hábitos e os rituais maçantes. É isso que...

— Como você sabe? — Subitamente me senti irritada com o jeito que Peter falava comigo, como se eu fosse sempre a ignorante nos assuntos.

— Passei por isso diversas vezes — disse ele calmamente. — Já fui casado antes. Depois de muitos anos, você acha que conhece a pessoa, e a curiosidade, a busca, terminam. O relacionamento se transforma no "conhecido", que é o passado, não o presente.

Ficamos em silêncio. Olhei para seus olhos sérios.

— Somos só nós dois, aqui na natureza selvagem — afirmou ele. — Todos os nossos ovos estão em uma única cesta. Temos que ter muito cuidado.

Simplesmente assenti com a cabeça. Sabia que se tentasse dizer algo, começaria a chorar.

Naquela noite, deitada na cama, as palavras de Peter ecoaram dentro da minha cabeça. O que seria este nosso amor e relacionamento, de fato? Estaria eu meramente envolvida na perpetuação daquela imagem perfeita? Estaria apenas representando um papel numa peça de teatro cheia de palavras e gestos infinitamente repetitivos? Estaria me iludindo?

— Tudo isto é uma fantasia? — Questionei Peter pela manhã, enquanto comíamos torradas com manteiga e *Marmite*.

— O quê? A nossa vida? — Perguntou ele, com um leve riso.

— Sim, e o nosso relacionamento. Acho que qualquer imagem que tenhamos é sempre falsa — afirmei. — Uma imagem, ou uma ideia, é fixa, porém a realidade está sempre mudando.

— Pois é. — Peter apanhou sua xícara de chá. — Todas as regras sobre como devemos nos comportar num relacionamento são arbitrárias, na verdade.

— A ação espontânea é mais verdadeira — acrescentei.

— Certo. Se você consegue enxergar a ilusão, a imagem, também consegue abandoná-la. Seja carinhosa somente quando tiver vontade. Expresse o que você sente ao invés de fazer rituais forçados. Se é que me entende. — Peter cortou outra fatia de pão. — Entretanto, esta não é uma equação matemática com apenas uma resposta certa. É algo contínuo, acredito. É como o fogo, você tem que prestar atenção nele o tempo todo... não só de vez em quando.

Na parte da tarde, sentei-me sobre o piso de madeira para costurar um colete com os pedaços de pele de *possum* restantes. Foi um quebra-cabeça encaixá-los todos juntos. Olhei para o lado de fora através da janela. Peter limpara os vidros poucos dias antes e eles já estavam cobertos de sal novamente. Nuvens escuras estavam se formando ao longe, sobre o oceano: mais chuva estava a caminho.

Ouvi uma voz e, para meu espanto, vi Celine caminhando pela trilha de acesso ao chalé. Fiquei muito surpresa, pois não a estava esperando — enviáramos nosso endereço semanas antes, porém não obtivemos resposta. Dei um salto e corri para cumprimentá-la. Foi muito bom revê-la. Celine explicou que sentira uma vontade de fugir da cidade por um fim de semana e havia decidido — bem espontaneamente — ir nos visitar.

Uma tempestade caiu naquela noite — como de costume. O chalé estremeceu, as janelas se retraíram e a chuva estrondou sobre o telhado. Árvores *mänuka*se chocaram contra as paredes e peças de ferro chacoalharam nas proximidades. Tínhamos-nos habituado àqueles barulhos noturnos, entretanto Celine, na manhã seguinte, não aparentava ter descansado muito. Imaginei se ela teria se arrependido de ter escolhido aquele local para descansar e, numa tentativa de fazer valer a pena a sua experiência na floresta, convidei-a para caçar.

Esperamos a chuva dar uma trégua e partimos rumo à mata. Dez minutos depois, voltou a chover. Pedi desculpas pelo mau tempo, porém Celine me garantiu que, para ela, qualquer dia fora do hospital era um bom dia. Continuamos nossa marcha pela floresta encharcada. Havia hastes de samambaia e arbustos *mänuka* pendendo sobre a estreita trilha, e em questão de segundos ficamos completamente ensopadas. No entanto tudo fazia parte da aventura. Quando chegamos a uma área de lama e barro, mostrei a Celine algumas pegadas no chão: uma grande cabra passara por ali, assim como um pequeno cabrito. Sob chuva, expliquei-lhe, qualquer marca deixada era apagada rapidamente, então aquelas cabras provavelmente tinham passado por ali há apenas algumas horas antes. Próximo ao rio, havia um pequeno prado, e eu indiquei onde a grama havia sido mordiscada. Ao passarmos por um grande rochedo, fizemos uma pausa e encontramos excrementos embaixo das paredes de calcário, e eu mencionei que as cabras preferiam dormir em lugares secos.

Então senti o cheiro de uma delas. Apontei para o meu nariz e olhei para Celine. Ela gesticulou, com uma expressão levemente atônita, indicando que não estava sentindo nada. Assenti com um rápido balançar de cabeça e penetrei cuidadosamente na densa vegetação. Com um aceno, pedi para que me seguisse pela mata fechada, e ela assim o fez hesitantemente.

— É bem interessante — sussurrou Celine. — Geralmente estou no comando. Sei onde estou e qual direção devo seguir. Mas agora tenho que confiar em você. Espero que saiba o que está fazendo, pois eu não faço ideia!

— Não estamos longe — assegurei-lhe. — O caminho de volta é fácil. — Apontei para o meu lado direito.

Após eu deduzir que o animal já tinha ido embora havia muito tempo, voltamos para a trilha e caminhamos um pouco mais, até Celine subitamente me perguntar:

— O que estamos procurando?

— Uma cabra! — Quase comecei a gargalhar.

— Eu sei, mas assim, de que cor? Branca, como aquelas da Suíça?

— Ah, não. Aqui as cabras selvagens são majoritariamente brancas e pretas, às vezes marrons.

Conforme caminhávamos, posicionava os meus pés de forma cuidadosa e sem fazer barulho, evitando pisar em galhos ou em grandes pedras. Vi que ela fazia o mesmo.

Continuamos andando. Nada acontecia.

Até que, de repente, avistamos uma grande cabra embaixo de uma palmeira *nïkau*. Rapidamente tomei posição e atirei. O animal fugiu ferido e eu corri atrás dele. Quando o alcancei, ele estava caído entre duas grandes samambaias. As folhagens pendiam sobre seu corpo como um guarda-sol. Momentos depois, Celine chegou. Ela estava chocada. Lembrei-me da minha primeira caçada. Não queria que aquilo se tornasse um pesadelo para ela. Disse que faríamos tudo lentamente e expliquei o processo de retirada das vísceras e da pele. Apesar de parecer um pouco insegura, ela revelou que gostaria de tentar fazer os cortes.

Ao pendurar minha jaqueta Swanndri em uma árvore, informei que poderíamos ficar sujas de sangue.

— O ideal seria tirar o máximo de roupas possível. É muito mais fácil lavar o nosso corpo do que as manchas de sangue das roupas — afirmei. — Depois que terminarmos, vamos nos banhar no rio daquele lado.

Celine olhou para onde eu apontava; no meio da densa floresta era fácil perder a localização do silencioso rio. Em seguida, tirou a capa de chuva e a camiseta, ficando somente de sutiã e *shorts*. Ela havia seguido o meu conselho quase literalmente.

— Ok, vamos pendurá-lo — anunciei.

— Pendurá-lo? — Indagou Celine. Ela deve ter achado tudo aquilo bem estranho.

Apontei para o robusto galho de uma escura faia próxima e ela me ajudou a arrastar a cabra até lá. Amarramos a carcaça na árvore com uma corda.

— Tenho que cortar com isso? — Celine arfou com espanto quando lhe entreguei a minha faca de caça. — Estou acostumada a usar tesouras e um bisturi elétrico para operar. Posso perfurar os intestinos com essa coisa!

Nós duas fixamos o olhar naquela grande faca, que, de súbito, pareceu enorme em suas pequenas e delicadas mãos.

Mostrei-lhe como utilizar uma das mãos para proteger as tripas e disse-lhe que deveríamos separar o coração, o fígado e os rins para o jantar. Ela começou hesitante, porém logo se aqueceu para o serviço.

— Arrá! Interessante. Aqui está o diafragma, que separa as cavidades abdominal e torácica — murmurou Celine enquanto trabalhava. — É tudo ligeiramente diferente dos humanos. O cheiro do sangue também é diferente, não acha?

Respondi que não era muito familiarizada com o cheiro de sangue humano.

— Este espaço aqui — continuou ela — entre os pulmões é o mediastino, e aqui estão a traqueia e a aorta. Esta aqui é a veia cava inferior. Me passa a machadinha? — Sem tirar os olhos da cabra, ela esticou o braço em minha direção. Num primeiro momento, achei curiosa a necessidade que ela tinha de falar todos aqueles termos médicos, porém depois compreendi que nomear as partes do corpo dava a ela uma sensação de segurança. Era sua maneira de lidar com aquela situação, de todo modo, totalmente atípica.

— Sem os afastadores não consigo ter uma boa visão do que estou fazendo — disse ela. — Onde está o esôfago? Ah... me passa a faca novamente?

Celine estava tão focada que parecia ter se esquecido de que estava em pé numa floresta encharcada cheia de musgos, operando uma cabra morta.

— Tenho a sensação de que algo está errado com todo esse sangue nas minhas mãos — afirmou ela de súbito. — Normalmente uso dois pares de luvas estéreis *e* um avental cirúrgico impermeável. Estar fazendo isso sem luvas e de sutiã é bem inusitado.

Quando ela terminou, colocamos as partes cortadas na minha mochila. A chuva havia diminuído naquele momento e o sol brilhava através das árvores. Caminhamos até o rio e nos banhamos. Peguei um pouco de areia para esfregar todas as manchas vermelho-escuras da minha pele, e Celine seguiu o meu exemplo com incerteza. Encontrei alguns galhos secos embaixo de uma rocha saliente e, com um pouco de jornal que havia levado, consegui acender uma fogueira e fazer chá com folhas de *mänuka*. Enquanto tostávamos nosso pão feito no forno portátil, perguntei a Celine como se sentia estando longe de computadores e telefones celulares por um fim de semana.

— Ah, bastante em paz — admitiu ela. — Mas terei um monte de *e-mails* e mensagens na segunda-feira de manhã, e Thomas deve estar se perguntando por que eu ainda não lhe respondi.

Thomas era um irlandês com quem Celine estava saindo fazia alguns meses, porém ela ainda tinha suas dúvidas quanto a ele. Segundo ela, faltava-lhe algo.

— Ele é inteligente, sagaz e razoavelmente bonito. Entretanto, tenho a impressão de que se contenta apenas em levar uma vida "mediana". Seus sonhos são pequenos e monótonos. Receio ficar entediada com sua rotina estável. — Ela sorriu e retirou um pouco do musgo de um galho para limpar a lama de suas botas. — Como meu pai sempre diz, por que não almejar sempre o melhor?

Conversamos sobre relacionamentos e eu lhe disse que, frequentemente, fazemos uma ideia de como um relacionamento deveria ser, ao passo que a realidade pode ser bem diferente — basicamente, o que Peter tentara me explicar justo no dia anterior.

— Não fica incomodada que Peter esteja sempre explicando as coisas pra você? — Indagou ela. — Como se você fosse a aluna e ele o professor?

— Sim, às vezes. Ontem me senti um pouco irritada — respondi. — Porém, na verdade, acho que duas pessoas em um relacionamento terão sempre qualidades distintas. Eu sou mais forte e estou em melhores condições físicas, Peter não consegue competir comigo fisicamente. Já ele tem o dobro da minha idade e adquiriu muito conhecimento e experiência que eu não poderia ter, então estou destinada a aprender com ele.

— Verdade — disse ela. — Mesmo que não haja uma diferença de idade, duas pessoas serão sempre diferentes.

Após Celine e eu voltarmos para o chalé, sentamo-nos nos tapetes de *possum* e descrevemos — nos mínimos detalhes — a nossa caçada, enquanto Peter cozinhava a cabra. Ao saborearmos o *curry,* notei que, com exceção dos temperos e do arroz, tínhamos cultivado ou caçado toda aquela refeição.

— É uma comida bastante saudável — comentou Celine. — Não tem nem um pouco o sabor de um frango aguado de supermercado! — Ela deu risada. — Sabe, no caminho pra cá, vi terrenos costeiros à venda. Alguns tinham preços bastante razoáveis — disse ela. — Estava considerando comprar uma área para mim, talvez fazer uma casa para passar as férias. Já pensaram em comprar um terreno para vocês?

— Nós já pensamos sobre isso, sim — respondi. — Mas, depois de ver como chove aqui, não sei se gostaria de passar o resto da minha vida na Costa Oeste.

— Se porventura acharmos um lugar com um bom preço, consideraríamos comprá-lo — acrescentou Peter.

— Vocês não gostariam de ter filhos? — Quis saber Celine. — Este parece ser um ótimo lugar para crianças. Elas cresceriam em meio à natureza, poderiam receber educação domiciliar...

Contei-lhe sobre Daniel, que tivera exatamente aquelas ideias para aquele local e como a realidade havia sido outra para ele.

— Acho que não quero ter filhos — disse Peter. — Talvez esteja muito velho pra isso.

— E você, Miriam? — Perguntou Celine.

— Eu certamente não gostaria de ter filhos agora. Além disso, se Peter não quer, seria um pouco difícil, não é?

— Você pode encontrar um outro companheiro — afirmou Peter, com a boca cheia.

— Prefiro ter você do que ter filhos. — Dei risada. — Ano passado, encontramos por acaso com dois amigos de Peter do tempo da escola. Eles não se viam desde os 15 anos. Um deles perguntou se Peter tinha filhos, e eu lhe respondi: "Não! Ele tem a mim!"

Celine caiu na risada.

— E eles acharam isso engraçado?

— Mais ou menos, acho que não estavam acostumados com a franqueza dos holandeses — disse Peter.

— Foi só uma piada. — Abri um largo sorriso. — Nossa diferença de idade não é algum tipo de tabu que as pessoas sejam proibidas de mencionar.

Pouco antes de Celine partir na manhã seguinte, ficamos em pé observando o mar. Raios de sol revelavam-se através de aberturas nas nuvens e cintilavam na superfície do oceano.

— Você deve ter tantas fotos lindas — disse Celine ao fotografar o chalé e o mar.

— Ah, não, nós não temos uma câmera — afirmei. — Seria preciso ter baterias, cartões de memória, carregadores e todo tipo de equipamento.

— Além disso, ao olharmos para uma foto antiga — acrescentou Peter — perdemos a beleza que estamos vivenciando agora!

— Vou colocar esta aqui como tela de fundo do meu computador. — Celine mostrou uma foto que havia tirado da vista do chalé. — Assim teremos a mesma vista! — Ela começou a rir, e, em seguida, guardou a câmera em seu casaco parca azul.

Despedimo-nos com um abraço e ela caminhou de volta até seu carro. Levava uma perna de cabra em cada mão.

Choveu durante dois meses seguidos e o tempo só secou em novembro. Durante a primavera, os dias ficaram mais longos e o sol mais quente. Num tranquilo final de tarde, sentamo-nos na varanda para jogar xadrez. Enquanto a última claridade ainda era visível a oeste, as primeiras estrelas começaram a aparecer a leste. Uma leve brisa levava o barulho da arrebentação das ondas até nós. Então, inesperadamente, ouvimos uma estranha melodia: parecia ser o som de uivos caninos.

— O que será isso? — Perguntei, assustada.

— Acho que estamos ouvindo o som de focas nas rochas lá embaixo — respondeu Peter.

Na manhã seguinte, decidimos nos aventurar duzentos metros costeira abaixo para conhecer nossos vizinhos. O vento estava forte e impetuoso quando partimos; contudo, uma vez dentro da fechada floresta subtropical, tínhamos a impressão de estar em um outro mundo. O vento não conseguia transpor a vegetação e tudo permanecia calmo e estático. Imensas árvores haviam crescido entre grandes rochas que tinham o tamanho de casas. Os troncos lisos das palmeiras *nīkau,* com seus perfeitos anéis, pareciam obras de arte.

Descemos ziguezagueando a íngreme e traiçoeira encosta repleta de trepadeiras escorregadias até que fomos cercados por uma espécie chamada *kiekie,* cujas finas hastes agarravam-se aos troncos das outras árvores e formavam uma treliça impenetrável. Às vezes, conseguíamos deslizar por debaixo das *kiekie,* porém outras vezes a trama mostrava-se tão densa que não tínhamos outra opção a não ser caminhar por cima delas. Apesar de progredirmos a uma velocidade extremamente lenta, o ronco tempestuoso do mar ficava mais alto conforme chegávamos mais perto das ondas.

Finalmente, encontramos um pequeno penhasco e lá permanecemos em meio à fria névoa de água salgada, admirando a explosão das ondas abaixo de nós. Sentia o cheiro do sal e das algas marinhas no ar. Rochas ásperas e pontiagudas emergiam do mar, e quando grandes ondas se quebravam contra aquelas escuras pontas, uma colossal fonte de água com quinze metros de altura estourava pelos ares. As cristas das ondas inclinavam-se lateralmente com as rajadas de vento. Um espetáculo realmente impressionante.

Depois de um tenso diálogo, Peter decidiu descer a face vertical da rocha segurando-se em uma fina trepadeira. Quando vi que a planta aguentara o seu peso, segui atrás dele um pouco incerta. Na base do penhasco, encontramos um denso aglomerado de trepadeiras *kiekie* com um túnel interno. Senti um odor quase nauseante de peixe podre. Com o corpo abaixado, entrei no túnel antes de Peter.

— Ei, este é um lar de focas! — gritei para me fazer ouvir com o barulho das ondas ao fundo. Continuei engatinhando pelo chão de terra batida.

— Espero que a gente não se depare com uma foca-macho! — gritou Peter atrás de mim.

Eu não havia pensado naquilo! Em pânico, tentei me levantar e sair correndo, porém bati a cabeça nas hastes de *kiekie*. Não havia outra saída a não ser seguir com as mãos e os joelhos no chão através daquele labirinto fétido das focas. Virei em um túnel lateral, fingindo ter me enganado de direção, para que Peter pudesse me passar. Seria melhor que ele fosse na frente e enfrentasse a foca-macho, pensei, sentindo-me covarde.

— Ache um pedaço de pau para se defender — berrou Peter.

Avistei um grosso pedaço de tronco caído e me senti mais corajosa com ele nas mãos. Peter também carregava uma vara, a qual ele batia no chão para advertir qualquer animal nas proximidades de nossa presença ali. Eu fiz o mesmo. Soávamos como grandes leões-marinhos batendo suas grandes presas contra as rochas.

— Somos leões-marinhos! — Berrei.

Escapamos do labirinto — por sorte, inteiros. — As focas estavam todas caçando peixes nas furiosas águas ou tomando sol sobre as rochas. Apesar de ser um dia ensolarado, o mar rugia com a ventania como se estivéssemos no meio de uma violenta tempestade. Ondulações gigantes se chocavam incessantemente contra as pedras, o vento soprava o topo das cristas das ondas e gaivotas planavam em círculos soltando longas grasnadas e gritos agudos. Tudo era, de certa forma, assustadoramente selvagem. A maré lançava uma grossa espuma com força pelos ares, e nos sentamos em meio àquela névoa salgada que se estendia até onde nossos olhos podiam ver.

A costa era formada por gigantescas rochas escoradas pelos penhascos. Uma vegetação exuberante e vigorosa crescia no alto das paredes de pedra. Claramente, aquela parte do litoral não era visitada por ninguém; o local pertencia exclusivamente às focas selvagens. Os machos, três vezes maiores do que as fêmeas, buscavam alimento em mar aberto e, ocasionalmente, voltavam para a costeira. Pequenos filhotes brincavam nas piscinas naturais entre grandes pedras. Mergulhando, virando e rodopiando, as focas moviam-se com muita graciosidade na água; no entanto, quando estavam em terra firme, moviam-se lenta e desajeitadamente sobre as rochas. Em meio ao furor das ondas e da ventania, elas permaneciam calmas e serenas banhando-se de sol e de água do mar.

Olhávamos para uma paisagem que tinha um milhão de anos. O que víamos naquele momento era como aquele local havia sido desde tempos imemoriais. Era a ordem dentro do caos, em que a delicadeza sobrevivia dentro de uma concha chamada resiliência.

Peter desceu do nosso refúgio de pedra e apanhou alguns galhos caídos. As focas seguiram-no, curiosas, com seus grandes olhos castanhos semelhantes aos dos cachorros. Seu corpo pareceu miúdo entre as enormes rochas. Cozinhamos o nosso almoço em uma fogueira e fomos observados de todos os ângulos pelas nossas vizinhas. Avistei um crânio de foca cujos ossos brancos reluziam sobre as pedras pretas. Saltei de onde estava para pegá-lo e depois corri de volta. Enquanto Peter preparava a refeição, consegui arrancar um grande dente da mandíbula balançando-o de um lado a outro. Com meu canivete, abri um buraco em sua superfície.

Levamos duas horas subindo a costeira através do emaranhado de trepadeiras *kiekie* para evitar passar pelo túnel das focas na volta. Quando alcançamos a quietude da floresta, o som das ondas lentamente se esvaiu até se transformar num absoluto silêncio. Tinha a impressão de estar sendo observada por todas as árvores.

Chegamos ao chalé com o sol poente. Achei um cordão, no qual amarrei o dente, e entreguei o colar a Peter.

— Agora você vai carregar o espírito das focas. — Soltei uma risada. — E você saberá como ser calmo, como elas, mesmo nos lugares mais selvagens da terra.

Certa manhã, no início do verão, Daniel chegou e nos convidou para acompanhá-lo por duas noites em um trabalho na última colônia de petréis de Westland[15], da Nova Zelândia. Ele estava envolvido em trabalhos de preservação ambiental e uma de suas tarefas era monitorar os petréis, que são um tipo de albatroz. Restavam somente quatro mil pares reprodutores daqueles pássaros, ele nos contou, em uma área de dois por três quilômetros quadrados.

Entusiasmados, seguimos Daniel pela íngreme e escorregadia encosta de uma montanha. Após muitas horas abrindo caminho em meio à mata arbustiva, finalmente alcançamos o topo de uma área escarpada rodeada de gigantescas árvores. Aquele local era nitidamente uma "cidade dos pássaros": entre as árvores não havia vegetação, o solo era árido e compactado. Montamos nossa barraca e aguardamos.

Quando anoiteceu, mil robustos pássaros colidiram contra as copas das árvores e literalmente caíram no chão; suas quedas sendo amenizadas pelos galhos. Daniel nos explicou que o corpo dos petréis tinha se desenvolvido para deslizar sobre a água, fazendo com que não conseguissem pousar com facilidade nas árvores; a única maneira de aterrissarem era colidindo contra elas. Aquele era o único lugar do mundo em que eles tocavam a terra firme.

O regresso dos petréis foi acompanhado de um ensurdecedor grasnar, chilrear, berrar e roncar — uma cacofonia sobrenatural e inacreditável. Observamos o nosso entorno de olhos arregalados, encantados por aqueles extravagantes sons. A magia continuou por um bom tempo até que, por fim, todos os pássaros encontraram as suas tocas e o silêncio voltou à floresta.

Daniel vestiu as suas luvas e entrou em ação. Enfiou a mão dentro de uma galeria e puxou um pássaro. Com altos e graves chilros e berros, o petrel bicou repetidas vezes a luva de Daniel, que o inspecionou e pediu para que eu anotasse o número da anilha em seu caderno. A meu ver, parecia contra-

[15] Pássaro endêmico da Nova Zelândia ameaçado de extinção. (N.T.)

ditório tentar proteger aquelas aves perturbando-as em suas tocas, porém ele me garantiu que elas estavam se beneficiando mais do que sofrendo com a interferência humana.

— Toda preservação ambiental é baseada no sentimento de culpa? — Perguntei.

— Sim. — Ele abriu um largo sorriso. — Os humanos destruíram um incalculável número de espécies de plantas e animais. Somos sem dúvida a maior peste deste planeta. Se os animais e as plantas pudessem, eles certamente votariam a favor da nossa extinção.

— Não entendo muito de preservação — afirmei — mas o que percebo é que qualquer ação derivada da culpa geralmente gera mais confusão e distorção da realidade. E nunca soluciona o conflito.

Daniel permaneceu em silêncio por um momento.

— Pois é, isso pode ser verdade para as pessoas, mas temos que fazer algo por este planeta, antes que ele se acabe.

Pouco antes do amanhecer, em torno das seis da manhã, posicionamonos atrás de uma árvore próxima ao local de decolagem dos petréis — um alto penhasco com vista para a floresta de um vale e o oceano. Foi incrível testemunhar aqueles robustos pássaros cambaleando desajeitadamente em direção à borda, abrindo suas asas e, em seguida, levantando voo e planando pelo vasto céu com tamanha graça e vigor. Simplesmente me sentei e admirei as maravilhas deste magnífico planeta.

Cada pássaro oscilou numa corrente ascendente e bateu as asas rumo ao imenso oceano. Eles viajariam centenas de quilômetros até ilhas afastadas do continente para se alimentar, depois dariam a volta em torno de toda costa da Ilha Sul antes de regressar às suas tocas.

Nosso verão na Costa Oeste veio a ser o mais seco desde que os registros começaram. Entre novembro e fevereiro não caiu uma gota de chuva. A maioria dos riachos secou e, apesar de ter sido um problema para os fazendeiros, para nós o clima estava agradavelmente seco.

Descobrimos uma outra maneira de descer a costeira sem perturbar as focas. Ao percorrermos um longo caminho dentro da floresta, por fim, chegamos ao mar. Caminhamos pela areia das praias, escalamos grandes pedras e passamos por longas passarelas de leito de rocha. Estava justamente subindo alguns gigantescos troncos caídos com ajuda das mãos quando Peter apontou para penhascos calcários do lado esquerdo.

— Talvez haja uma caverna ali — afirmou ele em voz alta, com o barulho das ondas ao fundo.

Olhei para cima porém não vi nada, e antes que pudesse responder Peter já havia desaparecido em meio à vegetação. A floresta era tão densa que logo perdi qualquer rastro dele. Chamei o seu nome e batalhei por dentro da mata até chegar a uma impressionante rocha projetada para fora do penhasco.

— É bem profunda! — A voz de Peter ressoou na escuridão. Quando meus olhos se acostumaram com a pouca claridade, pude ver que parte da grande caverna calcária estava molhada devido ao gotejamento de água, já outras partes estavam secas.

— Nossa! Podemos morar aqui! — Exclamei com empolgação. A ideia de se viver em uma caverna sempre fora fascinante para mim. — Poderíamos trazer suprimentos de barco. Ninguém nos acharia! Comeríamos mexilhões e cabras e dormiríamos aqui — apontei para um canto sem umidade. Em seguida, examinamos a caverna em busca de sinais de habitação humana. — Imagine se a gente achar algum tipo de ossada! — Considerei.

— Uma vez eu encontrei um esqueleto numa gruta subterrânea na Índia — disse Peter.

— Sério? — Eu sempre ficava surpresa com a quantidade de histórias que eu ainda não ouvira dele.

— Sim, num primeiro momento achei que fosse a ossada de um macaco, mas as pernas eram longas demais. Era uma ossatura antiga e não havia crânio ou vestes. Medi a altura das minhas pernas com uma vara e coloquei-a cuidadosamente ao lado do esqueleto, que no fim, das contas, tinha pernas mais compridas do que as minhas. Só podiam ser ossos humanos.

— Será que a pessoa havia sido assassinada?

— Nunca saberemos, porém depois de achar o esqueleto encontrei excrementos de leopardo por perto. Leopardos são grandes... podem pesar até noventa quilos. Eu sabia que eles habitavam a área, mas não sabia que moravam naquela gruta.

— E não ficou com medo? — Perguntei.

— Ah, com certeza. Quando percebi que estava dentro da morada de um leopardo, fiquei aterrorizado! O pavor quase me paralisou, mas quando me lembrei de que os leopardos poderiam facilmente ter percebido a minha presença ali, perdi o medo. Se quisessem ter me matado, já o teriam feito.

— E o esqueleto?

— Bom, simplesmente fiquei sentado lá, pensando sobre o que teria acontecido com aquela pessoa. Cheguei à conclusão de que aquele também seria o meu destino. Um dia, não importa o que aconteça, eu também serei apenas um monte de ossos. Ponderei sobre a estranha vida que nós humanos levamos. — Peter olhou para mim por um momento. — Fiquei lá por um longo período, considerando a realidade da morte. Compreendi que estamos tão focados em *nos tornar* que nos esquecemos *de ser,* e ser é o instante no qual todos nós estamos. Quando paramos de ser, viramos uma ossada e é isso: a vida acaba. Término. Fim. Sem retorno.

— Concordo, é estranho viver para o futuro, pois ele pode nunca chegar — afirmei.

— Certo, e você também irá morrer, um dia — disse Peter. — Talvez você não pense sobre isso, porque ainda é jovem e muito saudável. Na minha idade, as pessoas se levantam da cama com planos para o jantar, mas acabam morrendo na hora do almoço. A sensação de se ter quase 60 anos é diferente por causa disso. Não tenho tempo a perder com coisas que eu realmente não quero fazer.

— Eu também não, na verdade.

Sentamo-nos em silêncio e observamos as lindas cores das copas das árvores do lado de fora. Grandes samambaias e longos cordões de musgo estavam pendurados na entrada da caverna e balançavam com o vento.

— Por acaso você pegou alguns daqueles ossos como um *souvenir?* — Perguntei, afinal.

— De jeito nenhum. — Peter deu risada. — Não cairia muito bem passar pela alfândega da Nova Zelândia com ossos humanos pendurados no pescoço!

O ar dentro da caverna começou a esfriar, então retornamos para a costeira com sua brisa quente e furiosas ondas. Como não chovia fazia muito tempo, tivemos que subir pelo leito de um rio que estava seco até encontrar água fresca. Quando finalmente encontramos um filete de água, acendemos uma fogueira para fazer chá e tostar nosso pão. Depois do almoço, Peter sugeriu que explorássemos uma área mais elevada, e nossos esforços foram recompensados quando chegamos a uma piscina natural de água escura. Bem próximo a nós, podíamos escutar o som de uma ruidosa cachoeira.

— Venha! Vamos nadar até a cachoeira! — Exclamei, já me despindo. Nua, caminhei por dentro da água e depois nadei calmamente até chegar à queda. O barulho era ensurdecedor e a energia eletrizante. A piscina parecia estar vibrando e o local era rodeado de altas paredes de pedra decoradas com pequenas samambaias e flores. Estávamos em um ambiente excepcionalmente puro.

Nadei em um círculo e lentamente retornei para onde Peter estava.

— Ei, seu banana! — Berrei. Ele permaneceu de pé na beirada da água. — Vem aqui, gatinho medroso! — Eu ria, apoiando-me em um tronco que boiava. — Olha só esta cachoeira, é maravilhosa!

— Ías-e-guias? — Berrou ele.

— O quê?

— E as enguias? — Berrou ele novamente, só que mais alto. — Vê alguma en...

Ele nem terminara a frase quando subitamente senti uma afiada dentada na perna. Gritei e olhei para baixo. Uma longa enguia preta deslizava ao redor das minhas pernas. Galguei para cima do tronco com a velocidade de um raio, enquanto Peter rachava de rir na margem rochosa.

— Eu achei que elas... — Ele mal conseguia falar, de tanto que ria. — Achei que elas estivessem com fome!

Rastejei-me sobre os escorregadios troncos, pois estava muito assustada para encostar novamente na água.

— Esta lagoa está cheia de enguias, gatinha medrosa! — Gracejou Peter. — Estou vendo quatro por aqui e mais estão se aproximando. Taí a corajosa Jane da selva, não é? — Ele continuava a rir.

Quando por fim consegui voltar à margem, dei um sorriso amarelo. Apesar de o ferimento na perna estar sangrando, pelo menos a enguia havia me soltado — não obstante seus dentes voltados para trás.

Numa linda manhã de outono, quando o ar estava agradavelmente quente e o céu azul, pegamos uma pequena mochila com comida e caminhamos para dentro da floresta. Mostrei a Peter os lugares secretos que eu havia descoberto durante as minhas caçadas. Quando avistamos pegadas, revelei com orgulho quanto tempo se passara desde que as cabras haviam estado ali, observando a forma e a consistência do solo revirado. Depois sentamo-nos em minha caverna, onde havia excrementos secos de cabra. Quebrei-os ao meio para mostrar a Peter pedaços inteiros de grama em seu interior, indicativo de um animal mais velho cuja digestão era menos eficiente.

Com o sol a pino, encontramos lenha na margem do rio e Peter fez uma fogueira para cozinhar o almoço.

— Estamos em uma área tão grande! É simplesmente inacreditável — disse ele.

— Não é interessante que tantas pessoas queiram *possuir* a sua própria terra, ter algo no nome delas?

— Pois é, a maioria das pessoas na Nova Zelândia está condicionada a acreditar que deve trabalhar para conseguir comprar um terreno e uma propriedade. Eu mesmo fiz isso.

— Acredito que haja uma ilusão de que você se sentirá muito seguro se tiver a sua própria terra — afirmei. — A segurança deve ter um peso muito grande para os seres humanos. Mas ela é real? Uma pessoa consegue encontrar segurança só por ter algo em seu nome? Você se sentiu seguro sendo dono de uma propriedade?

— Não. Levei dez anos para perceber que tinha construído uma bela prisão para mim mesmo.

— Sinto-me bem segura neste momento — declarei. — E ainda assim, não sou dona de nada, exceto do meu arco. Mas se tivesse que pagar uma dívida de empréstimo todo mês, ficaria angustiada por não saber se teria meios. Se eu tivesse um emprego, ficaria constantemente preocupada com o fato de poder perdê-lo. Não acho que me sentiria mais segura do que me sinto agora. Acho que teria um efeito contrário em mim.

— Sim, mas, como Mouse já mencionou, sua segurança reside em mim.

— É verdade. — Eu sorri. — Porém o que quero dizer é que se eu fosse proprietária de uma área às custas de um empréstimo, seria bem menos segura do que sou hoje.

— Mesmo quando já se é dono de uma propriedade, você ainda tem que pagar impostos ao governo. E se você tem cabras leiteiras, árvores frutíferas e hortas, fica amarrado. Num verão seco, não se pode simplesmente partir rumo à floresta por semanas a fio sem regar as plantas.

— Possuir terras parece algo bem limitante — afirmei. — Será que realmente precisamos comprar um terreno?

— Acho que talvez não.

Terminamos de almoçar e Peter sugeriu que explorássemos o rio. Assim, partimos com nossas sandálias em uma caminhada pela água de um desfiladeiro. Penhascos, rochas salientes e cachoeiras espetaculares nos convidaram a avançar cada vez mais. A certa altura, Peter supôs que o rio daria uma volta, então saímos do desfiladeiro em direção à floresta para pegar um atalho de cerca de cem metros por dentro da mata. Entretanto, para nossa surpresa, não localizamos mais o rio — seu curso havia tomado um rumo diferente.

— Se continuarmos à nossa esquerda, vamos encontrar o rio novamente — sugeri.

Avançamos ininterruptamente pela densa selva. Samambaias, árvores *rimu,* palmeiras *nïkau* e faias, todas se transformaram num grande borrão verde. Tudo parecia igual. Em pouco tempo não fazíamos ideia de onde estávamos.

— De qual direção você acha que viemos? — Perguntou Peter.

— Dali — respondi com firmeza, apontando para a minha esquerda.

Peter me fitou por um momento.

— Achei que fosse dali — disse ele, apontando para a direção oposta. — Que diabos aconteceu? Para onde foi o rio?

Uma cabra e seu filhote surgiram por detrás de uma pequena colina. Olharam para nós surpreendidos e depois continuaram normalmente seu caminho pela floresta. Eu sorri e disse para Peter:

— Eles não estão perdidos.

— Não, eles podem dormir em qualquer lugar e comer o que quer que seja — disse ele. — Deve ser maravilhoso ter esta total independência.

Era difícil dizer se estávamos andando em grandes círculos. O silêncio da floresta subitamente ficara tenebroso. Até os passarinhos tinham emudecido e havia uma expectativa no ar. Comecei a considerar a possibilidade de passarmos a noite na floresta. Leváramos roupas quentes, tínhamos fósforos e um resto de pão.

— Há quanto tempo estamos caminhando? — Indagou Peter.

— Algo entre trinta minutos e quatro horas — respondi.

Ele se virou.

— É estranho, não é? Perdemos a noção do tempo quando estamos perdidos.

Um *kererü* nos observou silenciosamente de uma árvore. Aquela espécie de pombo nativo tinha olhos vermelhos vívidos, uma grande barriga branca com contornos que lembravam um maiô, e belas cores azul-esverdeadas no dorso.

Andamos pela silenciosa floresta, abrindo caminho em meio à vegetação rasteira, por um período que pareceu uma eternidade. Deparamo-nos com árvores de portes colossais cujos troncos estavam completamente tomados por musgos, samambaias e líquens. As plantas cobriam cada centímetro quadrado daquela floresta. Nas partes ensolaradas, a luz era tão clara que as verdes samambaias ficavam brancas; em contrapartida, à sombra tudo ficava escuro. Batalhamos através da exuberante mata e seguimos rastros de animais na subida e na descida de morros. Estávamos nos arrastando para a frente e nos sentindo cada vez mais desorientados. Por vezes tínhamos a impressão de estar vendo sinais do rio, contudo descobríamos serem sempre miragens.

Até que avistei uma abertura entre as árvores à minha esquerda.

— O rio! — Berrei, exaltada, e Peter correu ao meu encontro. — Mas esta é a margem esquerda — afirmei. — Como isso é possível?

Estávamos intrigados. Imaginamos ter transposto uma colina e encontrado um outro riacho. Sentamo-nos para descansar com a sensação de estarmos a salvo, pois poderíamos seguir o fluxo da água e voltar à costeira. Não estávamos mais perdidos. Contudo, caminhamos somente vinte metros e localizamos nossas próprias pegadas novamente, que saíam do rio em direção à floresta. Entreolhamo-nos assustados.

— O que é isso? Uma ilusão de ótica? — Indaguei Peter.

Sem dizer uma palavra, ele se virou e seguiu na direção contrária. Cerca de cinquenta metros depois, o rio desapareceu completamente embaixo da terra. Árvores haviam crescido sobre as rochas e não havia absolutamente nenhum sinal do leito. Aí estava a resposta do enigma do sumiço do rio: camináramos justamente por cima dele.

Uma tarde no início do outono, estava sentada na varanda costurando pedaços de pele de *possum* quando ouvi uma voz familiar.

— Pete, está por aí? Tem alguém em casa?

Levantei os olhos e fiquei extasiada ao ver Mouse. Ele colocou as malas no chão e me abraçou com muita alegria.

Peter retornou da horta e disse:

— Como você está, Mouse?

Eles também se abraçaram.

Na varanda, sentamo-nos à mesa de piquenique e, enquanto tomávamos pequenos goles de nosso chá, Mouse nos inteirou sobre seu longo processo de divórcio e divisão de bens. Ele e Debbie tinham inicialmente se separado amigavelmente, contou ele, porém aos poucos a situação ficara feia. No final, estavam se comunicando somente através do advogado. Naquele momento, entretanto, tudo já estava resolvido.

— Pois é, tudo indo às mil maravilhas — afirmou ele. Sua maior ocupação, revelou com satisfação, era correr atrás de mulheres. — Você não faz ideia do quão útil é um *smartphone*. — Ele riu e bateu de leve no aparelho em cima da mesa. Fiquei surpresa de vê-lo tão entusiasmado com tecnologia; ele nem fazia uso do computador. Olhou para Peter e disse: — Tem esse *app* que te conecta com as garotas mais próximas. Você pode dar uma bimbada a qualquer hora!

— Com um *app?* — Perguntou Peter.

— Isso mesmo. — Mouse dava risada. — Olha só. Aprendi muita coisa. É incrível demais. — Ele balançava a cabeça admirado, enquanto deslizava os dedos pelo telefone. Descreveu todas as festas interessantes que estivera frequentando e as pessoas que havia conhecido. Também nos contou que tinha marcado uma viagem para o sudeste asiático, começando pela Tailândia. No meio do relato, subitamente se levantou, apanhou uma barra e começou a fazer flexões.

Peter observava-o atônito, como se estivesse testemunhando o ataque epiléptico de um cão.

— O que ele está fazendo agora?

— Só estou fazendo — grunhiu Mouse — alguns exercícios. — Em seguida, levantou as pernas pelo ar e, com um grande impulso, pulou no chão.

— Você já é o cara mais esguio do país — berrou Peter. — Não tem nem um grama de gordura no corpo!

— Mantendo a forma para a mulherada, Pete! Importantíssimo! — Mouse caiu na risada.

Obviamente nos divertimos muito com ele e rimos bastante, porém o Mouse que conhecêramos de alguma maneira havia desaparecido, perdido no mundo da tecnologia e de todas as maravilhas que ele pode oferecer. Sua paixão pela caça aos porcos fora substituída pela caça às mulheres. Sempre que tentávamos falar sobre algum assunto, Mouse tinha o olho fixo em seu *smartphone*. Foi bom vê-lo feliz, mas, ao mesmo tempo, me senti um pouco triste. A docilidade que antes enxergava nele parecia ter se evaporado.

Após dois dias conosco, ele teve que partir novamente. Acompanhamos nosso amigo pela trilha até sua caminhonete.

— Estranho pensar que estarei em Bangcoc em duas semanas — disse ele com um sorriso.

— Você estará num outro mundo! — Disse Peter alegremente. — Lá faz muito calor. Tire um tempo para se adaptar. Acho que vai gostar da comida.

— Ei! — Ele balançou os ombros. — Manteremos contato!

Concordamos com um aceno.

— Compre um *smartphone* — disse Mouse, olhando para mim. — Assim posso te enviar mensagens.

— Não há sinal onde moramos. — Sorri.

Quando me abraçou, manteve-me em seus braços por um instante, depois olhou para Peter e disse:

— Se vocês forem cada vez mais pra dentro do mato, acho que não nos veremos muito a partir de agora.

Todos ficamos em silêncio por um momento, até Peter lhe aconselhar:

— Cuide-se direito, ok?

Mouse riu e saltou para dentro do carro.

— Claro! Não se preocupe comigo. — Abaixou o vidro da janela e se apoiou de forma descontraída sobre o seu braço. Quando me aproximei, sua mão encontrou a minha.

— Tchau, Ricky — despedi-me. — Boa sorte!

Ele sorriu, porém eu não soube dizer o que ele estava pensando.

Ao fazer a curva, a caminhonete esbarrou num galho de árvore que pendia sobre o acesso, criando o efeito de um pequeno chuvisco.

— Você acha que o veremos de novo? — Perguntei.

— Não sei dizer, querida.

— É como estar de luto pelo término do verão aos primeiros sinais do outono — refleti em voz alta enquanto caminhávamos de volta ao chalé. — O verão não se importa de estar se transformando. Somente *nós* rejeitamos o outono.

No equinócio de outono, quando o dia e a noite têm exatamente a mesma duração, o sol se pôs no horizonte da Nova Zelândia e, quase no mesmo instante, despontou em Estocolmo. Do outro lado do mundo, minha irmã mais velha, Hanna, deu à luz um menino. Chamaram-no de Rafael.

Costurei uma macia manta de *possum* para ele se deitar e escrevi uma carta prometendo que, um dia, mostraria a ele o silêncio das grandiosas montanhas e a beleza dos rios cristalinos. Juntos observaríamos os pássaros e escutaríamos as canções do alvorecer. Eu o ensinaria a dormir sobre a terra, caçar com um arco e vagar em meio à natureza selvagem. Durante as noites, faríamos uma grande fogueira na margem pedregosa de um rio e, quem sabe um dia, o calor do fogo acenderia uma centelha jubilosa em seu coração.

No fim daquela estação, voltou a chover. A temperatura caiu, o céu ficou acinzentado e o solo encharcado. Com a chuva veio a tristeza que havíamos experienciado no último inverno. Não queríamos passar mais uma estação úmida na costa. Não queríamos estar amarrados à horta, ao galinheiro e nem mesmo a uma casa. Tínhamos vontade de nos mover livremente novamente.

Antes de chegarmos ao chalé de Daniel na Costa Oeste, havíamos cogitado comprar nosso próprio terreno com área verde, cabras leiteiras e árvores frutíferas. Contudo, naquele momento estávamos aliviados de não ter tomado aquela decisão, pois ficáramos entediados de morar em um único lugar. Queríamos levar uma vida autônoma sem depender de propriedades ou casas de outras pessoas. Uma parte dentro de nós estava inquieta. Estávamos prontos para a vida nomádica mais uma vez: escalando montanhas, vagando pelos vales, caçando e coletando.

Era hora de seguir em frente.

"Sou Elisabeth —Seus olhos azul-claros brilharam timidamente. Ela tinha no máximo um metro e meio de altura, o rosto arredondado e uma pele macia. Elisabeth subiu com insegurança os degraus do terraço e sua postura revelava uma certa fragilidade. Uma vez na varanda, ela permaneceu em pé por um momento incerta sobre onde deveria se sentar."

CAPÍTULO 8

NÔMADES MODERNOS

— Um mais um é igual a três, querido — afirmei.

— Não seria dois?

— Não, não. — Balancei a cabeça e comecei a rir. — Se duas pessoas trabalham em harmonia, há uma soma das forças que é muito maior do que somente dois indivíduos.

Sentia-me entusiasmada. Estávamos partindo em uma nova aventura. Era inverno e nos dirigíamos às montanhas cobertas de neve. Peter, segurando o desgastado volante, olhava atentamente para a estrada de lama à nossa frente. Na caçamba da caminhonete estavam caixas com comida, roupas, cobertores, nossas peles de *possum,* a barraca e uma grande lona. Trocáramos nosso carro por um Toyota Hilux com vinte anos de uso, o qual era projetado para ser utilizado em todas as estações e enfrentar água, lama, rochas, montanhas e vales. Nosso plano era passar pelo menos o próximo ano percorrendo de carro toda a Ilha Sul de ponta a ponta.

A maior parte da chuva se precipita no lado oeste da Nova Zelândia, então após um ano na Costa Oeste decidimos definitivamente ficar no lado leste. Seguiríamos velhas estradas de terra através das montanhas, atravessaríamos rios em lugares isolados e montaríamos acampamento em meio à natureza selvagem. Seríamos nômades modernos. Se tivéssemos vivido em 1900, teríamos viajado a cavalo; naquele momento, tínhamos uma caminhonete.

Um rio de forte correnteza surgiu diante de nós. Peter parou o carro e fixou os olhos nele, em silêncio. Grandes rochas formavam corredeiras e a água fluía em um turbilhão. Apreensivo, Peter segurou o câmbio e tentou trocar de marcha. O velho Toyota, entretanto, não respondeu rapidamente; já havia rodado mais de trezentos e cinquenta mil quilômetros.

— Por ali, por ali! — Exclamei com nervosismo enquanto apontava para uma área mais rasa. A frente da caminhonete se inclinou em direção à água e todo o nosso equipamento na parte de trás escorregou para a frente. Segurei em uma alça próxima do porta-luvas à minha frente para manter-me firme no lugar. Entramos no rio. Na metade da travessia sentimos a força máxima da correnteza e as ondulações bateram contra o capô. Prendi a respiração. O carro passou com firmeza pela correnteza e subiu lentamente a margem do outro lado. Respirei aliviada.

— O mecânico não disse? Toyotas são à prova de balas. — Peter riu.

Abrimos um largo sorriso ao mesmo tempo e pudemos relaxar.

— Nossa jornada é um pouco como uma expedição, não é? — Indaguei.

— É sim — respondeu ele. Contornamos uma enorme rocha. — Exceto pelo fato de que não temos um plano, itinerário, patrocinadores, obrigações ou equipamentos caros.

— Nem alguém para nos resgatar — acrescentei um pouco aflita.

Não estávamos acostumados a carros com tração nas quatro rodas e, como sabíamos que dependíamos quase totalmente da nossa caminhonete, dirigir se tornara motivo de muita tensão. Estávamos cruzando as áreas montanhosas do sul de Marlborough, sendo que a maioria das pessoas passava por lá em comboios durante o verão. Quando atolavam em ravinas, rios ou lamaçais, resgatavam uns aos outros rebocando os carros com sarilhos e cabos. Só conseguia me sentir segura porque sabia que, em caso de emergência, poderíamos pegar nossas mochilas e caminhar até um local onde seria possível pedir ajuda.

Percorríamos um vale que fazia parte de uma área de passagem de gado e as montanhosas florestas ao redor eram terras de domínio público. As cadeias de montanhas a leste e a oeste eram tão altas que muita neve se acumulara nos cumes. Podíamos ver dois radiantes arco-íris — um atrás do outro — entre os montes. Apesar dos riscos e perigos envolvidos, dirigir nosso próprio veículo em meio àquela isolada região nos proporcionava uma maravilhosa sensação de liberdade e independência.

Passamos pela última fazenda e seguimos na direção sul rumo à uma área de preservação ambiental. A floresta e os penhascos escarpados desapareceram e deram lugar à formações arredondadas de montanha com touceiras de capim amarelado, cujas longas folhas se inclinavam no sentido dos cumes com o forte vento. O céu estava profundamente cinza e nuvens escuras se aproximavam do sul. Procuramos ansiosamente por alguma árvore. Precisávamos de uma floresta que nos provesse de abrigo e lenha. Como era nossa primeira vez naquela região, não tínhamos a menor ideia de onde montar nosso acampamento.

Ao longe, num outro vale, avistamos algumas árvores. Apesar de haver um ínfimo sinal da estrada, dirigimos direto através das touceiras de capim, lama e rochas, tão ávidos que estávamos para alcançar a proteção da floresta.

Montamos acampamento em meio a grossos troncos de faias. Primeiramente, amarrei nossa grande lona entre as árvores para fazer uma sala de estar. Um toque de arte era necessário: deveria levar em consideração a direção dos ventos e a precipitação de chuva e neve, além de deixar uma leve inclinação para o caimento de água. Peter cavou uma valeta para direcionar ocasionais enxurradas para o riacho. Tínhamos um abrigo para lenha e um toldo sobre a nossa barraca. Assim, havia uma cobertura para cada "cômodo" da casa.

Utilizei alguns ganchos, que havia feito com espessos fios de arame, e uma corda esticada entre galhos de árvores para pendurar caldeirões, xícaras e panelas, como em uma cozinha. Uma corda elástica colocada em volta de nossa "árvore toalete" servia para prendermos nossa escova de cabelo, barbeador, escovas e pasta de dentes. Havíamos adquirido um antigo guarda-comida que suspendemos em um galho. Era uma caixa de metal com telas nas laterais para passagem do vento que funcionava muito bem, mantinha as moscas afastadas e a carne fresca. Em dias de chuva, poderíamos nos sentar em baldes sob a lona e jogar xadrez. Em volta da fogueira colocamos grandes pedras do rio como se fossem assentos. Toda a instalação era bem limpa, organizada e aconchegante.

Na manhã seguinte, acordei com a primeira claridade e coloquei o casaco e o gorro de pele de *possum*. Podia ver o vapor da minha respiração no ar frio e seco. Quando alcancei a clareira, a paisagem estava estática. Não havia vento e tudo repousava sob a geada. Olhei para as paredes de pedra que, com exceção de alguma eventual planta que conseguira se fixar, estavam nuas. Picos verticais nos topos revelavam a espinha dorsal das montanhas. A neve dos prados escorria em filetes de água.

Inspirei o límpido e puro ar. Os raios do sol nascente tocavam o topo das montanhas a oeste e faziam a neve branca ganhar tons avermelhados e alaranjados. Foi magnífico ver as cores emergindo em meio àquela quietude. Como era fantástico estar vivendo dentro de tamanha beleza natural. O esplendor que tudo abrangia me fez refletir: "Por que razão eu deveria viver em uma casa na cidade novamente, onde seria controlada pelo relógio, dinheiro e obrigações sociais?" Subitamente, fui tomada por uma clareza de pensamento. "Nenhuma. Viverei livremente em meio à natureza." Aquela parecia ser a maior obviedade do mundo para mim. "Há uma vida livre para ser vivida, e eu a viverei."

Com aquela compreensão, um caminho se abriu à minha frente: tudo o que eu precisava fazer era segui-lo. Mesmo se eu me perdesse, encontraria-o de novo, pois sabia que ele era real.

Havia uma beleza deslumbrante ao nosso redor, mas era inverno e passávamos muito frio acampando naquelas altitudes elevadas, principalmente quando um vento do sul trazia gélidas temperaturas da Antártida. Em nosso primeiro ano na floresta dormimos na barraca, porém tínhamos a cabana para nos abrigar nos piores dias. Naquele momento, só havia a fogueira. Poderíamos ficar dentro da caminhonete para nos proteger do vento — se movêssemos todos os tonéis e caixas para o lado —, entretanto também passávamos frio pois receávamos gastar a bateria se ligássemos o aquecedor.

Nossos casacos, gorros e luvas de pele foram extremamente úteis. Os cobertores e tapetes de *possum,* sobre os quais dormíamos, mantiveram-nos bastante aquecidos durante as frias noites de inverno. Não podíamos lavar as peles, então as pendurávamos em arbustos para tomarem sol. A melhor solução contra o frio, entretanto, era a comida e o movimento. Se eu falhasse na caça, sentiríamos gradualmente mais frio. Nosso bem-estar dependia em grande parte da minha habilidade em prover a carne.

Certa tarde, fui caçar pelo vale. Subi através da floresta e alcancei uma área alpina de confluência de rios repleta de touceiras de capim dourado. Ao meu redor estavam picos imponentes de montanhas. Levava o rifle no ombro e meus olhos examinavam atentamente a paisagem. Caminhei fazendo curvas entre grandes e silentes rochas. As sombras alongavam-se e a terra tinha um brilho avermelhado com o sol da tarde. Flocos de nuvens cor-de-rosa flutuavam lentamente através dos cumes. A cada sopro de brisa eu sentia um sutil e diferente perfume.

Tudo na natureza tinha sua própria cor característica. Havia muitas diferentes tonalidades de marrom na grama, nas rochas e nos arbustos, contudo, existia somente um tom de marrom claro que era delicado como o de uma lebre. De súbito, avistei uma. Gelei. As orelhas da lebre estavam levantadas e eram capazes de ouvir qualquer movimento. Podiam ouvir o meu andar e respirar; podiam ouvir o vento contornando o meu corpo.

Qualquer ruído e ela escaparia. Com movimentos lentos, rastejei até uma grande rocha e apoiei o rifle suavemente sobre a pedra. Minhas mãos estavam levemente trêmulas. Eu não queria errar, pois aquela era a primeira lebre que via em dois dias.

"Bum."

O tiro ressoou pelo vale.

Suspirei com alívio quando vi que a lebre estava morta. Corri até ela e afaguei a sua pelagem que ainda estava quente. Achei estranho o fato de só conseguirmos tocar um animal selvagem quando ele morre. Sua barriga era macia e branca como a neve. As patas acolchoadas eram grossas e ásperas e mantinham a lebre aquecida em meio às geadas. Apanhei-a e sorri. Peter ficaria extasiado ao ver que teríamos carne para o jantar.

Saíra para caçar com a temperatura agradável de uma tarde ensolarada; naquele momento, entretanto, o sol e todas as suas cores haviam desaparecido. A paisagem empalidecera e tinha uma cor cinza-azulada. Um vento frio do sul soprava através das montanhas. Eu esquecera minhas luvas de *possum* e minhas mãos estavam expostas ao gélido ar. Precisava tomar alguma providência pois meus dedos estavam ficando doloridos e ainda tinha uma longa jornada de volta. Então, peguei a minha faca e cuidadosamente abri uma fissura na lebre. A macia pele se descolou com facilidade do corpo ainda quente, e pude enfiar meus dedos dentro dela como se fosse uma luva.

O calor da lebre se transferiu para o meu corpo, sua carne em breve seria parte de mim e sua força intensificaria a minha. "Os vivos se tornam os mortos", pensei, "e os mortos se tornam os vivos". Senti-me como uma caçadora selvagem, conectada aos meus ancestrais europeus nômades de tempos remotos. Eles também haviam vagado pelas montanhas e caminhado através de vales desconhecidos até horizontes infinitos para caçar seu alimento durante o frio inverno.

Estava escuro quando adentrei a floresta. Nas semanas anteriores eu utilizara minimamente a minha lanterna e, assim, meus olhos haviam aprendido a enxergar na penumbra. Instintivamente, reconheci as formas das árvores, pedras e rochas escorregadias, as quais brilhavam com a luz da lua. Tudo estava calmo e o riacho sussurrava. Uma coruja piou ao longe. De tempos em tempos, sentia o alentador bafo da fumaça expelida pela fogueira de Peter no vale abaixo. Quando cheguei ao acampamento o corpo do animal estava frio, porém minhas mãos estavam aquecidas.

Durante o ano que se seguiu, saía para caçar lebres pelos vastos campos. Os conservacionistas as abominam, pois elas comem a frágil vegetação nativa. Contudo, quanto mais as caçava, mais as admirava. Apesar do número de espécimes ser baixo, as lebres pareciam adaptar-se à vida em qualquer ambiente, até mesmo nas áreas montanhosas mais elevadas. Podiam sobreviver em lugares onde outros animais pereceriam e viviam majoritariamente sozinhas, apesar de nunca parecerem solitárias. Acima de tudo, elas sabiam correr. Ao saltarem descontraidamente, suas orelhas ficavam levantadas; quando estavam alertas, aceleravam os movimentos com as orelhas semiabaixadas. Na iminência de um perigo real, corriam como o vento. As orelhas ficavam deitadas rente ao dorso, o corpo assumia a forma de uma flecha e, sem esforço, voavam em velocidade impressionante subindo íngremes encostas. Era uma alegria observar criaturas capazes de correr tão graciosamente.

Com frequência, notei que, do alto, gaviões assistiam às minhas caçadas. Voavam em círculos e pacientemente aguardavam pela sua porção. Não demorou muito para que percebessem que eu estava lhes fornecendo comida.

Aqueles meses de inverno foram frios, árduos e difíceis, porém uma parte de mim despertara novamente. Viver no limite possibilitava sentir-me viva. Algo havia tocado o meu âmago. As frias montanhas eram purificadoras, magníficas. Com o vento aprendi a ser resiliente, com a gélida água do rio, a ser forte, e com a escuridão, a resistir. Tive que me render totalmente à dinâmica dos ritmos da natureza.

Numa fria manhã, acordamos em meio a um profundo silêncio. Dormira vestindo um gorro, três suéteres e duas calças de lã merino. Quando ouvi um suave deslizar sobre a lona, rastejei-me para fora da barraca e uma alva floresta se revelou. Os galhos estavam curvados e a lona arriava sob uma grossa camada de neve. Tudo estava delicadamente belo. Os troncos das faias repentinamente ficaram muito escuros comparados ao chão branco. Pequenos flocos de neve haviam flutuado para dentro da nossa "cozinha". Todos os caldeirões e panelas estavam encobertos e até as escovas de dente tinham quase desaparecido. Um passarinho saltitara sobre o tabuleiro de xadrez e deixara suas pegadas.

Acendi uma fogueira, agachei-me ao lado das chamas e admirei a pureza daquele encanto ao meu redor. Quando uma leve brisa soprou, pequeninos cristais de gelo caíram lentamente. Um feixe de luz brilhou através das árvores e penetrou na gelada bruma. Era um lugar mágico.

Preparei uma xícara de chá encorpado com bastante mel e leite em pó para Peter que, de sua aquecida cama feita de peles, olhava para a branca floresta. A condensação do vapor de seu chá formava uma densa névoa no ar frio.

Desfrutamos da tranquilidade que havia naquele mundo imperturbado. Nossas mentes podiam relaxar e desacelerar, pois não tínhamos nenhuma preocupação. Dormíramos por pelo menos treze horas na noite anterior — o sono vem fácil quando a mente está em paz — e um genuíno estado de alegria aflorou em nós depois de tanto descanso. Conversamos sobre a nossa vida, a beleza que nos rodeava e a necessidade de se ter tempo para contemplar.

Na parte da tarde, vesti meias de lã, calcei minhas sandálias e saímos para uma caminhada pela paisagem nevada. Descobrimos a presença de um porco selvagem em nossa vizinhança: suas pegadas eram fáceis de se localizar na neve. Inúmeros rastros de coelhos e lebres também apareceram sobre o branco carpete no chão. Sem fazer barulho, seguimos as grandes pegadas de um cervo até um campo aberto. De súbito, um acúmulo de neve despencou de um galho e o abafado ruído nos fez olhar para cima: a apenas trinta metros de nós, um grande cervo observava o mesmo galho. Só conseguíamos ver a sua cabeça com enormes chifres por entre os arbustos. Ele permaneceu imperturbado onde estava e não fugiu. Suas grandes orelhas pontudas se moviam para frente e para os lados, captando os sons ao seu redor. Ficamos nos analisando com uma curiosidade mútua por um longo tempo, até que, aos poucos, ele retornou para a floresta. Sua cabeça balançou suavemente de um lado a outro para evitar que seus chifres esbarrassem nas árvores.

Passamos todo aquele inverno em diversos pontos dentro do mesmo extenso vale. Somente em uma ocasião encontramos outra pessoa — um caçador que, ao caminhar pela área, fez uma pausa para conversar quando avistou nosso acampamento. Tinha em torno de 40 anos, o cabelo curto, estava um pouco acima do peso e aparentava cansaço. Fiquei muito feliz em vê-lo e sem demora preparei-lhe chá e ofereci um pouco de pão. Enquanto ele estava ocupado contando algumas histórias, reparei que Peter me observava. Ao observá-lo de volta, subitamente achei sua feição envelhecida e triste. Em seguida, olhei para as montanhas que haviam se mostrado esplêndidas pela manhã, e elas também estavam bastante sombrias e melancólicas.

— Que estranho — disse Peter após nossa visita partir. — Quando olhei para você naquele momento, achei que estava com um aspecto envelhecido e cansado, mas agora a sua aparência voltou ao normal. Até a paisagem tinha ficado feia.

Fiquei surpresa, pois sentira exatamente o mesmo.

— É como se estivéssemos vendo o mundo através dos olhos dele.

— Por que ele veria o mundo de um modo tão negativo? — Peter parecia intrigado.

— Não sei... talvez ele tenha depressão? — Respondi. — Certamente foi como nos sentimos.

Peter voltou os olhos para mim.

— É bizarro que nós dois tenhamos sentido isso. Não pode ser.

— Então, pode ser que nossas mentes não sejam tão individuais e fechadas como achamos — sugeri.

— Não faço ideia — afirmou Peter. — Será que é algo que ocorre com frequência? É interessante poder sentir o estado mental de outra pessoa. Talvez isso aconteça o tempo todo com os seres humanos, porém simplesmente não temos consciência disso.

— Bom, nós estamos há meses sem ver ninguém. Quem sabe por isso tenha ficado mais evidente de uma hora para outra?

Aquele fenômeno voltaria a acontecer outras vezes e com maior frequência, entretanto sempre ocorria de forma inesperada.

Após quatro meses nas altas montanhas, descemos o vale para onde a primavera já se encontrava a todo vapor. Cerejeiras com deslumbrantes floradas cor-de-rosa espalhavam-se por toda a lateral de uma colina. Passamos por dentro de um impressionante túnel de árvores em floração. Com a chegada da primavera sentimos uma intensa energia.

Saímos das frias e áridas cadeias de montanhas com a caminhonete e nos dirigimos à região dos grandes rios glaciais, os quais haviam esculpido o relevo durante os últimos quatro milhões de anos. Encontramos um lindo e recôndito local na floresta que dava vista para um dos muitos rios entrelaçados. Montamos a barraca sobre a macia grama no meio de uma ensolarada clareira repleta de faias.

Certa manhã, saímos para ver o amplo rio. A água de cor turquesa fluía sobre o cascalho e o lodo, em uma rede de canais que se alteravam cada vez que havia uma enchente. Em pé sobre uma elevada margem, observamos pequenos pássaros brancos voando de maneira apressada para cima e para baixo. Uma coluna de ar circular, como se fosse um míni tornado, apareceu de repente e rodopiou furiosamente sobre a areia, levantando poeira ao se deslocar. Em seguida, tão abruptamente quanto havia surgido, desapareceu por completo.

Se quiséssemos atravessar para o outro lado do rio, teríamos que cruzar mais de dez canais. Alguns daqueles cursos de água eram rasos, porém outros eram demasiado profundos, mesmo no verão.

— Veja o fluxo da água — disse Peter serenamente. — Ele não tem começo nem fim. Quando o rio encontra o mar, a água evapora e se transforma em uma nuvem no céu. Depois a neve e a chuva caem sobre as montanhas e retornam ao rio.

— Sim, é fácil esquecer que a água está constantemente se transformando — afirmei, olhando para as nuvens.

— De certa forma, os rios são seres vivos também — acrescentou ele. — Lagos e lagoas são calmos, o rio é ativo, o oceano interminável, e, entretanto, todos têm a mesma essência. A água é o símbolo do eterno. Ela se move com infinita graça, rende-se e flui nos lugares mais baixos e sabe resistir sobremaneira.

— Vou deixar isso anotado — anunciei — para não esquecer.

— Não faça isso. — Peter riu. — Veja por você mesma. Palavras são vazias quando comparadas à experiência direta.

Levávamos uma vida calma e sossegada em nosso acampamento no limite da floresta. Comíamos alimentos saudáveis, líamos livros, jogávamos xadrez, conversávamos e saíamos em caminhadas pela mata. Um dia, paramos para descansar sob o sol numa área coberta com um espesso musgo em meio à grandes árvores. Podíamos avistar um riacho que abrira uma pequena vala no chão. Pontos de luz se moviam sobre as pequenas samambaias e o denso musgo.

— Sabe, querido — comecei a falar, mas, em seguida, fiquei em silêncio, buscando as palavras certas antes de continuar. — Tudo na floresta tem seu lugar. Cada planta cresce em determinada área. Todos os pássaros e animais têm um sentido de pertencimento. Você também tem o seu. Suas bases são sólidas, porém sinto como se eu não tivesse o meu lugar.

Peter olhou para mim.

— Isso não quer dizer que tenha necessidade de me fixar em algum lugar. Só acho que não tenho uma base em mim mesma, como você tem — afirmei e reparei num pequeno *fantail* que se aproximara. O pássaro soltava ávidos gorjeios ao saltitar sobre os galhos, com a cauda se agitando da esquerda para a direita. Em seguida, levantou voo, apanhou um pequeno inseto no ar, e retornou para a árvore.

— Às vezes, imagino você em uma poltrona com grandes apoios para os braços — continuei. — Sinto que não tenho uma poltrona para mim mesma, então espremo você para o lado e nós dois temos que nos sentar juntos. — Minhas palavras passaram a ficar vagas e sem sentido. Arrependi-me de ter tocado no assunto. — Isso faz algum sentido? — Peguei um pequeno ramo e o torci.

— Sim, eu entendo o que quer dizer — disse Peter. — Nunca pensei sobre isso desta maneira, mas é verdade, às vezes sinto necessidade de criar um espaço para mim mesmo.

— Não sei se estou imaginando coisas ou se elas são reais... mas acho que não tenho o meu lugar próprio, por assim dizer.

Ficamos em silêncio por um momento.

Presumi que toda aquela conversa estava ficando muito séria.

— O que há para ser feito, uma vez que eu tenha percebido isso? — Perguntei.

— Nada — respondeu Peter. — Você pode analisar a sua infância, vidas passadas, vidas futuras e tudo o mais. Pode examinar apegos, inseguranças e todos aqueles aspectos psicológicos. Contudo, conseguir ver com clareza por você mesma, como está fazendo agora, é muito mais importante.

Então, foi o que fiz: continuei observando. Durante um longo período, apesar de nada parecer mudar, eu nunca me esqueci daquele assunto. Por fim, muito tempo depois, eu enxergaria uma mudança.

Com nossa robusta caminhonete podíamos percorrer inúmeras montanhas e vales isolados e montar nossa casa onde quer que desejássemos. Sua única desvantagem, no entanto, era o fato de não podermos deixá-la para trás: apesar da liberdade que ela nos proporcionava, estávamos atrelados a ela. Apesar de o veículo ser velho e nossos pertences mais velhos ainda, não queríamos expô-los ao risco de vandalismo ou roubo.

Assim, quando descobri que havia uma boa trilha nas montanhas, coloquei minha mochila nas costas e parti sozinha rumo à densa e vibrante floresta. Naquele dia de temperatura agradável em outubro, a mata estava delicada e pitoresca. Um perfume primaveril com cheiro de terra molhada pairava no ar. O musgo encobria tudo — até as grandes rochas e os troncos caídos.

Quando me sentei para descansar sobre aquele macio tapete, avistei um dos menores pássaros do país: uma esverdeada carriça-da-nova-zelândia subia e descia de uma árvore próxima procurando preciosos insetos no interior da casca. Ela era tão pequenina que seu canto se assemelhava ao de um grilo.

Segui a estreita trilha por uma passagem entre cumes até encontrar o amplo vale de um formoso rio com rochas lisas e arredondadas. Ouvi muitas espécies de pássaros e pelo caminho pratiquei imitar os diferentes timbres, melodias e cantos. Após um longo dia, alcancei uma grande cabana do Departamento de Conservação. Segura de que ninguém chegaria, já que não vira ninguém pela trilha, banhei-me no rio. Havia uma leve brisa e o sol estava forte, então aproveitei para lavar todas as minhas roupas de caminhada. Depois talhei um pouco de lenha, acendi o fogo do braseiro e, justamente quando tomava golinhos do meu chá, ouvi algumas vozes. Dois homens chegaram pela lateral.

— Quantas pessoas no seu grupo? — Perguntou um deles com um sotaque britânico. Ele era atraente, bastante alto, estava com o rosto bronzeado e tinha olhos cor de avelã e longos cabelos castanhos.

— Somente eu — respondi. — E no seu?

— Seis. Na verdade, somos um pouco como as Nações Unidas. — Ele se sentou na varanda de madeira para desamarrar as botas. — Eu sou do Reino Unido, Bélgica está quase chegando, e Índia e Japão estão a caminho também. O Dave aqui é o único local, mas seus pais são originalmente do Camboja. Estamos fazendo um exercício de trabalho em equipe, e todos eles são doutorandos do meu grupo de pesquisa. — Ele se levantou e me deu um aperto de mão. — Me chamo Antony, porém a maioria das pessoas me chama de Fez. — Seu sorriso era bonito.

Senti-me animada quando estávamos todos sentados ao redor da mesa e conversei com os alunos noite adentro. No fim, somente Fez e eu permanecemos acordados.

— Então, onde você mora? — Indagou ele, enquanto fervia água para o chá em seu fogareiro a gás.

— Aqui! — Respondi com um largo sorriso. Apontei para o lado de fora da janela.

— *Aqui?* — Ele inclinou a cabeça e levantou as sobrancelhas. — Como assim, aqui na floresta?

— Sim, meu companheiro e eu somos sem teto. Moramos em uma barraca nas montanhas. — Abri um sorriso.

Fez escutou com interesse sobre o nosso modo de vida. Quando lhe contei sobre as minhas caçadas, ele disse que era contra o abate de animais. Ele havia atirado em um pombo quando tinha em torno de 10 anos com seu avô e decidira nunca mais matar um animal.

— Mas você come carne? — Perguntei.

— Como. Eu costumava ser vegetariano, mas cometi um deslize quando uma ex-namorada me deu um pé na bunda. Foi um prato de frango *tikka masala*[16] naquela noite e sanduíches de bacon na manhã seguinte. Depois disso nunca mais voltei ao que era. — Ele deu de ombros.

— Qualquer pessoa que come carne deveria matar um animal com as próprias mãos para compreender verdadeiramente o que é comer algo que um dia esteve vivo. — Sorri para amenizar aquela declaração ousada.

Ele deu risada e disse que aquele era um excelente posicionamento ético e que certamente levaria muitas pessoas a se tornarem vegetarianas. Fez uma centena de perguntas sobre nosso modo de viver, e no final da conversa concluiu que nossa vida era autêntica, contemplativa e aventurosa.

— Porém — acrescentou ele — infelizmente há uma falha. O que vocês irão fazer quando ficarem velhos e seus corpos já não puderem aguentar esse modo de vida? E os médicos e tratamentos de saúde? É possível viver em uma barraca quando se tem 70 ou 80 anos? — Questionou ele. — Vocês não terão economias, uma propriedade ou uma aposentadoria para se manterem. As pessoas precisam de bens quando ficam velhas e vocês não terão nada.

— Bom, pode ser — concordei. — Mas me recuso a passar a maior parte da minha vida me preocupando com meus últimos dias. Meu bem principal, assim espero, será minha habilidade de ser feliz com muito pouco.

Antony contou que tinha 45 anos e que sua vida recentemente ficara de pernas para o ar. Ele se separara de sua companheira de mais de dez anos apenas alguns meses antes e seu pai havia falecido de câncer fazia pouco tempo.

— O que vai acontecer quando *eu* morrer? — Indagou ele. — Um advogado lerá o meu testamento e será o fim, acredito. Minha vida terá terminado. Quem irá perceber ou se importar que eu tenha partido?

Ele olhou fixamente para a escuridão através da janela por um momento.

— Eu passei facilmente pelo sistema educacional britânico. Só notas dez na escola, o primeiro do *ranking* e doutor pela Universidade de Oxford,

[16] Prato de origem indiana que consiste em pedaços de frango servidos com molho à base de *curry*. (N.T.)

seguido de pós-doutorados em Paris e Cambridge. Tinha somente 27 anos quando fui nomeado membro acadêmico em Oxford. Há muito prestígio em se trabalhar lá, sem dúvida. Tinha alunos inteligentes e altamente motivados e muitas regalias. Porém me enchi de tudo aquilo. Então decidi vir para a Nova Zelândia e facilmente consegui um emprego em Christchurch. Alguns dos meus colegas acharam uma loucura eu abandonar Oxford... — Seus olhos pousaram em mim. — Eu havia conquistado o que a sociedade me dissera para alcançar, mas e daí? O que eu realmente estava ganhando com tudo aquilo? Era feliz ou estava acomodado? É um pouco clichê, mas conforme o tempo passa você começa a questionar o sentido de tudo, a razão das coisas.

Observamos a vela que estava entre nós. Fez cutucou a parafina derretida com um fósforo.

— Pois é — concordei. — É bom nos perguntarmos se estamos fazendo o que realmente queremos, antes que seja tarde demais.

Ele se recostou, levantou as mãos no ar e perguntou:

— Então, o que eu deveria fazer?

Fiquei pasma por um instante. Como aquele professor de Oxford pôde perguntar para *mim* o que ele deveria fazer com a sua vida?

— Como vou saber? — Eu dei risada. — O que você gostaria de fazer?

— Humm, eu gosto de viajar... América do Sul, Peru, escaladas no Nepal. — Ele hesitou. — Não sei. Minha ex sempre fora contra ter filhos, e por causa dela eu nunca pensei muito sobre isso, mas agora que estamos separados quem sabe sejam filhos a minha real necessidade? Sou um seguidor das ideias de Dawkins[17]: talvez passar os genes adiante seja o sentido da vida? Claro, teria que encontrar a pessoa certa primeiro... o que não é tão fácil quanto parece.

— Talvez tudo o que você precise seja uma esposa mais nova — sugeri para alegrá-lo. — Meu companheiro é trinta anos mais velho do que eu.

— Ele tem trinta. — Fez assentiu com a cabeça.

— Não, não... trinta anos mais velho. Ele tem sessenta!

— Ô louco! Tá brincando? — Ele se inclinou para a frente, colocou as mãos na mesa e riu copiosamente. Seu bom humor foi contagiante. — Como se conheceram?

[17] Biólogo evolucionista britânico, defensor da Teoria da Evolução de Charles Darwin. (N.T.)

— Na Índia. — Eu também estava rindo. — Acho que a Índia foi um lugar que nos permitiu esquecer as regras sociais e rejeitar qualquer tipo de convenção.

Conversamos bastante tempo sobre viagens, filhos e o efeito da natureza sobre a mente, até que finalmente fomos dormir. Na manhã seguinte, antes que ele e seu grupo partissem em caminhada de volta a seus carros, Fez convidou Peter e eu para uma visita à sua casa em Christchurch.

Segui sozinha rumo às partes altas das montanhas. Por muitas horas, reproduzi mentalmente o diálogo com Fez, principalmente suas palavras: "O advogado lerá o meu testamento e será o fim". "Um dia", pensei, "toda esta beleza natural não estará mais aqui para mim".

Atravessei um grande rio onde um bando de gansos descansava. Ao passar silenciosamente por eles, começaram a grasnar. Alguns se ergueram agitados, porém não chegaram a levantar voo. As grasnadas ecoaram nas árvores, criando um lindo e misterioso efeito sonoro.

Peguei uma pequena trilha em meio à densa e intocada floresta e cheguei a uma límpida lagoa azul. O local era esplêndido. Diversas pequenas cachoeiras desaguavam ali, do alto de penhascos. Uma ave branca boiava tranquilamente no meio da lagoa e às vezes mergulhava e permanecia submersa por um longo período. Senti uma serenidade muito grande caminhando sozinha pela profundeza e pelo silêncio da floresta, onde a luminosidade penetrava suavemente por entre as folhas. Salvo uma ocasional movimentação dos arbustos no meio da mata fechada, estava tão silencioso que eu tinha a impressão de que meus próprios passos estavam fazendo muito barulho. Apesar de o constante tagarelar dos meus pensamentos nunca cessar por completo, tive certos momentos de quietude. Sentei-me às margens da lagoa e admirei tudo à minha volta. Havia uma ordem plena: tudo estava em paz, pois cada planta, árvore, pássaro e animal tinha o seu lugar no mundo.

Continuei o meu percurso, passando as noites em velhas cabanas e no último dia decidi acampar. Chegara a um campo gramado localizado numa elevada altitude nas montanhas. Como Peter ficara com a barraca, eu tinha comigo somente uma lona. Estiquei o meu tapete sobre a grama e passei cerca de uma hora preparando um abrigo à prova de *possums*. "É evidente que não tenho medo de *possums*", disse para mim mesma. "Só não quero ter nenhuma surpresa durante a noite".

Fiz uma fogueira, cozinhei e comi meu jantar. Justamente quando estava prestes a cair no sono, o vento ficou mais forte e começou a chover pesado.

A cada rajada, meu toldo era arrancado dos troncos. Eu praguejei; se não tivesse me preocupado tanto com *possums,* teria arrumado a lona de modo a proteger-me adequadamente. Naquele momento, entretanto, era tarde demais. O vento jogava a fria chuva por baixo da cobertura e molhava os meus pertences. Olhei para as ameaçadoras e escuras nuvens. A lona voava e batia constantemente no meu rosto. Empilhei o equipamento no centro do abrigo e em seguida apanhei um tronco semi-apodrecido caído na grama ao meu lado que poderia funcionar como uma viga. Enquanto eu conseguisse manter aquela tora de um metro de altura em pé, permaneceria seca.

Então, um trovão bradou montanha abaixo e clarões iluminaram o lado norte. Os longínquos ruídos logo se tornaram altos estrondos que ecoaram entre os picos rochosos. Amedrontada, comecei a contar os segundos entre os raios e os trovões para calcular a distância da tempestade. Concluí que ela se movia em minha direção. Aquele *show* da natureza era poderoso e assustador. Deitei-me, curvada em volta da viga da barraca. O barulho dos trovões era ensurdecedor. Havia uma grande energia no ambiente que gerou uma estranha sensação dentro da minha cabeça, como se uma enorme mão estivesse tentando me erguer pelos ares.

Senti o chão vibrar e dolorosamente tomei consciência de que estava em um campo aberto sob a única árvore que havia no local: um golpe de azar e eu seria atingida por um raio. Imaginei se existiria alguma divindade ou força universal que pudesse salvar a minha vida. Tentei, porém não consegui acreditar em um criador ou em um espírito absoluto que ditasse a minha sorte. A meu ver, a morte era aleatória: para os animais que eu caçava, para as pessoas que contraíam doenças, pessoas em guerras ou em acidentes de trânsito, para cada pequena criatura como eu. Com os olhos fixos na escuridão, aguardei pelo próximo relâmpago.

Após muitas horas, a tempestade finalmente arrefeceu. Eu havia sobrevivido. Sentia-me imensamente aliviada e nunca ficara tão feliz ao ver o amanhecer timidamente surgindo no céu. Tão logo ficou claro o suficiente comecei a arrumação. Enfiei todo o equipamento molhado dentro da mochila e, com pressa, desci a íngreme montanha.

Uma hora depois voltou a chover e mais estrondos ressoaram ao longe: outra tempestade de raios se aproximava. Acima de mim, os topos das árvores balançavam violentamente para frente e para trás. Conforme descia afobada pelo caminho de lama, parecia que os trovões estavam chegando cada vez mais perto até alcançarem o alto da minha cabeça. Meu instinto me dizia para disparar na maior velocidade possível até nosso acampamento, porém a chuva desabou em torrentes e transformou a trilha em um escorregador de lama. Perdi o equilíbrio e caí. Minhas calças e a base da minha mochila ficaram repletas de barro.

"Devagar! Devagar!" Eu dizia para mim mesma. Lembrei-me das tranquilas focas da Costa Oeste que de maneira singela aceitavam todas as condições climáticas e nunca se perturbavam com nada. Eu não podia contar com a possibilidade de sofrer um acidente, uma vez que não haveria resgate para mim. Apesar de ter concluído vários cursos de primeiros socorros e possuir um *kit* com fortes analgésicos caso precisasse me arrastar para fora da montanha, eu não tinha um sinalizador de emergência, nenhum botão para apertar caso precisasse de um helicóptero, nenhum telefone celular para fazer uma ligação ou rádio para pedir ajuda. Estava inteiramente responsável pelas minhas próprias ações. Fui obrigada a diminuir o ritmo e minimizar os riscos. Minha única salvação seria Peter: se eu não retornasse entre aquele dia e o próximo, ele sairia à minha procura e me encontraria. Forcei-me a dar passos de tartaruga na descida da escorregadia encosta. Agarrei-me à árvores e galhos para conseguir desacelerar. Embora raios e trovões caíssem por todos os lados, sentia que a floresta era a minha proteção.

Quando por fim cheguei ao acampamento, a tempestade havia passado e Peter ficou muito feliz de me ver viva. Ele ficara tão aterrorizado quanto eu durante o temporal. Todos os meus relatos desabaram de uma só vez. Enquanto ele estava limpo e seco, eu estava toda encharcada. Pensei em Fez e em seus alunos, que naquele momento estariam de volta às salas da universidade. Suas roupas já teriam sido retiradas da máquina de lavar e da secadora. Para Peter e eu, não era bom molhar ou sujar nossas vestimentas, pois não tínhamos como lavá-las apropriadamente. Uma situação com a qual nunca consegui me acostumar foi usar roupas úmidas em dias úmidos.

Após várias semanas naquele lindo local na floresta, desmontamos acampamento e dirigimos até áridas regiões com touceiras de capim amarelado. Boa parte das terras que estávamos percorrendo havia pertencido a fazendas no passado. Naquele momento, entretanto, eram consideradas áreas de conservação. Entre os vastos campos de capim e vegetação arbustiva, existiam pequenos pontos de floresta que tinham sobrevivido aos incêndios e à pastagem de animais. Aqueles eram os locais que estávamos procurando.

Encontrar um lugar tranquilo para morar nem sempre foi uma tarefa fácil. Apesar da costa leste do país possuir muitas estradas públicas para carros com tração nas quatro rodas, muitas vezes o acesso era impossibilitado por portões trancados, cercas e placas. Quando não podíamos avançar, a única opção era continuar tentando e procurando. Conhecemos alguns moradores locais irritados com o fato de terem perdido seus direitos de propriedade naquela região supostamente pública, e eu pude compreender a frustração deles.

Com a caminhonete, percorremos uma estreita estrada de lama rumo a uma pequena área florestal que Peter localizara no mapa. Por diversas vezes tivemos que adentrar ravinas escorregadias para conseguir atravessar um riacho e sair lentamente do outro lado. Com os olhos arregalados, permanecia atenta à via procurando por desastres em potencial. Enchentes haviam assolado parte da estrada e o Toyota teve que se deslocar cuidadosamente sobre grandes rochas. A cada ruído de raspagem, eu parava de respirar. A cada pedra que atingia a parte debaixo do veículo, eu dava um salto em meu assento.

Fomos obrigados a parar quando encontramos um pântano que nos impedia de alcançar uma mata numa elevação lateral da montanha. Carregamos todo nosso equipamento através do profundo charco que atingia a altura dos nossos joelhos. Montamos o acampamento entre as árvores. Não éramos as únicas criaturas que almejavam viver ali: a floresta era um pequeno santuário cheio de pássaros, lagartos, insetos e lebres. Algum dia no futuro, aquelas poucas árvores dariam origem a muitas pequenas mudas, e aos poucos toda aquela área voltaria a ser uma grande floresta.

Do nosso acampamento tínhamos a magnífica vista de um prado verde com uma graciosa lagoa que era a morada de um grupo de tadornas-paraíso. Suas penas tinham lindas cores: nuances de verde e azul e até tons alaranjados e castanhos em meio ao preto e branco. Adquiri o costume de passar pela lagoa ao caminhar em direção ao outro lado em busca de lebres, mas quando as tadornas me viam chegando, soavam o alarme. "Cuá, cuá, cuá!" gritavam até que eu tivesse passado por elas, e depois berravam: "aah, aah, aah", que significava que eu não representava grande perigo afinal de contas. Com o decorrer das semanas, eu mesma berrava "aah", para que elas parassem de avisar as lebres que uma intrusa ingressara na área. Aprendemos a nos comunicar.

Peter e eu sentimos que gradualmente estávamos nos tornando parte daquele vale, ao invés de permanecermos como meros observadores.

Num dia ensolarado de novembro, saímos para uma caminhada subindo o vale. Seguimos o leito de um pedregoso riacho que tinha touceiras de *speargrass* em floração em ambas as margens. As longas hastes com cabeças amarelas nas pontas — grandes cones com inflorescência no centro — subiam imponentes por entre as ferozes folhas em forma de lança. Meus olhos foram atraídos para uma delas em particular: uma formidável touceira cujas hastes mediam dois metros de altura. Suas seis cabeças oscilavam suavemente com a brisa e, ao observá-la, curiosamente pude senti-la dentro de mim. Parecia que a agressividade da planta penetrara em todo o meu ser; senti como se estivesse frente a frente com uma fera. Aquela sensação invadiu o meu estômago e o meu coração. Eu já sentira uma conexão com vegetais antes, como na nossa horta no ano anterior, contudo a experiência daquele momento foi muito mais poderosa e até assustadora. Fiquei observando-a por um longo tempo. Por fim Peter e eu continuamos a subir o vale. Acendemos uma fogueira na hora do almoço e nos banhamos de sol sobre as quentes rochas. Na volta, passamos pelas mesmas touceiras de *speargrass*. Elas ainda se mostravam imponentes, entretanto aquela sensação tinha se esvaído.

Sentei-me ao lado da planta.

— O que foi que eu vi antes? — Pensei em voz alta. — E por que agora não sinto mais nada? — Olhei para Peter.

— Em geral sinto uma forte conexão com as plantas e as árvores — disse ele. — Esta ligação está aqui a todo momento. É natural. Não precisamos meditar para ter consciência dela, mas por alguma razão na maior parte do tempo não conseguimos notá-la. Talvez estejamos muito ocupados com nossos pensamentos, ou talvez não estejamos conscientes o suficiente. Realmente não sei o que acontece.

— Devemos perder muita coisa neste mundo. — Lembrei-me do pequeno pássaro que víramos cantar, porém cujas notas não conseguíramos ouvir, muito tempo atrás na Cabana Base.

— É verdade, mas é algo que não se pode fabricar, não é mesmo? — Disse Peter. — É por isso que você não pode voltar para esta planta e forçar uma conexão. São vivências que acontecem espontaneamente ou simplesmente não acontecem.

Moramos durante um mês naquele pequeno santuário próximo à lagoa. Desfrutamos de uma bela primavera sem uma gota de chuva. Viver ao ar livre num local seco era infinitamente mais fácil do que num ambiente úmido ou encharcado. Poder nos sentar no chão nos trazia uma grande sensação de relaxamento.

A cerca de cinquenta metros de nós, duas gralhas australianas chocavam seus ovos. Eram vizinhas muito alertas. Toda vez que saíamos do acampamento, grasnavam autoritariamente antes de descer da árvore e mergulhar em direção às nossas cabeças em ataque. Elas nunca chegaram a nos acertar, porém toda vez eu achava que poderiam. Aquelas aves, com sua impecável penugem preta e branca, podiam emitir vários tipos de cantos. Apesar de o canto de alarme ser bastante desagradável, as melodias eram adoráveis. Não havia som mais maravilhoso e sedutor do que o cântico adulador de uma gralha australiana. Soava como pedras se movendo em uma panela de barro cheia de água: "crráccrróccrráccr-róc". Vivíamos em companhia das gralhas, dos patos, das borboletas, coelhos e lebres. Tudo coexistia em harmonia — exceto, isto é, nas manhãs de sábado.

Tiros anunciavam a chegada do final de semana. Repetidas salvas ecoavam pelas áridas montanhas como se tivéssemos de alguma forma sido transportados para uma zona de guerra. Apesar de estarmos bem longe dos disparos, sentia-me bastante vulnerável sob nossa lona plástica. Pelos intervalos dos tiros, era improvável que alguém estivesse caçando: soava mais como a desenfreada descarga de armas de alta-potência. Tínhamos visto buracos de bala em muitas das placas da estrada para carros 4x4 que percorria aquele vale.

Para nós, aquele local era um pequeno santuário, onde vivíamos tranquilamente; para quem estivesse soltando os disparos, era uma terra deserta e inútil. Perguntávamo-nos que tipo de mentalidade teriam as pessoas que vagavam por aquelas áreas remotas do país, pois em uma ocasião encontramos oito cabeças de gado mortas num outro vale. Sentíramos o cheiro dos corpos inchados antes de encontrá-los. Dois deles haviam se enroscado em uma velha cerca antes de serem alvejados, o terror em seus olhos era aparente. O que o gado estava fazendo ali? Por que alguém atiraria em um animal que valia dois mil dólares para deixá-lo apodrecer na grama? Que tipo de pessoa dispararia contra colinas, placas de estrada e gado?

Felizmente, nas tardes de domingo o local voltava à sua habitual tranquilidade. Permanecíamos nas proximidades do acampamento nos finais de semana e explorávamos uma área maior durante a semana. Certa vez, escalamos até o topo de uma montanha. Assim que emergimos da ravina, deparamo-nos com um forte vento do oeste que soprava impiedosamente contra as grandes rochas nuas, onde somente o líquen vermelho conseguia crescer. Do cume, contemplamos um lago turquesa abaixo de nós, por um longo tempo. A magnífica cor opaca da água glacial era de tirar o fôlego. Um rio entrelaçado por cem canais brilhava com o sol da tarde, e, ao longe, podíamos enxergar as fazendas com suas estradas retilíneas e pastos retangulares. Sentamo-nos entre as nuvens e aproveitamos a vista, como havíamos feito muitas vezes antes.

Subitamente, nós dois constatamos a presença de uma outra dimensão. Fomos tomados por um sentimento de reverência. Do topo daquela montanha, estávamos testemunhando algo imensurável. Era como se estivéssemos sentindo a indescritível energia que sustenta toda a realidade. Comparado àquela imensidão, milhares de anos de evolução humana e sofisticadas conquistas pareciam insignificantes. Sob aquela perspectiva, até a existência humana era irrelevante. A sensação perdurou por um curto período — trinta minutos no máximo. Foi a primeira e última vez. Tentamos explicá-la, porém não conseguíamos encontrar as palavras certas. Tempos depois, imaginei se aquilo era o que Lao-Tzu chamava de o grande Tao.

Quando nossos suprimentos estavam chegando ao fim, começamos a preparação para uma viagem de reabastecimento em Christchurch. Enquanto Peter analisava os mapas em busca de estradas para veículos com tração nas quatro rodas e áreas florestadas, caminhei por duas horas através de uma passagem entre cumes até um lago rodeado de grandes rochas e touceiras de capim amarelado. O dia estava quente e o ar parado. A princípio, achei que tivessem colocado um poste no meio do lago, porém depois de observar com atenção percebi que na verdade se tratava de um pescador. Sentei-me sobre as pedras por cerca de uma hora e observei-o silenciosamente. Por fim, o homem saiu da água e começou a guardar seus apetrechos no carro. Fui ao seu encontro e expliquei que havia atravessado a passagem entre montanhas pois precisava enviar uma mensagem de texto. Perguntei-lhe se seria possível emprestar seu telefone. Ele sorriu, surpreso, e me entregou seu aparelho. Olhei para a tela do celular por um momento e, em seguida, o devolvi: não fazia ideia de como digitar uma mensagem.

— Você pertence a uma espécie rara hoje em dia. — Ele deu uma risadinha e digitou as palavras que eu articulava. Não havia sinal para que a mensagem fosse enviada naquele momento, ele disse, mas prometeu enviá-la assim que voltasse à área de cobertura. Depois abriu o *cooler* e mostrou um peixe com pintas acinzentadas. Ele foi inflexível ao oferecê-lo para mim.

Peter e eu comemos a deliciosa truta daquele pescador no jantar. Na manhã seguinte, saímos das montanhas com o Toyota e passamos por uma pequena área de arbustos de giestas em floração. Até então estivéramos vivendo em um ambiente predominantemente marrom. E ver toda aquela quantidade de amarelo teve um efeito bastante positivo. Não só a cor mas também o perfume adocicado das flores fizeram meu coração pular de alegria.

Adentramos ao que parecia ser um bairro muito chique de Christchurch, e naquele momento me dei conta de toda lama e poeira que cobria a nossa velha caminhonete e de nossas roupas desbotadas que cheiravam a fumaça de lenha. Passamos por casarões e lindos jardins floridos até chegarmos ao endereço que Fez havia me dado. Um bilhete dobrado estava fixado na grande porta de mogno na parte de trás da casa que tinha fachada de tijolos aparentes: "Bem-vindos, Miriam e Peter! A chave está na caixa de correio. Por favor, sintam-se em casa."

Sorrimos entusiasmados ao entrar na casa. Havia diversos quartos na parte de cima e duas salas de estar no térreo. O lugar parecia enorme para apenas uma pessoa.

Quando Fez voltou para casa naquela noite, ficou muito contente em nos encontrar. Sentamo-nos à mesa e conversamos sobre a passagem do tempo e os efeitos de se trabalhar em uma instituição. Estar naquela mansão foi muito contrastante com a nossa vida nas montanhas, entretanto eu adorei aquele contraste; tive a oportunidade de enxergar a realidade com outros olhos. Enquanto papeávamos, fui percebendo como, no meio natural, tudo estava vivo: as árvores, os pássaros, os animais e até o fogo e o tempo tinham sua vitalidade. Tudo o que existia estava conectado a todo o resto. Uma casa, no entanto, com seu ambiente totalmente fechado, era morta por comparação.

Numa noite, Fez nos levou para um encontro de membros da universidade. Achei estimulante conversar com pessoas de todas as partes do mundo sobre uma grande variedade de assuntos e fiquei admirada de ver Peter dialogando com professores e alunos. Apesar de nunca ter visto aquele lado dele antes, ficou claro que se sentia muito à vontade. Achei difícil imaginar que algum dia ele tivera uma vida como aquela na cidade: lecionando durante o dia e corrigindo trabalhos à noite.

Após cinco dias em Christchurch, ouvimos o chamado da natureza mais uma vez, então partimos com nossa caminhonete rumo a um vale nos Alpes do Sul. Depois de deixarmos a via asfaltada, passamos quarenta quilômetros trepidando por uma estrada de terra totalmente esburacada. O vale estava repleto de pequenos arbustos e flores amarelas, e, em suas laterais, havia densas florestas de colossais faias da montanha. Para alcançar aquelas árvores, tivemos que transpor deslizamentos de rochas e riachos. Por fim, encontramos um lugar magnífico entre pequenas samambaias para montar nossa barraca. Nosso acampamento ficava sob gigantescas faias e era tão belo que almejávamos ficar ali por um longo período.

Logo percebemos que tínhamos vizinhos: dois melros alimentavam quatro filhotes em um ninho, em cima da nossa área. Acompanhamos com carinho, o quanto eles se tornavam grandes e fortes.

Certo dia, um falcão se aproximou e pousou num galho próximo ao ninho. Estava tão perto que pudemos admirar toda a sua glória: suas patas eram revestidas com penas alaranjadas e o contorno do bico e dos olhos era de um amarelo vívido. De súbito, puxou um filhote do ninho com seu afiado e curvo bico, e depois, voou para longe sem remorso. Todos os dias depois daquele ele retornava para levar mais um. Na quarta manhã, colocou uma das garras sobre o pescoço do último passarinho. Enquanto o filhote piava, o falcão nos fitou por um surpreendente período de tempo até retirar de forma descontraída um dos olhos com o bico. Em seguida retirou o corpo do ninho, abriu as pontiagudas e amarronzadas asas e voou vale abaixo — talvez em direção à sua própria família de crias famintas.

Ao observar profundamente os ritmos da natureza, constatei que o sacrifício fazia parte do ciclo da vida. Em todo o meu redor, tomei consciência de um poder arrebatador que tinha a capacidade de destruir os seres vivos de modo bastante fortuito, mas que em um mesmo golpe poderia também criar intensamente. Eu podia sentir aquela energia na vasta paisagem à nossa volta.

Um glaciar da era do gelo movimentara-se pelo vale onde estávamos e deixara um amplo leito de rio, no qual corria belíssima água de cor turquesa. Em épocas secas, era possível atravessar o rio caminhando, porém em períodos de enchentes a água gelada cobria uma área de pelo menos quinhentos metros. Do acampamento, podíamos avistar uma impressionante cadeia de montanhas do outro lado do rio, com majestosos picos que subiam imponentes pelo céu. Até mesmo em dezembro os cumes ficavam cobertos de neve. Numa tarde de verão, Peter apontou para a cordilheira nevada e previu a existência de um lago na montanha.

Então, na manhã seguinte, começamos nossa jornada bem cedo. Como atravessar o rio era algo que exigia muita atenção, subimos e descemos o curso em busca do melhor lugar para fazer a travessia. Após alguma análise, decidimos adentrar a forte correnteza utilizando nossos cajados para nos equilibrar. Galgamos a margem com ajuda das mãos e entramos na floresta, que aos poucos abriu espaço para a vegetação alpina. Entre as pedras e o líquen havia arbustos com pequeninos frutos silvestres brancos, os quais, pelo caminho, comemos como se fossem docinhos. A montanha era incrivelmente íngreme e em pouco tempo estávamos arfando e ofegando. Quanto mais alto escalávamos, mais distante o cume parecia estar de nós.

A certa altura, vimos que uma cachoeira dava origem ao rio e ficamos frente a frente com um paredão de pedra. Como presumíamos estar justamente abaixo do lago, decidimos escalar o penhasco, porém as pedras não estavam firmes; elas perigosamente se soltavam com facilidade. Aproximei-me de pequenos arbustos que se agarravam bravamente ao paredão com suas rígidas raízes e os utilizei como cordas de escalada. Tão logo alcançamos o topo do traiçoeiro precipício, descobrimos estar em um imenso campo pedregoso. Naquele momento já era meio-dia e o sol ardente fazia as rochas cintilarem com o calor. Descansamos à sombra de uma delas apreciando a vista panorâmica dos majestosos Alpes do Sul. Cada cume tinha uma forma e nome próprios — alguns eram pontudos, outros arredondados, alguns estavam envoltos por um manto de nuvens, outros permaneciam nus em meio ao céu azul. Toda vez que tinha a oportunidade de olhar para as magníficas e monumentais montanhas, era tomada por uma grande alegria e ficava estonteada com tamanha beleza. Senti-me profundamente grata por poder estar ali e ver aquela paisagem.

Quando nos levantamos, avistamos uma camurça a vinte metros de nós. Fiquei hipnotizada: nunca havia visto uma tão de perto. Seu corpo era como o de uma cabra, com pequenos chifres retilíneos que se curvavam da ponta para trás. A face era branca, salvo uma faixa preta nas bochechas que ia do nariz até as pontudas orelhas. Tinha uma elegância magnífica e nos observava com uma tímida curiosidade.

Olhando nos olhos dela, entendi como a beleza não se manifesta através do *tornar-se,* mas somente através do *ser*. A camurça não estava preocupada em se tornar a melhor versão de si mesma; ela apenas vivia. Eu, por outro lado, estava sempre tentando me tornar uma pessoa melhor, mais legal, mais forte, mais inteligente e bonita, o que fazia com que eu perdesse a minha autenticidade. Compreendi que o processo do tornar-se desfigurava o meu ser. Aquele animal me mostrou, naquele momento, que *ser* é a forma mais bela que existe.

Após muito tempo subindo, finalmente alcançamos o cume. Aos pés de uma parede de neve, no coração de uma rede de canais, encontramos o límpido lago azul. Sentamo-nos maravilhados ao lado da calma e cristalina água. O lago estava totalmente estático — tínhamos a impressão de que ele se mantinha imperturbado fazia milhões de anos. Parecia que tínhamos descoberto a origem de toda a água, a criação primeira da vida em nosso planeta azul. Permanecemos em silêncio diante daquele lago ancestral que se mostrava tão sagrado.

Apesar de estarmos no meio do verão, o clima nas montanhas por vezes lembrava o inverno. Em intervalos regulares, ventos cortantes traziam neve e granizo. A temperatura caía tanto que as mamangavas frequentemente pousavam sobre as flores e ficavam imobilizadas, e nós aproveitávamos a oportunidade para afagar seus peludos corpos. Naqueles dias frios costumávamos nos sentar em volta da fogueira vestindo todas as nossas roupas de inverno, aguardando o vento mudar de direção e trazer de volta o calor sufocante do verão. Aprendemos a esperar a chegada de qualquer estação a qualquer momento.

Num belo dia de sol decidimos caminhar até uma grande cachoeira no alto do vale. Seguimos uma trilha em meio à floresta e nos deparamos com um enorme deslizamento de terra. Decidimos nos sentar e acender uma fogueira aproveitando a abundância de lenha. Enquanto Peter tostava o seu pão com uma vareta, contei-lhe que vinha sentindo um imenso acúmulo de energia naqueles últimos dias. Tanto que, na verdade, tinha vontade de sair pulando pelos ares como um guerreiro Massai[18] do Quênia. Peter deu risada e gesticulou indicando que eu poderia ignorá-lo e me sentir livre para pular à vontade.

Continuamos subindo o vale. Lentamente saímos da floresta e entramos numa grande área de confluência de rios, com montanhas que eram íngremes como penhascos e pequenos riachos e cachoeiras que desciam em cascata pelas paredes de pedra. Finalmente, chegamos a um ponto onde o rio havia esculpido um canal através da sólida rocha. O poder e a beleza do local eram estonteantes. Peter subiu nas rochas e eu permaneci em pé, parada.

Observei os tons de azul turquesa na sedosa água. Não estava fazendo nada de especial, mas subitamente senti como se um relâmpago tivesse atin-

[18] Grupo étnico de nômades. Entre os guerreiros Massai, quem pula mais alto é mais atraente aos olhos das futuras esposas. (N.T.)

gido o centro da minha cabeça, como se o lado direito do meu cérebro tivesse se libertado, despertando uma clareza extraordinária em mim. Prostrei-me em adoração e percebi que toda a realidade, na verdade, movia-se como um caleidoscópio. Vi como tudo, incluindo a minha própria mente, constantemente se transformava. Eu não estava presa a lugar algum. Compreendi que a transformação da realidade era uma eterna dinâmica dentro de um mundo atemporal.

Então, subi até onde Peter estava. Ao me ver, percebeu imediatamente que algo havia se passado, pois ele mesmo já experienciara algo semelhante no passado. Ficamos sentados e estávamos tão conectados que, com apenas algumas palavras, ele intuitivamente compreendeu o que eu queria dizer. Enquanto eu observava a paisagem, senti muita clareza em minha mente. Era como se eu estivesse, até então, dirigindo um carro com o freio de mão puxado. De repente, ele havia se soltado.

Conversamos sobre a humanidade, o bem e o mal. Refletimos sobre como as crianças são ensinadas a diferenciar o certo do errado, e como estas palavras afetam a maneira como veem o mundo. Ao conversar com Peter, reparei como eu mesma pensava em conformidade com aqueles valores culturais condicionados. Pude ver como eu interpretava, julgava e analisava os meus próprios pensamentos, restringindo assim a minha própria mente. Entendi que aquelas regras sociais tinham sido elaboradas no passado e não tinham nenhuma relação com o presente em eterna transformação.

Escalamos até a ruidosa cachoeira que já estava bem próxima. Uma corredeira estrondava montanha abaixo e uma infinita e esvoaçante névoa cobria a queda d'água como se fosse um casaco. O vento moldava a bruma em diferentes formas. A espetacular cascata de cem metros de altura esculpira um túnel dentro da sólida rocha e a água escorria rapidamente pelas lisas rampas montanha abaixo. Fui engolida pelo poder da cachoeira. Senti que fazia parte daquela energia pulsante que deslizava pelas rígidas pedras para ir de encontro às partes mais baixas da terra e alcançar o mar.

Após aquele dia memorável, não saí por aí com um sorriso no rosto de uma hora para outra. Não senti uma alegria inesgotável. Muito pelo contrário, aliás: era como se alguém tivesse removido meus óculos cor-de-rosa. O mundo revelara-se claro como um cristal e fui forçada a enxergar tudo — o bom, o ruim, o belo e o feio — de uma maneira direta e não-condicionada. Foi um momento de imensa reflexão, porém ao mesmo tempo de uma conexão profunda.

Nas semanas seguintes, saímos em longas caminhadas. Passamos por flores que eu vira centenas de vezes antes, contudo tinha a impressão de que as observava pela primeira vez. Quando avistei uma grande planta com flores amarelas e toquei suas macias folhas verdes, senti, intuitivamente, que elas poderiam ter uma propriedade medicinal para os pulmões. Quando vi uma outra planta, que Peter identificou como senécio, tive a sensação de que ela não poderia ser ingerida, mas talvez pudesse ser usada em tratamentos de pele. Caminhamos de planta em planta e cada uma nos indicava algo interessante. Percebi que no passado as pessoas teriam contado com aquela sensibilidade para reconhecer as propriedades medicinais das plantas, e que aquele conhecimento se tornara obsoleto pela ciência moderna e a tecnologia.

Não estava fascinada somente com o mundo vegetal; aves e insetos também me encantavam. Quando vimos uma libélula gigante no chão, deitei-me ao lado dela. Seu corpo era como o de um alienígena, com sua longa cauda preta e amarela. A cabeça moveu-se rapidamente e os enormes olhos me fitaram, e eu me perguntei o que ela estaria vendo.

Quando retornamos à floresta, fiquei maravilhada com as robustas e altas plantas que chamamos de árvores. De súbito, elas pareceram ser amáveis gigantes. Sentei-me sobre as raízes de uma velha árvore e senti as batidas do meu coração ressoando com o seu pulsar. Estava conectada. O mundo todo era mágico e tudo nele tinha belíssimas formas. Minha mente estava vazia; o mundo estava completo, inteiro. Não havia nada a perder ou a desejar.

As noites foram tão curiosas quanto os dias. Ao sonhar, sabia que estava dentro de um sonho e podia olhar ao meu redor sem acordar. Foi interessante observar o quão real aquele mundo parecia ser. Eu tocava o rosto das pessoas para verificar se eu conseguiria sentir a sua pele. Eu podia pular bem alto ou voar à vontade. Ouvia orquestras e ao mesmo tempo ficava espantada de ver como meu cérebro conseguia criar e tocar todos os instrumentos. Se eu não gostasse do rumo que o sonho estava tomando, era capaz de mudá-lo.

Aquele estado mental — de extraordinária sensibilidade e conectividade — durou apenas algumas semanas. Após um mês, sentia-me quase "normal" novamente, apesar de alguns aspectos do meu entendimento terem mudado para sempre. Meus sonhos, em especial, ainda são muito agradáveis.

Passamos mais de dois meses naquele tranquilo paraíso no sul de Canterbury, porém, no início de fevereiro, tivemos que nos mudar novamente já que estávamos quase sem suprimentos. Descemos o vale até alcançar uma pequena cidade, fizemos compras e depois continuamos nossa jornada na direção sul em uma estrada para carros 4x4 em meio a um deserto de areia dourada. As colinas do distrito central de Otago repletas de capim amarelado foram lentamente se revelando aos nossos olhos como suaves ondas do mar. Sob o grandioso céu, havia uma imensa vastidão. As únicas formações dentro daquela paisagem eram as altas esculturas naturais de pedra que se erguiam sobre a grama, as quais eram aplainadas pelo vento, surradas pelas tempestades de areia, queimadas pelo sol escaldante e cobertas de neve nos gélidos invernos.

Apesar de aquela área isolada parecer totalmente desprovida de gente, na década de 1860 mineradores de ouro haviam trabalhado ali com picaretas e pás. Entre as arredondadas montanhas estavam ruínas de antigas cabanas de pedra utilizadas por aqueles trabalhadores para sobreviver aos rigorosos invernos. Encontramos uma daquelas ruínas em um pequeno vale. Pouco havia restado da pequena habitação, incluindo três paredes quebradas pela metade que reconstituímos com pedras planas. Depois, amarramos uma lona no topo para fazer um telhado.

Experienciei exatamente a mesma alegria que sentira quando era criança e costumava construir cabanas no quintal. Peter arrancou as ervas daninhas que haviam invadido o ambiente e fez a limpeza do interior. Arrastei uma grande pedra para o lado de dentro — ela seria a nossa mesa. Não conseguíamos ficar de pé em nosso pequeno casebre, mas podíamos nos sentar sobre a areia seca e tomar chá em nossa mesa de pedra. Estávamos abrigados dos fortes ventos e protegidos da chuva sob a lona. Senti-me muito feliz com a possibilidade de transformar ruínas em um lar.

Nos finais de tarde, admirávamos o radiante pôr do sol: tons de laranja, vermelho e até verde enchiam os céus, e a cada segundo as cores se alteravam. O espaço nunca parava de se movimentar. À noite, observávamos uma cúpula de estrelas. A Via Láctea se revelava em sua totalidade e a Terra e o universo se mostravam infinitamente puros.

Durante o dia, subíamos as colinas em busca de tomilho selvagem e frutos silvestres. Mais de cem anos antes, os mineradores haviam plantado groselheiras, tanto vermelhas quanto negras. Apesar de suas cabanas já não existirem mais, as árvores frutíferas haviam resistido silenciosamente. Enchíamos baldes com frutos e comíamos até nossos estômagos explodirem. Depois cozinhávamos as groselhas e tentávamos comer mais. Não havia nada mais prazeroso no mundo do que apanhar nossas próprias frutas. Sentimos uma imensa gratidão por aqueles corajosos mineradores de ouro do passado.

De Otago dirigimos até a região de Southland. Peter achara um remoto vale, no mapa, então pegamos uma via mal sinalizada dentro da floresta que nos levou até as montanhas. Quando uma grande poça de lama surgiu à nossa frente, Peter tentou passar pela lateral — mas imediatamente deixou o Toyota travado em cima de um monte. A parte inferior da caminhonete ficara presa sobre uma elevação de terra e as rodas giraram suspensas no ar como as pernas de uma tartaruga. Saltei para fora do veículo e comecei a cavar impetuosamente, enquanto Peter percorreu os arredores em busca de pedras planas e galhos para que as rodas tivessem algo sólido ao qual se aderir.

Assim que liberamos a caminhonete, continuamos pela via até chegar a um leito de rio com grandes pedras esparsas. Atravessamos o rio inúmeras vezes, e a cada vez eu descia para direcionar Peter para longe dos profundos buracos e das rochas traiçoeiras. O cascalho nas margens parecia firme, entretanto em muitos locais mostrava-se tão perigoso quanto areia movediça. Quando avistamos um lugar adequado para montar a barraca, fiquei aliviada de poder finalmente parar.

Certo dia, caminhamos para além da floresta rumo aos cumes. Ao alcançarmos a última árvore, fizemos uma fogueira e cozinhamos nosso almoço enquanto ainda havia madeira para queimar. Subimos por uma íngreme e pedregosa elevação lateral da montanha, a qual estava coberta com musgo, lindas flores alpinas e ervas, e que nos guiou até o topo. A vista era maravilhosa. Se em Otago víramos montanhas lisas e arredondadas, naquele momento estávamos olhando para um horizonte de picos escarpados e íngremes rochedos. Os cumes eram tão agudos que se assemelhavam à cacos de vidro. Aquela era uma área menos conhecida da Ilha Sul e um dos lugares mais selvagens que já havíamos visitado.

Quando avistamos um gavião sobrevoando a floresta abaixo de nós, subitamente me lembrei do caldeirão. Eu o deixara pendurado em uma árvore e preocupei-me com o fato de alguém poder encontrá-lo.

— Não há ninguém por aqui para roubá-lo! — Disse Peter quando expressei a minha inquietação. — A única pessoa que roubou aquele caldeirão foi você, pra começar.

Alguns meses antes, encontráramos o pequeno e gracioso caldeirão em uma cabana abandonada. Como ele estava sujo e enferrujado, passei um longo tempo limpando-o. Após recuperá-lo, eu o considerava meu, porém Peter tinha razão: eu o havia pegado. Ele não era meu. Quando me dei conta disso, minha preocupação se dissolveu instantaneamente. Se ele não me pertencia, não havia motivo para me preocupar. Menos posses significavam menos ansiedade.

— O que é realmente meu? — Perguntei. Olhei para minhas roupas. Eu não fizera aquelas roupas; nem mesmo as havia comprado, pois ganhara a maioria delas. Eu tinha comprado algumas peças em brechós com dinheiro doado pela minha apresentação musical. Ao conversarmos sobre a noção de propriedade, compreendi que não poderia comprovar a posse de nenhum dos meus chamados "pertences".

— A única coisa que realmente me pertence é o meu corpo — afirmei. — É com isso que devo me preocupar: como manter meu corpo saudável.

Em uma de nossas caminhadas conhecemos um caçador de cervos que carregava a cabeça de um macho. Era um caçador de troféus, tinha em torno de 40 anos, uma barba rala e olhos azuis. Vestia uma jaqueta camuflada e foi muito amigável. Paramos e conversamos um pouco com ele. Quando ele gesticulou para se despedir, Peter lhe perguntou onde estava o resto do animal.

— Por ali — disse ele, apontando sem precisão para o vale. Suas mãos eram grandes, fortes e calejadas. — Mas as moscas já estão lá faz um tempão, amigo. — Ele olhou para o relógio. — Abati o cervo cerca de quatro horas atrás. — No momento em que percebeu que estávamos falando sério quanto a localizar a caça, mergulhou em uma complicada explicação sobre como chegar lá.

Voltamos para o acampamento e pegamos duas mochilas vazias. Peter memorizara a rota, que o caçador nos descrevera tão precisamente, e nos guiou pelo vale, ao longo de um rio, na subida de uma encosta lateral de montanha e através de densos matagais e florestas, até encontrarmos o animal.

Ouvimos o ruído das moscas antes de avistar a carcaça: havia milhares zumbindo ao redor dela. O caçador levara apenas a cabeça e deixara o restante da fera intacto, incluindo a sua pele. Metodicamente, cortamos e carregamos nossas mochilas com trinta quilos ou mais de carne.

Ao deixarmos a cidade das moscas, vimos o cérebro, que tinha sido retirado do crânio, jogado na grama. As moscas não tinham nenhum interesse por aquele amontoado de curvas. Peter pegou o cérebro e o inspecionou cuidadosamente.

— Podemos comer isso! — Exclamou, retirando algumas folhas de grama que estavam grudadas.

— O quê? — Senti um certo enjoo. — Tem certeza?

— Claro. — Ele riu. — Minha mãe costumava preparar cérebro de ovelha. Espere até eu fritá-lo.

— De jeito nenhum — respondi. — Não vou querer morrer com aquela doença do riso[19].

— Não se preocupe, acho que isso só acontece quando você come cérebro humano.

O caminho de volta ao acampamento foi bem mais difícil com as nossas pesadas mochilas. Quando por fim chegamos, colocamos o coração, o pulmão e os rins em nosso guarda-comida e guardamos o restante da carne em tonéis, os quais colocamos dentro da fria água do rio com pedras sobre as tampas.

Peter acendeu uma fogueira e aqueceu a panela. Fatiou o cérebro, empanou-o com farinha e saboreou a massa encefálica frita com satisfação.

— Aqui, experimente!

Eu recusei e, ao invés de comer, comecei a limpar as bolsas manchadas de sangue. Quando Peter insistiu, eu hesitantemente peguei um pequeno pedaço daquela massa esbranquiçada. Para minha surpresa, estava delicioso e a textura era como a de *marshmallows.* Cérebro de cervo foi a comida mais saborosa que já havia experimentado! Ri copiosamente e me servi mais uma vez.

— Melhor não rir muito agora. — Disse Peter com um olhar gozador.

Em abril, pegamos a estrada e seguimos lentamente na direção norte rumo aos Lagos Mavora. Era outono e tivemos a oportunidade de colher muitos alimentos silvestres — para mim, não havia alegria maior do que comer frutas, castanhas e ervas frescas e saudáveis. Chegamos ao Lago Mavora do Norte com a caminhonete cheia de suprimentos, caixas de maçãs e tonéis de nozes. Foi uma época de fartura em que nos sentimos muito ricos.

O lago ficava entre uma floresta e uma área com capim amarelado. Dirigimos por uma estreita estrada que penetrava na mata. Não havia espaço suficiente para desviar dos buracos e das poças de lama, então fomos obrigados e mergulhar direto dentro de cada obstáculo. Peter simplesmente abria um largo sorriso; naquele momento ele já havia se tornado um confiante motorista de veículos 4x4.

---

[19] Referência ao Kuru, doença priônica descrita na década de 1950 na Papua Nova Guiné. A doença estava associada ao canibalismo ritual (ingestão de carne e cérebro de parentes mortos). Um dos sintomas era o descontrole das emoções que levava a vítima a ter ataques de riso incontroláveis. (N.T.)

Montamos acampamento num lindo local entre velhas faias, com a vista do radiante lago e das montanhas mais adiante. Era possível enxergar diversas elevações laterais nas montanhas que desciam até o leito do vale. No alvorecer, os pássaros cantavam sobre o lago, seus pios e grasnidos eram misteriosos, até mágicos. Às vezes, o ar ficava tão estático que as montanhas se refletiam na superfície do lago como num espelho. Com frequência, uma brisa soprava na parte da tarde e criava milhares de linhas horizontais na água. Quando as vibrações viravam ondas, o lago ressoava como um oceano em pequena escala.

Tomávamos aquela água que era limpa e pura. Toda vez que buscava um balde, sentia-me extasiada. Na Holanda, eu nunca beberia de um rio, quanto mais de um lago. Sentia-me abençoada de viver em um país que tinha água límpida.

Certo dia, caminhamos até a parte mais alta do lago.

— Ali fica a Floresta dos Fujões. — Peter apontou para uma pequena mata na montanha. — Cem anos atrás, um grupo de homens que se recusou a lutar na Primeira Guerra Mundial se escondeu naquela pequena floresta. Eles seguiram o exemplo de Archibald Baxter, um opositor e pacifista, que enfrentou a máquina militar. Ele dizia que nunca em sua sã consciência iria se render ao poder do mal que fixara suas violentas raízes no mundo como um câncer. Eles o enviaram para as trincheiras na França, colocaram-no na linha de fogo para que fosse atingido e o amarraram a um poste no meio da neve.

— Sério? — Arfei. Imaginei se conseguiria me manter fiel aos meus princípios se fosse obrigada a suportar uma tortura física e mental daquela magnitude.

— Quase deixaram Baxter louco, mas não o mataram. Na minha opinião, ele foi um herói, pois teve a ousadia de se opor à guerra.

Subimos uma encosta através das montanhas rochosas. Resistentes touceiras de *speargrass* e flores alpinas cresciam nos campos verdes. Sempre ficava espantada com as plantas que eram capazes de crescer naqueles ambientes tão severos.

— Sabe o que é isto? — Peter apontou para um arbusto que não atingia um metro de altura e que crescia como um tapete sobre as pedras. Ele se abaixou e apanhou um fruto silvestre vermelho. — É uma árvore *tötara.* Se você retirar o arbusto daqui e plantá-lo no vale, ele se transformará numa árvore enorme!

Olhei para a *tötara,* que se disfarçava de arbusto alpino, e sentei-me ao lado de Peter para apanhar a minha porção de frutos. Enquanto estávamos ocupados colhendo e comendo, levantei o olhar. Sobre as rochas acima de nós caminhava um lindo *tahr.* Nunca havíamos visto um daqueles bodes selvagens dos Himalaias tão de perto. Seus chifres eram longos, seus pelos escuros, e era forte e saudável. Estava incrivelmente altivo com sua longa crina. Ele permaneceu imóvel por um momento, olhou para nós e, em seguida, continuou subindo o rochedo vertical.

Conforme o outono caía lentamente sobre as margens do lago, cogumelos venenosos começaram a emergir sob as copas das árvores. Com as pesadas gotas de orvalho do início da manhã, os fios das magníficas teias de aranha ficavam mais aparentes entre os galhos. As noites estavam ficando mais frias novamente.

Num final de tarde, caminhei silenciosamente com meu rifle por entre grandes faias em busca de um coelho. Esperava encontrar algum mordiscando a macia grama no limite da floresta, porém a clareira estava vazia. Havia uma suave tonalidade cor-de-rosa no céu e, como em geral acontece no anoitecer, o silêncio era profundo. Era como se o céu se afastasse da terra e criasse um espaço onde o todo estava quieto, sereno e completo.

Eu enxergava melhor à noite do que durante o dia. Meus olhos pareciam ter sido feitos para a escuridão. Quando minha vista se abria, minha pele se aguçava. Tudo se revelava e eu podia sentir os perfumes secretos da natureza. Com o soprar de uma leve brisa, ouvia o sussurro das touceiras de capim, o murmúrio das flores e o suspirar das árvores. Era capaz de sentir tudo o que se passava e, enquanto os pássaros emitiam seus longos chamados de galho em galho, adentrei cuidadosamente uma clareira.

Então percebi que não estava sozinha. A uma distância de vinte metros, caminhava um outro caçador, à mesma velocidade que eu e com o mesmo ar presunçoso. Era um gato selvagem. O grande felino era preto, forte, destemido e determinado. Fiquei encantada com seu temperamento selvagem. Aquele era um tigre comparado à um gato doméstico. Pensei em como a humanidade gradualmente havia se domesticado; em tempos remotos, os humanos tinham sido tão selvagens e destemidos quanto aquele animal. No fundo do meu coração senti que um dia, num futuro distante, a humanidade voltaria a ser selvagem. Estávamos vivendo em meio à natureza fazia quatro anos e eu começara a entender que tudo deve retornar, mais cedo ou mais tarde, para sua ordem natural. Apesar de a floresta ter sido incendiada em vastas áreas do país, um dia ela voltaria a crescer como antes. Pode ser que leve milhões de anos, porém a natureza tem tempo. Como a floresta, algum dia, nós humanos iremos nos reconectar com a terra sobre a qual nascemos e retornar ao que eu acredito ser a nossa ordem natural.

Vários solitários trilheiros passaram pelas margens do lago em seu percurso de três mil quilômetros pela rota chamada Te Araroa — a trilha da Nova Zelândia. Esta trilha começa no topo da Ilha Norte e vai até a ponta da Ilha Sul, e os andarilhos que conhecemos estavam caminhando fazia quase cinco meses. Apesar de aparentarem cansaço, havia algo de incomum nos olhos deles — uma espécie de paz interior e autoconfiança. Tinham conquistado resiliência e força através da superação das dificuldades e do contato com a beleza natural.

Certa manhã, conhecemos Jean-Charles. Como os outros jovens que conhecêramos, ele estava bronzeado, era magro e forte. Suas roupas estavam rasgadas e desbotadas, e seu lábio inferior tinha uma rachadura que aparentava ter aberto e fechado diversas vezes. Atraímos o rapaz para o nosso acampamento — assim como faríamos com uma *weka* — oferecendo pão e manteiga. Como ele torcera o joelho no dia anterior, sugerimos que ele descansasse conosco por algumas noites. Descobrimos o tamanho de sua fome quando o vimos devorar três pratos de ensopado de *possum* com arroz integral. Ele comeu como se estivesse prestes a morrer de fome.

Jean-Charles nos relatou que caminhara cada centímetro da trilha e estava determinado a terminar sua missão.

— Estou ansioso para alcançar a cidade de Bluff, mas morrendo de medo ao mesmo tempo — contou ele. — Em duas semanas, estarei dentro de um avião voltando para Paris, onde a vida é tão monótona... os assuntos são tão tediosos e as pessoas tão superficiais. Depois de andar por quase cinco meses na natureza, todo o universo dos homens parece não fazer sentido algum. — Seus olhos azuis revelavam sua grande inquietação.

Ele nos contou tudo sobre a trilha, sua preparação, organização e planejamento. Falou com entusiasmo sobre os lugares mais belos e as partes mais difíceis.

— Sobre o que você pensa quando está caminhando sozinho? — Perguntei.

— Então, nos últimos dias tenho pensado se há algum momento na vida em que você realmente sabe quem é. — Ele olhou para Peter.

— Bom, eu não sei — respondeu ele.

— Você deveria saber. Tem 60 anos! — Jean-Charles gostava de falar abertamente.

— Digamos que a vida seja um rio — comecei. — Se eu me jogar na correnteza, no desconhecido, estarei sujeita a toda sorte de eventos e isto automaticamente mudará quem eu sou. Nunca mais serei a mesma pessoa. Então, eu acho, e posso estar errada, que no momento em que você sabe quem é e se acomoda em uma rotina, estará preso às margens do rio, ao invés de fluir com a vida.

— Concordo — afirmou Peter. — Mas talvez haja uma expressão de autenticidade dentro de cada um de nós... algo que não se movimenta ou se altera constantemente, mas que pertence a cada pessoa.

Na manhã que Jean-Charles partiu, Peter e eu saímos para caminhar. Seguimos uma pequena trilha que passava sobre as raízes de grandes árvores próximas ao lago. Sentamo-nos na macia grama e observamos a água. Um grupo de pássaros soltava sons semelhantes aos de uma roda rangendo. Seus cantos ressoavam sobre a superfície da água parada.

Com a mão, dei leves batidinhas no musgo ao meu lado.

— Não seria legal sair caminhando e simplesmente acampar onde acharmos que seja um bom lugar na floresta?

— Com certeza, estava pensando nisso agora. — Peter me olhou com um ligeiro sorriso. Seus olhos azuis brilhavam com sua nova ideia. — Não acha que deveríamos percorrer a trilha Te Araroa também?

— Deixar a caminhonete para trás? — Indaguei. — Viver com nada, somente nossas mochilas?

— Humm. — Peter assentiu com a cabeça lentamente. — Caminhar rumo ao desconhecido.

— É a melhor ideia que eu já ouvi. — Comecei a rir e dei-lhe um abraço.

"O gerente foi razoavelmente amigável e disse que eu poderia cantar na entrada do supermercado... Tudo o que tinha que fazer era cantar algumas inofensivas canções... Um gentil senhor ... se aproximou e apontou para as palavras escritas em meu violão. — O que quer dizer com: a liberdade é gratuita? — Bem... a liberdade é uma dádiva. É gratuita! Muitas pessoas trabalham durante anos para guardar dinheiro para o futuro, mas quando finalmente economizam o suficiente para conseguir fazer algo diferente, não têm coragem para fazê-lo. Então, o futuro é tarde demais."

CAPÍTULO 9

CIVILIZAÇÃO

Aquela não foi a primeira vez que cogitamos partir em uma longa caminhada. Quando Peter e eu nos conhecemos e jogamos xadrez naquele pequeno restaurante no sul da Índia, ele me contara tudo sobre suas viagens pelos Himalaias. Tempos depois, ao sugerir que embarcássemos para lá juntos numa jornada de seiscentos quilômetros, concordei sem pensar duas vezes — durante toda a minha vida sonhara em participar de tais aventuras.

Partimos num final de primavera com o mínimo de equipamento possível. Caminhamos pelas florestas, através de cadeias de montanhas cobertas de neve e áridos desertos. Dormimos sob as estrelas ou em cavernas, ou ficamos em remotos vilarejos dividindo refeições com as pessoas locais. Atravessar as passagens entre os cumes levava quatro ou cinco dias em geral, então carregávamos conosco pão sírio, farinha de cevada, frutas secas e cereais. Cruzamos oito formações montanhosas em nosso percurso rumo a Ladakh, sendo que três das passagens tinham mais de cinco mil metros de altitude. Os nômades, que conhecemos durante a nossa viagem por aquelas majestosas montanhas, eram uma inspiração para mim. Se, ao se tornarem mais resistentes e fortes, eles conseguiam sobreviver em meio à beleza daquela paisagem escarpada, percebi que eu também poderia.

Naquele momento, lá estávamos nós, preparando-nos para levar precisamente aquele modo de vida nomádico outra vez, só que na trilha Te Araroa. Caminharíamos com pouquíssimos pertences. Caçaríamos e coletaríamos alimentos, conheceríamos o país e descobriríamos seus encantos. Sentia uma intensa vontade de ver tudo o que havia para ser visto e de explorar todas as dimensões da realidade.

O inverno já havia tocado a terra quando chegamos a Wellington com nossa caminhonete. Celine se mudara recentemente para a capital e nós nos hospedamos com ela em sua nova casa na costa sul. Ela ficou muito feliz por ter companhia — e por ter alguém que lhe fizesse o jantar quando voltasse do trabalho no hospital às oito ou nove horas da noite.

Chegamos à casa dela num domingo à tarde. Tomamos uma xícara de chá juntos e em seguida fui me banhar. Não tomava um banho quente desde nossa estada na casa de Fez em Christchurch sete meses antes. Sentir a água quente na minha pele foi maravilhoso. Coloquei roupas limpas e olhei através da janela para o mau tempo que fazia do lado de fora. Começara a chover forte. Estranhamente, não precisei me preocupar com todos os objetos que poderiam ficar molhados ou ser derrubados com o vento. Abri um grande sorriso ao ver toda aquela mordomia — estar em uma casa era extremamente confortável e aconchegante. De súbito, a ideia de sair debaixo daquele temporal me pareceu muito desagradável. Viver ao ar livre numa barraca em pleno inverno então, seria praticamente uma loucura.

Quando escureceu em torno das seis horas, ao invés de irmos dormir (como teríamos feito se estivéssemos na floresta), simplesmente acendemos as luzes e começamos a preparar um *curry* de ovos. Como eu não caçaria enquanto estivéssemos na cidade, automaticamente voltamos a ser vegetarianos. Sentamo-nos à grande mesa e comemos. Fiquei pasma com o conforto proporcionado pela cadeira de madeira, era como se ela tivesse sido feita exatamente para o meu corpo. Minhas costas se ajustavam precisamente ao encosto e meus pés tocavam o chão de modo perfeito. Coloquei meus cotovelos sobre a mesa de madeira e sorri ao pensar na maravilhosa genialidade da pessoa que inventara a cadeira.

— Sabe o quão maravilhosa é uma cadeira? — Indaguei Celine. — E o quão útil é uma mesa? Depois de me agachar por um ano para cortar o pão e a carne no chão, acho que mesas e cadeiras são as melhores invenções de todos os tempos!

Ela olhou para a mesa, assustada.

— De que outras coisas sentiram falta?

— Notícias — respondeu Peter. — O que tem acontecido no mundo?

Passamos algum tempo conversando sobre fatos mundiais recentes, até que Peter lhe perguntou:

— Então, quais seriam as preocupações da medicina hoje? Ainda uma pandemia, não é?

— Pandemia? — Ela pareceu surpresa.

Comecei a rir, pois me lembrava da nossa primeira conversa muito bem.

— Ah, não — disse ela. — Não se preocupe com isso. Eu diria que a obesidade é a principal preocupação. As pessoas estão perdendo a capacidade de se responsabilizar pelo que comem e pelo modo como preparam sua comida. Outra questão é a saúde mental. As jornadas de trabalho estão excessivamente longas, o que acaba gerando depressão e esgotamento.

Depois de lavarmos a louça, Celine sugeriu que assistíssemos a um filme.

— O que gostariam de ver? — Perguntou e olhou para mim. Se tivesse me pedido para listar todas as cidades da China, eu teria sido acometida pela mesma sensação de branco mental. Não conseguia pensar em nada.

— Humm, você escolhe — respondi.

— A vida na cidade é bem solitária sem um companheiro ou filhos — disse ela ao selecionar os filmes na tela. — Em geral, assisto comédias românticas. Os personagens simulam os amigos que eu não tenho tempo para fazer. Patético, não é? — Ela riu. — Ao ver esses filmes leves e que exigem pouca atenção tenho uma ilusão de pertencimento. Sinto que não sou tão diferente das outras pessoas.

— Sério? — Perguntei, incrédula.

— Sério. Além disso, de vez em quando preciso me distrair e parar de pensar no trabalho e no câncer. — Ela olhou para cima. — Toda semana eu conto para as pessoas que elas têm câncer. Quando salvo vidas, meu trabalho é maravilhoso e gratificante. Em outras ocasiões, não há nada que eu possa fazer por um paciente, e isso é muito trágico. — Celine olhou de relance para a mesa de centro e ficou em silêncio por um momento. — Mas agora, — disse ela — vamos assistir a este aqui. Acho que vão gostar.

A casa ficava na orla e tinha a vista das indomáveis ondas, as quais ocasionalmente invadiam a calçada.

Em dias ensolarados, Peter e eu saíamos para longas caminhadas à beira-mar e, pelo caminho, colhíamos acelga, salsinha e erva-doce para o jantar. O ar salino e o vento tinham deixado as folhas das acelgas espessas e saborosas. Havia uma colônia de focas sobre as rochas a alguns quilômetros de distância. Era um local tão selvagem e castigado pelas intempéries que se tornava difícil acreditar que existia uma cidade nas proximidades.

Certo dia, em uma espécie de abrigo entre bancos de areia de onde podíamos avistar as montanhas da Ilha Sul, conversamos sobre Te Araroa. A maioria dos trilheiros que passaram pelos Lagos Mavora tinham planejado suas jornadas meticulosamente e alguns deles haviam preparado pacotes de comida com suprimentos especiais desidratados. Apesar de facilitarem a caminhada, achamos que organizar pacotes de comida poderia arruinar o espírito de aventura; queríamos ter a liberdade de mudar a nossa rota quando sentíssemos necessidade e não queríamos ficar presos a um itinerário pré-planejado. Entretanto, não planejar a nossa alimentação significaria que eu teria que pedir carona até uma cidade para buscar suprimentos assim que a primeira oportunidade aparecesse — e isso por vezes significaria que eu teria que andar por horas até alcançar uma estrada em que pudesse pegar carona. Mesmo assim, considerava aquela alternativa melhor do que determinar de antemão a nossa rota.

Para manter as mochilas o mais leve possível, muitos andarilhos viviam à base de macarrão instantâneo e batatas desidratadas. Aquilo explicava em parte o motivo pelo qual seus corpos estavam tão esgotados no fim da jornada. Nossa meta era chegar à extremidade sul do país com corpos tão fortes e saudáveis quanto possível. Para conseguir tal feito, teríamos que nos alimentar de forma saudável. Então, como os pastores dos Himalaias, carregaríamos farinha integral para fazer pão sírio ou *chapatis*[20]. Eu levaria uma arma e caçaria pelo caminho. Já que não conseguiríamos carregar uma cabra inteira conosco, descansaríamos pelo tempo necessário até que tivéssemos acabado de comer a caça. Peter também precisaria daquele intervalo para se recuperar. Ele reiterava que estava em forma o suficiente para caminhar os três mil quilômetros, porém não na mesma velocidade dos jovens trilheiros que andavam a passos rápidos. A maioria terminava a trilha num decorrer de três a cinco meses. Nós, por outro lado, tínhamos todo o tempo do mundo e decidimos levar o dobro do tempo. Atravessaríamos a Ilha Norte no verão e descansaríamos no inverno. Na primavera seguinte, andaríamos pela Ilha Sul. Nosso objetivo era maior do que apenas percorrer a longa trilha, queríamos uma vida itinerante, como a dos nômades que conhecêramos nos Himalaias.

Acordei num sábado de manhã ao ouvir Celine se levantando para ir trabalhar. Fui até o computador na sala e abri os meus *e-mails*. Quando ela chegou na cozinha para preparar o seu desjejum, contou-me sobre o seu horário de trabalho e outras tarefas que tinha pela manhã.

[20] Pão de origem indiana sem fermento que se caracteriza pelo seu formato achatado. (N.T.)

— Não sente falta de ter um trabalho? — Perguntou ela, abrindo a geladeira.

— Bom, eu voltaria a dar aulas se fosse necessário — respondi — mas não acho que gostaria daquela rotina monótona. Minha vida seria fatiada em dias da semana. Meu futuro seria planejado e organizado. — Dei risada. — Provavelmente morreria de estresse ou tédio.

— O que eu gosto em um trabalho é a responsabilidade. Não sente falta disso? — Ela colocava salsão, repolho e abacate dentro de um liquidificador. O aparelho fez um barulho bem alto.

— Então, no passado eu tive algumas responsabilidades que me fizeram sentir importante por um tempo, mas sabe o que aconteceu? No momento em que passei pela porta da responsabilidade, adentrei ao cômodo da obrigação.

— Bem, é uma pena que veja dessa maneira. — Ela tomou seu *smoothie*[21]. — Tenho certeza de que seria uma boa professora. Você poderia ser uma grande inspiração para os alunos.

Comecei a rir.

— Talvez, mas eu ainda prefiro cantar pelas ruas para fazer algum dinheiro.

Ela assentiu com a cabeça e sorriu, enxaguou seu copo vazio e olhou para o relógio.

— Tenho que ir agora. Meus pacientes estão esperando. Tenha um bom dia!

Depois que Celine saiu, caminhei até um supermercado no centro da cidade com meu violão, o qual havíamos apanhado no caminho para Wellington. Planejava me apresentar. Observei os homens e as mulheres que estavam na rua. Todas as pessoas ao meu redor tinham um emprego. De súbito, me dei conta do quão bizarro era o fato de eu ter dinheiro para fazer tudo o que quisesse, sem trabalhar. Nos últimos anos, eu vivera dos juros ganhos com as minhas economias do tempo em que era professora e, na Costa Oeste, ganhara dinheiro me apresentando. Também estivéramos vivendo com o que a terra nos fornecia através da caça e da coleta de alimentos. Era como se o meu dinheiro não se acabasse — desde que não gastasse com futilidades.

Em seguida, avistei um grupo de homens sentados em mesas redondas com tabuleiros de xadrez. Havia uma placa que dizia que estavam recrutando novos membros para o clube. Apreensiva, aproximei-me de uma cadeira vazia. Um homem de cerca de 60 anos estava sentado do outro lado da mesa.

[21] Bebida batida no liquidificador feita com frutas, legumes ou verduras, água ou iogurte e gelo. (N.T.)

Sinalizei-lhe que gostaria de jogar.

— Você sabe jogar? — Indagou ele.

Tive minhas dúvidas se ele teria feito aquela pergunta se eu fosse um homem, porém assenti timidamente com a cabeça. Mal sabia ele que eu estivera jogando todos os dias dos últimos oito anos com Peter. Para a maioria das pessoas, o xadrez poderia ser um jogo entediante, mas para nós era a principal fonte de diversão. Jogáramos incontáveis partidas juntos.

Ao me sentar, senti uma instantânea descarga de adrenalina. O início do jogo foi razoavelmente fácil e nós dois fizemos movimentações rápidas. Quando ficou mais complicado, meu oponente começou a bater papo com o homem ao seu lado enquanto eu estudava atentamente o tabuleiro. Ataquei a sua rainha e a sua torre com a tática do garfo. Ele começou a perder. No momento em que voltou a prestar atenção ao jogo, entretanto, era tarde demais. Decidiu abandonar aquela partida e insistiu em uma outra. Da segunda vez ele me venceu, porém me senti satisfeita de qualquer maneira — descobri que aquele homem era um tipo de campeão local. Ele tentou fazer com que eu me associasse ao clube. Precisavam de mais mulheres, segundo ele. Se eu morasse na cidade, assegurei-lhe, teria me associado.

Peguei o meu violão, saí e encontrei um lugar para me apresentar.

"Caminhando pelas montanhas, eu caço nos vales. Dormimos no chão onde não nos encontrarão. O chamado dos gansos ecoa pelos ares. Recebemos nossa energia direto da terra... direto da terra."

Cantei várias canções com muita alegria. Achei diferentes pontos na cidade para cantar e juntei o bastante para repor o dinheiro gasto das minhas economias.

O primeiro banho quente que tomara em Wellington tinha sido maravilhoso, porém me surpreendi com a rapidez com que o extraordinário fato de se ter infinita água quente tornara-se uma normalidade. Aquela parecia ser uma verdade para todos os confortos. Tudo — a cama macia, os lençóis limpos, as roupas com perfumes florais — rapidamente voltou a ser uma decepcionante banalidade. Após uma semana na casa de Celine, comecei a sentir falta da brisa e, acima de tudo, do fogo. Era como se tivesse perdido a companhia de um bom amigo. A praticidade de um aquecedor não se equiparava à beleza radiante e ao calor de uma fogueira. Ao viver entre quatro paredes, estava perdendo lentamente o contato com o mundo real. As condições climáticas eram irrelevantes, a noite mais longa do ano passou sem que percebêssemos e eu perdi a noção das fases da lua. Minha menstruação, que, ao longo dos anos, havia se sincronizado com a lua cheia, aos poucos voltou a ficar irregular. Apesar de tomar banho todos os dias, nunca me sentia tão limpa quanto me sentira em meio à natureza. Tinha a impressão que a água pura e fria dos rios lavavam os dois lados da minha pele.

Enquanto Celine estava no trabalho, eu escrevia longos e-*mails* e nós assistíamos ao noticiário e documentários. Antes que me desse conta, outro dia tinha terminado. O tempo parecia se esgotar rapidamente quando estava atrás da tela do computador; a máquina consumia gradualmente as horas. Notei que a previsibilidade daquela vida criava uma sensação de conforto, que por sua vez criava uma resistência contra o desconhecido. Percebi como os confortos da vida moderna — com computadores, banhos quentes e todo o resto — poderiam dificultar a nossa entrega novamente ao acaso e à espontaneidade do fluxo do acontecer.

Leváramos uma grande quantidade de comida conosco que armazenamos nos armários de Celine. Podia comer o quanto quisesse. Não havia necessidade de utilizar os alimentos com parcimônia — se ficássemos sem manteiga, simplesmente desceríamos a rua e compraríamos mais. Poder fazer isso era um luxo. Entretanto, como não estávamos dispondo das longas noites de sono que tivéramos na floresta, tinha menos energia e queria comer mais. Em pouco tempo comecei a me sentir inchada e receosa de engordar. Contudo, quanto mais eu focava em não comer, mais comida eu ingeria. Ao invés de permitir que meu corpo me dissesse quando eu estava satisfeita, comecei a calcular o quanto eu já havia comido naquele dia e ponderava se aquilo significaria que eu deveria comer mais — ou não. Certa manhã de domingo, enquanto fazia a massa do pão na cozinha, conversei com Celine sobre o mundo das aparências.

— Sei que é extremamente frívolo, — disse ela, inclinando-se na bancada com uma caneca de chá de ervas nas mãos — mas na França, meus amigos, que são na sua maior parte médicos, engenheiros ou advogados, e eu, costumávamos falar bastante sobre peso e comentar sobre o corpo das outras pessoas.

— Fico muito feliz por estar longe de tudo isso. — Coloquei um pouco de farinha em uma grande vasilha. — Ainda bem que vivo sem um espelho. Na natureza, a aparência das pessoas não importa.

— Não mesmo, é verdade. — Ela sorriu. — Mas a aparência é uma parte importante da sociedade. Comparar-me com outras pessoas está profundamente arraigado dentro de mim — admitiu ela. — Sempre acho que devo perder peso.

Olhei para Celine, surpresa. Ela já era bastante magra.

— Ou se olho para você, por exemplo, — continuou ela — imediatamente acho que devo ter bíceps fortes e tonificados como os seus.

— Para quê? — Perguntei incrédula. — Você não precisa carregar uma mochila pesada através das montanhas. Você trabalha num hospital.

Ela balançou a cabeça afirmativamente, um pouco triste.

— Meus pais sempre encorajaram meus irmãos e eu a almejar o melhor. A desvantagem é que eu nunca acho que algo seja bom o suficiente. Estou sempre me comparando com os outros, se é que me entende? — Ela fez uma pausa. — É um tipo de anseio permanente, mas ao mesmo tempo me dá energia para ir atrás de um objetivo que esteja sempre à frente.

Contei a ela sobre o dia em que vi a camurça e entendi como a verdadeira beleza repousava no *ser* e não no *tornar-se*. Aquela compreensão fazia todo sentido em meio à natureza selvagem, porém percebi que na civilização tudo acabava em comparação.

Comecei misturando o fermento e a água com a farinha, depois passei a sovar a massa.

Celine assentiu com a cabeça.

— Ah! Tenho algo para o pão — disse ela, abrindo diversas gavetas até encontrar um pequeno frasco com um líquido que fazia tudo ficar com sabor defumado. — É bem caro para comprar. — Ela deu risada. — Se você colocar um pouco na massa, pode ser que tenha o gosto do pão assado na fogueira.

Quando deixamos a casa de Celine, fomos para a casa do nosso amigo Bennie. O pai dele era alemão e a mãe neozelandesa. Apesar de ter a minha idade, ele aparentava ser mais novo. Era bem alto e tinha olhos verdes, uma pele clara e cabelos loiros. Morava sozinho em um pequeno chalé alugado, no topo de uma colina com vista para a cidade. Dormimos em uma barraca no seu jardim. Comparado às montanhas da Ilha Sul, achamos o inverno em Wellington bem ameno.

Apreciávamos a franqueza de Bennie, seu discernimento e senso de humor. Ele tinha um carisma que atraía pessoas de todas as idades e de todas as esferas sociais. Grupos de amigos iam visitá-lo e permaneciam em seu pequeno quintal com taças de vinho e cigarros, conversando sobre tudo, de impressoras 3D a nanotecnologia, de seguir Elon Musk até Marte a possibilidade de o uso de computadores quânticos resultar em uma drástica mudança na sociedade. Ninguém — incluindo Bennie — nunca mostrava sinais de cansaço, mesmo às duas horas da manhã. Entrávamos com o corpo abaixado em nossa barraca quando as últimas pessoas finalmente iam embora, e acordávamos algumas horas depois quando os primeiros pássaros começavam a sua cacofonia matinal na árvore *kawakawa* próxima.

Pouco depois das sete da manhã, Bennie saiu do banheiro escovando os dentes com uma das mãos e penteando o cabelo loiro para trás com a outra. Desapareceu dentro do quarto e reapareceu cinco minutos depois. Em seguida, acenou positivamente com a cabeça em minha direção.

— Pronta para entrar em ação?

— Pronta para entrar em ação. — Abri um largo sorriso.

Queria acompanhá-lo até seu escritório e ver onde ele trabalhava como especialista em TI[22]. Descemos a rua a passos largos e entramos em um parque. Grandes eucaliptos elevavam-se pelo caminho. Seus troncos lisos e coloridos pareciam ter sido pintados por um artista. Sobre os galhos havia quatro gralhas australianas que grasnavam ao mesmo tempo. Lembrei-me do vale nas áridas montanhas em que tivemos nossas vizinhas gralhas.

— Estamos um pouco atrasados. Acho que vamos ter que apertar o passo — afirmou Bennie quando alcançamos as agitadas ruas do centro da cidade. Sete e meia da manhã era a hora do *rush* para todas as pessoas que iam trabalhar. O rugido das motocicletas e dos ônibus ressoaram dentro do meu corpo. A fumaça dos motores adentrou os meus pulmões. O som agudo dos freios a ar dos coletivos que passavam foi como um soco no meu estômago. Era como se eu estivesse caminhando nua, sem proteção contra o ronco dos motores, a poluição e a multidão. Aquilo me surpreendeu, pois, havia muito tempo, eu morara em Amsterdam, cidade que era bem mais agitada, barulhenta e poluída do que Wellington.

— Reconheço em torno de cinquenta rostos em média numa manhã — disse Bennie, marchando pela calçada. — Estas pessoas caminham aqui todos os dias da semana. Mesmo lugar, mesmo horário. É um esquema fixo e sem saída.

Paramos em um sinal vermelho. Além de nós, cerca de setenta pessoas permaneceram paradas esperando. O sistema não era muito eficiente, pois, em dado momento, todos os carros estavam aguardando também. De súbito, um jovem rapaz surgiu voando colina abaixo em um *skate*. Não consegui

[22] Tecnologia da Informação. (N.T.)

imaginar como ele seria capaz de parar a tempo — e ele não parou. Passou direto em alta velocidade por todos os semáforos fechados enquanto todos esperavam! Fiquei boquiaberta.

— Ele é incrível! — Meu comentário, entretanto, foi suprimido quando a grande massa de pessoas voltou a se locomover com o tenso soar da campainha "Piu! Tique-tique-tique", ao mesmo tempo em que o ícone verde de um homem caminhando se acendeu. Todos atravessaram a rua apressadamente.

— Vê como as pessoas correm? — Disse Bennie. — Todos nós achamos que estamos chegando a algum lugar, que estamos progredindo, quando na verdade estamos apenas lutando para manter nosso lugar nesta maratona. As pessoas se tornaram ovelhas. Pessovelhas.

Reparei que todo mundo estava sozinho. Ninguém, com exceção de Bennie e eu, falava ou caminhava em dupla. Todos os olhares estavam concentrados em algum ponto ao longe.

— Agora, — disse Bennie dando uma espiada em seu telefone — temos noventa segundos extras para fazer compras. — Ele me guiou para fora da multidão e para dentro de um supermercado, onde ziguezagueou pelos corredores. O único engarrafamento ali foi a fila do caixa.

— Todos os dias me pergunto o que vou querer comer no almoço — afirmou ele, enquanto nos aproximávamos lentamente dos caixas de autoatendimento. — Saber que se tem opções é muito agradável, mas todos os dias acabo comprando a mesma coisa.

— Por quê? — Perguntei, surpresa.

— Acho uma perda de tempo ter que parar para pensar no que vou comprar! E também, na realidade, este *smoothie* de frutas é muito bom. — Ele agitou a garrafa plástica em sua mão. — E todo mundo compra somente o suficiente para o almoço de hoje. Amanhã, estarão aqui de novo exatamente no mesmo horário, para comprar exatamente as mesmas coisas. — Bennie sorriu. — Como eu.

— Por que não fazem sanduíches em casa e assim economizam dinheiro e tempo? — Indaguei.

Bennie passou o cartão pelo leitor da maquininha.

— Não, não, não. Não temos vontade de pensar sobre o almoço de amanhã. Há tanto para se organizar à noite, tantas tarefas e responsabilidades. — Saímos do supermercado. — Lembra de ontem à noite? Tive que lavar minhas roupas de trabalho, planejar uma reunião, enviar mensagens para alguns amigos sobre uma festa no final de semana... estive ocupado desde o momento em que cheguei em casa, não é mesmo? Desculpe, perdemos tempo na fila do supermercado. Vamos ter que correr. Tenho que passar pelo controle de acesso antes das oito.

Corri atrás dele, aliviada por estar vestindo *shorts* e sandálias de trilha.

— Corram, lemingues! Corram! — Berrou Bennie ao disparar pela calçada em seu terno preto.

— Mas por que todos fazem isso, dia após dia? — Perguntei.

— Temos dívidas ou o aluguel para pagar — respondeu ele, virando o rosto sobre o ombro. — De uma casa que só vemos à noite. — Em seguida, desceu um lance de degraus com passos rápidos, tocando de leve o corrimão prateado com a mão esquerda. Seu corpo parecia estar parado enquanto os pés se moviam a uma velocidade impressionante. Em seguida pegou o *smartphone*. — E para comprar mais e mais praticidades. Todos esses *laptops* e telefones... são tão úteis!

Finalmente, ele desacelerou e parou em frente a um grande e imponente edifício. Ajeitou o paletó enquanto me esperava alcançá-lo.

— É o que chamamos de escravidão cômoda. — Ele aproximou o braço direito de um sensor e as portas de vidro de abriram. Segui-o até o *lobby* que tinha um grosso carpete no chão e o pé-direito alto.

— Muito agradecido pela sua companhia, senhora! — Disse Bennie com um sotaque britânico.

— O prazer foi meu, senhor. Tenha um bom dia. — Demos um aperto de mão para finalizar a atuação e, depois, ele desapareceu ao passar pelo controle de acesso eletrônico ao escritório. O grande relógio digital na parte superior da entrada marcava 7:59:10. Ele havia chegado a tempo.

Respirei aliviada e me sentei em um sofá para me recompor. Quando saí, o relógio marcava 8:02:17. Outras culturas têm divindades nas paredes; ali, nós tínhamos O Relógio.

Saí do edifício e olhei para cima. Bennie trabalhava no terceiro andar. Não consegui ver o lado de dentro, pois as janelas eram como espelhos. Refletidas nelas, vi três gaivotas sobrevoando o céu azul em círculos. Acima delas pairava uma nuvem branca que tinha o formato de um cão com um rabo bem longo.

— Vamos fazer uma caminhada — sugeriu Peter numa ensolarada manhã de quarta-feira. Seguimos por uma trilha sinalizada na floresta que atravessava a cidade de Wellington. Subimos uma colina e as ruas e casas ficaram abaixo de nós. Ao caminharmos pela zona urbana, percebi como a vida ali pedia por um sentido a mais do que simplesmente viver. Se eu morasse em uma cidade novamente, também necessitaria de um *hobby,* uma atividade ou uma ocupação. De modo inverso, na natureza selvagem eu nunca sentira a necessidade de ter um outro projeto que não fossem as minhas tarefas diárias como assar o pão, acender fogueiras e lavar as roupas no rio. Aquelas atividades eram gratificantes e agradáveis, e morar em meio à beleza natural era significativo o bastante.

Após uma hora caminhando, paramos para descansar sob pinheiros gigantes. O solo estava seco e macio, coberto com finas agulhas amarronzadas de pinheiro. Diversos pássaros cantavam no alto das árvores. A luz brilhava através dos galhos e criava lindas manchas marrom-douradas no chão. Observamos a cidade e o porto abaixo. O centro da cidade era bem pequeno — apenas alguns quarteirões com arranha-céus. Mostrei para Peter o edifício em que Bennie trabalhava. Soprava aquele vento característico da região, pois vimos os traços esbranquiçados das ondas na água do porto. Com a vista panorâmica de grandes montanhas ao fundo, Wellington deveria ser umas das capitais mais bonitas do mundo.

Continuamos pela trilha até conseguirmos admirar o outro lado da cidade. Paramos para descansar várias vezes em locais tranquilos. Nada se movia e quase não ouvíamos o barulho do trânsito, somente o eventual ruído de um avião. Até que um som bastante peculiar ecoou.

— É um leão rugindo! — Exclamou Peter.

Comecei a rir.

— Claro que não, seu bobo.

— Deve haver um zoológico por aqui — disse ele. — Vamos dar uma olhada.

Abrimos caminho em meio à floresta até que, de fato, alcançamos os fundos de um zoológico. Do outro lado da cerca, havia um guepardo deitado. Quando nos aproximamos, o animal acordou e se mostrou bastante aborrecido. Com alguma relutância, ele se levantou, alongou seu poderoso corpo e correu com passos largos até o outro lado do recinto. A capacidade física contida em seus músculos era impressionante.

— Vê como o guepardo é forte? Após nossa jornada de três mil quilômetros, vamos ficar parecidos com ele. — Abri um sorriso.

— Ei, nem sei se terei condições de terminar os primeiros quilômetros! — Peter começou a rir. — Posso estar morto quando chegarmos ao final da Praia Ninety Mile[23]!

---

[23] Parte inicial da trilha Te Araroa, localizada no extremo norte da Nova Zelândia. (N.T.)

Coloquei os braços dele sobre meus ombros e o beijei.

— Não vai, não.

Continuamos andando e chegamos a um parquinho para crianças. O escorregador era bastante alto e eu, impulsivamente, subi os degraus. Fazia mais de vinte anos que não brincava em um local como aquele. Desci o escorregador em alta velocidade. Escalei uma torre e desci na tirolesa. Cada brinquedo proporcionava uma sensação única. Foi muito divertido.

Havia um garoto de cerca de 9 anos acompanhado da irmã mais nova. Revezamo-nos nos balanços e eu lhes mostrei pequenas manobras na cama elástica. Quando estávamos subindo uma torre de cordas, a menina subitamente gritou "Olha!" e começou a rir.

O irmão dela e eu nos viramos. A princípio, não consegui entender por que ela ria tanto, até que reparei que ela apontava para uma grande quantidade de baba, que ficara grudada em seu queixo. Seu rosto alegre, sua risada descontraída e seu humor me lembraram muito de Sofie, minha irmã, quando éramos pequenas. O garoto e eu sorrimos um para o outro. Pouco tempo depois, as crianças foram embora e eu voltei para junto de Peter.

— Os adultos se levam muito a sério — afirmei ao pegar minha jaqueta Swanndri. — Na verdade, acho que eu deveria rir mais de minhas próprias tolices.

Peter se levantou.

— Como brincar em um parquinho como uma criança?

— Isto não é uma tolice tão grande. Quero dizer todas as coisas que considero fracassos ou que sejam embaraçosas ou vergonhosas. Deveria rir de todas elas.

— Sim, mas é necessário um pouco de autoconfiança para rir de nossas próprias falhas — disse ele. — Mesmo quando criança, eu era tímido. Não tinha muita segurança e queria defender o pouco de autoestima que tinha.

Certa noite, decidi ir com Bennie até um *pub* no centro da cidade. Eu havia comprado uma calça e uma blusa de seda por alguns dólares em um brechó. Meu novo traje era o exato oposto das minhas habituais roupas: jaqueta Swanndri remendada, *tops* de lã merino rasgados e *shorts* desbotados.

Quando lá chegamos, uma banda estava ensaiando para tocar mais tarde naquela noite. Debruçando-se sobre o balcão, Bennie perguntou:

— Então, o que gostaria de beber?

Apesar de não haver ingerido grandes doses de álcool nos últimos dez anos, queria experimentar os efeitos dele naquele momento, já que era um hábito comum de muitas pessoas na cidade nas noites de sexta-feira.

— Vodca — respondi. Foi a única bebida que me veio à mente tirando a cerveja e o vinho, o qual eu não apreciava muito.

Levamos nossos *drinks* para o lado de fora, onde havia grandes aquecedores em postes. Imaginei o quanto custaria para transformar o inverno em verão como estavam fazendo.

— Saúde! — Exclamou Bennie. — Esta é a recompensa do trabalhador para uma vida de escravidão cômoda. Trabalhar a semana inteira, ganhar dinheiro e, depois, imediatamente gastar uma fortuna para tomar um veneno entre amigos que não têm sobre o que conversar, pois todos tiveram uma semana entediante. — A risada dele era contagiante. Levantamos nossos copos e tomamos um gole. Senti a estranha sensação do álcool queimando a minha garganta e descendo até o estômago. Olhei para as pessoas ao nosso redor. Todos estavam em grupos de dois ou mais.

— Devemos falar com alguém? — Perguntei.

— Não, não — respondeu ele. — Demasiado cedo. Espere até que todos tenham relaxado um pouco. — Ele se apoiou sobre um cotovelo e girou o copo. — Contei para o meu irmão que vocês moram em uma barraca nas montanhas — disse ele, de súbito.

— Ah, é mesmo? — Abri um largo sorriso e também girei a vodca do meu copo.

— Sim. A primeira reação dele foi: "Então, eles são sem-teto? Qual é o problema deles? Provavelmente têm algum distúrbio mental".

— Sério que ele disse isso? — Fiquei abismada. — Distúrbio mental? — Indaguei, e naquele momento percebi que o irmão dele provavelmente não era o único a pensar daquela maneira.

— Sim, é sério. — Bennie deu de ombros. — Ele acredita que a felicidade só é garantida através do dinheiro. Nunca entenderia o modo de vida de vocês.

— Acho que é uma maneira bem democrática de se pensar — afirmei. — O que a maioria escolhe deve ser a coisa certa!

Bennie refletiu por um instante.

— Bom, você escolheu um modo de vida totalmente diferente comparado à maioria das pessoas. Meu irmão administra sua própria empresa de TI e tem mais de vinte funcionários. A maior parte das pessoas provavelmente concordaria com ele.

Conforme bebíamos a nossa vodca, o ambiente foi aos poucos se tornando mais amigável. Todos pareciam estar mais felizes e mais atraentes. As nuvens espelhavam as luzes da cidade com uma interessante coloração amarela. Até os arranha-céus à nossa volta, que, quando cheguei, achei horrorosos, aparentavam ter um belo *design.*

Voltamos ao bar para pegar outra bebida. Enquanto eu aguardava, um jovem rapaz surgiu ao meu lado.

— Uau, você tem dedos bem longos — afirmei. — Você toca piano? — Apontei para suas mãos. Ele riu, respondeu que tocava baixo e em seguida ergueu as mãos no ar para compará-las com as minhas. Caminhamos juntos para o lado de fora e conversamos até a banda começar a tocar dentro do *pub*. Mesmo ao ar livre, achei o repentino barulho ensurdecedor. Fiquei tão chocada com aquele estrondo que tampei os ouvidos e franzi o nariz. Meu novo amigo pensou que, mais do que o volume, eu não estava gostando da música, e disse com irritação: — O que está fazendo aqui se não gosta da música? Você só quer vestir sua bela blusinha e ser uma princesinha, não é? — Ele até mexeu os quadris de forma depreciativa. Fiquei de queixo caído e ri veementemente. Foi a frase mais engraçada que ouvira em muito tempo. Tive a impressão de que ele ficou bastante surpreendido com a minha reação.

À meia-noite, Bennie e eu deixamos as animadas pessoas e o barulhento bar para trás e caminhamos pelas ruas da cidade. A atmosfera noturna era completamente diferente da que tinha sido durante o dia. Passamos por bêbados na calçada, longas filas do lado de fora de boates e bares controlados por seguranças com jaquetas de couro pretas. Entre o ruído dos carros e os berros das pessoas, fiquei espantada quando vi moradores de rua com suas poucas sacolas de pertences dormindo em bancos sob os postes de luz.

Bennie me perguntou se eu já tinha entrado em um *sex shop.* Não poderia dizer que tinha, então entramos em um cuja iluminação era tão clara quanto a de um supermercado. Observei tudo com interesse. Havia vídeos e algumas revistas, porém grande parte dos produtos eram instrumentos de um tipo ou de outro para infligir dor. O vendedor atrás do balcão foi a pessoa mais estranha que eu já vira. Tinha o rosto de um homem, com uma barba crescida de dois dias, enquanto o corpo era o de uma mulher, incluindo seios. Ele também se vestia como uma mulher, com uma saia colorida que cobria a volumosa barriga. Fiquei tão curiosa que queria estudá-lo mais, entretanto me contive.

— Com licença — resolvi fazer uma pergunta — pra que serve isto? — Apontei para uma bola de metal que se assemelhava ao equipamento utilizado no lançamento de martelo no atletismo.

— Alongar as bolas — respondeu ele, com mau humor.

Ainda incerta quanto ao funcionamento do dispositivo, perguntei por mais detalhes. Ele deve ter achado que eu estava de brincadeira, pois ficou bem irritado e disse grosseiramente:

— É para alongar os testículos!

Fiquei um pouco chocada com seu tom ríspido — só estava curiosa para saber mais sobre o produto. Gesticulei para Bennie que deveríamos ir embora e senti-me aliviada ao pisar na rua novamente.

— É estranho que um *sex shop* esteja cheio de instrumentos de tortura, não acha? — Perguntei ao atravessarmos a rua.

— Bom, acho que as pessoas têm tão pouca conexão com seus corpos que precisam sentir dor para lembrarem que estão fisicamente vivas — respondeu ele.

— Sério? Que triste, não é?

— Sim. A vida em sociedade é um grande ataque aos sentidos. Estamos constantemente exagerando. Comemos muito porque não conseguimos sentir se nossos estômagos estão cheios ou não. Não sentimos o gosto de nada, então precisamos de mais glutamato monossódico, sal e açúcar. A música que ouvimos, como a banda de agora há pouco, causa danos auditivos. Sabia que uma em cada quatro pessoas tem perda de audição? E eu sou uma delas. Já perdi trinta por cento da minha audição.

Caminhamos um pouco mais e eu refleti sobre a vida moderna em silêncio. Constatei que os seres humanos estavam se tornando cada vez mais insensíveis e, portanto, perdendo lentamente a habilidade de ver a beleza do mundo.

Pouco tempo depois, alcançamos uma grande avenida. Um veículo desacelerou e, para o meu espanto, um grupo de adolescentes se inclinou para fora das janelas e começou a arremessar ovos antes de arrancarem novamente. Por sorte, me precavi e me abaixei, porém o segurança que estava trabalhando na boate atrás de nós foi atingido pela maioria dos ovos. Perguntamos se ele estava bem. Ele nos contou que frequentemente era vítima daquele tipo de ataque.

— Tem gente que acha que somos policiais, porque vestimos este uniforme azul — disse ele. — Ovos não são nada — acrescentou. — Às vezes eles jogam facas na nossa direção.

Bennie entrelaçou o seu braço no meu, viramos e adentramos a um estreito beco vazio. Em seguida, subimos uma colina onde o silêncio era profundo. Apesar de o ar estar fresco, não senti frio. Foi estranhamente empolgante passar por fileiras de casas dentro das quais as pessoas dormiam. Quando chegamos ao chalé, eu nem sequer estava cansada — graças à vodca, provavelmente. Andando na ponta dos pés, Bennie e eu passamos pela barraca em que Peter dormia havia cinco horas e continuamos nosso bate-papo na cozinha até o dia amanhecer.

Na primavera, Peter e eu nos casamos. Basicamente tive que arrastá-lo até o cartório, pois ele era contra o casamento. Peter acreditava que o matrimônio iria nos aprisionar e arruinar o nosso relacionamento. Eu mesma não acreditava que uma certidão de casamento faria muita diferença, pois já fazia oito anos que estávamos juntos. Entretanto, desejava me tornar uma cidadã neozelandesa e manter minha nacionalidade holandesa ao mesmo tempo, e casar seria a única forma de fazer isso. Apesar de sua resistência, Peter conseguiu sorrir alegremente quando um amigo tirou nossa foto naquele dia. Depois, tive que finalizar o processo de obtenção da cidadania e aqueles trâmites burocráticos atrasaram o início da nossa jornada em alguns meses. Por fim, estávamos prontos para seguir rumo ao distrito Far North para dar início à trilha Te Araroa.

Peter tinha um velho amigo do tempo da universidade chamado Nick — Nick Maverick, assim eu o chamava. Conhecíamo-nos já fazia algum tempo e eu o considerava um bom amigo. Ele nos levou em seu pequeno carro cerca de mil e cem quilômetros sentido norte até o Cabo Reinga. Foram necessários dois dias.

Nick era alguns anos mais velho do que Peter, tinha olhos azuis e um espesso cabelo branco que estava longo e com um aspecto desgrenhado. Fora um montanhista na sua juventude, porém em anos recentes vinha sofrendo de uma doença autoimune chamada miosite por corpos de inclusão, que é uma condição inflamatória dos músculos caracterizada pela fraqueza muscular progressiva. A cada ano ele ficava mais fraco e já apresentava dificuldade para caminhar. Se a doença se agravasse, ele poderia acabar em uma cadeira de rodas.

Sentada no banco traseiro do carro, encurralada entre as nossas mochilas, olhei para os olhos azuis de Nick no espelho retrovisor. Observando a estrada atentamente, ele nos contou de forma descontraída sobre o que havia presenciado nos cantos mais remotos do planeta. Como professor universitário, ele viajara com seus alunos para conhecer e aprender com povos indígenas de várias partes do mundo. O futuro de muitas daquelas culturas estava ameaçado. O que ele vira fora a sua destruição: das pessoas, do seu modo de vida, dos seus locais sagrados e da terra. Tudo aquilo havia deixado uma imensa tristeza dentro dele.

— Estamos em uma situação bizarra — disse Nick. — No ocidente, tornamo-nos uma civilização focada no progresso e no desenvolvimento, mas na verdade fazemos parte de um assustador faz de conta numa escala gigantesca. Esta civilização encoraja, quase incentiva às distrações a qualquer preço. Na esfera pública vemos violência, corrupção e ganância. Há desonestidade, propagação de informações tendenciosas e obsessão com futilidades... A lista não tem fim. O sistema dentro do qual vivemos é um acordo forçado com um monstro que nós mesmos criamos.

A paisagem que cruzamos ao seguir na direção norte era composta majoritariamente por fazendas. Às vezes, Peter apontava para florestas ao longe e dizia que estaríamos subindo aquelas cadeias de montanhas dentro de alguns meses. Era difícil acreditar que atravessaríamos toda a extensão daquela ilha a pé. Passamos pela elevada altitude da Estrada Desert e por magníficos vulcões. Pegamos congestionamentos em Auckland e ao entrarmos na região de Northland começamos a ver mais áreas verdes. Era um outro mundo. Abri a janela do carro. O ar de verão por ali era quente e úmido; as temperaturas, elevadas. Observei as colinas e as áreas de florestas com altas e robustas árvores. Pequenos riachos abriam caminho entre os montes.

Enquanto dirigia, Nick falou sobre a quem ele se referia como "os mavericks": indivíduos corajosos que haviam se libertado do condicionamento social e que ousavam assumir um posicionamento. Na sua opinião, eles seriam a última esperança na tentativa de mudar as estruturas sociais e econômicas que, segundo ele, estavam destruindo e transformando as pessoas em seres insignificantes e desesperados.

— Sinto-me desolado com todo este sistema monstruoso e assustador. Como os seres humanos podem ser tão ignorantes e estúpidos? Como essas crenças egoístas e hedonistas se alastram? Como se enraízam? Como podem esses maníacos interessados apenas no próprio benefício tomarem o poder? É uma loucura do mais alto nível, não é? — Ele deu um leve riso. — O melhor a se fazer, a meu ver, é construir uma resiliência local, ter o menos contato possível com este sistema destrutivo, e deixar as coisas fluírem naturalmente... ladeira abaixo.

Seu rosto refletido no espelho retrovisor estava constantemente mudando de expressão. Os olhos azuis iam de fúria calorosa e ira a admiração e surpresa. A tristeza e o pesar eram arrebatados novamente pelo amor. Todas as expressões humanas podiam ser encontradas no olhar de Nick Maverick.

Entramos em Kaitaia, a cidade mais ao norte que conseguiríamos alcançar de carro. Vimos poucos rostos brancos ou *päkehä*[24], a maioria era *Mäori*[25]. As pessoas conversavam nas ruas e, com o calor do verão, vestiam poucas roupas e muitos caminhavam descalços ou de chinelos. Tinha a impressão de que havíamos chegado a alguma ilha do Pacífico como Fiji ou Samoa. Instantaneamente me senti mais relaxada.

Nossa jornada pela Te Araroa oficialmente começava pelo Cabo Reinga, mas decidimos seguir alguns quilômetros a leste para uma praia chamada Spirits Bay. Peter estivera lá fazia vários anos e sugeriu que começássemos nosso percurso por ali por ser um local muito bonito.

Assim que chegamos, Nick abriu a porta do carro para deixar a brisa entrar e protegeu os olhos da luz do sol com as mãos. Diversas gaivotas brancas sobrevoavam o céu e grasnavam energicamente umas com as outras.

— Não é incrível? — Comentou ele.

Belas e antigas árvores *pöhutukawa* com flores vermelhas cresciam sobre as rochas ao longe. O vento carregava o som da arrebentação das ondas por cima dos bancos de areia à nossa frente.

— De certo modo, a sociedade é terrível — prosseguiu Nick. — Apesar de os indivíduos serem capazes de fazer coisas maravilhosas e criativas e agir com bondade, generosidade e sacrifício, numa escala maior, o mal e os sistemas destrutivos enraizaram-se em todos os lugares. Entretanto, não podemos perder a esperança. Não podemos. Temos que achar a paz dentro de nós. Tudo o que nos resta fazer é nos reconectar com o coração da natureza selvagem, o espírito da vida. Como vocês, eu já tive muitas experiências místicas no passado. Uma vez que você enxerga o mistério, ele nunca mais te deixa, não é verdade? Quero continuar sentindo a generosidade e a criação essenciais da vida.

Peter e eu nos sentamos na grama ao lado do carro, enquanto nosso amigo permaneceu no banco do motorista. Fatiei o pão, que assara alguns dias antes, e entreguei-lhe um sanduíche.

---

[24] Neozelandeses com ascendência européia. (N.T.)

[25] Povo nativo da Nova Zelândia de origem polinésia. (N.T.)

— Gostaria de poder acompanhá-los — contou Nick. Em seguida, colocou as pernas sobre a areia branca e, lentamente, esforçou-se para sair do carro. Quando finalmente conseguiu ficar em pé, apoiou-se na porta aberta do carro e olhou para o horizonte. — Quero caminhar pelas praias, através das montanhas, vagar por entre antigas árvores *kauri,* partir numa jornada — afirmou. — Se eu pudesse voltar a usar minhas pernas, sentiria uma felicidade sem palavras. Eu dançaria de alegria.

Eu assenti com a cabeça. Levantei as sobrancelhas para evitar que as lágrimas tomassem os meus olhos, mas eles ficaram marejados de qualquer maneira. Olhei para meus pés e passei a mão pelos meus cabelos. Meu coração doía por Nick. Queria lhe dizer: "Eu te carrego!" mas as palavras não saíram da minha boca e eu sabia que não poderia carregá-lo, não importava o quanto quisesse. Ele olhou para as suas finas pernas que definhavam aos poucos devido à doença.

— Não percebemos o que é nossa capacidade de correr até que seja tarde demais. — Ele soltou um leve riso. — Estou falando sério. A única coisa da qual me arrependo é não ter dado o devido valor às minhas pernas durante toda a minha vida. — Ele se inclinou para ver onde colocaria os pés. Aproximei-me para ajudá-lo. Nick riu baixinho e se apoiou no meu ombro. — Que você faça uma boa jornada, minha querida!

"Conforme descia afobada pelo caminho de lama, parecia que os trovões estavam chegando cada vez mais perto até alcançarem o alto da minha cabeça. Meu instinto me dizia para disparar na maior velocidade possível até nosso acampamento, porém a chuva desabou em torrentes e transformou a trilha em um escorregador de lama. Fui obrigada a diminuir o ritmo e minimizar os riscos. Minha única salvação seria Peter: se eu não retornasse entre aquele dia e o próximo, ele sairia à minha procura e me encontraria."

CAPÍTULO 10

TE ARAROA: ILHA NORTE

Amarramos nossas sandálias de trilha na lateral das mochilas e caminhamos descalços pela água. Vez ou outra uma grande onda me fazia correr para a macia areia seca.

— Não se preocupe, querida! Tudo vai secar bem rápido. — Peter deu risada e balançou seus cajados, com entusiasmo, pelo ar. Sua alegria era contagiante. Andávamos lado a lado rumo à liberdade e sentíamos uma grande empolgação com aquela nova aventura.

O sol brilhava agradavelmente e uma leve brisa refrescava o ar quente. Ondas puxavam seixos para trás e criavam um lindo efeito sonoro. Gaivotas sobrevoavam o céu azul em espiral. Até onde nossos olhos podiam ver, a areia da praia estava intocada. Ninguém caminhara por ali. Por um momento, senti como se fôssemos as primeiras pessoas a explorar uma ilha deserta. Parecia-me muito natural ser nômade, seguir os passos de nossos ancestrais, dançar ao ritmo da misteriosa terra e ver o mundo com um olhar renovado.

Ao longo da costa, havia antigas e retorcidas árvores *pōhutukawa*. Seus longos braços estendiam-se em direção ao mar, e as inúmeras flores vermelhas cobriam as copas como um manto. O brilho daquele tom de vermelho em contraste com as verdes colinas e a areia da praia foi absolutamente magnífico. O calor e as floradas me levaram para um estado de encantamento. A mochila em minhas costas continha tudo o que eu possuía no mundo. Poderia carregá-la para qualquer lugar. Amava a ideia de perambular rumo ao desconhecido sem ter que retornar a um mesmo local. Seguiríamos avançando, deixando nossa jornada se desdobrar naturalmente a cada novo passo.

Nossa primeira hora de caminhada ao longo da enseada de Spirits Bay em direção ao Cabo Reinga foi muito empolgante — entretanto, cerca de cinco quilômetros depois, subitamente, começamos a nos sentir muito cansados. O movimento da maré nos empurrava para a macia faixa de areia que afundava sob nossos pés, e, a cada minuto, a mochila sobre os meus ombros parecia ficar mais pesada. Minha cabeça pulsava com o calor do meio-dia e o suor das minhas costas encharcava a minha limpa camiseta. Sob o sol escaldante, arrastamo-nos pela ofuscante areia branca. Nossa pesada bagagem nos obrigou a arquear tanto para frente que, de longe, poderíamos ter sido confundidos com quadrúpedes.

— Está pesado demais — resmunguei. Aquele era só o primeiro dia. Como iríamos proceder com todo o percurso de praia que nos aguardava nos meses seguintes? Na esperança de encontrar solo firme, atravessamos as dunas até alcançar uma trilha, mas a areia daquele local afundava tanto quanto na praia. Nosso sofrimento continuou.

Tínhamos acabado de nos sentar para descansar quando ouvimos o ronco de um motor. Uma caminhonete repleta de passageiros se aproximou. Sorrimos animados quando eles chegaram mais perto.

— Pode subir, irmão! — Disse o motorista alegremente. Radiantes, subimos na caçamba da caminhonete e tomamos assento entre cinco crianças que ali estavam.

— De onde vocês são? — Perguntou o garoto mais velho. Ele aparentava ter em torno de 13 anos.

— Bem, moramos em lugar nenhum e em todos os lugares — respondi.

— Vamos caminhar três mil quilômetros até Invercargill — anunciou Peter com entusiasmo. Percebi como se sentia orgulhoso e, como eu, parecia já ter se esquecido de nossas últimas horas na areia da praia.

— Onde é que vocês vão dormir? — O garoto nos fitou, curioso.

— Onde encontrarmos água e um local plano para montar nosso acampamento. — Apontei para a bolsa amarela dentro da qual guardávamos nossa barraca.

— Vocês são como os ciganos — disse uma garota que aparentava ter 12 anos. — Também quero ser cigana! — Em seguida, olhou para o irmão, que assentiu com a cabeça em aprovação.

— Você deveria — afirmei. — É muito entediante viver em um só lugar a vida inteira!

Eles deram risada. Aquelas crianças mostravam-se muito felizes e animadas.

A certa altura a caminhonete não pôde mais seguir em frente e então todos desceram. A família estava indo pescar numa laguna nas proximidades. Agradecemos profundamente a todos e continuamos nossa jornada pela areia fofa. Foi tão cansativo quanto antes, porém pudemos ao menos avistar os penhascos que marcavam o final da praia. Quando finalmente alcançamos um pequeno riacho de água cristalina, retirei a mochila das costas sentindo-me aliviada e sentei-me à sombra.

Descansamos naquele local, sem progredir na caminhada, por uma semana — como havíamos planejado. Eu levara porções extras de comida para que pudéssemos tirar aquele tempo para nos recompor e permitir que nossos corpos se adaptassem à ideia de percorrer três mil quilômetros a pé.

Montamos nossa barraca sob uma magnífica e solitária árvore *pöhutukawa*. Seus estames de cor carmim flutuaram como flocos de neve vermelha no soprar de uma leve brisa. Recostamo-nos em grandes rochas e olhamos para o oceano. Depois de anos vivendo nas frias montanhas, sentir calor era incrivelmente relaxante. Aquela sensação nos ajudou a esquecer rapidamente o sofrimento do primeiro dia e nem chegamos a passar muito tempo pensando no percurso que tínhamos adiante.

Exploramos a costa e encontramos praias secretas com íngremes rochedos. Coletamos mexilhões e algas marinhas e colhemos raízes comestíveis de taboa de um pântano, as quais cozinhamos junto com espinafre selvagem.

Enquanto observávamos as ondas, refletimos sobre os meses anteriores. Percebi como a vida urbana era fatigante para mim. Sentira falta de descansar adequadamente com toda a socialização e o tempo gasto no computador, combinados com a luz artificial que me mantinha acordada à noite. Era como se a vida na cidade tivesse roubado um pouco da minha vitalidade e clareza mental. Contudo, durante nossa primeira semana naquele trecho de praia, comecei a relaxar e a entrar novamente no ritmo da natureza. Aos poucos, senti-me menos entediada e agitada, e mais em paz.

Após aquela semana, Peter conseguiu se recuperar do primeiro dia e nós iniciamos nossa jornada rumo ao Cabo Reinga com renovado otimismo. Eu sabia que, na sua idade, ele teria que se esforçar muito mais do que eu para carregar uma pesada mochila e seu tempo de recuperação também seria significativamente maior. Nossa solução foi diminuir o meu ritmo fazendo com que minha mochila ficasse mais pesada, assim caminharíamos à mesma velocidade. Incluindo os alimentos, minha bagagem pesava vinte e cinco quilos; a de Peter, apenas quinze. Algumas pessoas chegaram a fazer comentários sobre a diferença no tamanho de nossas bagagens, mas eu sentia um orgulho muito grande de Peter só pelo seu intento de percorrer a trilha Te Araroa.

Atravessamos as colinas em direção ao Farol do Cabo Reinga, onde dois oceanos se encontravam: o mar da Tasmânia e o Oceano Pacífico. Para o povo *Mäori,* aquele local era sagrado — segundo a mitologia, era por onde os espíritos dos mortos começavam sua jornada rumo ao norte para a terra de seus ancestrais. Para Peter e eu, era o ponto de partida de nossa longa jornada rumo ao sul.

— Trilha Te Araroa. — Peter deu leves batidas na pequena placa preta e branca com o seu cajado. — Pronta?

Como aguardáramos a chegada daquele dia por muitos meses, senti-me orgulhosa de estar ali. Olhamos para a vastidão dos oceanos abaixo de nós e respiramos fundo. Em seguida, nos viramos para o lado sul. Seguiríamos naquela direção por cerca de dois anos.

— Pronta! — Exclamei. Sentia-me muito entusiasmada.

Estávamos na costa oeste e atravessávamos grandes dunas. Aquela parte do país era composta por uma faixa de terra tão estreita que às vezes podíamos avistar a costa leste do topo das dunas mais altas. Dois dias depois alcançamos a Praia Ninety Mile, cujos arredores eram vastos e planos. À nossa frente estava um amplo, descaracterizado e enevoado vazio, dentro do qual caminharíamos por uma semana. O constante vento e a agitação das ondas criavam desenhos artísticos na areia, que por sua vez estavam sempre mudando. Andamos descalços pela faixa arenosa mais firme e o movimento das nossas sombras se refletia na fina camada de água.

Em certos horários, víamos ônibus com ar-condicionado passarem em alta velocidade. Jovens com fones de ouvido acenavam com entusiasmo por detrás das janelas de vidro fumê. Conforme levantava meus cajados de madeira no ar em cumprimento, não conseguia entender qual era a graça de se percorrer uma praia de ônibus. Os passageiros, certamente, pensavam o mesmo sobre nós.

Certa vez, pensamos ter visto uma pessoa ao longe, porém quando chegamos perto constatamos ser um único gaivotão — como os que víramos sobrevoando os Alpes do Sul. A ave repousava em uma perna só e observava o mar. Aqueles gaivotões de comportamento solitário eram tão altivos e nobres que nós os chamávamos de aves Rei Eduardo. Quando um Rei Eduardo nos via, encarava-nos com uma discreta curiosidade e nunca se movia. As gaivotas comuns e aquelas que pareciam estar vestindo coletes se reuniam em grandes grupos que expressavam estridentemente o seu aborrecimento ao nos avistar. Depois dos altos chiados, uma delas levantaria voo e as outras a acompanhariam. Voariam cerca de um quilômetro na direção sul antes de pousarem novamente na praia. Assim, encontraríamos com elas repetidas vezes, até que decidissem voltar graciosamente para o norte sobrevoando a imensidão do céu azul.

A brisa do mar mantinha o ar fresco, nossos ombros se acostumaram a carregar o peso das mochilas e assim, a cada dia, nossa caminhada ficava um pouco mais fácil. Durante o dia, estávamos sempre em busca de água. À noite, geralmente encontrávamos abrigo na floresta de pinheiros situada atrás das dunas.

Numa tarde, seguimos um grande riacho floresta adentro. Após batalhar através de altas touceiras de taboa e pequenos arbustos, encontramos uma área plana em meio a um bosque de árvores cultivadas. Feliz pela descoberta daquele conveniente local, imediatamente montei a barraca. Estava justamente arrumando as nossas camas quando um cão da raça Jack Russel, latindo furiosamente, correu em nossa direção. Como eu tinha um pouco de medo de cães que me eram estranhos, peguei o meu cajado para me defender por precaução.

Em seguida, para a minha surpresa, um jumento com um comprido focinho e grandes orelhas cinzas também apareceu. O animal ficou confuso quando nos viu. Começou a zurrar alto e, então, um outro cão preto surgiu, seguido por um homem que vestia apenas *shorts*. Em sua mão havia uma sacola com mariscos brancos *tuatua*.

— *Kia ora*[26] — disse ele.

O homem aparentava ter quase 50 anos, era forte e atlético. Não sorriu ao ver a nossa barraca. Segui o seu olhar e imediatamente me arrependi de tê-la montado. Peter se aproximou para salvar-nos daquela situação.

— Desculpe, amigo. — Peter sorriu. — Não sabíamos que estávamos em uma propriedade particular. Apenas seguimos o riacho em busca de um lugar sombreado para acampar.

Houve um momento de silêncio em que o homem nos observou atentamente. Por fim, disse:

— Tudo bem. Não tem problema. — Suas palavras foram articuladas de modo calmo e cauteloso. — *Haeremai,* sejam bem-vindos. — Demos um

[26] Saudações, na língua maori. (N.T.)

aperto de mãos. — Sou Anaru. Venham ver a minha casa. Vou fazer uma infusão para vocês, irmão.

Peter e eu acompanhamos Anaru, seu jumento e os dois cães pela pequena floresta. Eu fiquei por último, então nenhum deles pôde ver o pequeno Jack Russel me atacando. O cãozinho se aproximava sorrateiramente com sagaz rapidez e mordia repetidamente o meu calcanhar. Considerei pedir ajuda, porém Peter estava conversando de modo tão cordial com nosso novo amigo que eu não queria causar uma patética primeira impressão. Em vez disso, girava apreensiva para trás para manter o ligeiro cão dentro do meu campo de visão. Somente quando chegamos à casa de cor branca no meio de uma clareira gramada foi que ele descansou em seu devido tapete — como se nada de desagradável tivesse acontecido.

O vento estava quente e o sol amarelara a grama. As árvores de eucalipto com seus lisos troncos à nossa volta, as cigarras e as exuberantes e perfumadas flores me fizeram lembrar de partes da Austrália. Sentamo-nos em um banco azul com uma xícara de chá de *mänuka* nas mãos e, então, Anaru começou a nos contar histórias. Conhecemos mais sobre sua *whänau*[27]— seus tios e tias, sobrinhas e sobrinhos —, sua tribo e sua cultura. Mostrou-nos um livro com fotos da área marcadas como “locais significativos”. Nos pontos em que eu apenas via triviais colinas gramadas, para o povo de Anaru eram lugares de importância histórica ou onde uma divindade traíra, lutara ou dera à luz uma outra. Ele nos contou que estava se preparando para se tornar um guardião daquela área cercada pelo mar — um *kaitiaki*. Ao cuidar de determinada região por muitas gerações, explicou ele, os *kaitiakis* acumulavam um conhecimento que incluía um elo espiritual com todas as plantas, animais e estações do ano. O crescimento de determinadas plantas na primavera, por exemplo, dizia-lhe algo sobre a caça ou sobre o cultivo e a colheita. Achei muito interessante o modo como ele relacionava o seu papel como *kaitiaki* com suas crenças religiosas e o conhecimento científico em uma visão de mundo encantadora.

Enquanto Peter descansava no dia seguinte, Anaru e eu pegamos uma prancha de *body-board* e partimos rumo às dunas. Ele usava óculos de sol amarelos e um chapéu sobre a cabeça raspada. Seus pés eram largos e calejados por ter caminhado sem sapatos durante muitos anos.

[27]Família e seus agregados, na língua maori. (N.T.)

Fiquei fascinada ao ouvi-lo contar sobre a ocasião em que encontrara um cachalote morto na praia. Ele discorreu sobre o que fizera com os dentes e o âmbar-gris, que eram itens muito valiosos.

— Eu doei grande parte para o meu *marae*[28], mas o dente maior eu dei de presente para uma outra tribo. Este gesto de paz resolveu uma velha disputa entre eles e o nosso povo.

Aprendi muito com Anaru sobre a Nova Zelândia. Eu sabia da existência de conflitos entre os primeiros colonos europeus e as tribos maoris, porém achava que aquelas eram questões do passado. Ele me explicou que aquele ainda era um problema vigente. Não havia como negar que antigos colonos europeus se apropriaram de terras que pertenciam às tribos e sobre as quais não tinham direito algum. A dívida por aquele roubo ainda estava longe de ser quitada.

Subimos uma grande duna e senti a areia quente sob os meus pés. O céu estava profundamente azul e a paisagem parecia a de um deserto. Para todos os lados, eu só enxergava enormes montanhas de areia com desenhos ondulados criados pelo vento. Imaginei como seria viver ali. Quem sabe Peter e eu pudéssemos voltar algum dia e acampar naquele local quente e seco por um tempo?

Alcançamos o topo da duna e Anaru se sentou.

— E o seu povo? — Perguntou ele. — Me conte sobre o seu povo.

"O meu povo?" Nunca havia pensado muito sobre aquilo.

— A Holanda é um país pequeno, onde três grandes rios encontram o mar — respondi, sentando-me ao seu lado. — O sedimento dos rios é muito fértil e abastece uma grande população. Talvez tivéssemos lugares naturais sagrados em períodos anteriores ao Cristianismo, porém depois as grandes e pequenas cidades foram sendo construídas em cima de tudo.

— Então, o que é sagrado em seu país? — Ele pegou um punhado de areia e deixou-o escorrer por entre os dedos.

— Algumas construções, como antigas torres e igrejas, foram preservadas, e algumas reservas naturais são protegidas. Não tenho certeza, mas para os holandeses, acho que a família é sagrada. A família fornece segurança e uma rede de apoio.

— É o mesmo que a nossa *whänau* — acrescentou Anaru. — E as suas irmãs? O que elas fazem?

---

[28] Local de encontro da tribo, na língua maori. (N.T.)

Eu nunca conhecera alguém que tivesse tanto interesse em meu povo. Contei-lhe que Hanna morava na Suécia e Sofie se mudara para a França.

— Por que todos da sua família se mudaram da Holanda? — Questionou ele.

— O meu povo não é muito ligado a terra. Os holandeses gostam de viajar e emigram facilmente.

— Sim, conheço uma pessoa do seu país: Abel Tasman. Não pense que ele gostou dos guerreiros *Ngäti Tumatakokiri*[29] quando se deparou com eles lá no sul em Murderers Bay[30]. — Anaru soltou uma risada e se levantou. — Ok, pronta? Quem vai primeiro?

— Você — respondi rapidamente. — Me mostra como é que se faz.

Ele deu dois passos para em seguida mergulhar em cima de sua prancha e escorregar a uma extraordinária velocidade, descendo sessenta metros pela íngreme duna e mantendo os pés erguidos atrás de si. No final do percurso, levantou a ponta da prancha e deslizou por vários metros dentro de um lago antes de cair dentro da límpida água.

Depois de vários dias com Anaru, retornamos para aquele outro mundo: a praia.

Caminhamos no ritmo das ondas. À nossa esquerda, estavam dunas sem fim; à nossa direita, o infinito oceano. Aquele cenário não mudou por dias a fio e ainda assim estávamos imersos no movimento mais antigo da terra: o eterno fluxo das marés, que iam e voltavam com o ritmo da lua. O vento parecia empurrar a névoa salgada para a nossa frente. Nunca a alcançávamos, mas estávamos, ao mesmo tempo, sempre dentro dela. Nada nunca interromperia a dinâmica do mar ou das ondas, do vento, das nuvens ou da praia. Nenhum daqueles elementos havia cessado desde o princípio do tempo. Eles continuavam se movimentando e nos mantinham em movimento.

Certa tarde, Peter avistou um filete de água que escorria do cascalho e das conchas e seguia em direção ao mar. Rastreamos a sua origem em meio aos montes de areia e encontramos uma pequena lagoa rodeada de árvores, sob as quais organizamos um pequeno espaço para a nossa barraca. Quando o sol se pôs sobre o mar, o céu exibiu gloriosas nuvens de cor laranja e vermelho intensos.

Estava justamente caminhando pelas suaves nervuras da areia fofa para

[29] Tribo maori que dominou a Ilha Sul da Nova Zelândia de 1600 a 1800. (N.T.)

[30] Local do violento conflito entre o povo maori e os europeus liderados pelo explorador Abel Tasman em 1642. (N.T.)

me banhar na lagoa quando ouvi um ruído. Levantei o olhar e vi três cavalos selvagens que também se encaminhavam para o espelho-d'água. Foi esplêndido ver criaturas tão robustas e com tamanha potência muscular. Troquei um olhar de espanto e admiração com Peter, que permaneceu em pé em frente à barraca. No momento em que notaram a nossa presença, saíram em disparada como se fossem desconfiados cervos. Suas longas crinas e caudas voaram pelo ar enquanto galopavam em impressionante velocidade continente adentro. Foi uma visão memorável. Aqueles cavalos livres foram como presentes naquele trecho à beira-mar.

Uma semana depois, alcançamos o final da praia. Como havíamos consumido a maior parte dos nossos suprimentos e estávamos de volta à estrada, pedi carona até a cidade mais próxima para nos reabastecer. Apesar de não haver muito movimento, não tive dificuldade em conseguir uma condução. Nos anos que se seguiram, eu chegaria a pegar carona centenas de vezes. Às vezes, pessoas ricas em carros de luxo parariam para mim. Outras vezes, pessoas sem-teto em velhos carros me ofereceriam carona. De tempos em tempos, andava na caçamba de uma caminhonete sentindo o frescor do vento, e, em algumas ocasiões, fui espremida entre os móveis de um bagageiro. Todas as pessoas que me ajudaram foram extremamente gentis e prestativas. Não tive motivo para desconfiar das boas intenções delas, mas carregava uma faca em meu bolso e conseguiria me defender caso fosse necessário. Por sorte, nunca me encontrei em nenhuma situação de perigo.

Voltei com comida suficiente para duas semanas e abastecemos nossas mochilas. Seguimos a trilha Te Araroa floresta adentro. Como havia me acostumado a caminhar sobre a superfície plana da praia, ter que repentinamente subir uma íngreme e escorregadia encosta com uma bagagem de vinte e cinco quilos nas costas foi uma forma de tortura física.

Arrastei-me trilha acima por uma pequena distância. Depois parei, com os olhos arregalados, enquanto meu coração palpitava assustadoramente. Não havia vento para me refrescar, eu suava muito e ofegava alto. Minhas pernas se queixavam a cada passo naquela subida quase vertical. Quando, por fim, cheguei ao topo, oscilei para o lado para colocar a pesada bagagem no chão. O movimento e o peso da mochila quase me derrubaram. Completamente sem fôlego, apoiei-me com as mãos sobre ela e olhei pelo vão dos meus braços para ver onde Peter estava.

— Peter? — Chamei.

Não havia sinal dele. Levantei-me, virei e olhei para baixo. Aguardei um pouco. Como não ouvi nenhum barulho, fui lentamente descendo a encosta. Continuei caminhando até que o avistei sentado na base do aclive. Sua mochila parecia ter sido jogada dentro do mato.

— Sua esposa-mula veio ao seu resgate! — Falei em voz alta, sorrindo.

— Não precisa fazer isso — disse ele, levantando-se devagar.

— Claro que não. — Soltei uma risada ao colocar a mochila dele nas minhas costas. — Só não quero que Te Araroa se transforme em Terror-aroa para você.

As montanhas através das quais a trilha nos levava não eram nem um pouco parecidas com as da Ilha Sul, onde um caminho gradualmente nos levaria a uma passagem entre cumes, e depois a uma longa descida até um amplo vale fluvial. As grandes colinas da região de Northland consistiam em abruptos aclives e declives, o que exigia um esforço incrível de nossa parte. Te Araroa foi, por vezes, um martírio para Peter e eu me prontifiquei para fazer o que estivesse ao meu alcance para deixar aquele suplício mais leve e a caminhada mais agradável. Aquela jornada, assim como a nossa vida juntos, era baseada na cooperação e na simbiose.

Numa tarde de calor, subimos um lamacento caminho em uma íngreme colina. Por conta do peso de nossas mochilas, tínhamos que parar para descansar com frequência e assim nosso progresso foi muito lento. Em pouco tempo, bebemos toda a nossa água. Cada vez que fazíamos uma pausa, Peter me ensinava os nomes das árvores. Algumas forneciam saborosos frutos silvestres que diminuíam a nossa sede. Com o passar dos anos, eu aprendera os nomes da maioria das plantas e dos pássaros da Ilha Sul, porém aquela região de Northland era a morada de muitas espécies que eu nunca vira antes.

Quando finalmente atingimos o pico mais alto, pudemos avistar uma boa parte daquela área. Abaixo de nós, enxergamos toda a Praia Ninety Mile. A leste estavam todas as baías e canais que tocavam o Oceano Pacífico. Na direção sul, havia muitas fazendas, florestas e outras acentuadas colinas — todas as quais iríamos atravessar.

— É bem diferente dirigir pelo país e observá-lo pela janela comparado à percorrer toda a sua extensão a pé, não é mesmo?

— Sim, infinitamente diferente. — Peter sorriu. — Do carro você pode ver a paisagem, porém não consegue sentir a terra.

Fiquei um tanto atônita quando a tarde começou a cair e nós ainda não havíamos encontrado nenhuma fonte de água. Passei a me agachar para lamber as gotículas de água de troncos cobertos de musgo. A situação se tornara de certa forma preocupante. Estávamos justamente em busca de um local para passar uma noite sedenta quando Peter avistou uma pequena poça de lama. Em silêncio, olhamos fixamente para a turva água amarronzada.

— Vamos fervê-la — disse ele. Em seguida retirou a mochila das costas e, com uma xícara, cuidadosamente coletou a escura água do primeiro centímetro da superfície e a colocou em uma garrafa.

No anoitecer, fizemos uma xícara de chá antes de ir dormir. Apesar de a noite estar muito quente, vesti todas as minhas roupas para evitar que o meu saco de dormir ficasse cheio de lama. Ao me deitar ali, exausta, pude sentir o suor em meus lábios. Eu estava em grande sofrimento — não apenas pela sede ou pelos longos e fatigantes dias de caminhada mas também pelo castigo de ter que dormir com sujeira, suor e lama grudados em meu corpo. Acostumara-me à abundância de rios na Ilha Sul, onde sempre me lavava antes de dormir. Aquela foi uma das circunstâncias mais difíceis de se lidar em nossa jornada a pé por lugares sem água: entrar imunda dentro do meu saco de dormir.

Caminhamos a maior parte do dia seguinte sentindo muita sede. Somente no final da tarde é que nos deparamos com um bom riacho. Paramos, montamos a barraca em uma pequena e bela área e bebemos o máximo de água que pudemos aguentar.

Fiquei em choque quando acordei na manhã subsequente. O estado de desidratação havia impossibilitado que meu corpo se restabelecesse durante a noite, e acordei com um desconforto que nunca sentira antes.

— Meu corpo! — Choraminguei. — Não consigo me mexer. Minhas pernas estão pesadas como chumbo.

Peter abriu um largo sorriso.

— Agora você sabe como eu me sinto quase todas as manhãs!

Olhei para ele com olhos espantados.

— Como você aguenta caminhar o dia inteiro?

— Às vezes, tenho que tomar um analgésico, do contrário não consigo dormir. Meus quadris, costas, pernas e pés doem no final de cada dia. Infelizmente, não há como contornar esta situação. Ao fazer esta árdua jornada com um corpo mais velho, tenho que suportar a dor. Se optasse pelo conforto seria bem mais fácil, entretanto eu nunca entraria em forma e nunca faria um percurso como este. — Ele levantou os joelhos. — Se você estivesse na minha pele, ficaria espantada.

— Afirmou, dando risada. — Você não faz ideia de como seja. Quando tiver 61, apenas considere caminhar três mil quilômetros e se lembre de mim.

Olhei para o rosto de Peter. O canto dos seus olhos ficara ligeiramente caído com o passar dos anos. Eu achava que aquilo o fazia parecer mais gentil. Seus cabelos estavam bem mais grisalhos e a barba tinha algumas partes brancas. Ele aparentava ser mais novo do que sua idade, porém se parecia ter 51 ou 61 não importava. Naquele momento, ele estava bem melhor de saúde do que quando eu o conhecera na Índia e seu corpo estava certamente mais forte do que nove anos antes. Eu sempre dizia que estávamos envelhecendo exatamente na mesma velocidade: dia após dia.

Na manhã seguinte, minhas pernas tinham voltado ao normal e então parti com meu rifle. A arma e as balas pesavam três quilos e meio, o que era pesado se comparado aos nossos outros pertences. Deste modo, tentava sair para caçar sempre que podia para fazer valer a pena ter que carregá-las.

Uma das criaturas selvagens mais comuns da região de Northland era o peru. Nativo da América do Norte, aquelas aves comedoras de grama eram consideradas uma peste que se reproduzia muito rapidamente e, então, os caçadores eram encorajados a abatê-las. Na verdade, eu nunca havia visto perus selvagens antes e levei um certo tempo para entender o seu comportamento.

Quando ouvi o característico grugulejar, rapidamente me agachei. Aquelas grandes aves tinham um aspecto um tanto estranho, com suas papadas e pequenas cabeças avermelhadas. A plumagem era majoritariamente preta com algumas manchas brancas e cinzas. Rastejei na direção delas, porém um grupo de quinze perus tem muitos olhos alertas; assim que um deles me viu todos partiram em disparada, um após o outro, através da colina gramada até entrarem na densa mata arbustiva. Levantei-me e me deixei ser vista. Caminhei na direção oposta fingindo não ter interesse. Quando olhei pelo canto do meu olho e notei que eles haviam baixado a guarda e voltado a ciscar, voltei e me escondi atrás de uma formosa árvore no meio da clareira.

Depois, atirei.

O repentino estrondo assustou os perus, que grugulejaram com nervosismo e agitaram rapidamente as asas. Quando viram que um deles estava caído no chão, todos se inclinaram sobre o corpo estirado para verificar o que tinha acontecido. Ao me aproximar do grupo, eles se dispersaram — com bastante relutância.

Hesitante, apanhei o corpo da ave morta pelos pés. Acostumara-me a tocar a pelagem dos animais selvagens, então os escamosos pés do peru foram um pouco repulsivos. Tinha a textura da pele de um crocodilo e a aparência de uma enorme perna de galinha.

De volta ao acampamento, fiz um tripé com nossos três cajados, um pedaço de corda e um gancho para que o caldeirão pudesse ser pendurado sobre a fogueira, ao invés de ficar apoiado diretamente sobre as chamas. Peter cozinhou a carne do peru com leite de coco em pó e agrião que ele achara no riacho. Estava delicioso.

Naquele momento, estávamos em marcha fazia várias semanas. Não tínhamos machucados ou lesões em nossos pés, os quais calçávamos apenas com sandálias de trilha. Aos poucos, adaptamo-nos ao peso de nossas mochilas e ao sofrimento físico e começamos a apreciar nossa vida itinerante de nômades.

Viver assim significava que tudo era incerto. Não sabíamos o que o amanhã nos traria, onde iríamos dormir, se acharíamos uma boa fonte de água potável, se haveria animais para caçar. Viver no limite era revigorante. Caminhar todos os dias exigia atenção plena ao presente. O ontem rapidamente se tornava irrelevante; o amanhã era impossível de se prever, então só tínhamos o presente. Lentamente, aquela longa caminhada começou a limpar as nossas mentes do passado e do futuro. Apesar de nos locomovermos suportando o sofrimento físico, percorrer a trilha aliviava o sofrimento mental relativo ao tempo. Aquilo nos proporcionou uma gloriosa sensação de liberdade.

Certo dia, decidimos nos desviar da rota Te Araroa, a qual seguia rumo a um íngreme cume de montanha, e caminhamos ao longo do curso de um rio. Tivemos que cruzá-lo diversas vezes, e, em algumas ocasiões, foi necessário escalar grandes rochas para evitar entrar em profundas piscinas naturais. Estávamos dentro de uma fantástica e exuberante floresta cheia de pássaros. As árvores nas margens do rio, todas cobertas com pequenas samambaias, inclinavam-se em direção à luz e criavam um lindo arco sobre a água. A margem tinha partes pedregosas e acentuadas e estava coberta com um tapete de musgo.

Fazia muitos dias que não víamos ninguém, então ficamos muito surpresos quando avistamos dois homens se aproximando a cavalo numa curva do rio. Assim como nós, eles estavam usando o curso de água como uma estrada. Quando vimos seus cães, compreendemos que eram caçadores de porcos. Fiquei admirada com o modo como cavalgavam sem usar selas. Um deles aparentava ter cerca de 50 anos, tinha uma estrutura corporal robusta e um amistoso rosto redondo. O mais novo era bastante tímido e deixou que o outro conversasse conosco. Vestiam jaquetas impermeáveis, calças compridas e galochas. Em volta da cintura carregavam cintos com facas de caça. Conheciam a área muito bem e nos contaram onde poderíamos encontrar cabras e porcos.

— Então quer dizer que vocês vão caminhar até Invercargill? — Perguntou o homem mais velho. Ele falava com o mesmo tom calmo de Anaru. Assenti com a cabeça e ele balançou a sua em negativa. — Vocês são loucos! — Exclamou ele com um sorriso, afagando a longa crina do cavalo.

Eu sorri. Havia pensado exatamente o mesmo quando conheci Jean-Charles nos Lagos Mavora.

— Pois é — disse Peter. — Às vezes, acho a mesma coisa! Mas atravessar todo o país a pé é uma oportunidade única. Veremos muitas coisas diferentes.

— Sim, é incrível que esta trilha exista — acrescentei. — Estamos percorrendo-a simplesmente porque podemos fazer isso.

Despedimo-nos dos caçadores de porcos e, por fim, deixamos o rio e entramos em uma floresta repleta de árvores *kauris.* A *kauri* é uma das espécies mais impressionantes de vegetal — podem crescer até cinquenta metros de altura e viver por mais de dois mil anos. Aquelas foram as árvores mais altas e antigas que eu já vira. Andar por entre as *kauris* criava em nós uma sensação de reverência interna como se estivéssemos entrando em uma velha catedral: sentia-me em um lugar sagrado. As árvores cresciam a uma respeitosa distância uma das outras, e eu tive a impressão de sentir como suas raízes estavam conectadas, como se todas as *kauris* juntas fossem apenas uma.

Estar na presença daquelas gigantes me fez perceber que, um dia, a maior parte da ilha tinha sido coberta com árvores enormes. Quando expressei minha tristeza pelo que fora perdido durante os anos de desmatamento, para serragem dos troncos, Peter disse:

— É por isso que os santuários são tão importantes agora. A floresta só precisa de uma boa semente para voltar a crescer. Para nós, é triste, porque não veremos essas gigantes florestas novamente, mas em um milênio elas terão se regenerado. O abate de árvores nativas acabou neste país. Com o devido tempo, as florestas retornarão.

Sentamo-nos aos pés de uma robusta *kauri*. Ela era tão grande que todas as árvores do entorno pareciam pequenas, finas e frágeis. Seu retilíneo tronco acinzentado tinha uma circunferência de mais de onze metros. O primeiro galho estava a pelo menos quinze metros de altura. Muitas pequenas samambaias haviam brotado em suas ramificações e viviam a vida inteira na copa daquela majestosa árvore. Foi uma visão verdadeiramente maravilhosa.

Sempre que precisávamos de água potável, caminhava até o riacho para encher as nossas garrafas. Em uma dessas viagens, para a minha surpresa, vi um *possum*. Quando me viu, subiu ligeiramente uma palmeira *nïkau.* Corri até Peter e de forma apressada retirei tudo da mochila em busca da minha arma.

— O que aconteceu? — Perguntou Peter.

— Vi um *possum!* — Sussurrei e olhei para cima. Sentia o cheiro de amendoim. Peter estava comendo amendoim! Ele estava quebrando o código de conduta que nos impusemos e comendo em segredo. Tudo *deveria* ser compartilhado igualmente. Revirei meus olhos quando vi a sua mão, que escondia as sementes, e, em seguida, corri silenciosamente com a minha arma até o *possum*. Aguardei imóvel debaixo da palmeira *nïkau*. O sol se escondeu atrás de uma nuvem e todas as áreas ensolaradas da floresta desapareceram por alguns minutos. Esperei por um longo período até que vi um pedaço peludo da cauda do *possum* preto. Supondo onde estava o resto do corpo, atirei.

Não era comum ver aqueles animais noturnos durante o dia, então verifiquei o fígado e os rins para ver se tinham alguma doença, mas eles pareciam saudáveis. Quando retornei para Peter com o corpo já sem pele do *possum* nas mãos, não poderia tê-lo encontrado com o rosto mais feliz. Como tínhamos carne, poderíamos descansar por alguns dias.

Enquanto procurávamos um lugar para acampar, avistamos um arbusto *kawakawa*. Suas folhas tinham propriedades medicinais e uma infusão feita com elas era saudável e saborosa. Por fim encontramos um riacho com uma pequena área lateral. Seria um bom lugar para descansar. Nossa fogueira lançou uma coluna de fumaça para cima, a qual encontrou uma saída por entre as copas das árvores. Enquanto Peter cozinhava o *possum,* observei o riacho. A água corria e criava uma bela melodia. Percebi um movimento e avistei uma pequena enguia. Peter a alimentou com pedaços do *possum* que não iríamos comer. Na floresta, não havia desperdício. Todas as partes de todos os seres eram utilizados. Tudo fazia parte da natureza.

Naquela noite, comemos *possum* cozido com arroz. Foi uma refeição bastante saudável e com um sabor maravilhoso. Após caminhar o dia inteiro e queimar tantas calorias, não havia prazer maior do que comer carne.

No meio da noite, acordamos ao ouvir um animal caminhando muito próximo à barraca. O som parecia o de uma criança pequena andando de modo desengonçado pela trilha. Escutei atentamente até que Peter sussurrou:

— É um *kiwi!*

Meus olhos se iluminaram. Era o famoso *kiwi!* Permanecemos deitados em silêncio, admirando a presença daquela grande ave incapaz de voar e que naquele momento, encostava na barraca. Um minuto depois, ele começou o seu encantador e estridente piar. O *kiwi* chamou vinte e cinco vezes com suas agudas notas. Nós três aguardamos por um retorno de sua parceira na floresta, porém não ouvimos nada. Alguns minutos depois, ele voltou a chamar. A floresta de *kauris* manteve seu misterioso silêncio em resposta.

Após três dias de descanso, arrumamos nossas mochilas e partimos mais uma vez. Em nosso caminho pela floresta, vimos armadilhas com iscas, projetadas para matar *possums,* colocadas numa altura mediana nas árvores. Apesar de compreender os motivos para o controle de pestes, principalmente em território de *kiwis* como aquele, ainda assim fiquei muito chocada quando avistei um *possum* pendurado com uma pata presa numa armadilha. Algo de terrivelmente errado havia acontecido. Ao invés da cabeça, o animal colocara a pata dentro do mecanismo e não conseguira nem escapar, nem aliviar seu sofrimento. Muitos dias teriam se passado até que ele morresse de sede. Aquela era uma morte cruel para uma criatura indefesa. Por vezes, imersa na natureza selvagem, vi situações que desejaria não ter visto.

Caminhamos através de colinas por vários dias até que o mundo da floresta abruptamente terminou em uma cerca. De súbito, encontrávamo-nos em uma estrada em meio à área de fazendas. A reluzente luminosidade sobre o cascalho branco deixava-o ofuscante, a falta de árvores que nos protegessem tornava o vento cortante e, sem locais sombreados, o calor do sol era escaldante.

Grandes áreas da Ilha Norte haviam sido desmatadas e a trilha atravessava muitas terras agrícolas. Apesar disso, a estrada era um local de fácil locomoção e eu usufruí do conforto de se ter uma superfície plana para caminhar. Lá, minha mochila ficava até mais leve e podíamos percorrer vinte ou trinta quilômetros por dia. Foi geralmente na lateral daquelas pacatas estradas, em meio às fazendas, que encontramos agrião, ervas silvestres, hortelã e erva-cidreira para fazer chá. Vimos árvores de frutos silvestres também. Peter tinha um bom faro para frutas e com frequência avistava as árvores a uma longa distância. Acelerávamos o nosso passo para chegar até elas mais rapidamente. Largava a minha mochila no chão e subia na árvore sem demora. Depois comia avidamente o quanto conseguisse, dava frutas para Peter e enchia os meus bolsos para comer mais pelo caminho. Desta maneira, colhemos muitos pêssegos, ameixas, maracujás e figos. Poder comer um alimento — em especial aquelas preciosas frutas — sem ter que carregá-lo, era puro luxo.

Atravessamos íngremes montanhas e pequenos montes até alcançarmos a costa leste. Aquela parte do país era menos úmida e mais cultivada. Enquanto caminhávamos pelas suaves colinas, tínhamos a magnífica vista do intenso azul do Oceano Pacífico e de muitas ilhas distantes.

Num dia particularmente quente, ficamos sem água. Quando vimos uma casa, adentrei a propriedade pela longa e pavimentada via de acesso com minhas garrafas vazias. Toquei a campainha e olhei através da janela. O local era luxuoso e a mobília caríssima. A casa estava tão arrumada que parecia que não era habitada por ninguém fazia muito tempo. Aquela era certamente a casa de férias de uma pessoa muito rica.

Olhei para cima. Um olho vermelho me observava. Era uma pequena câmera que seguia os meus movimentos. Sorri com generosidade.

— Água! — Exclamei e balancei as garrafas plásticas no ar. Descontraidamente, andei em volta da casa em busca de uma torneira do lado de fora. O amplo jardim de flores exalava um perfume elegantemente adocicado. Em troca de uma porção de tomates-cereja maduros, reguei a pequena horta que ficava bem ao lado da torneira. Com minhas garrafas abastecidas e a boca cheia de tomates, passei por diversos olhos eletrônicos e sussurrei: — Obrigada!

Se os donos estivessem em casa, imagino que teríamos tomado uma xícara de chá juntos sob o guarda-sol. Enquanto ia ao encontro de Peter, pensei nas pobres e isoladas comunidades pelas quais passáramos dentro da floresta, onde as pessoas viviam de modo tão diferente daquela propriedade, porém tinham nos convidado para compartilhar chá, histórias e música. Aonde quer que fôssemos, encontrávamos pessoas amistosas.

Ao longo dos anos aprendemos a reconhecer o mais ínfimo rastro de cervos e cabras. Desta maneira, seguir uma trilha estabelecida com mapas e observações era relativamente simples. Àquela altura, estávamos vivendo ao ar livre fazia tanto tempo que não precisávamos de *campings* ou *hostels*. Ocasionalmente, pessoas gentis nos ofereciam um quarto em suas residências, mas nos sentíamos mais confortáveis na floresta. Só precisávamos de árvores para abrigo e lenha e de água potável.

Intuitivamente, Peter sempre descobria os lugares mais belos. Ao encontrarmos uma boa área, eu nivelava o solo e montava a barraca. Nesse ínterim, Peter coletava lenha e fazia o jantar enquanto eu retirava todo nosso equipamento da mochila. Logo após terminarmos de comer, nós dois estávamos exaustos. Sentindo-nos à beira de um colapso, era difícil manter a cordialidade entre nós. Às vezes, tinha que me esforçar ao máximo para permanecer alegre. Naquelas ocasiões, sempre me lembrava de meu pai, que me dissera uma vez: "É muito fácil sorrir quando a vida vai bem, mas tempos difíceis mostrarão o seu verdadeiro caráter".

Seguimos beirando a costa azul-celeste e passamos por magníficas baías e praias, algumas das quais acessíveis somente a pé. Caminhar sobre a fina areia era fácil com a maré baixa. Usamos água do mar para cozinhar nossas refeições e no final do dia em geral encontrávamos pequenas áreas para montar a barraca. Descobrimos lindas enseadas e lagunas e acampamos sob os longos braços de grandes árvores *pöhutukawa.*

Estávamos com o tempo a nosso favor. Desde o primeiro dia em que partíramos, não havia caído uma gota de chuva. A jornada ia bem — até nos depararmos com A PLACA. Encaramos em silêncio o enorme letreiro que anunciava: CIDADE DE AUCKLAND. Apesar de estarmos a mais de cem quilômetros da periferia da cidade, aparentemente tínhamos entrado em território regulamentado pela prefeitura. Entre outras dez restrições, a placa dizia que era estritamente proibido acampar em terras de domínio público ou acender fogueiras.

Encontrávamo-nos sobre áridas dunas expostas ao vento. Naquele momento, precisávamos de árvores não apenas para nos proteger das rajadas mas também para esconder a nossa barraca de cor laranja. Quando vimos um bosque de pinheiros ao longe, marchamos otimistas até lá. À cerca de cem metros de distância das árvores, fomos subitamente incomodados por um terrível fedor.

Uma nova sequência de placas nos informava que era ilegal entrar na estação de coleta de lixo à nossa frente sem permissão. Não iríamos pular os portões, então contornamos a cerca ao redor da área em direção à mata. Batalhamos por entre urticáceas, trepadeiras e arbustos espinhudos até encontrar um refúgio seguro entre os pinheiros. As árvores estavam adornadas com sacolas plásticas que balançavam continuamente com o vento.

Enquanto cozinhávamos o jantar, utilizando nosso gás emergencial, uma quente brisa vinda do oeste trazia o cheiro da estação de lixo. Em anos anteriores, teria me sentido muito desconfortável ao dormir com o fedor dos resíduos no ar. Eu me achava digna e orgulhosa demais para fazer aquilo que fosse condizente somente para mendigos. Naquele momento, eu ria ao comentar com Peter como a minha atitude havia mudado. Àquela altura, já estávamos caminhando fazia quase dois meses e passáramos a nos sentir muito sadios. Com nossa força física, também começamos a nos sentir mentalmente mais fortes.

— É bom ser capaz de dormir em qualquer lugar — disse Peter. — Isso me traz a segurança de que posso me ajustar a qualquer situação.

Senti uma espécie de força interior também — não por ter alcançado um *status* dentro da sociedade, mas por não ter padrões sobre o que seria considerado "suficientemente bom". Na verdade, tudo poderia ser suficientemente bom: até uma estação de lixo! Se me colocasse na posição mais baixa que houvesse e não exigisse nada, poderia ser feliz com o que quer que fosse.

Continuamos descendo a costa leste até nos depararmos com tantas restrições que simplesmente decidimos pegar um ônibus para atravessar a cidade de Auckland. Retornamos à trilha ao sul da cidade e vagamos em meio às exuberantes fazendas de gado leiteiro. Uma noite escondemos nossa barraca entre verdes salgueiros e altos álamos nas margens de um amplo rio de águas tranquilas. Acendemos uma fogueira utilizando ramos secos que não produziriam fumaça para cozinhar. Havia vários melros nas árvores e alguns estorninhos entoavam suas melodiosas canções de fim de tarde. O céu estava enfeitado com delicadas formações de nuvem e, quando o sol se pôs, plumas ao vento brilharam com um lindo tom de azul-anil. Havia algumas vacas frísias pretas e brancas em um pasto próximo, e eu me senti como se estivesse de volta à Holanda. Podíamos ver a casa da fazenda ao longe e ouvir o barulho dos carros passando na estrada. Com exceção dos vulcões, aquela parte do país se assemelhava muito à terra onde eu crescera. Senti-me muito à vontade em nosso pequeno esconderijo em meio ao verde das árvores.

Posteriormente a trilha nos conduziu até a cidade de Hamilton e depois até um grande vulcão que se encontrava coberto de floresta: o Monte Pirongia. Do seu topo tivemos a magnífica vista da área verde, a qual estava toda pontilhada com coníferas menores e maiores.

Certo dia, deixamos a rota Te Araroa de lado e Peter nos levou até uma parte bastante desconhecida e selvagem da Ilha Norte. Durante muitos dias, caminhamos pelas colinas através de uma floresta de antigas árvores *tawas* na direção oeste. Apesar de estarmos seguindo uma trilha, tínhamos a impressão de que quase ninguém a utilizava. O local era bastante secreto e isolado. Chegamos em um cânion e avistamos uma pequena caverna em um alto e esbranquiçado penhasco. Suas paredes de rocha calcária tinham sulcos devido à ação da água da chuva e algumas saliências. Pequeninas flores brancas haviam crescido nas rachaduras. Descansamos por vários dias naquele lugar encantado, o qual ganhava vida nas silenciosas primeiras horas da manhã e ao anoitecer com o canto dos muitos *bellbirds*. Bebemos água do límpido rio que corria no desfiladeiro. A primorosa beleza daquela terra, acompanhada do calor de final de verão, nunca deixava de me surpreender.

Numa tarde, enquanto estávamos observando o reflexo da água cintilando no teto da pequena caverna, Peter disse:

— A solitude é importante às vezes, mas é muito bom poder compartilhar a beleza desta jornada com alguém. — Sua voz estava doce.

Olhei para seus olhos que brilhavam.

— Sim — respondi.

— Estou muito feliz que estejamos juntos. — Afirmou, e em seguida me deu um abraço apertado. Peter não expressava seus sentimentos com frequência e suas palavras foram muito comoventes. Permanecemos abraçados por um longo tempo, enquanto o riacho murmurava baixinho e o sol deixava lindos desenhos na floresta. Era verdade: o amor, a amizade e a cooperação eram dádivas.

Havia muitas cabras naquela floresta. A presença delas sempre me deixava contente, pois dava uma terceira dimensão a terra: a dimensão da sobrevivência. Cabras não eram difíceis de se caçar e pareciam estar sempre em grande número. Se algum dia me achasse em uma situação de luta pela vida, teria mais chances de sobreviver em um país que tivesse esses animais.

Avistei uma família de cabras perambulando nos limites da floresta. Ao prever o seu trajeto, consegui encurralar uma de porte pequeno. Ficamos extasiados com toda aquela carne, pois estávamos com uma fome voraz. Estávamos tão famintos que até refogamos na frigideira a gordura que envolvia os rins. Abocanhamos aquela cabra da mesma maneira que nosso amigo Jean-Charles havia devorado o ensopado de *possum*.

A energia que despendíamos ao andar pelas montanhas com nossas pesadas mochilas era tão grande que sentíamos fome a todo momento, mesmo com toda a comida saudável que carregávamos e com a carne que eu caçava pelo caminho. Caminhávamos num ritmo lento e tirávamos muitos dias para descansar, porém ainda assim gastávamos mais calorias do que consumíamos, então com o passar das semanas e dos meses acabamos perdendo peso. Estávamos nos tornando verdadeiros andarilhos.

Enquanto Peter aguardava na floresta, pedi carona até a cidade mais próxima, Te Kuiti, para um reabastecimento. Encontrava-me em uma pacata via que quase não era utilizada. Esperei por cerca de meia hora até que um velho Land Rover surgiu ao longe e parou bem antes do desvio.

— O que está fazendo aqui? — Um senhor idoso inclinou-se para fora da janela. Seus olhos castanhos tinham uma borda azul.

— Pedindo carona — afirmei animadamente.

— Não tem ninguém por aqui!

— Tem você! — Dei risada.

— De onde você é? — Sua voz tinha um tom sério, entretanto seus olhos brilhavam alegremente.

— Holanda — respondi com entusiasmo. — Meu companheiro e eu estamos percorrendo o país a pé e...

— Holanda! Já ouviu falar daqueles fornos portáteis que eles chamam de fornos holandeses? — Perguntou ele.

— Com certeza.

Ele inclinou a cabeça para o lado.

— Conte-me sobre como funcionam.

Soltei um riso afetuoso. Somente um senhor de idade teria tempo para escutar uma longa história no acostamento de uma estrada, como se tivesse o dia inteiro livre, sem ter mais nada para fazer. Gosto das pessoas mais velhas. Elas têm uma natureza que difere das mais jovens — provavelmente porque cresceram sem tecnologia num mundo em que ainda havia tempo livre.

Quando terminei de lhe explicar como assávamos nosso pão no forno portátil, ele me olhou com renovado respeito. Abriu a porta e, em seguida, sua perna oscilou lentamente para fora do veículo como se fosse um pêndulo. Segurando-se na alça sobre a janela, desceu do Land Rover com o corpo rígido.

— Meu nome é Joe — disse ele, com um aperto de mãos. Vestia um paletó de lã tradicional e uma camisa branca por baixo. Sua calça cinza havia sido passada com vincos.

Estava prestes a colocar minha mochila no banco traseiro quando ele disse:

— Espere. Espere um pouco, minha jovem. — Sem pressa, abriu espaço para a minha bagagem no porta-malas do carro, o qual estava cheio de coisas antigas.

Seguimos pela pacata estrada rural a uma velocidade de cinquenta quilômetros por hora. Apreciei aquele ritmo suave; como havia me acostumado ao lento compasso do caminhar, qualquer velocidade acima de dez quilômetros por hora era muito rápida para mim.

— Tem colhido cogumelos silvestres? — Perguntou Joe.

— Sim, aos montes. São uma boa fonte de comida — respondi.

— Então, você estava dizendo que estão percorrendo a trilha até o sul? Onde estão acampando agora?

— Estamos na parte inicial da Floresta Pureora. Amanhã vamos subir a montanha.

— Tenha cuidado na floresta, viu? Todos os anos, pessoas são atingidas por caçadores de cervos. Pessoalmente, eu não chegaria perto daquele local durante a época do acasalamento. Mas, se vocês não têm outra alternativa — Joe olhou para o meu lado — então mantenham um diálogo. Continuem conversando para que os caçadores possam escutá-los.

Assenti com a cabeça e olhei para as fazendas pelas quais passávamos. Aos meus pés havia uma velha lata de leite em pó com grampos, um alicate, um esticador de arame e um martelo.

— O senhor faz cercados, ainda hoje? — Apontei para a lata.

— Não mais. Eu tinha uma fazenda de criação de ovelhas de duzentos hectares. — Joe contou sobre seus animais, o preço da lã e a vida de fazendeiro, até que perguntou: — Já fiz algumas trilhas por aí, mas nunca passei mais de duas semanas vagando. Como é caminhar por tanto tempo?

— Tiramos muitos dias para descansar, porém já estamos andando há mais de três meses. É uma aventura — afirmei. — Há momentos de dor e exaustão, esplendor e encantamento, medo e entusiasmo, mas nunca de tédio.

Ele aguardou pacientemente até que eu continuasse.

— Acho que aprendi a resistir. Caminhar com uma pesada mochila na subida de uma montanha não é fácil. Temos que suportar dor física, suor, sujeira, fome e sede. Se não conseguirmos encontrar água, temos que continuar até que a encontremos, caso contrário dormimos com sede. Se minhas roupas estão fedendo, tenho que esperar até que haja um riacho e um dia de sol para lavá-las. Se eu falhar na caça, sentiremos fome até que eu consiga abater um animal. Se não há ninguém na estrada quando vou pedir carona, tenho que esperar.

Ele deu risada.

— É ótimo poder se aventurar quando se ainda é jovem e se tem aptidão e força física.

Apenas sorri ao ouvir aquela colocação.

Levamos uma hora para chegar até a cidade, e naquele período de tempo aprendi muito sobre sua fazenda e sua família, suas expectativas e seus medos. Durante aquele pequeno intervalo, fomos melhores amigos. Percebi como a amizade é uma preciosa coincidência.

Na manhã seguinte, Peter e eu adentramos a floresta. Na semana anterior fizera calor — como o de um verão — entretanto, naquele momento, tinha a sensação de ter dado um passo dentro do inverno. Fiquei feliz por ter comprado mais suéteres de lã merino na loja do Exército da Salvação em Te Kuiti. O ar úmido estava tão frio que, mesmo subindo uma elevação lateral da montanha com todas as nossas roupas de lã, quase não nos sentíamos aquecidos. No momento em que paramos para fritar amendoim com manteiga *ghee* numa fogueira, começamos a tremer novamente.

Seguimos o conselho de Joe e mantivemo-nos conversando para evitar ser atingidos. Estranhamente, foi difícil pensar em algo para dizer quando nossas vidas dependiam daquilo.

— Deve ser assim que os animais se sentem o tempo todo — disse Peter, olhando com inquietação através das árvores em busca de algum sinal de caçadores.

Procurei cantar melodias e contar as anedotas mais chatas, porém depois de dois dias não tínhamos nada de novo para falar e permanecemos em silêncio.

Caminhamos por entre antigas árvores em meio à quietude da floresta. No passado, altos podocarpos como os que nos rodeavam haviam dominado grandes partes da ilha. Na década de 1940, a Floresta Pureora fora uma das últimas matas nativas do país a ser aberta para a extração de madeira. Contudo, em virtude dos protestos no final de década de 1970, o governo decidiu acabar com toda a exploração de madeira nativa naquele local e a área estava, desde então, protegida por lei. Por ali não vimos muitos pássaros, não havia rios ou o burburinho dos riachos. A mata estava completamente estática. Uma névoa pairava sobre as copas, mantendo aquela área isolada do mundo exterior. A montanha protegia suas árvores e qualquer barulho subitamente parecia ser um sacrilégio. Entre os antigos troncos, cresciam pequenos cogumelos azul-celeste — milhares deles. Suas formas e cores perfeitas transformavam a floresta em um lugar mágico.

Então, a primeira neve do ano caiu através daqueles inertes galhos e lentamente cobriu o chão. Locomovemo-nos pela macia e alva floresta, sentindo-nos invisíveis até encontrarmos uma abertura entre as árvores com a espetacular vista do enorme lago na cratera do vulcão Taupö. Era um cenário incrível.

— Neste momento estamos caminhando na borda de um super vulcão — afirmou Peter, pegando uma garrafa de água da minha mochila. — Todas estas cadeias de montanhas foram formadas com as cinzas expelidas pelo vulcão Taupö cerca de mil e oitocentos anos atrás.

— Uau! — Exclamei. — Ele ainda pode entrar em erupção?

— A qualquer momento. Se ele explodir, metade da ilha poderá ser destruída pela queimada ou ficar coberta com cinzas. É bom nos lembrarmos disso, pois não importa o que façamos para proteger a nossa civilização, este vulcão aqui tem a palavra final. — Ele tomou alguns goles de água e me passou a garrafa.

Olhei para o sereno lago. Era difícil imaginar tamanha violência.

— É como se estivéssemos olhando para o passado — continuou Peter. — Parece que a cratera está inativa, mas há uma energia indescritível logo abaixo da superfície. É como se houvesse um animal vivo lá dentro esperando ansiosamente para pular para fora novamente. — Ele se apoiou em seus cajados. — Tudo na terra é dinâmico — acrescentou. — O mundo é um organismo vivo.

No quarto dia ouvimos o rugido de um grande cervo. Sabíamos que, se nós podíamos escutá-lo, qualquer caçador também poderia, então imediatamente voltamos a falar alto. Pouco depois um cão de caça bastante visível cruzou o nosso caminho. Uma capa cor de laranja brilhante havia sido colocada nele para evitar que fosse atingido acidentalmente. Seu dono logo apareceu, também vestido com uma roupa camuflada laranja. Todos ali, ao que parece, — homens e animais igualmente — temiam levar um tiro.

Após sairmos da montanha e da floresta, pudemos relaxar novamente. Avançamos a passos largos pela área de fazendas e conversamos sobre a próxima aventura que seria descer o Rio Whanganui em uma canoa. Aguardava com expectativa aquele momento, pois Peter me contara com entusiasmo sobre um passeio de canoagem que fizera com seus alunos naquele rio, quinze anos antes.

No início do percurso, contou ele, o rio fluía por entre colinas gramadas e salgueiros. Após passarmos as fazendas, a área se tornaria um parque nacional e nós remaríamos em meio à magnífica selva com muitas samambaias arbóreas e inúmeras cabras selvagens. Gradualmente, as margens do rio ganhariam altura e nós flutuaríamos tranquilamente através de um gigantesco cânion com paredes cobertas de macio musgo verde. Depois do desfiladeiro, deslizaríamos tão suavemente pela água que cervos e porcos selvagens nas margens nem mesmo se dariam conta da nossa presença. No trecho final, encontraríamos as lindas cores outonais de álamos, bordos e liquidâmbares. À noite, montaríamos nossa barraca perto da água. Não teríamos que carregar peso em nossas costas, pois tudo ficaria armazenado na canoa e então poderíamos levar grandes quantidades de comida saudável conosco como ovos, batatas, verduras e até maçãs e bananas. Peter também disse que, graças à canoa, a dor e a agonia da caminhada desapareceriam. Pagaríamos uma pequena fortuna para fazer aquele percurso, mas vejamos bem — era uma oportunidade única na vida. Uma espécie de férias, em suas palavras. A cada vibrante descrição do rio, eu ficava mais empolgada e ansiosa para colocar os pés no barco.

Entretanto, quando chegamos na cidade de Taumarunui, tivemos dificuldade em encontrar uma empresa que nos alugasse uma canoa; a maioria alegou que a água estava muito fria naquela época do ano. Após muito investigar, por fim, achamos uma loja que estava disposta a nos alugar uma por dez dias.

O homem chegou bem cedo pela manhã com a canoa numa carreta. Surpreendeu-me o quão sucinto ele foi em suas explicações, e sua atitude lacônica me levou a crer que a canoagem não seria tão difícil. A embarcação canadense estava carregada com tambores plásticos azuis dentro dos quais poderíamos guardar nosso equipamento e nossa comida. Colocamos a canoa na água e embarcamos. Sentei-me na frente e Peter atrás.

— Tenham uma boa jornada! — Com um sorriso, o homem cuidadosamente nos impulsionou. De imediato, começamos a deslizar rio abaixo.

— Obrigada! — Falei em voz alta, levantando o remo no ar para mostrar o meu entusiasmo e satisfação. O grande e silencioso rio estava calmo, e a sensação de se estar flutuando era maravilhosa.

— Isto não é incrível? — Virei-me e encontrei o rosto sorridente de Peter.

Finalmente pudemos dar um descanso para nossas fatigadas pernas, enquanto a corrente do rio suavemente nos levava. O vento estava frio, porém eu estava bastante aquecida com três camadas de roupas de lã.

Passamos debaixo de delicados galhos de salgueiros que quase tocavam o brilho da água. O sol projetava sombras onduladas na superfície. Olhei pela beirada da canoa para dentro do rio e vi plantas submersas oscilando com a corrente.

— Mantenha o olhar à sua frente — disse Peter.

Levantei os olhos. A próxima curva do rio, de súbito, pareceu muito violenta. Grandes pedras haviam transformado o calmo fluxo da água em um ruidoso e feroz monstro.

— Para que lado vamos? — Gritou Peter, com o estrondoso barulho da veloz corredeira ao fundo.

Hesitante, tentei me levantar para conseguir olhar melhor, mas quase perdi o equilíbrio e me sentei novamente.

— Vamos nos manter à esquerda! E virar à direita após aquela rocha! — Gritei em resposta.

No momento em que entramos na monstruosa corredeira perdemos o controle da canoa. Pendendo de modo perigoso para um dos lados, descemos em alta velocidade na direção de uma rocha. Comecei a remar impetuosamente para a direita, para que fluíssemos com a correnteza, enquanto Peter ateve-se ao plano original. Consequentemente, batemos a toda velocidade contra a rocha. Quando estávamos prestes a virar dentro do gélido rio, soltei um grito de terror. Por um confuso momento, ficamos presos em cima da rocha, até que a parte de trás da canoa girou para o lado contrário. A correnteza nos soltou e com a embarcação balançando fomos levados rio abaixo — virados para o lado errado.

Remei para frente e Peter remou para trás. Desta maneira, não saíamos do lugar. Por fim, fomos empurrados para um redemoinho numa parte rasa. Quando saltei da canoa para puxá-la até a margem, notei o quão fria estava a água.

Nunca vira Peter tão bravo.

Ele pediu para que eu me ativesse ao plano e cooperasse. Fixei meu olhar desanimado na margem do rio, ao passo que Peter ficou ainda mais exaltado.

— Já estou congelando — disse ele, irritado. — Se cairmos na água, corremos o risco de morrer de hipotermia! Se formos lançados para fora e perdermos o barco, não teremos nenhuma roupa seca para vestir pois elas estarão dentro dos tambores!

Foi um mau começo.

Aquela tinha sido apenas a primeira corredeira. Nosso pequeno guia indicava que haveria precisamente mais duzentas e duas pelo caminho.

Prometi solenemente que me ateria ao plano e seguiria instruções daquele momento em diante.

Lamentavelmente, a situação apenas piorou. Um gélido vento sudoeste soprou na direção da nascente do rio, forçando-nos a remar com força para manter nosso movimento de descida. A cada remada, a fria água espirrava para dentro das mangas da minha blusa. Do meu assento, só conseguia enxergar meio metro da canoa e — pelo menos para mim — era difícil adivinhar a posição do resto da embarcação.

Em geral, quando achava que estava seguindo na direção certa, a parte traseira da canoa oscilaria para o lado oposto. Se tivesse certeza de que deveríamos remar para a esquerda, Peter estaria convencido de que deveríamos ir para a direita. Nosso desencontro, em combinação com a forte correnteza, quase nos derrubou diversas vezes.

A cada corredeira, eu ficava gradualmente mais ansiosa e minha ansiedade só atrapalhava a minha habilidade de navegar por elas. Por razões que eu mesma desconheço, todas as vezes eu acabava fazendo exatamente o oposto do que deveria fazer.

— Milhares de pessoas fazem isso todo ano! Classes inteiras! Como é possível que você não consiga? — Disse Peter num tom que expressava sua frustração, desespero e temor de cair dentro da gélida água.

Fiquei tão triste e deprimida que desejei nunca ter colocado os pés naquele barco. Com os olhos marejados, olhava com nostalgia para as margens do rio. "Se ao menos eu pudesse voltar para a terra firme", pensava.

Inúmeras vezes, nossa canoa quase virou por conta de traiçoeiros galhos de salgueiros que pairavam perigosamente sobre o rio. Em outras ocasiões, a furiosa correnteza quase nos fez colidir contra troncos submersos, e após cada corredeira éramos sugados por redemoinhos que ameaçavam virar o barco. Conseguimos atravessar pouquíssimas corredeiras sem tensas discussões ou berros. Chegáramos ao limite de nossa habilidade de cooperação. Não sentia mais nenhum entusiasmo. Aquela viagem de canoa tinha se tornado uma série de terríveis, estressantes e perigosos incidentes. Quando o rio finalmente encontrou o mar dez longos dias depois, rastejei-me com as mãos e joelhos para fora do barco e sobre a terra.

— Ah, estou tão feliz de sair deste barco! — Quase chorei de tanto alívio.

— O quê? Por quê? — Perguntou Peter, surpreso. — Nada de ruim nos aconteceu!

Não aprendi a conduzir a canoa pelas corredeiras, porém aprendi algo sobre a raiva que alterou o meu modo de pensar para sempre. Ao ver a raiva de Peter, observei a minha reação a ela e me ocorreu que esta emoção primitiva era resultante do medo. Medo de se perder algo que era precioso — nosso *status,* nossa dignidade, nosso respeito ou, no caso mais fundamental, nossa vida.

O tempo não chegou a melhorar após a nossa jornada pelo Rio Whanganui. O outono conquistara a terra e os dias estavam notavelmente mais curtos. Tínhamos que nos apressar para desmontar o acampamento pela manhã, pois logo após o nosso desjejum metade do dia já havia se passado. A floresta estava úmida, era cada vez mais difícil encontrar lenha seca e as noites dentro da barraca estavam ficando bastante frias.

As partes mais altas da Ilha Norte ainda esperavam por nós: os notórios Montes Tararuas. Tais montes estavam expostos às piores condições climáticas provenientes de todas as direções. Fomos informados de que a chuva e a neve invadiam os cumes mesmo em pleno verão, e então fiquei muito apreensiva, pois já estávamos no meio de maio. O inverno no hemisfério sul estava próximo.

Ao invés de subirmos a via até o cume, seguimos o curso de um rio por dentro da mata daquelas altas montanhas. Não havia trilha, porém Peter vira no mapa que havia uma cabana próxima à nascente do rio. No início, caminhar pela água rasa foi fácil e até agradável, mas aos poucos as pequenas pedras deram lugar a grandes rochas escorregadias. Por fim, fomos obrigados a escalar rochas encravadas entre paredes de pedra de ambos os lados. Pouco antes do escurecer, alcançamos a cabana.

Na manhã seguinte, começou a chover e nós decidimos descansar por um dia. Quanto mais chovia, mais preocupada eu ficava. O nível do rio subira rapidamente e não havia possibilidade de voltar naquele momento. Fomos forçados a subir até os cumes. Um pico de mil e trezentos metros de altura mostrava-se à nossa frente, e imaginei Peter e eu em meio à névoa, até mesmo sob raios e trovões, errando o caminho e sem saber para onde ir, saindo de uma incorreta elevação lateral da montanha e nos deparando com uma ravina impenetrável, ficando perdidos e morrendo.

Sentamo-nos em frente ao braseiro da cabana, cada um de nós concentrado em seu dever: eu contava ansiosamente toda nossa comida enquanto Peter estudava os mapas em silêncio.

Batalhamos por dois dias através da floresta rumo aos topos das montanhas. A cada cem metros, o ar ficava mais frio. Em seguida, começou a chover. Um leve chuvisco cobriu antigas faias e a névoa, que pairou entre elas, produziu um efeito místico. Aquelas árvores viviam ali fazia séculos, todavia mal alcançavam dois metros de altura. O líquen brilhava em uma dúzia de tons de verde claro. O macio musgo decorava todas as criaturas vivas e mortas. A encharcada floresta estava surpreendentemente silenciosa e nossas vozes ressoaram de um modo estranhamente tenebroso em meio àquela quietude.

Seguimos pela espinha dorsal da montanha e o caminho subia e descia ininterruptamente. Quando paramos para comer um pouco de uvas passas brancas, tive que abrir a embalagem *zip-lock* com os dentes, pois não conseguia mexer meus dedos congelados. Depois da primeira porção, estávamos ambos tremendo tanto de frio que sem demora prosseguimos viagem. Nossas mochilas estavam pouco a pouco ficando impregnadas de água e ainda mais pesadas.

Tinha começado a chover forte justamente quando alcançamos um pequeno barracão de metal laranja. Apesar de ali só haver um beliche e um banco estreito pregado à parede, fiquei muito grata por ter um abrigo. Tirei meus *shorts* molhados e vesti uma calça *legging* de lã e outras duas calças por cima — camadas quentes de roupas que se mantiveram secas graças a uma sacola impermeável dentro da minha mochila. Fizemos chá e cozinhamos a refeição utilizando nosso gás emergencial.

Agasalhada com três blusas de lã, quase não consegui entrar no saco de dormir sobre a cama mais alta do beliche. Deitada de costas, meu nariz ficava a dez centímetros de distância do teto. Mesmo com todas as minhas roupas ainda senti frio naquela noite. Alguém deixara uma velha e solitária luva de lã para trás. Aquela única peça tinha o aspecto e o cheiro de algo que tivesse sido abandonado trinta anos antes. Contudo, foi o que manteve a minha mão esquerda aquecida.

Pela manhã ainda chovia forte. Contorcemo-nos para conseguir colocar as roupas molhadas do dia anterior e partimos debaixo de chuva. Os primeiros dez minutos foram terríveis, mas depois consegui me acostumar com as roupas encharcadas que estava vestindo.

Tivemos que descer um escorregadio caminho dentro da floresta. Segurava-me nas árvores para evitar deslizar sobre a lama. Foi uma tarefa cansativa e perigosa e eu tinha consciência de que, em qualquer momento de descuido eu poderia escorregar e cair. Após um tempo, ouvi um rugir ao longe. Apesar de estarmos em elevada altitude dentro das montanhas, podíamos escutar claramente o som das enchentes nos rios dos vales abaixo.

O caminho nos levou para fora da floresta e para o inóspito dorso da cordilheira. Perdi toda a noção de direção em meio à bruma e à névoa. Simplesmente segui Peter. Ele estudara o mapa tão atentamente que sabia a rota de cor. Eu só enxergava suas finas e bronzeadas pernas à minha frente. Suas sandálias deixavam pegadas nítidas no solo marrom-amarelado. Todo o nosso mundo se resumia a uma densa camada de neblina. Parecia que a civilização e os outros seres humanos estavam muito distantes.

Notei que Peter cambaleava ao escalar algumas rochas. Ele estava cansado. Preocupada, tentei pensar no que mais poderia transferir da mochila dele para a minha.

— Estou totalmente sem forças — afirmou Peter quando me aproximei dele, nas proximidades de um outro pico. Desprendi a barraca que pesava dois quilos de sua bagagem. Em seguida, coloquei minha mochila sobre as úmidas touceiras de capim e amarrei a barraca em cima dela.

— Você já está carregando muito peso, querida — disse ele com uma voz abatida.

Peter retirou o mapa de seu bolso. O papel havia sido dobrado tantas vezes que ficara marcado com uma grande cruz branca que apagava alguns detalhes. Seus longos cabelos pendiam tristemente para baixo. Gotas graúdas caíram sobre o frágil pedaço de papel. Por fim, virou e continuou rumo ao cume.

Ficamos muito contentes quando finalmente avistamos a cabana que tinha sido construída acima da copa das árvores. Se o tempo estivesse límpido teríamos apreciado uma fantástica vista, porém estávamos no mundo da bruma e das nuvens. Apesar de haver um braseiro no local, não havia lenha. Uma pilha de caixas de papelão havia sido deixada numa prateleira por pessoas que provavelmente tinham voado até lá de helicóptero e levado seus equipamentos naquelas embalagens.

— Acenderemos uma fogueira com o papelão. — Peter sorriu.

Fiquei surpresa com a quantidade de tempo que um papelão continuava a queimar. Enquanto jogávamos xadrez em nossos sacos de dormir, o calor do fogo secou nosso equipamento.

— Temos que aproveitar ao máximo o bom tempo — anunciou Peter pela manhã.

— Bom tempo? — Não via nada além de uma parede de chuva através da janela.

— Este vento sopra em direção ao norte — disse ele, olhando para a bússola. — Ele é quente, considerando que estamos a mil e trezentos metros de altura. Se o vento virar para o leste ou para o sul, viraremos blocos de gelo no momento em que voltarmos ao cume.

Lembrei-me de histórias que ouvira do Monte Everest, onde montanhistas passavam por cadáveres congelados na beira da trilha. Comecei a arrumar a mochila.

Saímos da cabana direto para uma cortina de água. Levamos quinze minutos para voltar ao cume da montanha.

A tempestade chegou pelo outro lado e nós fomos, ao mesmo tempo, quase lançados pelos ares e empurrados para trás. O vento rugia. As hostis gotas de chuva atingiam violentamente o meu rosto e as partes descobertas das minhas pernas como se fossem pedriscos. Aquele não era um local para seres humanos.

— Vamos voltar! — Gritei em pânico.

— Temos que continuar! — As palavras de Peter foram quase engolidas pelos altos urros do vento e da chuva.

A água nos meus olhos me impedia de enxergar. Enfrentar uma tempestade uivante era a última coisa que eu queria fazer. Tinha vontade de voltar para a cabana, queimar papelão e jogar xadrez.

Peter apontou com seu cajado para a trilha. Eu queria lhe pedir para que voltássemos para a cabana.

— Espere! — Berrei. Entretanto, quando comecei a caminhar em sua direção, Peter entendeu aquele gesto como um consentimento e partiu rumo à tempestade. O barulho da chuva no meu capuz era tão ensurdecedor que eu segurei os meus cajados com uma mão e com a outra protegi meu ouvido direito.

Continuamos subindo em direção àquelas condições assustadoras. Seguíamos passo a passo. Em pouco tempo estava exausta. Como carregava a maior parte do equipamento de Peter, a mochila encharcada ficara terrivelmente pesada. Uma densa nuvem transformara o cume em um tenebroso mundo de trevas e o caminho era por vezes tão estreito que eu tinha a impressão de que havia um infinito abismo de ambos os lados.

Tivemos que escalar uma grande rocha e Peter me deixou ir primeiro. Prendi meus cajados sob minhas axilas para poder usar as mãos, mas um deles começou a escorregar para dentro do abismo. Felizmente, Peter estava logo atrás de mim e conseguiu apanhá-lo a tempo. Olhei para os meus fiéis bastões que haviam me poupado de inúmeras quedas. Eles estavam até polidos após tantos anos sendo segurados por minhas oleosas mãos. Meus brilhantes cajados marrom-dourados haviam me dado equilíbrio e confiança, e eu não poderia contar com o azar de perdê-los.

Lentamente, subimos em direção às escuras nuvens, enquanto a chuva continuava a cair como pedras sobre o meu capuz. Manter o olhar nos pés de Peter era reconfortante: mostrava que eu não estava sozinha e que ele sabia por onde ir. Peter estava se deparando com o desconhecido a cada novo passo. Fui tomada por um sentimento de grande admiração pelo meu corajoso companheiro. Até onde ele sabia, estava só naquele mundo enevoado. Só conseguia enxergar cinco metros à sua frente na estreita trilha, a qual estava espremida entre touceiras de capim e pedras. Deve ter sentido exaustão e medo, porém continuou a desbravar o nosso caminho.

Lá estávamos nós, numa tempestade no topo da montanha. Todos os nossos pertences estavam em nossas mochilas. Não haveria uma casa esperando por nós no vale abaixo, nem uma cozinha repleta de comida ou armários cheios de roupas limpas. Aquele momento representava a nossa vida. Não havia mais nada. Andaríamos até a próxima cabana, secaríamos nosso equipamento, lavaríamos nossas roupas, caminharíamos mais um pouco, montaríamos nossa barraca e torceríamos para parar de chover. Em seguida, continuaríamos nosso trajeto.

Prosseguiríamos sem parar.

Após uma árdua e longa subida, de súbito encontramos uma placa que marcava o ponto mais alto da montanha. Peter virou para trás. A impiedosa chuva golpeava o seu rosto. Ele sorriu e esticou o braço. Eu também sorri. Demos um aperto de mãos enquanto a tempestade urrava ao nosso redor.

Beijei as costas de sua mão molhada.

Peter apontou para a base da montanha com seu cajado.

— Para baixo! — Berrei e nós dois rimos.

Fomos as duas últimas pessoas a deixar os Montes Tararuas naquele ano. Atrás de nós, uma estrada desabou e não foi reconstruída até quase um ano depois. Wellington foi inundada e houve fatalidades. Mais uma vez, encontráramo-nos em meio às piores tempestades do país. Após seis meses de caminhada, finalmente chegamos à capital, onde já era inverno.

Descansamos.

"No momento em que entramos na monstruosa corredeira perdemos o controle da canoa... batemos a toda velocidade contra a rocha. Quando estávamos prestes a virar dentro do gélido rio, soltei um grito de terror. Por um confuso momento, ficamos presos em cima da rocha, até que a parte de trás da canoa girou para o lado contrário. A correnteza nos soltou e com a embarcação balançando fomos levados rio abaixo — virados para o lado errado."

CAPÍTULO 11

TE ARAROA: ILHA SUL

Era setembro. Achamos que a primavera estaria chegando, porém vimos escuras nuvens pairando sobre o mar no momento em que subimos na balsa em Wellington. Enquanto fazíamos a travessia para a Ilha Sul, olhei com apreensão através da janela para a tempestade que se aproximava. Não tinha a mínima vontade de caminhar debaixo de um temporal.

A trilha oficialmente se iniciava na parte norte de Marlborough Sounds, mas quando soubemos que toda aquela área havia sido inundada decidimos pegar um ônibus até a região de Pelorus Bridge, onde a floresta começava. No trajeto, vimos fazendas alagadas pela chuva torrencial.

— Bom dia, senhoras e senhores. Em dez minutos faremos uma breve parada para o desembarque de dois passageiros — anunciou o animado motorista pelo microfone. — Espero que tenham trazido seus maiôs, pois estamos sendo atingidos por um ciclone bomba!

Quando outros passageiros se viraram para trás, vi a piedade em seus olhos.

— Certo — disse Peter, colocando a capa de chuva.

— Vocês vão caminhar até onde? — Perguntou um homem à minha frente.

— Invercargill. — Aquilo parecia mais uma punição do que algo para nos orgulharmos.

— Ah, então, boa sorte — respondeu ele. — Sua voz soou tão desanimada quanto eu.

Quando descemos do ônibus debaixo de chuva, senti-me péssima. A mochila estava pesada e desconfortável e o capuz caía sobre os meus olhos fazendo com que eu só enxergasse a estrada de terra sob os meus pés. Durante a primeira hora, Peter e eu quase não conversamos.

A estrada foi aos poucos se transformando em uma trilha e a chuva abrandou. Uma leve brisa ajudou a secar as nossas roupas à medida que nos aproximamos das montanhosas florestas. A névoa nas ravinas subia com o calor do sol primaveril. Por fim, alcançamos um rio de água turquesa que esculpira um escorregador na sólida rocha. Fiquei parada reverenciando aquela beleza. Lá estávamos nós, em meio a uma floresta intocada. De súbito, percebi como tudo na natureza era inocente e completo. Cada graveto e pedra na margem do rio era puro e imaculado. Respirei fundo.

— É bom estar de volta à Ilha Sul. — Olhei para os brilhantes olhos azuis de Peter, tão semelhantes à água sob meus pés.

Não sentira falta da Ilha Sul enquanto caminhávamos pela Ilha Norte. Entretanto, uma vez que estava de volta, apreciei a beleza selvagem daquela região ainda mais. Há somente pouco mais de um milhão de habitantes na Ilha Sul, sendo que a maioria vive no litoral. Deste modo, os escarpados Alpes do Sul eram admirados, até venerados, e acima de tudo, deixados em paz.

Tivemos que nos readaptar ao esforço da caminhada, porém daquela vez levamos apenas alguns dias para voltar ao ritmo da vida nomádica. O tempo clareou, as nuvens se dispersaram e quando o sol apareceu, ficou subitamente bem quente.

Vários dias depois, seguimos um caminho que subia uma íngreme montanha. À nossa direita, havia um rio que cavara uma profunda ravina. No final da tarde, descemos a ribanceira mata adentro em busca de uma saliência na pedra, onde pudéssemos nos abrigar durante a noite. Montamos a barraca sobre uma macia camada de folhas em decomposição num local próximo a uma espetacular e pequena cachoeira. Ao nosso redor, estavam rochas gigantescas, em meio às quais, árvores antiquíssimas haviam crescido. Aquele lugar era maravilhoso e secreto — como se tivesse saído de um conto de fadas.

Lavei nossas roupas no rio e, enquanto elas secavam com a última luz do dia, sentei-me ao lado da fogueira. A fumaça subia em espiral por entre as árvores. Peter, em pé sobre grossas raízes no chão, olhava atentamente para a cachoeira. Em suas mãos segurava dois galhos para alimentar o fogo. A camisa vermelha de lã merino se destacava com a luminosidade do pôr do sol. Seus ombros estavam fortes e largos, seu cabelo ondulado e saudável e, seu rosto, bronzeado. Ele estava lindo!

Quando anoiteceu, ficamos — como sempre — muito gratos por podermos nos deitar. Montáramos a barraca sem cobertura pois não havia sinal de chuva. Observamos através da tela o contorno das árvores, as quais balançavam tranquilamente com a quente brisa. Conseguia enxergar parte da Via Láctea através de uma abertura entre os galhos das árvores. O som da correnteza do rio foi tranquilizador e, assim, permanecemos deitados em silêncio por um longo tempo.

— Miriam, você está dormindo?

— Estou.

Peter soltou um leve riso.

— É por isto que estamos caminhando, não é mesmo? Para encontrar lugares como este.

Lentamente, virei o meu rosto em sua direção. Ele estava deitado de costas e olhava para o céu noturno. Apoiei-me sobre meu cotovelo e beijei delicadamente a sua testa.

— Sim — sussurrei. — Para viver em meio à beleza.

Na manhã do dia seguinte, alcançamos o limite da floresta e subimos rumo às áreas montanhosas. Quanto mais escalávamos, mais frio o ar se tornava e tivemos que nos agasalhar com várias blusas de lã. Quando a crista da montanha se mesclou novamente com a floresta, encontramos um pequeno riacho e um local plano onde montamos acampamento. Menos de um minuto depois, começou a chover granizo. Não conseguia ver as pedras de gelo caindo; só conseguia vê-las saltitando ao baterem no chão. A dança daqueles pedriscos foi um espetáculo magnífico.

Aos poucos, a grossa camada de musgo verde que cobria o solo da floresta ficou branca. Enquanto eu amarrava nossos cajados para fazer um tripé, Peter coletou lenha e a estocou sob as árvores na tentativa de mantê-la o mais seca possível. Em seguida, o granizo se transformou em neve. Pesados flocos caíram silenciosamente por entre os musgosos galhos, cobrindo tudo com um manto de dez centímetros de espessura. Encolhemo-nos ao redor da fogueira para nos manter aquecidos. Densas nuvens de vapor subiam ao céu quando falávamos. Fomos dormir vestindo todas as nossas roupas, incluindo um gorro e um cachecol, e ainda assim sentimos frio.

Pela manhã, o vento mudou mais uma vez. O ar estava fresco e o céu azul. Parti em meio à neve com meu rifle e segui o curso do rio entre atrofiadas faias. A montanha era bastante íngreme e quando parei para descansar recostando-me numa velha árvore, um pássaro que estava na ravina abaixo soou o alarme. Aguardei em silêncio e, pouco tempo depois, ouvi uma movimentação na espessa folhagem de samambaias. Ergui o rifle, porém sabia que pelo rápido roçar não se tratava de uma cabra. Meus olhos se movimentaram brusca e ansiosamente sobre as folhas cobertas de neve até localizarem o dorso preto de um javali. Ele subia com agilidade a encosta da montanha. Obstinado, empurrava as moitas e os arbustos com seu grande e forte pescoço. O porco selvagem não percebeu a minha presença até que tivesse chegado bem perto. Então, parou subitamente deixando o pequeno rabo e uma das patas ainda no ar. Permaneceu completamente estático. Por um momento, toda a floresta ficou em silêncio.

Com seu corpo peludo e longas presas brancas, o javali era imponente e forte. Em meu estado de encantamento, não passou pela minha cabeça tentar atirar nele. Uma leve brisa entregou o meu cheiro e indicou ao animal que ele estava em perigo. Bufando alto, fugiu por dentro da mata arbustiva em impressionante velocidade.

Ao caminhar pelo longo dorso da montanha, ocorreu-me que cada tipo de animal tem uma personalidade única. Imaginei o que os animais pensariam sobre os humanos. Eles deveriam nos achar criaturas muito imprevisíveis — às vezes, amistosas e gentis; outras vezes violentas e impiedosas.

Naquela área montanhosa, as touceiras de capim estavam cobertas pela neve. Ao me aproximar do cume, pisei cuidadosamente entre pedras escorregadias. Seguia o contorno da montanha com meu olhar quando avistei um ponto escuro próximo a uma rocha. Um minuto depois o ponto se moveu, e eu tive certeza de que se tratava de um animal. Com o passar dos anos, minha visão se aguçara. Sem binóculos e graças a incontáveis horas de observação à distância, aprendi a reconhecer formas e movimentos em amplos espaços abertos.

Aquela área era tão descoberta que eu temi ter sido vista pelo animal. Então, caminhei de forma cautelosa até a parte sombreada do cume, onde a neve se acumulara densamente entre as rochas. O ar estava tão quente que, apesar de estar calçando apenas sandálias, meus pés não chegaram a sentir o frio da neve. Após subir por bastante tempo, encontrei um alto pilar atrás do qual pude me esconder e espreitar. Para minha surpresa, havia uma dúzia de cabras se alimentando de ervas alpinas. Rastejei-me por entre pedras cobertas de gelo até conseguir mirar em uma de porte pequeno e marrom. Com o som do disparo, o restante do bando fugiu para dentro da floresta. Olhei para cima. Dois gaviões haviam seguido os meus movimentos e sobrevoavam o céu em círculos.

Quando removi as tripas da cabra, notei que, apesar de estar morta, seus intestinos ainda estavam trabalhando. Observei fascinada e percebi que, sob a minha própria pele, meus órgãos internos também estavam se movimentando daquela maneira. Os intestinos eram como um organismo dentro de outro organismo. Deixei a carcaça para os gaviões e retornei com nossa cota de carne.

Senti-me incrivelmente feliz. Poder vagar por montanhas selvagens e desertas, onde o clima extremo imperava, e ser capaz de caçar a minha própria comida proporcionava-me uma grande sensação de independência e liberdade. Nossa vida nômade exigia extremo esforço físico, e a carne de caça nos fornecia a energia de que precisávamos.

Na manhã seguinte desmontamos a barraca e seguimos a trilha rumo ao topo da montanha. Fazia calor e não ventava. Sentamo-nos e acendemos uma fogueira com galhos secos de arbustos alpinos. Não havia riachos na altitude dos cumes, porém ainda havia neve nas áreas sombreadas, então apanhei um pouco com o caldeirão para fazermos chá e comermos pão sírio. Enquanto almoçávamos, contemplamos o fantástico panorama à nossa volta. Com o ar seco, a vista era límpida como um cristal. A oeste, podíamos enxergar a cidade de Nelson.

— Aquele foi todo o meu mundo um dia — disse Peter, que crescera em uma fazenda de criação de ovelhas nos arredores da cidade. — Dá pra acreditar? Parecia tão grande quando eu era criança. Daqui de cima a cidade é minúscula.

Do outro lado, podíamos ver o Parque Nacional Abel Tasman, onde vivemos por um ano no pequeno chalé infestado de ratos nos sopés das montanhas. A leste, víamos a província de Marlborough, onde seis anos antes começáramos nossa aventura em meio à natureza selvagem. Lembrei de mim mesma com o arco e flecha, explorando cautelosamente os intocados leitos de rios, sempre um pouco temerosa de ficar perdida.

Foi interessante ficar sentada observando todos aqueles lugares dentro dos quais passáramos tanto tempo. Em cada baía, vale e montanha ficara uma história. Conforme olhava para todos aqueles cantos selvagens, via uma parte da minha própria vida.

Caminhamos por muitos dias ao longo da incrivelmente íngreme espinha dorsal das Montanhas Richmond. Naqueles escarpados montes, nosso progresso foi bem lento. Por vezes, percorríamos apenas dez ou, no máximo, quinze quilômetros por dia. Após duas semanas, havíamos transposto a primeira cadeia de montanhas e mirávamos a segunda. Como era fim de inverno naquele lugar de elevada altitude, a passagem entre cumes ainda estava coberta com uma grossa camada de neve. Não estávamos equipados o suficiente para escalar o gélido colo da montanha, então decidimos dar uma longa volta.

Andamos por uma isolada via para carros 4x4 entre picos nevados. Por fim, chegamos a um amplo vale com belos afluentes e uma antiga floresta. Gansos se aglomeravam nas margens do rio e tadornas-paraíso sobrevoavam o céu soltando grasnadas. Apesar de ser um local selvagem e isolado, no passado aquela área fizera parte de uma propriedade rural de criação de ovelhas. Certo dia, enquanto caminhávamos pela alta e verde grama, encontramos a antiga e abandonada casa da fazenda. Tinha a mesma ambientação da casa de Elisabeth. Algumas das árvores frutíferas, no entorno, ainda estavam vivas. Havia chalés para pastores e grandes e velhos celeiros, onde os cavalos haviam sido criados. Ao olhar pela janela da cozinha, vi um fogão a carvão e imaginei o tipo de vida que aquela família teria vivido.

Descansamos sob a sombra de um velho salgueiro. Suas folhas estavam com um brilhante tom de verde com a chegada da primavera. Acendemos uma pequena fogueira sobre a areia e fervemos água para fazer chá de erva-cidreira, que crescia abundantemente ao redor da casa. Observei a água ferver no caldeirão. As bolhas maiores empurravam as menores para cima. Foi muito gracioso.

— Conhece aquele pico? — Peter apontou para uma montanha de pico nevado ao longe.

Balancei a cabeça em negativa.

— Não, nunca o vi antes.

— Claro que viu! — Ele deu risada. — Você conhece aquela montanha muito bem. Do lado oposto fica a Cabana de Bob.

— Ah, sim. Claro!

— Lembra de quando ficamos sentados dentro da Cabana de Downie por três semanas?

— Claro, parece que foi ontem! Lembra de como ficamos felizes ao ver o céu azul depois de toda aquela chuva? — Olhei para os montes ao meu redor. — Naquele tempo, a floresta e as montanhas eram assustadoras e terrivelmente selvagens para mim. Faz muito tempo que não sinto isso.

— Acho que quando não se tem uma casa e se vive em meio à natureza selvagem, as montanhas se tornam o seu lar e aqueles aspectos ameaçadores já não são mais tão assustadores assim.

— E a coisa se inverte — brinquei. — O silêncio mortal de uma casa se torna arrepiante e assustador!

— Sim, mas você também amadureceu nos últimos dez anos — afirmou Peter. — Não tem mais medo de ficar sozinha. Ao invés de procurar segurança em mim ou em nosso relacionamento, acredito que encontrou segurança dentro de você mesma. Lembra que anos atrás você se sentia segura dentro do que chamava de casulo?

— Humm... — assenti com a cabeça.

— Bom, acho que o casulo se dissolveu. A borboleta se libertou. — Ele lentamente se deitou sobre a esverdeada grama, com a cabeça repousada sobre um grande galho como se fosse um travesseiro macio.

Após um longo intervalo para o almoço, entramos em uma floresta de faias e em pouco tempo começou a chover. Enquanto procurávamos por uma grande árvore debaixo da qual pudéssemos nos abrigar, vimos um bando de cavalos selvagens. Eles permaneceram imponentes entre as árvores, simplesmente suportando a chuva e o vento. De modo tranquilo, observaram-nos passar a uma distância segura. Pareciam imunes ao tempo; nada os perturbava. Com exceção de uma eventual agitação da cauda, ficaram totalmente imóveis. Resiliência e resistência eram seus maiores atributos; o vale e a floresta eram a sua casa.

Após muitas semanas percorrendo a Te Araroa, por fim, saímos num local próximo a uma rodovia que cruzava uma área de passagem entre montanhas chamada Lewis Pass, de onde eu poderia pegar carona até o supermercado de alguma cidade. Deixei o acampamento bem cedo pela manhã, porém quando alcancei a estrada não havia sinal de carros. Esperei por muito tempo exposta ao vento frio até ouvir um motor. Um reluzente carro azul fez uma curva em altíssima velocidade. Ele passou voando, depois freou bruscamente várias centenas de metros à frente. Corri até ele.

— Obrigada por parar! — Gritei com o estrondoso som de *rock* ao fundo.

A mulher atrás do volante sorriu, abaixou o volume da música e me perguntou o que eu estava fazendo ali no meio do nada. Contei-lhe sobre o nosso modo de vida enquanto ela pisava novamente no acelerador — chegamos a cem quilômetros por hora. Durante os primeiros trinta minutos, fiquei apavorada. Via acidentes em potencial a cada curva e em cada carro que se aproximava.

— Só você e seu companheiro? Vinte e quatro horas por dia? — Indagou ela. — Vocês passam mais tempo juntos do que aqueles casais que estão casados há cinquenta anos! Você disse que estão juntos há dez anos? — Ela colocou o liso cabelo loiro atrás da orelha, pegou o seu telefone celular que estava entre as pernas e olhou de relance para a tela. — Como vocês conseguem? — Ela sorriu, mostrando seus dentes brancos. Aparentava ter em torno de 40 anos e tinha um rosto amistoso, uma pele bonita e um agradável perfume.

— Não sei ao certo, pra falar a verdade. — Olhei para o míni apanhador de sonhos que estava pendurado no espelho retrovisor. — Acho que se deve escolher um estilo de vida de que goste e uma pessoa que também goste.

Ela deu risada.

— Essa é boa! — Em seguida tocou o meu braço brevemente, de um jeito que me fez sentir como se fôssemos amigas há muitos anos. — Eu me casei com o pai dos meus filhos. Mal sabia eu que ele se tornaria um verdadeiro traste!

Ri da maneira descontraída com a qual ela falava sobre assuntos sérios.

Ficamos juntos por sete anos — continuou ela. — O mais novo tinha quatro anos quando finalmente nos separamos. Estou saindo com outra pessoa agora. Ele não é nem um pouco como o Roger. — Ela fitou seus dedos no volante e eu segui o seu olhar. Suas longas unhas estavam pintadas de roxo. — Então qual você acha que é o segredo de um bom relacionamento? — Perguntou.

"O segredo?", pensei. Relacionamentos são muito complexos. Não sabia dizer com certeza se havia uma resposta simples para aquela pergunta.

— Eu detesto conflitos — respondi, por fim. — Se Peter me critica, procuro sempre escutar e não me colocar na defensiva. Se ele estiver enganado, toco no assunto novamente alguns dias depois. Mas geralmente já não faz mais nenhum sentido depois.

— Sério? Vou tentar. — Ela me olhou por um instante, antes de voltar a encarar a estrada. — Então, vocês moram no mato?

— Sim, é por isso que seu carro inteiro está cheirando a lenha queimada! — Soltei uma risada.

Após me assegurar de que não se importava com o cheiro de fumaça, perguntou:

— Mas que diabos você faz quando está menstruada?

— Tenho um coletor menstrual. É um copinho de silicone que parece uma taça de vinho. Quando necessário, é só lavá-lo no rio e, depois, colocá-lo novamente. É bem leve e prático.

— No rio? — Ela deu risada e balançou a cabeça em negativa. — Putz, garota. Você não vai me ver morando na floresta. Você guarda as suas coisas em um contêiner, então?

— Que coisas? — Perguntei, sorrindo.

— Seus móveis e afins.

— Na verdade, eu não tenho muita coisa.

Ela me olhou por um instante.

— Você só tem o que está na sua mochila?

Assenti com a cabeça.

— Uau. Acho que deve ser bem libertador, de certo modo. Pelo menos você não tem que se preocupar em pagar contas e em consertar tudo o que você possui!

Ela me deixou em Amberley, uma cidade rodeada de fazendas. A diferença na temperatura foi enorme. Outubro nas montanhas era majoritariamente frio e com muito vento, mas em baixas altitudes já parecia ser verão. Havia lindas flores por toda parte. Enquanto ia às compras, refleti sobre seu último comentário. Eu apreciava o fato de não possuir muito. A vida era mais simples sem um monte de bens que demandariam cuidado e manutenção. Parecia-me que as posses tinham um jeito astuto de possuir o seu dono.

Depois de passar um tempo perambulando pelos corredores do supermercado, parei e observei a agitação diária ao meu redor. Uma música estava tocando e os leitores de código de barras nos caixas soltavam estridentes bipes. Senti-me confusa por um momento até perceber que estava observando o ambiente com a mente de uma caçadora. Estava tentando absorver tudo — todos os produtos e as pessoas — ao invés de focar na minha tarefa. Em seguida, me lembrei de que tinha uma lista de compras.

Eu costumava ser bem seletiva com relação à comida e só comprava itens considerados muito saudáveis. Entretanto, após caminhar por oito meses pela Te Araroa, a qualidade da comida se tornou menos importante. Um pão de um dólar era tão gostoso quanto um pão de cinco dólares. Naquela noite, comemos uma dúzia de ovos junto com pão barato, milho e feijão enlatados, e tudo estava delicioso.

Cento e cinquenta anos antes, a única via entre Christchurch e a Costa Oeste era uma estreita trilha para animais de carga através das montanhas. Ela tinha sido aberta com picaretas e pás e era projetada para cavalos. Quando sinalizaram a trilha pela primeira vez, queimaram as árvores com um machado. As marcas ainda eram visíveis em algumas das antigas faias.

Naquele tempo, caminhar por ali era uma necessidade. Com o passar dos anos, o relacionamento com a floresta mudara. Nos dias atuais, as pessoas vinham pela diversão e viam o meio ambiente como um mero cenário.

A perfeita inclinação da trilha tornou a caminhada muito agradável. Perto da via, havia diversas fontes de águas termais, onde mergulhávamos nossos cansados músculos. O verão estava chegando e os primeiros frutos silvestres apareceram. Após nos banharmos, passávamos horas colhendo e comendo-os.

A velha trilha nos conduziu através de uma passagem, entre montanhas, chamada Harpers Pass e, assim que atravessamos para o outro lado, o perfume da exuberante vegetação e do ar úmido nos deram a impressão de estar numa selva tropical. Adentramos à parte oeste da cordilheira. Os cumes estavam escondidos entre as nuvens. Apesar de os penhascos terem um aspecto sombrio e pouco convidativo, o verde leito do vale parecia muito agradável. Na direção norte, brilhava uma nuvem lentiforme de cor vermelho-púrpura, e daquela mesma direção subitamente ouvimos um estridente chamado: "Kéa! Kéa! Kéa!"

Um grande papagaio verde veio descendo o céu. O papagaio-da-nova-zelândia, ou *kea,* deve ter nos avistado de longe. Suas esverdeadas asas estavam estendidas como os braços de um ginasta e ele aterrissou com as pernas esticadas sobre uma rocha. Inclinando a cabeça de um lado a outro, estudou-nos com atenção. Não demonstrou medo ou agitação; vi apenas curiosidade e sagacidade em seus olhos.

— Olá — disse Peter, imitando a voz de um papagaio.

O *kea* se aproximou com pequenos e desengonçados pulos e depois caminhou de lado até a mochila de Peter, a qual estava encostada em uma pedra. Com seu grande bico, puxou uma cordinha. Em seguida nos fitou novamente e abriu o bico. Sua língua se movia rapidamente, criando um peculiar chilrear. Nós três ficamos sentados juntos por um momento. O pássaro tentou comer o mapa de papel que estava dobrado sobre a grama. Por fim, voou para longe.

— *Keas* são extremamente inteligentes — afirmou Peter. — Algumas pesquisas feitas mostraram que eles podem ser tão espertos quanto os chimpanzés. Já foram muito numerosos, mas agora estão ameaçados de extinção e são uma espécie protegida.

Na quietude da noite, pudemos ouvir diversos *keas* chamando uns aos outros. O canto era muito bonito e encantador.

Senti um certo alívio quando a trilha alcançou a passagem chamada Arthur's Pass e nos levou de volta ao lado leste da ilha, onde estava mais seco. Atravessamos antigas florestas e caminhamos em áreas áridas como um deserto. A paisagem era arredondada e curvilínea. Apesar de não serem montanhas difíceis de se escalar, as distâncias eram enormes. Do alto das passagens entre cumes, podíamos enxergar quilômetros a fio.

Parte das terras, pelas quais passamos, havia sido fazendas de criação de ovelhas no passado e, naquele momento, eram áreas de preservação ambiental. Apesar de a floresta no leito do vale ter sido incendiada muitos anos antes, as touceiras de capim encobriam qualquer sinal daquele passado. Com seus afloramentos rochosos, riachos e rios pedregosos, era um local de duras condições climáticas.

Apesar de o Departamento de Conservação administrar aquele território, as antigas cabanas dos pastores de ovelhas ainda estavam disponíveis para uso público. Elas mediam quatro por quatro metros quadrados e tinham sido construídas com pedra ou madeira. Eram bem simples, mas forneciam um bom abrigo contra a chuva ou a neve. Havia sempre uma mesa, sobre a qual jogávamos xadrez, um antigo armário com livros, os quais líamos com prazer, e potes de lata cheios de folhas de chá emboloradas. Os nomes dos pastores estavam entalhados na madeira, lembrando-nos de um passado que era, naquele momento, apenas uma memória distante.

Certo dia, caminhávamos ao longo das margens de um límpido rio quando ouvimos um estridente pio: um falcão ergueu-se sobre uma alta coluna de pedra, protegendo o seu ninho. Queríamos evitá-lo a todo custo, entretanto estávamos encurralados entre a parede de pedra e o rio. Com os cajados cruzados sobre nossas cabeças, Peter e eu invadimos o território do falcão. Quando nos aproximamos da torre de pedra, a ave berrou ferozmente, lançou-se no ar e mergulhou em direção às nossas cabeças. Por sorte, nossos cajados ofereceram proteção suficiente. Enquanto o falcão fazia diversas investidas em nós, Peter contou a história de um amigo que uma vez chegara muito perto de um daqueles ninhos — ele tinha sido atacado e ficara com uma terrível cicatriz em seu rosto. Fiquei cada vez mais nervosa e imaginei se uma segunda ave apareceria a qualquer momento.

Era certo que o furioso falcão não hesitaria em nos atacar se tivesse a chance, então caminhamos prudentemente para fora de seu território. Enquanto Peter olhava para cima em busca de uma fêmea, que pudesse se aproximar, eu caminhava de costas para o caso de o macho decidir nos atacar por trás. Quando a ave se ergueu novamente, percebi que não era a sua força ou o seu tamanho que impunha a sua autoridade; era a sua coragem.

A trilha por fim deixou as terras do Departamento de Conservação e continuou pela estrada de uma propriedade particular. A área estava impecavelmente cercada, porém não havia ovelhas ou gado, pois não havia grama. Os coelhos tinham comido tudo. Até onde nossos olhos podiam ver, tocas estavam espalhadas pelo arenoso solo e dezenas de filhotes corriam de um lado a outro. Eu ouvira histórias de fazendeiros que tinham sido obrigados a abandonar suas terras devido à destruição causada pelos coelhos, e, naquele momento, via por mim mesma os danos trazidos por aqueles animais aparentemente inofensivos, mas que eram verdadeiras pragas.

Perdemos a noção dos dias da semana e andamos quilômetros sem fim através das montanhas. Por vezes, levávamos mais de duas semanas para encontrar uma estrada, então tínhamos que carregar nossas mochilas com muita comida, tornando-as pesadas. Apesar de os trechos serem mais longos do que na Ilha Norte, no decorrer dos meses, fomos nos tornando cada vez mais fortes. Em alguns dias, estávamos extremamente exaustos; em outros, mais animados. Nas ocasiões de sorte em que comíamos carne de caça, logo sentíamos nossos níveis de disposição e energia aumentarem.

Também sabia da importância do descanso: nosso corpo precisava de tempo suficiente de repouso para recuperar tecidos musculares e ligamentos e para prevenir lesões permanentes. Ficava atenta a qualquer sinal de fadiga ou excesso de esforço físico em Peter e em mim, e, assim, não sofremos com nenhum tipo de moléstia, dor crônica ou contusões. Nem mesmo nos machucamos. Caminhar a trilha inteira usando sandálias me ajudou muito, pois elas me forçavam a caminhar devagar e cuidadosamente.

Os dois grandes obstáculos com os quais nos deparamos, ao longo da rota Te Araroa, foram dois gigantescos rios. Quando nos aproximamos do Rio Rakaia, vimos o seu leito entrelaçado de longe. Entre os canais havia areia e cascalho, às vezes, grama e árvores. A travessia teria cerca de cinco quilômetros, porém alguns dos canais pareciam ser muito profundos e de forte correnteza. Deste modo, decidimos pegar carona por mais de quarenta quilômetros até uma ponte, depois voltar pelo outro lado até encontrar a trilha novamente. As rodovias do interior eram tão pacatas que tivemos que caminhar a maior parte do trajeto. Uma semana depois, fizemos o mesmo para atravessar o segundo rio — o Rangitata.

Num dia quente, deixamos a floresta do vale para trás e subimos rumo a uma passagem entre as Montanhas Two Thumb. À nossa volta, a paisagem com touceiras de capim tinha coloração marrom-dourada e havia alguns arbustos e eventuais afloramentos rochosos. O sol estava tão forte que caminhei usando um chapéu e uma blusa leve para proteger a minha pele da intensa luminosidade.

Pensamos ter visto cabras selvagens nos cumes, porém quando nos aproximamos descobrimos ser um grande bando de bodes *tahrs* que pastavam tranquilamente pela vegetação alpina. Com sua pelagem de verão, aquelas magníficas criaturas estavam incrivelmente bem camufladas. Alguns comiam enquanto outros vigiavam. Pareciam cooperar sem fazer esforço.

Atravessamos a passagem entre montanhas e descemos a encosta até encontrar um bom lugar para acampar. A noite estava bela e serena, o ar ligeiramente fresco e o céu tinha um tom escarlate, que prometia um ótimo dia seguinte. Rosas-mosquetas cresciam entre as touceiras de *speargrass* e capim, e o agradável perfume das flores cor-de-rosa era levado pela suave brisa vale acima. Fizemos um círculo de pedras e acendemos uma fogueira com as raízes de arbustos alpinos. Cozinhamos uma pequena porção de arroz com lentilhas. Estava justamente limpando a panela com areia do rio quando, do canto do meu olho, avistei um coelho saltitando ao longe. Nas três noites anteriores, tentara caçar sem sucesso. Naquele momento, o coelho estava bem ali, então saí ansiosamente em busca da minha arma.

Rastejei por trinta metros entre as touceiras de capim. Sem ter cobertura para chegar mais perto, fui obrigada a disparar de uma longa distância. A bala atingiu a perna do coelho, mas não o matou.

— Ele ainda está vivo! — Gritou Peter depois do meu primeiro tiro.

Disparei mais uma vez, porém errei. O animal ferido tentou se arrastar e fugir. Levantei-me cambaleando e corri entre as touceiras de capim até o riacho. Na pressa, escorreguei em uma pedra e quase caí dentro da água. Ofegando descontroladamente, consegui atravessá-lo e acelerei o máximo que pude até alcançar o coelho. Quando cheguei perto dele procurei pelo meu canivete, mas ele não estava comigo — eu o havia esquecido. Tive que atirar bem de perto.

"Ufaaaa."

A bala atravessou o coelho, atingiu uma pedra e ricocheteou. Passou bem perto de mim.

Congelei. Senti-me atordoada, quase paralisada. Percebi que a bala não me atingira por muito pouco.

Peter permaneceu imóvel ao lado da fogueira. Estava olhando para mim. Foi como se todo o planeta tivesse parado por um instante. O capim nunca estivera tão quieto sob o calmo céu noturno. A silenciosa montanha rochosa nunca estivera mais serena. Eu podia sentir o pulso, o ritmo e o palpitar da vida em si. Ao ficar ali parada, lembrei-me da fragilidade da vida — da minha vida.

Apanhei o coelho e meus pés, aos poucos, encontraram uma maneira de descer a íngreme margem rochosa.

Quando alcancei a correnteza do rio, apanhei uma porção de água com as mãos. Ela estava doce.

O sol se pôs silenciosamente atrás da montanha, deixando um último brilho avermelhado sobre o contorno dos cumes.

Peter teve seu primeiro contato com a civilização em quatro meses quando chegamos à pequena e simpática cidade de Twizel.

— Uau, é tão diferente! — Peter olhava atentamente ao seu redor à medida que entrávamos em um parque com canteiros de flores e bancos em suas laterais. — Sabe o que é mais fascinante? — Perguntou ele. — É tudo feito para os humanos. A estrada, a calçada, as lojas, os assentos, a comida... até aquelas flores foram plantadas para o nosso usufruto. Maravilhoso, não é?

Abri um sorriso ao vê-lo caminhar com animados passos. Fui checar o meu *e-mail* enquanto Peter preferiu interagir com os outros face a face.

— Boa sorte! — Desejei e corri até o computador. No meio do caminho, deparei-me com o meu reflexo em um espelho. Dois grandes olhos verdes olharam para mim em desaprovação, como se não me pertencessem. Meu rosto estava bronzeado e castigado pelo tempo, com rugas em volta dos olhos devido à exposição solar. Minha cabeça parecia bem maior do que eu me lembrava. Achei que meu corpo tivesse diminuído de tamanho. Perdera muita gordura e meus músculos estavam bem proeminentes.

No meio do verão, quando os dias eram intermináveis e as noites mais curtas, Peter sugeriu que desviássemos da trilha Te Araroa e entrássemos na floresta de um vale. Para chegar até aquele lugar selvagem, tivemos que subir uma escarpada passagem entre montanhas. Foi uma exaustiva escalada naquele calor. Levamos a manhã inteira para alcançar o topo, mas a vista foi de tirar o fôlego. Os montes ao nosso redor eram compostos de agudos picos rochosos. O límpido rio abaixo de nós corria através da intocada floresta. Não havia estradas ou trilhas naquele vale. Observando-o daquela elevada altitude, pude sentir a pureza da natureza selvagem. O ar estava parado e tudo permanecia tão silente que até o zumbido de uma mamangava se aproximando soava muito alto.

Na descida pelos íngremes penhascos rochosos e declives de cascalho, passamos por graúdas flores brancas conhecidas como lírios de Mount Cook[31]. Elas eram muito exuberantes em comparação com as outras espécies alpinas. Entre as rochas e os seixos escondiam-se arbustos com adocicados frutos silvestres brancos, os quais comemos com muita satisfação. Quando alcançamos o rio, caminhamos tranquilamente por clareiras gramadas e antigas florestas que ganhavam vida com o canto dos pássaros. Seguimos pequenas pegadas de animais ao longo do leito até que as margens gradualmente ficaram mais altas e formaram uma acentuada ravina. Nas profundas piscinas naturais avistamos trutas-arco-íris, porém sem uma vara de pescar não conseguiríamos pegá-las. Ao se pôr atrás de nós, o sol projetou longas sombras sobre o brilho da água. Aquele foi sem dúvida o vale mais sereno e puro que vi em toda a Nova Zelândia.

Certa noite, encontramos um local confortável para acampar debaixo de velhas árvores. Acendemos uma fogueira com a abundância de galhos caídos para cozinhar nosso ensopado de lebre. Uma vez que o final de tarde estava calmo e belo, saímos para uma pequena caminhada após o jantar. Passeamos em meio à grama alta e flores amarelas e nos sentamos sobre uma grande rocha. O ar estava enevoado e pesado com o calor do verão. O sutil perfume das flores silvestres se espalhava rio acima. Sob o quente sol do entardecer, tudo resplandecia com um tom de dourado.

— Em dias assim, quando o mundo está extraordinariamente belo, penso na morte — disse Peter. — Porque tenho a esperança de morrer em um lindo lugar na natureza como este.

Suas palavras pairaram no ar entre nós.

[31] Espécie de ranúnculo endêmico da Nova Zelândia. (N.T.)

— Um dia, minha querida Miriam, eu vou morrer e você vai viver — afirmou carinhosamente. — É muito triste e trágico de certa forma, mas é o preço que pagamos pela nossa vida juntos.

— Sim. — Coloquei o meu braço em volta de sua perna e minha cabeça em seu joelho.

— Amar alguém é dar espaço para que o outro crie raízes, cresça e floresça — continuou ele. — Uma flor pode se abrir por uma semana ou por um longo verão, porém no fim ela irá murchar. Suas cores irão desbotar e a planta irá definhar.

Ficamos em silêncio e eu observei a grama alta balançar com o vento.

Peter se virou para mim.

— Não fique tão triste. Eu não vou morrer agora. Ainda tenho muita energia. Posso fazer muitas coisas por muitos anos. Entretanto, um dia terei que descansar, enquanto você vai continuar. E, um dia, como as flores, você terá que se desapegar de mim quando eu morrer.

Olhei para a áspera rocha acinzentada sob meus pés. Minha garganta doía. Lágrimas brotavam em meus olhos.

— Talvez, muito antes que isso aconteça, você queira partir por conta própria. E eu terei que me desapegar de você. — Ele fixou o olhar nos topos das montanhas.

— Eu não vou partir — disse delicadamente.

— Você não sabe. Quem sabe? Você é forte e tem muita energia. Pode ir para qualquer lugar do mundo. Talvez você queira viajar sozinha ou fazer coisas que eu não poderia. Você é livre para partir quando quiser, se desejar. Claro que é livre... você sabe disso, não sabe?

Afaguei seu joelho e o abracei com força contra o meu peito.

— Só não quero prendê-la, sabe — disse ele baixinho.

O rio abaixo ficou embaçado. Havia lágrimas em meus olhos. Balancei a cabeça negativamente.

— Você não me prende, querido.

— Espero que não. — Ele beijou o meu braço.

Olhamos em silêncio para a beleza à nossa volta.

— Me ocorreu outro dia que — falou ele finalmente — quando eu vir o lugar, onde vou morrer, gostaria de poder reconhecê-lo. Daí saberei que chegou a hora de ficar em um só lugar. Talvez seja um local tranquilo perto de um lago nas montanhas, onde viverei o resto da minha vida até o dia em que terei que deixar esta terra. Pode ser só uma bobagem, mas seria legal. — Ele repousou a mão nas minhas costas.

— Mas ainda não, né? — Sussurrei.

— Ainda não. Só não chore — pediu ele quando viu meus olhos marejados.

Cobri o meu rosto com a minha mão. Uma lágrima rolou pelos meus dedos e caiu sobre a rocha.

— Olhe para aquela árvore. — Peter apontou para uma faia caída abaixo de nós. — A árvore morre e cai, deixa a luz entrar e abre espaço para novas sementes. De certa forma, vida e morte são uma coisa só.

Apreciamos em silêncio o belo fim de tarde, que subitamente se tornara muito precioso. Pequenos insetos reluziam com a luminosidade que caía. Do lado oeste, uma pluma no céu se iluminou com as cores do pôr do sol. As nuvens ganharam tonalidades rosadas e violetas antes que o anoitecer lentamente deixasse o céu acinzentado.

Percorremos muitos vales desconhecidos. Exploramos afluentes escondidos, acendemos fogueiras para cozinhar a nossa carne de caça e acampamos debaixo de árvores que provavelmente nunca tinham visto seres humanos antes. Estávamos vivendo a vida nômade que sonháramos. Parecia natural apenas caminhar adiante e sentir-se em casa em qualquer lugar. A sensação de se estar em uma infinita jornada era maravilhosa. Tínhamos a impressão de estar nos movendo no mesmo ritmo dos animais, das plantas e do ir e vir das estações do ano.

Por fim, alcançamos o Lago Hawea. Situado na região de Otago, os arredores do lago eram áridos e extremamente secos. Acampamos sob alguns eucaliptos na beira do espelho d'água, e, pela manhã, acordei com o canto coral dos muitos pássaros. Sonolenta, apanhei minhas roupas e rastejei para fora da barraca. Peguei uma mochila vazia e caminhei ao longo de uma estrada empoeirada em direção à cidade para um reabastecimento, na expectativa de que um viajante que tivesse acordado cedo me desse carona no meio do caminho. O mundo inteiro parecia estar em paz, despertando aos poucos para um novíssimo dia. O ar estava seco e fresco, e uma leve brisa carregava o aroma dos eucaliptos e dos pinheiros.

Tivera uma boa noite de sono e me sentia renovada. A estrada de superfície plana sobre a qual eu caminhava era fácil se comparada ao terreno que acabáramos de percorrer. Meu corpo estava tão forte quanto o do guepardo que víramos no zoológico de Wellington. Sentir-me tão saudável, com uma energia sem fim, e tão confortável em meu próprio corpo foi uma experiência quase intoxicante de alegria. Era como se eu pudesse saltar e alcançar os galhos mais altos. Olhei para meus pés e minhas mãos e por um breve momento surpreendi-me com minha própria existência, com minha capacidade de experienciar o mundo com um corpo físico.

O lago era azul-celeste — uma cor extravagante, um deleite para os olhos. Em toda a sua volta havia íngremes montanhas. O nascer do sol criou um espetacular brilho vermelho nos penhascos de pedra. Contudo, não foi somente aquela vista que me fez sentir que estava caminhando no meio do paraíso. A terra seca, com sua grama amarronzada e o ar poeirento, fizeram-me lembrar da África. Com aquele clima quente eu poderia me sentar sobre a grama seca sem ficar suja. Se eu lavasse as minhas roupas, elas estariam secas em minutos, e se chovesse eu não morreria de frio.

A paisagem, compreendi, era apenas uma pequena parte da beleza de um lugar. Caminháramos pelos mais diferentes tipos de cenários. Todos tinham suas próprias plantas, árvores, flores, animais e, portanto, sua graça. Um coelho sob um perfumado pinheiro era tão belo para mim quanto um papagaio *kea* pousado sobre uma alta árvore, observando exuberantes vales e grandiosos glaciares.

Andei por mais de dez quilômetros até que o primeiro carro parasse. Ao voltar para o acampamento, tive que caminhar a mesma distância novamente. Quando estava chegando, avistei ameaçadoras nuvens com formato de disco e bordas pontiagudas se aproximando do noroeste: fortes ventos logo nos encontrariam. Deitamo-nos e mal havíamos dormido uma hora quando a tempestade nos alcançou.

Como a área ficara seca durante muito tempo e o nível do lago estava bastante baixo, havia uma grande quantidade de areia exposta. A brilhante luz da lua revelou redemoinhos de poeira girando na beira da água. As árvores ao nosso redor nos protegiam das rajadas mais fortes, porém aos poucos tudo ficou coberto com uma camada de pó. Podia sentir a areia dentro da minha boca e garganta; até os sacos de dormir dentro da barraca ficaram repletos de poeira. O vento ficou mais forte e as árvores acima de nós começaram a chiar e ranger. Olhamos apreensivos para o lado de fora.

— Vê aqueles galhos lá em cima? — Perguntou Peter. — Os eucaliptos eram chamados de fazedores de viúvas. Se estas árvores decidirem que um galho vai cair, ele poderá nos matar.

Ficava mais temerosa cada vez que ouvia rajadas descendo a galope do alto das montanhas e atravessando o lago. Quando a ventania atingia a nossa barraca, as varetas se inclinavam em todas as direções e o sacudir da lona soava como chicotadas parecidas com tiros. Era tão ensurdecedor que eu tampava meus ouvidos toda vez que ouvia uma nova rajada. Perguntei-me quanto tempo a barraca aguentaria aquele vendaval; ela poderia se rasgar a qualquer momento. Vez por outra um galho menor ou uma folha batiam na lona, suscitando uma terrível sensação de pavor em mim.

— Isto é como uma roleta-russa! — Gritei com o barulho das árvores rangendo ao fundo. Eu estava bem assustada. Ao permanecer ali deitada, pensei em todas as pessoas no mundo que também estariam deitadas e apavoradas naquele mesmo instante — não receosas de que um galho caísse, mas que bombas, balas ou mísseis caíssem. — Será que devemos pegar nossos sacos de dormir e ir para longe das árvores?

— E ficarmos expostos à uma tempestade de areia sem a barraca? — Disse Peter. — Não sei o que é pior.

Após passar a noite em claro, e, ao primeiro sinal do amanhecer, rastejei para fora da barraca. O vento perdera força e tudo estava coberto com uma película amarronzada de poeira. Caminhei até o lago para lavar toda a areia do meu corpo e cabelo. Olhei para cima quando a primeira luz do dia tocou o topo das montanhas. Um novo dia tinha chegado: um dia pelo qual deveria agradecer.

Nossa jornada pela Ilha Sul foi incrivelmente diversa. Alguns dias caminhamos através de áreas selvagens e remotas; outros dias percorremos bairros afastados com luxuosas casas de campo. A cidade de Wanaka foi naturalmente encantadora. Estávamos no meio do verão e, a cada esquina, encontramos damascos, ameixas e outras árvores frutíferas. À noite, nos protegemos sob pinheiros e, pela manhã, seguimos por uma trilha fácil em torno do lago, que dividimos com ciclistas e pessoas com seus cães.

Estávamos sentados à sombra de uma grande rocha quando encontramos, pela primeira vez, dois outros andarilhos da Te Araroa. Nós os cumprimentamos como se fossem velhos amigos e perguntamos tudo sobre a sua jornada. Estavam percorrendo a trilha inteira em uma só estação. Com mochilas leves, botas e perneiras, bastões de trilha, filtro de água, aparelho GPS e outros equipamentos na parte da frente do corpo, pareciam trilheiros profissionais comparados à nós. Quando estava prestes a lhes sugerir que tomássemos uma xícara de chá juntos, o jovem rapaz disse que eles estavam sem tempo.

— Já estamos com um dia de atraso e só temos mais três semanas para terminar nossa jornada.

— Três semanas? — Fiquei impressionada, pois ainda havia um percurso muito longo até Invercargill.

— Ah, eu gostaria que tivéssemos mais tempo, porém temos que voltar para o trabalho. — Ele sorriu. — Voltar para o mundo real.

— Mas este *é* o mundo real! — Soltei uma risada e apontei para as magníficas montanhas.

Após nos despedirmos deles, Peter e eu continuamos nosso percurso. As colinas rochosas e as longínquas montanhas atrás do tranquilo lago formavam um cenário inesquecível. Enquanto contemplávamos os encantos da natureza, conversamos sobre o luxo de não se ter um cronograma. Poderíamos levar o tempo que quiséssemos. Mesmo se não alcançássemos Invercargill em três anos, isso não teria a menor importância. De súbito, sentimos que aquilo era um luxo: ter tempo.

Logo avistamos uma jovem caminhando em nossa direção. Ela parecia entusiasmada e asseada, e seu rosto ainda estava um pouco pálido. Cheirava a protetor solar e desodorante e suas roupas não estavam desbotadas, manchadas ou rasgadas. Aparentava ser uma trilheira de verdade, mas obviamente tinha acabado de começar a jornada.

— Você é uma Nortrilheira? — Perguntei com um amistoso sorriso, quando ela estava passando por nós.

— Nortrilheira? — Ela tirou os óculos de sol e nós encontramos dois olhos azuis.

— Trilheira rumo ao norte da Te Araroa? — Clarifiquei.

— Ah, sim! — Ela abriu um largo sorriso. — Vou caminhar até o Cabo Reinga.

— Não tem medo de caminhar sozinha? — Perguntei.

— Bem, acabei de começar pela cidade de Queenstown e, até agora, só dormi em cabanas e *campings* ao longo do caminho. Esta será a minha primeira noite sozinha. É um pouco assustador.

Assenti com a cabeça empaticamente. Senti uma grande admiração por aquela jovem percorrendo a trilha desacompanhada. Trocamos algumas informações práticas e ela pareceu estar bem confiante. Reconheci dentro dela a mesma coragem entusiasmada e o otimismo inocente que eu tinha.

A trilha através da elevada passagem entre montanhas não seguiu o contorno natural do relevo com sua inclinação confortável, mas subiu e desceu cada ravina e riacho. No momento em que finalmente alcançamos a primeira das três passagens, estávamos exaustos. Começara a chover. A trilha descia de forma íngreme uma árida encosta da montanha. A lama cobriu as minhas sandálias e eu escorreguei diversas vezes, o que fez com que eu ficasse mais cautelosa e atenta. A minha encharcada mochila em combinação com a gélida chuva em meu rosto, me deixaram muito mal-humorada.

Descemos centenas de metros e quando chegamos a um pequeno riacho Peter apontou para a trilha. Ela subia de forma íngreme novamente. Toda a lateral da montanha estava barrenta e nada convidativa. O pedregoso riacho que corria no vale abaixo parecia ser bem mais fácil. Quando Peter sugeriu que saíssemos da trilha e achássemos nosso próprio caminho para descer, concordei prontamente. Os primeiros cinquenta metros do riacho foram, de fato, fáceis. O cascalho estava plano e a correnteza suave, e, assim, pude limpar a lama das sandálias.

Em seguida,a água do riacho desceu rapidamente em cascata por entre grandes rochas. Deslizamos pelas pedras e, em pouco tempo, nos encontrávamos num cânion. Depois de percorrer o leito por algum tempo, de súbito nos deparamos com uma grande cachoeira. Não tínhamos outra alternativa a não ser sair do desfiladeiro e subir a encosta da montanha.

À nossa esquerda, havia um penhasco extremamente íngreme, interrompido por outro desfiladeiro vertical. Entre os penhascos, víamos enormes formações pontiagudas de pedra. Aquele impressionante cânion estava repleto de picos proibidos e vértices acentuados. Tufos de névoa branca rodopiavam entre as fendas, como se fossem fantasmas em castelos. Tive a impressão de estar no local selvagem mais remoto que eu poderia imaginar.

À nossa direita, havia uma abrupta encosta repleta de arbustos e moitas. Apoiei-me em uma parede de pedra e me segurei em um galho. Ao tentar me impulsionar para cima, pedriscos começaram a se soltar sob meus pés. O arbusto aguentou o meu peso, mas quando tentei subir um pouco mais minha mochila se chocou contra as plantas acima de mim. Enquanto me sustentava com um pé na parede, consegui tirar a mochila das costas para poder galgar a margem. Tudo estava exaustivamente difícil.

A chuva havia diminuído quando caminhamos pela lateral da íngreme montanha, o que facilitou a subida. Entretanto, repetidas vezes nos deparamos com ravinas estreitas que pareciam perigosos abismos. Para evitar cair, segurava-me na molhada vegetação. Tudo tinha uma dimensão gigantesca naquele vale. Plantas de tamanho modesto que eu vira em outros lugares, ali pareciam tomar proporções monstruosas. A normalmente pequena cicuta era tão grande que suportou todo o meu peso. Até a grama molhada atingiu a altura dos meus quadris. A traiçoeira jornada pelas ravinas exigiu toda a minha atenção, todos os meus sentidos e habilidades. Ela exigiu responsabilidade. Não havia espaço para mau humor ou rabugices; só havia espaço para a consciência plena.

Após muitas horas nos esforçando, vimos, para o meu alívio, uma área de floresta ao longe. Poderíamos finalmente parar, montar a barraca, acender uma fogueira e nos secar. Descemos a ravina e encontramos um local plano debaixo das árvores para montar nosso acampamento. Rodeados de paredes de pedra acinzentadas, parecíamos estar em um lugar secreto. Uma festiva e pequena cachoeira descia dos cumes, e enquanto a última luz brilhava através dos rochedos, um pequeno *robin* nos deu ávidas boas-vindas a seu império particular.

Apesar de a floresta estar encharcada, conseguimos encontrar lenha seca ao raspar a base de um tronco caído. Com algumas lascas secas e um pouco de resina das folhas, conseguimos acender uma chama. Alimentamos o fogo cuidadosamente com pequenos gravetos. Demorou um certo tempo, porém, no fim, fizemos uma fogueira grande o bastante para secar nosso equipamento. Com o passar dos anos nós dominamos a arte de acender fogueiras. Sempre carregávamos muitas caixas de fósforos, um isqueiro e uma vela. Em caso de emergência, tínhamos conosco fósforos à prova d'água e uma pedra de sílex. Até mesmo nas situações mais precárias e úmidas, nós conseguíamos acender o fogo. Era uma habilidade da qual sempre dependíamos.

— Há uma grande diferença entre seguir uma trilha e abrir nosso próprio caminho em meio à natureza selvagem — afirmei. — Quero dizer, é uma sensação diferente, não acha?

— Acho — respondeu Peter. — Me sinto muito mais vivo quando saio do caminho habitual. — Seus olhos brilharam com o sentimento de aventura.

— Eu também, mas por que será?

— Talvez porque, quando seguimos uma trilha, não temos que fazer nada, apenas obedecê-la cegamente.

— Sim — concordei. — E, em lugares como este, temos que usar todos os nossos sentidos para encontrar um caminho. — Eu segurava a mochila e os *shorts* molhados perto do fogo, e o vapor de água começou a subir pelo ar. Após um certo tempo, perguntei: — O que acontece quando uma pessoa se retira da sociedade e da ordem estabelecida para viver na natureza?

Peter ficou pensativo.

— Bom, o que aconteceu com você?

— Minha visão e olfato ficaram mais aguçados, e outros sentidos intuitivos que eu nem sabia que existiam vieram à tona. — Refleti por um momento. — Também me sinto mais aberta. Se eu olhar para a pessoa que fui, digamos, dez anos atrás, então com toda a certeza posso dizer que me sinto mais conectada. Não só com a natureza, mas também com as outras pessoas.

— Parece uma contradição — disse Peter. — Viver na remota natureza selvagem para se sentir mais conectado, porém, sim, parece que é a verdade.

— E o que aconteceu com você nesses últimos seis anos vivendo na floresta? — Indaguei-o.

— Comparado a dez anos atrás, estou fisicamente bem mais forte. É uma sensação maravilhosa estar em forma e ser flexível o suficiente para dormir no chão e sentar sobre as pedras. — Ele esticou o braço para pegar seus *shorts* molhados e os segurou perto do calor do fogo. — No meio acadêmico, pensamentos, conceitos e ideias são bastante opressivos. Eles podem se tornar mais reais do que o mundo natural. Mas não acho que possamos encontrar ordem dentro desse mundo abstrato. Apesar de a natureza parecer caótica vista do lado de fora, acredito que é dentro da esfera natural que encontraremos a verdadeira ordem.

Saímos da ravina para o Rio Arrow, onde muitas pessoas procuravam por ouro. Alguns trabalhavam com pequenas panelas; outros tinham grandes máquinas que peneiravam toneladas de areia. Nas margens do rio estavam as cabanas dos antigos mineradores de ouro do século 19, rodeadas por pés de groselha e framboesa cujos frutos ainda podíamos apreciar mais de cem anos após terem sido plantados.

A trilha Te Araroa atravessou a cidade de Arrowtown e cruzou um lindo campo de golfe com grandes árvores e coloridos canteiros de flores. Caminhávamos por um pequeno e ajeitado acesso entre verdes colinas quando uma bola de golfe quase atingiu Peter — o branco projétil passou a apenas dez centímetros de sua cabeça. Não fazíamos ideia de onde ela poderia ter vindo, nem chegamos a ver ninguém jogando, entretanto aquele poderia ter sido um terrível acidente.

Seguimos a trilha e passamos por tanques de tratamento de esgoto nos arredores de Queenstown, depois por amplas rodovias asfaltadas numa horrorosa área industrial e por centros de reciclagem de lixo com estridentes gaivotas. Por fim, saímos na lateral de uma estrada, onde operários trabalhavam com um ruidoso maquinário para ampliar a movimentada via. Algumas horas depois, chegamos ao centro de Queenstown, onde centenas de pessoas tomavam sol nas margens do límpido Lago Wakatipu. O local estava fervilhando com pessoas de todas as partes do mundo. Achamos aquilo fantástico. Conversamos com muitos desconhecidos, experimentamos exóticas comidas de rua e apanhamos ameixas selvagens ao lado da calçada. Com nossos polidos cajados e mochilas adornadas com xícaras de ágata e canivetes, destacamo-nos tanto que alguns turistas tiraram fotos nossas. Devíamos estar com uma aparência um tanto bizarra.

No final da tarde, pegamos uma balsa para atravessar o lago profundamente azul e admiramos as montanhas em seu entorno. Durante a longa travessia, fiquei cada vez mais entusiasmada com a chegada da última parte da nossa jornada. No momento em que tocamos o solo novamente, sentimos o mesmo silêncio que experienciáramos dois anos antes. Estávamos de volta à região de Southland. Ao invés de seguir a trilha principal, entramos num vale menos conhecido e mais tranquilo. Campos gramados, à beira do rio, deram lugar a uma velha floresta. Um dia, quando o sol estava a pino, descansamos perto do rio. Acendemos uma fogueira sobre as rochas e fizemos chá e pão sírio.

Um martim-pescador repousava numa árvore próxima. Seu dorso turquesa foi uma das cores mais belas que eu já tinha visto. Era difícil encontrar algo que fosse feio ali, pois tudo na natureza parecia ser uma magnífica obra de arte. Uma escura nuvem lentamente flutuava em nossa direção vinda do sul. Quando começou a chover, arrastamos nossas mochilas para debaixo de uma grande árvore para permanecermos secos por mais algum tempo.

— Qual você acha que é a coisa mais importante da vida? — Perguntei para Peter.

Peter abriu um largo sorriso.

— Eu poderia responder uma centena de coisas.

— Bom, me dê apenas uma dessa centena.

— Coragem é importante. A humanidade evoluiu e sobreviveu graças à coragem, não ao medo. Imagine como seria caçar um mamute na era do gelo! Era preciso ter coragem para superar o medo e adentrar ao desconhecido.

— Ele lançou uma pequena pedra no rio. — O que você acha que é o mais importante?

— Clareza, talvez — respondi, depois de um certo tempo. — É preciso ter uma mente clara para ver o que é importante. É preciso ter clareza para saber se podemos ser corajosos, e também para questionar a realidade.

Assistimos pesadas gotas de chuva caírem sobre a superfície do rio. Cada pingo criava um pequeno buraco na água. Quando a chuva apertou, a superfície se assemelhou a milhares de espelhos. Nossa pequena fogueira foi lentamente esmorecendo com cada gota que caía, até que só restou fumaça.

Depois que a pancada de chuva passou, seguimos na direção sul do rio. Por vezes, caminhamos através de montanhas áridas como desertos, com amplos vales repletos de touceiras de capim. Outras vezes, nos locomovemos através de exuberantes fazendas com centenas de tadornas-paraíso selvagens. Caminhamos por dias entre propriedades de criação de ovelhas que eram tão grandes que nunca chegamos a ver fazendeiro algum.

O tempo permaneceu bom até que a primeira chuva de outono caiu. Certa manhã, o céu inteiro escureceu e pouco tempo depois tivemos que andar sob uma sequência de pancadas. Conforme as horas passavam, minha mochila ficava cada vez mais pesada e eu me perguntava se o céu um dia voltaria a ficar claro. Paramos debaixo de alguns pinheiros. Permitimos somente seis biscoitos *crackers* com pasta de amendoim para cada um, pois nossas porções de comida estavam no fim; eu pegaria carona no dia seguinte para a cidade para o nosso último reabastecimento.

Após o nosso mísero almoço, eu ainda estava faminta. Quando Peter se dirigiu às árvores para fazer xixi, pensei no que mais poderia comer. Experimentei algumas cebolas secas, que tinham o sabor de batatas fritas. Comi algumas algas secas e um punhado de preparado de batata em pó, que também estava delicioso. Justamente quando estava prestes a colocar um outro punhado na boca, Peter retornou e me flagrou.

— Está comendo o preparado de batata em pó? — Ele revirou os olhos ao ver meu rosto sujo.

— Só um pouquinho — menti.

— Talvez precisemos dele esta noite.

Os pacotes dentro de nossas mochilas também tinham ficado úmidos àquela altura. Sentia muito frio e comecei a tremer. “Como vamos montar acampamento com esta chuva?” Aquele era o início do outono em Southland, e nada mais secaria daquele momento em diante. Seguimos a trilha para fora da floresta e penetramos a área de fazendas. Em seguida tivemos que subir uma escada colocada em uma cerca para poder atravessá-la. Em condições normais, aquilo teria sido fácil, mas a mera visão dos degraus de madeira sobre a grade me fez suspirar. As tábuas estavam molhadas e escorregadias, minha mochila pesada, e foi necessária uma enorme quantidade de energia só para subir o lance de um metro de altura. Segurei na coluna, mas o proprietário não a havia fixado corretamente. Balancei da esquerda para a direita, com o peso da bagagem me desequilibrando. Quase encostei no fio elétrico ao fazer a travessia. "Estou tão cansada", pensei.

— Estou tão cansado — disse Peter um segundo depois. — Se não tivéssemos a apenas cem quilômetros do fim, eu desistiria agora. Meu corpo não aguenta mais. Sinto que preciso de muitos meses de descanso. Pode ser em qualquer lugar, desde que eu não precise caminhar.

Alguns dias depois, adentramos à última floresta da nossa jornada. As velhas árvores haviam criado a sua própria realidade e não havia sinal de um mundo exterior. Caminhamos em meio à vegetação coberta com tanto musgo que tínhamos a impressão de estar num bosque de atrofiados duendes. À noite, dormimos bem. Foi como se as plantas absorvessem todos os nossos pensamentos. Senti que a floresta nos protegia, como se seus troncos fossem as paredes e a copa das árvores o telhado de nossa delicada casa.

Havia mais uma cabana antes do final da trilha. Não usáramos muitas cabanas públicas pelo caminho, porém como seria uma oportunidade de conhecer outros andarilhos da Te Araroa, focamos em passar a noite ali. Era um abrigo antigo e degradado, então montei a barraca em uma pequena clareira.

No final da tarde, um atraente, mas tímido, jovem francês emergiu da floresta. Sua pele estava bronzeada, tinha traços elegantes e um jeito tranquilo. Era um deleite olhar para ele, que se apresentou como Emmanuel. Como ele tinha pouca comida e nós tínhamos mais do que o suficiente, Peter e eu cozinhamos dal para três pessoas. Justamente quando íamos começar a comer, ouvimos uma voz vinda da floresta.

Um rapaz alto e barbudo, com longos cabelos encaracolados, uma camisa rasgada e a calça suja de lama, apareceu com um grande sorriso.

— Como vocês estão? — Gritou ele de longe. Seu nome era Isaac e seu país de origem era Israel. Comparado à Emmanuel, ele era um tornado. Após nos cumprimentar com um alegre aperto de mãos, procurou dentro da cabana por algo comestível que tivesse sido deixado para trás. Ele não tinha nada para comer, então fiz um pão sírio extra e nós dividimos o dal em quatro porções, o que ainda foi suficiente para todos.

— O que teria feito se não tivesse encontrado nenhuma comida? — Perguntei.

— Ah, não teria tido importância. Amanhã à noite vou fazer uma boa refeição no *pub* da Baía de Colac. — Ele sorriu. — Espero que me deixem entrar.

Olhei para a sola do sapato do pé direito. Ela tinha se soltado completamente.

— Por que não veste *shorts* para não rasgar ou sujar sua calça? — Apontei para a lama que alcançava a altura das suas coxas.

— Porque não quero sujar as minhas pernas! — Exclamou ele.

Percebi como ele — diferentemente de mim — não se identificava com as roupas que usava. Era um modo de ver diferente e libertador. Depois de alguns minutos, não pude deixar de me afeiçoar àquele que era a personificação da palavra "animação". Isaac andara todo o percurso da trilha com um míni violão amarrado à sua mochila. Quando ele tocou e cantou, a música ressoou belamente na floresta.

No cair da noite, uma jovem francesa desceu a trilha.

— Jesus fedorento! — Falou ela quando viu Isaac sentado conosco ao redor da fogueira.

Isaac sorriu.

— Não fui eu quem inventou esse apelido — explicou ele, um tanto encabulado. — Foi outro trilheiro da Te Araroa.

— *Et bonjour,* Emmanuel. — Ela cumprimentou seu conterrâneo. Todos eles se conheciam, pois haviam ficado nas mesmas cabanas e *campings* ao longo do caminho.

Naquela manhã, Laura partira do ponto que havíamos deixado três dias antes. Era magra, cheia de energia e surpreendentemente saudável. Acho que a adrenalina a tinha deixado acesa, pois mal conseguia largar a mochila no chão. Depois de algumas horas, ela ferveu um pouco de água em seu fogareiro a gás e misturou um preparado instantâneo de batatas em sua pequena xícara. Perguntei se ela sentia fome ou cansaço.

— De jeito nenhum! — Ela riu e pareceu surpresa com o questionamento.

Apesar de termos caminhado por tanto tempo, aquela foi a primeira vez que tomei consciência de pertencer a uma subcultura: a dos andarilhos. Gostei daquilo. Percorrer milhares de quilômetros era um feito tão excepcional que somente outros andarilhos poderiam realmente compreender o extremo esforço físico demandado, ao se batalhar com uma mochila através das montanhas, para testemunhar a beleza extraordinária da paisagem, e a satisfação de se finalizar uma trilha.

Na manhã seguinte, Laura estava com um aspecto bem diferente da noite anterior. Ela disse estar se sentindo dentro do corpo de uma velha senhora, e não via a hora de alcançar o final da jornada. Ela, Isaac e Emmanuel partiram juntos enquanto eu ainda estava ocupada acendendo a fogueira para preparar o desjejum. O sol já estava alto quando Peter e eu finalmente saímos da floresta e descemos o vale rumo ao mar.

Uma leve brisa veio ao nosso encontro no topo da duna, onde estávamos em pé. Avistáramos o mar das altas montanhas, porém sua vastidão e esplendor ainda nos surpreendiam. Era maravilhoso estar em um lugar tão amplo depois de percorrer matas fechadas e estreitos vales. Parecia que tínhamos chegado no fim do mundo. Respirei fundo.

— O Oceano Antártico, finalmente.

Peter se apoiou sobre seus dois cajados.

— A mãe de todos os rios — disse ele. — Ela envolve a terra num interminável abraço.

Olhei para Peter e sorri.

Não vimos ninguém ao caminhar sobre as pedras da praia rumo ao nosso último local para passar a noite. Gigantescas rochas solitárias que haviam sido esculpidas pelo vento permaneciam solenes nas colinas gramadas com vista para o mar. Encontramos refúgio contra o vento atrás de uma grande coluna. Acendemos uma fogueira e comemos nossa refeição admirando o oceano azul-esverdeado. Pequenas e tímidas ondas tentavam subir em terra firme, porém o manso mar as puxava cuidadosamente para trás.

A Ilha Steward estava localizada cerca de quarenta quilômetros ao sul, e tinha o aspecto bastante misterioso com suas montanhas azul-escuras. O sal e a névoa sobre a água davam a impressão de que a ilha estava flutuando.

Foi uma silenciosa e tranquila noite.

Em seguida, fomos presenteados com um memorável espetáculo: milhares de aves marinhas com asas estreitas voavam em formato de oito bem próximas à costa. Cada uma mergulhava profundamente no mar para apanhar um peixe e depois ressurgia um pouco mais adiante. Elas se moviam num bloco só. A dança era ordenada e graciosa, tão fluida quanto a correnteza de um rio. Assistimos em silêncio àquela maravilha da natureza.

— Se você seguir naquela direção — disse Peter, apontando para o leste — a única terra que você verá é a *Tierra del Fuego*. O primeiro lugar, depois daquele, é este lugar onde estamos sentados agora.

De súbito, tive vontade de entrar em um barco e velejar por aquele oceano.

— Você acha que podemos encontrar alguém que tenha um barco amanhã?

— Quem sabe. Veremos. — Peter me olhou com um sorriso no rosto. — Amanhã é o primeiro dia do próximo capítulo de nossas vidas.

— O que você acha que vai acontecer com a gente? — Lembrei-me de ter feito a mesma pergunta em nosso primeiro dia na floresta, seis anos antes. Mais uma vez, parecia que não tínhamos futuro, apenas um grande vazio à nossa frente.

Peter deu risada.

— Não sei, mas algo vai acontecer.

Permanecemos sentados observando o ir e vir das nuvens.

— Esta não é uma expedição no fim da qual voltamos para casa — afirmou Peter.

— Não, não temos uma casa. — Sorri. — Nossa vida continuará se desdobrando naturalmente diante de nossos olhos.

Na manhã seguinte planejamos caminhar até a cidade de Invercargill para decidir se iríamos pegar um voo ou um barco até outro país. Ansiosa para sair, comecei a guardar meu saco de dormir.

— Não vamos a lugar nenhum debaixo de chuva — anunciou Peter.

Olhei para fora da barraca. Enormes nuvens escuras pairavam sobre a terra. Grandes pingos começaram a cair. O céu azul parecia estar muito distante. Deitei-me novamente e escutei o som da chuva por um tempo. Quando Peter adormeceu, rastejei-me para o lado de fora e saí na chuva quente, vestida com meu *top* e *shorts*. A rocha ao lado da nossa barraca tinha sido esculpida pelo vento e pela água durante milhões de anos. Aquela parede de quatro metros de altura me protegia da chuva, então me recostei nela para manter as minhas costas secas. Tive a impressão de que a coluna tinha sua própria energia.

As ondas haviam se enfurecido durante a noite. Uma espuma branca era jogada pelos ares e um *spray* de água me atingia a cada arrebentação. Escutei o ritmo das ondulações e refleti sobre nossos últimos seis anos em meio à natureza selvagem.

Aprendera a resistir, como as rochas em um rio. Aprendera a ser flexível, como salgueiros ao vento. Aprendera a caminhar, a viver uma vida nômade. Como caçadora, tornara-me feroz e valente. Caçara nossa comida ao entender — quase ao me tornar — o animal que eu queria encontrar. Fizera da sua pele a minha pele ao costurar roupas e mantas. Aprendera a colher ervas e a cultivar alimentos. Todas estas habilidades eram a riqueza que eu carregaria comigo para sempre.

Coloquei nossas panelas, pratos e xícaras debaixo da rocha para coletar água da chuva. O barulho das gotas caindo na xícara foi muito prazeroso. Logo eu teria água suficiente para fazer chá. Acendi uma fogueira rente às paredes da rocha. Ao mesmo tempo em que a chuva encharcava as minhas costas, o fogo me secava. A madeira que estava queimando flutuara no oceano durante um longo período, e apenas as partes mais rígidas do tronco haviam resistido. As chamas que aquela velha tora soltava eram de um laranja vívido. Olhei para a base do fogo e senti que ele era um reflexo do meu próprio corpo.

Eu endurecera durante aqueles anos, mas também amolecera. Um coração receptivo tinha se criado e desabrochado. A mulher em mim se desenvolvera como um lírio nas montanhas. Eu aprendera a amar ao dar espaço para uma preciosa flor — espaço para ela crescer, florescer e, um dia, morrer.

A névoa cobria as montanhas e a distante ilha desaparecera atrás de uma opaca cortina. Permaneci em pé com as sandálias dentro de uma poça de água e minhas costas recostadas na pedra. Olhei para as enormes algas marinhas que giravam alegremente com a correnteza. Pássaros sobrevoavam tranquilamente a superfície do oceano. Nada na natureza parecia se incomodar com a chuva. Tudo se rendia ao que quer que fosse. Eu aprendera a encarar o medo e me rendera às minhas próprias sombras na parede. Não temia encará-lo mais de uma vez.

A chuva aos poucos encharcou as minhas roupas. “Aqui está a terra, e aqui está a chuva”, pensei. Ao aceitar por completo o que era oferecido, havia ordem e o mundo se abria para mim. Sentia-me vulnerável por não saber o que o futuro traria, porém também sentia que estava mais forte do que nunca, pois não tinha nada a perder.

Muitos anos antes, achara que todos tinham o seu lugar, exceto eu. Entretanto, ao permanecer com meus pés sobre a terra, senti pela primeira vez que estava conectada ao solo. “Eu tenho um lugar: é aqui! Sinto longas raízes brotando dos meus calcanhares. Estou firmemente ligada à terra onde eu nasci.”

O vento ficou mais forte e me empurrou contra a rocha. Observei as enevoadas montanhas, as nuvens que se aproximavam e o movimento rítmico das ondas. Senti que a natureza selvagem não estava apenas tocando a minha pele; ela estava passando através de todo o meu corpo.

"Meu coração é como uma janela aberta através da qual tudo pode passar livremente."

"Eu aprendera a encarar o medo... Não temia encará-lo mais de uma vez... Aqui está a terra, e aqui está a chuva, pensei. Ao aceitar por completo o que era oferecido, havia ordem e o mundo se abria para mim. senti pela primeira vez que estava conectada ao solo. Eu tenho um lugar: é aqui! Sinto longas raízes brotando dos meus calcanhares. Senti que a natureza selvagem não estava apenas tocando a minha pele; ela estava passando através de todo o meu corpo. Meu coração é como uma janela aberta através da qual tudo pode passar livremente."

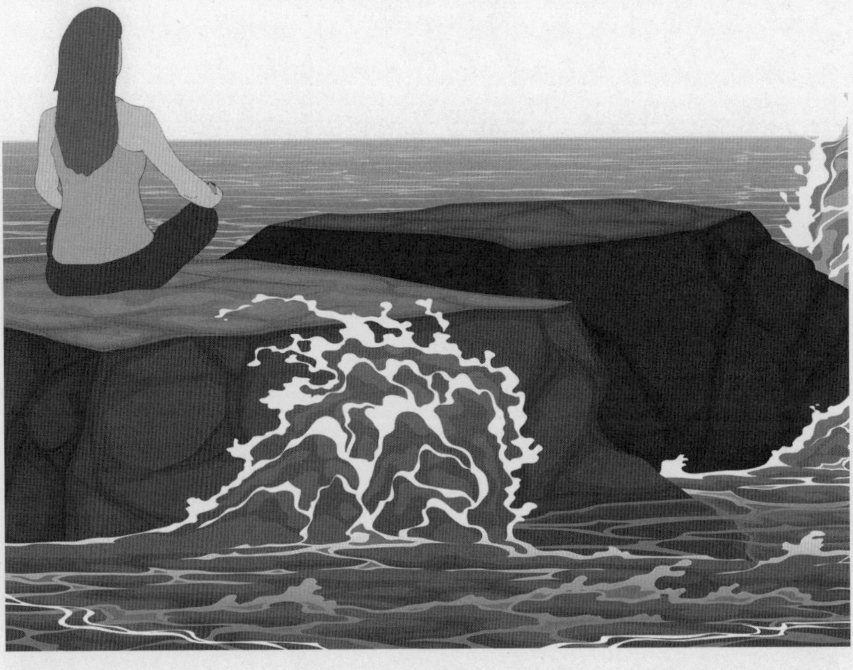

EPÍLOGO

— Peter, olha isso! — Estou sentada em frente a um computador na biblioteca de Invercargill.

Quando ele se debruça sobre meu ombro, sinto o cheiro de lenha queimada em seu cabelo e suas roupas.

— Recebi um *e-mail* de uma editora, a Allen and Unwin. Estão perguntando se tenho interesse em escrever um livro sobre a nossa vida na floresta!

Peter se aproxima da tela para ler a mensagem.

— Um livro inteiro! — Olho para ele com olhos arregalados. — Não sou uma escritora. O inglês era minha pior matéria na escola. — Fico imediatamente nervosa.

Peter olha para mim.

— Bom, acho que se consegue aprender a caçar com arco e flecha, consegue aprender a escrever um livro.

Dou risada ao ver o brilho em seus olhos.

— É uma porta aberta!

A próxima grande aventura tinha acabado de começar.

Este livro foi composto com as famílias tipograficas Calibri, Futura e Segoe UI e impresso em papel Pólen Soft 80g/m^2 pela **Gráfica Santuário.**